COLLECTION
DES MÉMOIRES

RELATIFS

A LA RÉVOLUTION FRANÇAISE.

MÉMOIRES SUR LES PRISONS.

IMPRIMERIE DE J. TASTU,
RUE DE VAUGIRARD, N° 36.

MÉMOIRES
SUR LES PRISONS.

TOME SECOND,

CONTENANT

CEUX QUI CONCERNENT LES PRISONS DE PORT-LIBRE, DU LUXEMBOURG, DE LA RUE DE SÈVRES, ETC., ETC.,

SUIVIS

DU VOYAGE DES CENT TRENTE-DEUX NANTAIS, ET D'UNE RELATION DES MAUX SOUFFERTS PAR LES PRÊTRES DÉPORTÉS DANS LA RADE DE L'ILE D'AIX,

AVEC

DES NOTES ET DES ÉCLAIRCISSEMENS HISTORIQUES.

PARIS.
BAUDOUIN FRERES, LIBRAIRES-ÉDITEURS,
RUE DE VAUGIRARD, N° 36.

1823.

MÉMOIRES SUR LES PRISONS.

MAISON D'ARRÊT DE PORT-LIBRE,

COMMUNÉMENT APPELÉE LA BOURBE.

Cette maison, agréablement située et en bon air, comprenait plusieurs bâtimens, et contenait, le 26 frimaire, deux cents et quelques détenus, dont vingt-sept fermiers-généraux, et vingt-sept receveurs-généraux des finances qui y avaient été envoyés par décret, pour être à portée de se communiquer et de se concerter pour la reddition de leurs comptes.

Parmi les autres prisonniers, remarquables par leur fortune, on voyait le citoyen Perigny, ancien administrateur des domaines; Lamillière, son gendre, ex-intendant des Ponts-et-Chaussées; Angran, ex-président au parlement; le ci-devant comte de Bar, qui, des Magdelonnettes, avait été transféré au Luxembourg, et de cet endroit à Port-Libre, avec sa femme et sa mère.

Les autres femmes étaient la citoyenne veuve de Sabran, morte aux Magdelonnettes de la petite vérole; d'Aguay, de Crosne et son fils, jeune homme de quatorze ans; la citoyenne Desmenières, avec sa famille composée d'un fils et d'une fille; les citoyennes Chabot et Duplessis avec chacune leur fille.

Les hommes habitaient ce qu'on appelle le grand bâtiment, composé de deux étages ayant chacun un grand corridor et trente-deux cellules, les unes ayant vue sur l'Observatoire et sur la rue d'Enfer, et les autres sur le cloître qui servait autrefois de cimetière.

Au bout de chaque corridor, il y avait deux grands poêles bien échauffés.

Il y avait, en outre, un autre bâtiment, faisant face à la rue d'Enfer, et ayant vue sur la campagne. Il était élevé de trois étages, à chacun desquels il y avait trois grandes salles communes, où, dans les premiers jours de la translation, on coucha jusqu'à vingt et vingt-deux. Celle du rez-de-chaussée portait le nom de l'Unité; celle du premier, celui de salle du Républicain, et celle du second, celui de salle des Sans-Culottes. Le troisième était divisé en quatre chambres à feu, à trois et quatre lits.

Les femmes occupaient un bâtiment séparé par un guichet. La décence et les mœurs exigeaient cette séparation.

Les riches étaient au corridor du premier, dans des cellules à deux lits; et les sans-culottes au deuxième; car on en avait beaucoup amené de la ●rce et autres prisons.

Les deux corridors ne communiquaient point ensemble; un factionnaire, placé au pied de l'escalier qui y conduisait, ne laissant passer que pour aller aux latrines.

L'évasion de trois prisonniers, qui avait eu lieu quelques jours avant notre arrivée des Magdelonnettes, avait nécessité qu'on mît plusieurs sentinelles dans l'intérieur, pour la sûreté du concierge Haly dont la figure n'était rien moins que prévenante, et à qui il manquait l'esprit d'ordre et la tête nécessaires pour l'administration d'une maison aussi considérable; son cœur, au fond, était assez bon.

Petit de taille, c'était un petit despote. Sa réponse ordinaire à ceux qui lui présentaient quelques requêtes, ou lui faisaient des observations dans ses momens d'humeur, était celle-ci : « Tais-toi, je te ferai mettre à Bicêtre. Apprends que je suis le maître ici. » Et, de fait, il a tenu plus d'une fois parole. Il a, depuis, été concierge au Plessis.

On remarquait dans cette maison trois classes bien distinctes :

Celle de ceux qui payaient pour les indigens; celle de ceux qui se nourrissaient eux-mêmes, et celle des payés.

Cette distinction répugnait à ceux qui avaient les principes d'égalité profondément gravés dans le cœur, et cette classe était nombreuse.

Il y avait au fond du corridor du premier un grand foyer, qu'on appelait le Salon, dans lequel on dressait six tables, de seize couverts chacune, où dînaient les riches. On donnait trente sous par jour à ceux qui ne pouvaient pas se nourrir, et le pain à tous les prisonniers aux dépens des riches qui donnaient chacun en raison de leurs facultés.

Pour subvenir aux dépenses de la maison, on avait établi une administration intérieure qui était parfaitement organisée (1). Un trésorier faisait la collecte, et ordonnançait toutes les dépenses : bois, eau, lumière, poêles, tablettes dans les cellules, chaises et autres menus meubles. Tout s'achetait et se faisait aux dépens des riches. On leur fit même acheter un chien pour les garder, qu'ils payèrent 240 livres.

Il ne faut pas oublier les frais de la garde, qui montaient journellement à 150 livres.

On a constamment payé ces frais jusqu'en prairial, époque où la commune fit sa visite, et prit pour son compte l'administration intérieure des prisons.

Le soir on se réunissait au salon, au milieu duquel on dressait une grande table ; chacun apportait sa lumière, hommes et femmes.

Les hommes se mettaient autour de la grande

---

(1) Les prisonniers de Saint-Lazare avaient formé une organisation pareille. (Voyez le premier volume, page 225 et suiv.)

(*Note des édit.*)

table : les uns lisaient, les autres écrivaient ; c'était un véritable cabinet de littérature. On observait le plus grand silence ; ceux qui se chauffaient ayant l'attention de parler bas.

Les femmes se rangeaient autour d'une petite table, et y travaillaient aux ouvrages de leur sexe, les unes à broder, les autres à tricoter.

Ensuite venait un petit souper ambigu ; chacun s'empressait de mettre le couvert, et la gaieté, remplaçant le silence, faisait oublier qu'on était en prison.

Effectivement, rien n'y ressemblait moins que cette maison. Point de grilles, point de verroux ; les portes n'étaient fermées que par un loquet. De la bonne société, excellente compagnie, des égards, des attentions pour les femmes ; on aurait dit qu'on n'était tous qu'une seule et même famille réunie dans un vaste château.

La famille augmentant par les nombreuses arrestations, désorganisa le régime de la prison.

On envoyait par masse des riches et des sans-culottes. On couchait sur la liste les arrivans pour les faire contribuer. On établit des collecteurs par corridor, et on faisait des efforts pour subvenir aux frais de la dépense qui excédait toujours la recette. Cependant on vint à bout de se trouver au pair.

Le nombre des citoyennes ayant augmenté en raison des arrestations, elles venaient au salon à sept heures du soir : alors les lecteurs levaient le siége; les femmes prenaient la place, y faisaient leurs petits ouvrages, surtout de la charpie, et les hommes conversaient avec elles. Puis, à des jours déterminés, on variait les loisirs par de la musique, ou par la lecture de différens ouvrages. Vigée (1) ne contribua pas peu à nous rendre le séjour de la prison moins horrible. Enfin, d'autres fois, on proposait des bouts-rimés; les amateurs se faisaient un plaisir de les remplir. C'est ainsi que nous dévorions nos peines, nos tourmens, et que nous cherchions à nous tromper nous-mêmes sur notre pénible situation.

Le ci-devant baron de Wirback, la première viole-d'amour que nous ayons jamais entendue, était d'une grande ressource pour les prisonniers; il se prêtait de la meilleure grâce du monde à adoucir notre sort.

Si quelques personnes paraissaient n'être pas les amies de l'égalité, cette petite disparate s'effaçait par l'union qui régnait entre tous les détenus; car la défense de communiquer ayant été levée dès le premier jour, tous les sans-culottes de la prison communiquèrent avec les autres prisonniers, assistèrent à nos concerts, à nos lectures, et n'étaient pas le moindre ornement du salon. Cependant, à neuf heures, il fallait se rendre à l'appel. Chacun

---

(1) Auteur connu dans la littérature par plusieurs ouvrages estimés.

se retirait dans ses cellules, mais toujours dans l'espérance de se revoir le lendemain.

C'était avec une véritable peine qu'on entendait la malheureuse sonnette qui nous forçait de nous séparer, et surtout quand c'était au milieu d'une lecture ou d'un concert. Quelquefois le concierge nous donnait un quart-d'heure de plus, et nous lui en témoignions notre gratitude.

Après avoir assisté à l'appel, on pouvait se réunir, soit au foyer, soit dans ses chambres. Les hommes ou les femmes qui avaient des connaissances logées dans les bâtimens extérieurs de la maison, avaient la faculté d'aller y passer le reste de la soirée, munis toutefois de cartes signées du concierge.

Ces petites jouissances rendaient moins dure la privation de la liberté.

L'argent fait tout en prison plus que partout ailleurs : aussi c'était en donnant beaucoup qu'on se procurait ces cartes, un logement commode, une chambre à feu et la permission de voir ses parens. Cet abus, en enflant le porte-feuille du gouverneur de la maison, faisait murmurer hautement les sans-culottes indignés d'une préférence que l'avidité accordait à l'opulence.

Chaque arrivant trouvait un frère, un ami, qui l'accueillait, et, par d'obligeantes prévenances, tempérait l'effervescence d'une première douleur.

Cependant rien n'échappait à l'œil observateur, et il était facile de découvrir, parmi les prisonniers, ceux qui n'étaient pas d'un goût bien prononcé pour notre révolution.

C'était surtout à la lecture du journal du soir, qui se faisait tout haut dans le foyer, que les personnages se signalaient. A la nouvelle d'une victoire, on voyait passer le bout de l'oreille. Les figures pâlissaient, des soupirs étouffés, des contractions de nerfs, des trépignemens de pied annonçaient l'aristocratie incorrigible.

Chaque prisonnier était dans la croyance q 'en sa qualité de suspect, il resterait dans la maison jusqu'à ce qu'il plût aux autorités d'alors de les en faire sortir; mais on s'aperçut de son erreur, le 18 mars (vieux style), époque où l'on commença à extraire de cette maison des hommes qui furent envoyés à l'échafaud.

Depuis ce temps, Port-Libre devint, comme les autres prisons, l'antichambre de la Conciergerie et du tribunal révolutionnaire ; et nous ne comptâmes des jours heureux que celui où l'on ne venait chercher personne.

Il y avait trois promenades : celle dite des Palissades, dont on parlera dans la suite, et dont on n'eut la jouissance qu'en prairial; celle de la cour du Cloître, et celle de la cour de l'Acacia.

Celle du Cloître, qu'on nous donna dès les premiers jours de notre arrivée, était la seule dont nous jouissions depuis plus de trois mois.

Quand celle des Palissades fut prête, et que les communications furent établies, il s'y rendait peu de monde, et on n'y voyait guère que les veuves, enfans et parens de ceux qui avaient été suppliciés.

C'était là qu'ils se livraient à leur douleur. Ils se réunissaient, se consolaient mutuellement de leurs pertes, et la terre fut souvent imbibée de leurs pleurs.

Celle de l'Acacia tirait son nom d'un grand et bel acacia, autour duquel on avait fait un banc de gazon. C'était le rendez-vous de la gaieté. On s'y retirait après l'appel, et on y prenait le frais jusqu'à onze heures du soir. Ceux qui occupaient les bâtimens environnans pouvaient y passer la nuit, car on ne la fermait pas.

Cependant tout se passait avec la plus grande décence, et jamais aucune anecdote scandaleuse n'a exercé la critique ni flatté la méchanceté.

A mesure que le nombre des pensionnaires augmentait, on mit en réquisition, pour les loger, le pavillon de l'Acacia, celui du nouveau greffe, un autre bâtiment donnant sur la rue de la Bourbe et sur la cour dite Sablée, dans lequel on entrait par les escaliers dits de J.-J. Rousseau et de Marat : l'infirmerie était placée en bon air, ayant vue sur le boulevard qui conduit aux Invalides.

Ce fut encore à Dupontet qu'on dut un établissement aussi précieux.

Grâces aux soins des comités révolutionnaires, tous les bâtimens furent bientôt pleins; et dans les derniers temps le concierge fut obligé de refuser des prisonniers qu'on amenait.

Cette maison contenait en tout six cents personnes ; et ce nombre ne diminua jamais, malgré les charretées de victimes qu'on emmenait tous les jours.

Dans la quantité des gardiens, il s'en trouva de serviables et d'humains, comme aussi on en rencontra de féroces et de barbares ; du nombre des premiers, étaient Garnier, Desjardins, Guillebaut, Lamblin.

Le journal qui suit cette description, fera connaître le cœur généreux des premiers et la froide atrocité des autres, qui, guidés par le plus sordide intérêt, se pliaient à toutes les volontés des tyranneaux, et se faisaient un plaisir d'enchérir sur leurs ordres.

Nous citerons ici deux ou trois traits, qui pourront donner une idée de la manière dont ils se comportaient avec les prisonniers.

Arrivait-il du dehors une fricassée de poulets, l'un en prenait une cuisse, et l'aurait dévorée sans la surveillance du marmiton qui représentait qu'on accuserait son maître de ne l'avoir pas fournie ; alors, après l'avoir sucée, il la remettait dans le plat, en disant : « Je voulais voir si la sauce était bonne. »

Un autre, quand on apportait des pruneaux ou des fruits, commençait par les goûter, et s'il les trouvait bons, il en offrait à ses camarades qui acceptaient, et diminuaient ainsi les douceurs qu'on nous apportait, et qu'on se procurait avec une peine infinie et à un prix excessif.

Ils donnaient l'exemple de l'infidélité aux commissionnaires, et plusieurs ont été chassés pour cette cause.

Je ne retracerai pas ici les horreurs qui se commettaient à la porte de la prison, les gestes licencieux, les propos indécens avec lesquels on accueillait la vertu et la douleur suppliantes.

Cette maison d'arrêt ne se démentit jamais par sa sagesse et sa prudence. Les administrateurs de police qui étaient chargés de son régime, ne pouvaient dissimuler leur fureur en voyant échouer les projets qu'ils avaient conçus pour faire révolter les prisonniers à force d'atrocités. Ces monstres, pour sonder l'opinion des détenus, faisaient circuler de fausses nouvelles par leurs émissaires. Des hommes, nourris dans la bassesse et l'infamie, se jouaient de la vie des citoyens ; l'espérance d'une liberté prochaine leur faisait commettre les plus odieux forfaits.

Des combinaisons du gouvernement d'alors firent transférer ces scélérats à la maison des Carmes, où leur exécrable talent fut mis en réquisition. Des listes de proscription furent dressées, et le génie, les vertus furent envoyés à l'échafaud.

JOURNAL

DES ÉVÉNEMENS ARRIVÉS A PORT-LIBRE, DEPUIS MON ENTRÉE DANS CETTE MAISON.

Du 27 frimaire, an II de la république française.

Sorti d'une prison infecte, chacun de nous aimait à respirer un air plus pur et plus salubre, et s'applaudissait de n'être plus sous les énormes verroux ni sous les grilles d'une maison de force. Les chambres n'étaient fermées qu'avec de simples loquets, les fenêtres dégagées de barreaux, et on ne s'apercevait qu'on était dans une maison d'arrêt, que par le greffe et la grosse serrure de la porte d'entrée du bâtiment dans lequel on nous avait mis.

Le greffier, ou celui qui en faisait les fonctions, était lui-même détenu, et se nommait Brissolier; il nous reçut avec affabilité, et s'occupa, ainsi que le concierge Haly, de nous marquer nos logemens.

Quoiqu'on sût qu'on devait se munir de lits, tous n'avaient pas eu la précaution de s'en procurer, et bien qu'on s'entr'aidât en se prêtant des matelas, quelques-uns furent obligés de coucher par terre.

Les vétérans de la prison cherchaient à connaître nos figures, et ne communiquaient pas avec nous. Cependant quelques-uns ayant été reconnus, on leur fit accueil et donner des logemens plus commodes.

Nous arrivions par détachement des Magdelonnettes, c'est-à-dire qu'un fiacre nous voiturait par masse de trois.

Quand nous vîmes arriver le bon docteur Dupontet, notre joie fut extrême; nous étions pour lors au lieu dit le foyer ou le salon. Notre air de satisfaction éveilla la curiosité; on voulut connaître le nouvel hôte; nous esquissâmes quelques-uns de ses traits, et on se réunit à nous, en s'applaudissant de posséder un citoyen dont l'humanité avait été et pouvait encore être si utile.

Que de services ne rendit-il pas dans cette nouvelle prison !....... Que de malheureux arrachés à une mort certaine ! Il faut le dire, le régime des prisons n'était pas consolant pour les détenus en bonne santé; il était horrible pour les malades; c'était presque un miracle de sortir de l'infirmerie après y être entré. Dupontet fit souvent les avances aux indigens des médicamens nécessaires pour leur guérison. Il faut espérer qu'on ne verra plus un aussi grand nombre de citoyens jetés arbitrairement dans les fers.

Cette journée ne fut remarquable que par l'intérêt que les invalides du Port-Libre prenaient à notre sort, et par la reconnaissance que nous leur témoignions pour leurs aimables prévenances.

Du 28.

L'administration intérieure de la maison, établie pour venir au secours des malheureux, prit des informations et s'enquit de ceux qui pouvaient contribuer aux frais de la prison, et de ceux qui ne pouvaient se nourrir. C'était le citoyen Bagneux, ci-devant fermier-général, qui s'acquitta de cette mission.

Il nous arriva encore du monde des Magdelonnettes, qui compléta la liste des cinquante-quatre qui devaient venir à Port-Libre. On nous donnait des nouvelles de nos amis, et nous apprîmes que ce qui restait de prisonniers suspects aux Magdelonnettes serait transféré à Picpus et à Saint-Lazare.

Du 29.

Ce jour, arrivèrent les citoyennes Fougeret, la mère et les trois filles, qui donnèrent, pendant notre séjour à Port-Libre, les preuves les plus touchantes de la piété conjugale et filiale.

Elles entrèrent dans la prison d'un air gai et satisfait, et s'écrièrent : « Oh! que nous sommes contentes! ils ont rempli nos désirs, nous demandions tous les jours à être mises en état d'arrestation pour pouvoir demeurer avec notre père : son innocence nous rassure, et nous l'aimons tant! Oh! sans doute il triomphera !

Les pleurs que la joie faisait couler à cette intéressante famille qui se voyait réunie, ne tarissaient point : elle était alors bien loin de prévoir le coup qui l'a frappée.

Voici pourquoi Fougeret fut arrêté. On lui demanda une contribution révolutionnaire de trente mille livres, pour une terre qu'il avait à...... On le rançonnait pour une somme quatre fois plus forte que celle exigée par la loi. Il eut beau observer qu'il avait énormément payé en contributions volontaires et patriotiques, et que c'était commettre une exaction (1) ; il ne gagna rien que la prison, quoiqu'il eût offert de s'accommoder avec les contrôleurs révolutionnaires. Il a depuis été supplicié.

---

(1) Les administrateurs subalternes imitaient les exactions du gouvernement, non-seulement à Paris, mais dans les provinces. Un écrit du temps contient le passage qu'on va lire :

« Olivier le jeune, avec Péan et Velu, nous a dérobé, en écus, 474 livres ; il a voulu nous ravir environ 60 livres de notre monnaie. Il nous a traité de *scélérat qui aggravait son crime*, parce que nous nous opposions à l'exécution de pareils vols. Il a décacheté un testament, dont l'amitié nous avait fait un dépôt en 1786. Lisant sur la première feuille de ce testament ces mots de l'Église catholique : *Au nom du père*, etc., sa philosophie s'est écriée avec une joie stupide et barbare : *Péan, mon ami, je tiens la preuve de son fanatisme*. Mortifié de son ignorance, il s'est retranché sur sa discrétion. Il a motionné la ruine du buste du fondateur de la liberté romaine, du premier des Brutus, qu'il envisageait sottement comme un martyr de la nouvelle Rome. Enfin, il a pris, avec Lebas-Javarry, autre scélérat, l'état de notre argenterie, en nous intimant l'ordre de la lui représenter à sa première réquisition, pour avoir sans doute le plaisir de l'épurer un jour au creuset de Saint-Éloi. » (Extrait d'un Mémoire sur Blois.)

(*Note des édit.*)

Du 30.

On nous avait promis pour ce jour la jouissance du jardin ; on nous tint parole. C'était la cour du Cloître, servant ci-devant de cimetière aux religieuses : quatre grands ifs, et une vingtaine de tilleuls, nous offriront un peu d'ombre cet été. Au surplus, le cloître qui est autour, nous promet une promenade fraîche, si nous n'en avons pas d'autre ; notre plus doux espoir est de n'en pas profiter.

Du premier nivose.

Le concierge, toujours allant et venant accompagné de son greffier, donna des ordres pour rendre les grandes salles commodes ; on s'occupa aussi des noms à leur donner, pour faciliter la remise des lettres et paquets. Il aurait semblé qu'on voulût nous faire faire un bail emphytéotique.

Du 2.

Plusieurs chambres se trouvant prêtes dans les bâtimens de l'intérieur, on y fit passer plusieurs prisonniers, ce qui mit au large ceux qui étaient entassés les uns sur les autres dans les grandes salles. La famille Foucheret embellit notre salon, et y répandit une gaieté qui nous avait été inconnue jusqu'à ce jour.

Du 3.

Dès le matin, nous fûmes honorés d'une visite de Grandpré, secrétaire du ministre de l'intérieur, qui s'informa de quelle manière on était chauffé ; il ordonna de faire placer, dans le jour, des poêles dans les grandes pièces, aux dépens de qui il appartiendrait; de faire mettre des carreaux de vitres où il en manquait; enfin, il donna les instructions nécessaires pour que nous fussions logés d'une manière salubre.

Le soir, autre visite de Biquet, administrateur de police, qui donna les mêmes ordres : ces actes d'humanité nous réjouirent beaucoup; et comme nous étions en accès de bonne humeur, nous fîmes chanter quelques couplets au fils de de Crosne, qui s'en acquitta fort risiblement et qui amusa beaucoup les femmes.

Voici un trait de bonhomie peu commun. Le citoyen Laborde, de la section de la Montagne, avait eu, le matin, une rixe avec un de ses chambristes; le concierge arrive, lorsque les parties finissaient leurs débats; il leur recommande la paix et la concorde, et les prévient qu'en cas de nouvelle rumeur, il les fera transférer à Bicêtre ; après cette mercuriale fraternelle, des embrassemens terminent la querelle.

Sur les trois heures de l'après-midi, on demande Laborde chez le concierge; un gendarme s'empare de lui, et le conduit au tribunal de police correctionnelle. Ne sachant à quoi attribuer la cause de son déplacement, il raconte au gendarme l'aventure du matin; celui-ci le rassure, en lui disant que ces sortes de disputes n'avaient rien de grave en elles, et qu'il en serait quitte pour une prolongation de détention d'un mois ou deux.

Arrivé dans la salle du tribunal, il trouve un tailleur avec qui il avait eu jadis une contestation, au sujet d'un habit qu'il avait voulu lui faire payer trop cher, et pour solde duquel il lui avait donné un coup de pied au cul. Laborde avait oublié le tailleur, l'habit et le coup de pied.

L'affaire avait déjà été portée chez le juge de paix, qui avait mis les parties hors de cour, dépens compensés. Le tailleur se trouvant mal jugé, avait assigné Laborde pendant sa détention; un honnête huissier avait soufflé l'assignation; bref, on appelle la cause, on la juge, et Laborde est renvoyé. « Citoyen, lui dit le président, vous êtes libre. » Le gendarme ouvre la barrière, le prend par la main et l'invite à se retirer. Étourdi du coup, Laborde dit aux juges : « Mais, citoyens, je n'ai pas été incarcéré pour le coup de pied au cul.—Cela ne nous regarde pas, » lui répond l'accusateur public. Un des juges lui demande quelle est la cause de son arrestation. « J'ai été arrêté comme suspect. — Puisque les choses sont ainsi, reprend le président, mettez en marge du jugement, qu'attendu que le citoyen Laborde a déclaré avoir été mis en état d'arrestation pour cause de suspicion, il sera remis entre les mains du gendarme, pour être réintégré dans la prison de Port-Libre : » ce qui fut exécuté.

Rentré dans la prison, il raconta son histoire; beaucoup de détenus auraient voulu s'être trouvés dans de pareilles circonstances : ils se seraient conduits tout différemment que Laborde.

Du 4.

Un événement funeste nous a attristés toute la journée. Pendant que les jeunes gens jouaient aux barres dans le jardin, un malheureux prisonnier, nommé Cuny, autrefois valet de chambre du ci-devant marquis de Coigny, s'est coupé la gorge dans un cabinet attenant le cloître ; on ne s'aperçut de ce suicide qu'un quart-d'heure après qu'il fut consommé.

Arrivé depuis deux jours à Port-Libre, Cuny avait couché dans une des grandes salles où il avait fait le récit de son infortune ; le matin, la tristesse et l'abattement étaient sur son visage; on cherchait à le consoler. Comme son projet était fortement conçu, il avait lui-même affilé son couteau et fait son testament de mort, qu'on trouva dans sa poche, lorsque des officiers municipaux dressèrent procès-verbal de cet événement. Cuny ne mourut pas sur-le-champ.

Copie littérale du testament de Cuny.

« La personne qui est la cause de ma mort, est le citoyen commissaire de ma section, qui a fait l'inventaire de ma chambre, m'ayant toujours rebuté, ne me laissant jamais parler ni m'expliquer, me rebutant sur chaque parole que j'avais la liberté de dire, me traitant de coquin et de voleur. En l'entendant, selon lui, j'avais tout volé mes effets, soit à mes maîtres, soit à d'autres; ne pouvant m'expliquer et ne pouvant pas dire la pure vérité, faisant toujours le procès-verbal à mon désavantage, pour pouvoir me faire aller à la guillotine, me disant les choses les plus dures. Selon lui, j'étais le plus grand coquin de l'univers, me coupant toujours la parole lorsque je l'avais; ne pouvant m'expliquer et dire la vérité, j'ai été obligé de faire sa volonté, me rebutant sur tout, me faisant des reproches d'avoir économisé; mais il ne savait pas ce que j'ai économisé : c'était pour mes neveux et nièces, surtout pour un pauvre orphelin que j'ai toujours aimé et assisté : je n'attendais plus que la mort pour les satisfaire. Il n'y a donc plus que le comité de surveillance de la Convention nationale qui peut venir à leur secours sur ma fortune.

» J'espère qu'elle aura des égards à ma demande, pour des malheureux sans-culottes; je prie le concierge d'en faire part au comité de Salut Public. »

Signé CUNY, valet de chambre du
ci-devant marquis de Coigny.

A Paris, le 4 nivose, l'an II de la république française.

Cuny avait beaucoup d'assignats en feuilles et autres; plus, une très-belle montre d'or. On le porta à l'infirmerie, et il fut confié aux soins de Dupontet qui ne le quitta qu'à sa mort.

Ce jour-là et le précédent fournissent plusieurs exemples de suicides.

Girardot, ancien banquier, qui dans les premiers jours de septembre (vieux style) fut amené aux Magdelonnettes, se poignarda de sept coups de couteau dans la maison de santé de Belhomme où il avait été transféré.

Aux Magdelonnettes, un nommé Lafarre se tua d'un coup de couteau.

Du 5.

Le matin, l'état du malheureux Cuny donnait encore quelque espoir; mais à trois heures il a expiré, après avoir souffert plus de vingt-huit heures.

Les vingt-sept fermiers-généraux furent transférés à l'hôtel des Fermes. Ils firent leurs adieux à tout le monde, reconnurent grassement les services du concierge, et laissèrent 4,000 livres pour l'achat de matelas pour l'infirmerie, et pour venir au secours des citoyens indigens : ils furent généralement regrettés.

Le soir, nous apprîmes avec plaisir la mise en liberté du citoyen Boulard, de la section de la Montagne.

Du 6.

Point de nouveaux prisonniers, Dieu merci : mais un très-beau salon, orné des grâces et de l'esprit : on y chante différens couplets composés par Matras, négociant de Lyon.

Du 7.

On s'occupe d'un nouveau règlement pour la maison; on s'est arrêté à un régime plus conforme à l'égalité que le précédent. Il est question de réfectoire.

Il nous est arrivé deux prisonniers des Magdelonnettes, qui nous ont donné des nouvelles de nos anciens camarades qui y étaient restés, et les détails suivans sur le suicide de Lafarre.

On amena aux Magdelonnettes, sur les huit heures du soir, le nommé Lafarre, ex-marquis, à ce qu'il disait sur son écrou : il était recommandé au concierge de le garder avec plus de soin que les autres prisonniers. Vaubertrand le logea au quatrième étage, à la chambre nº 43; il y rencontra Louis Roux, ex-administrateur de la police, auquel il s'ouvrit sur les causes de son arrestation. Il avait été appréhendé à l'instant qu'il émettait un faux assignat. Roux lui observa que l'homme le plus honnête pouvait en recevoir de faux, et les remettre dans la circulation, sans connaissance de cause, qu'ainsi il pouvait bannir toute espèce d'inquiétude. Lafarre lui répondit que ce n'était pas l'affaire des assignats qui l'inquiétait le plus; mais que portant un nom, il appartenait effectivement à des émigrés; il craignait que cette circonstance ne le conduisît au tribunal révolutionnaire, et qu'il allait réfléchir à cela.

Le concierge se rappelant l'ordre qui lui avait été donné de surveiller ce prisonnier, le fit mettre au secret.

A peine enfermé, il se tua d'un coup de couteau. On présuma, par le sang qui avait jailli sur le mur, qu'il s'était appuyé contre pour exécuter son dessein. Au bout d'un quart-d'heure, comme on allait faire la fermeture, on le trouva mort, et on dressa procès-verbal de l'événement.

Du 8.

Cette journée s'annonça assez mal : nous apprîmes qu'on avait volé à la citoyenne Debar, la mère, pendant le temps qu'elle était au salon, une montre d'or enrichie de diamans. On ne fit aucune perquisition pour la retrouver; on nous annonça ensuite un nouveau règlement d'administration intérieure, qui supprimait les soupers du salon.

Du 9.

On nous amena pendant la nuit beaucoup de prisonniers, entre autres le citoyen Chevilly-de-Cypière, ancien intendant d'Orléans; Vigée, l'auteur de la Fausse Coquette et de l'Entrevue; Jules Rohan, et Chaugrand, ci-devant chevalier de Saint-Louis.

On commença à manger au réfectoire; la cuisine était assez mauvaise; on se flatta qu'elle serait meilleure le lendemain.

On avait écrit en lettres majuscules autour du réfectoire les maximes suivantes :

« L'homme libre chérit la liberté, lors même qu'il en est privé.

» Les événemens, les.... (1) ne changent point son cœur; la liberté, l'égalité, la raison, sont toujours les divinités qu'il encense.

---

(1) Ce mot est illisible sur le mur.

» Mœurs, vertu, candeur, voilà les principes du vrai républicain.

» Nature, patrie, raison, voilà son culte.

» Dans la liberté sont renfermés les droits de l'homme : c'est la raison, l'égalité, la justice.

» La république fait le bonheur de la société ; elle range tous les hommes sous la bannière de l'intérêt commun. »

Le traiteur qu'on avait chargé de notre subsistance, était un nommé Desnoyers, ci-devant coiffeur : on s'apercevait qu'il était plus expert à donner un coup de peigne qu'à faire un ragoût; mais où il excellait, c'était dans la tenue de ses mémoires de fournitures de viandes, de légumes, etc., le bourreau nous écorchait vifs; nous payions au poids de l'or, et tout était servi froid et de la plus détestable qualité.

Le soir, quand les femmes furent sorties du salon, le ci-devant baron de Witerbach suspendit, par le son enchanteur de son instrument, le cours de nos peines et de notre douleur.

Du 10.

L'on célébrait à Paris la prise de Toulon ; les victoires de la république ne nous étaient pas étrangères, nous chantâmes les exploits de nos guerriers.

On nous amena onze nouveaux hôtes, dont six femmes, du nombre desquelles était la citoyenne de Magny, épouse du citoyen Chouart de Magny, ex-receveur-général des finances : nous fîmes tout ce qui dépendait de nous pour égayer nos nouveaux hôtes, et rendre leur position moins douloureuse.

Du 11.

On amena dans la journée la famille Villiers, de Montmartin ; le citoyen de Bussy et sa fille ; la citoyenne Mandat, épouse de Mandat, ci-devant officier aux gardes, et fils de celui qui fut tué à la journée du dix août.

La citoyenne fille de Bussy, âgée de dix-huit ans, n'était pas encore écrouée, mais elle avait mieux aimé perdre sa liberté que d'abandonner sa mère. On amena aussi la famille Sombreuil, le père, le fils et la fille : tout le monde sait que cette courageuse citoyenne se précipita, dans les journées du mois de septembre, entre son père et ses assassins, et parvint à l'arracher de leurs mains (1) ; depuis, sa tendresse n'avait fait qu'accroître, et il n'est sorte de soins qu'elle ne prodiguât à son père, malgré les horribles convulsions qui la tourmentaient tous les mois, pendant trois jours, depuis cette lamentable époque. Quand elle parut au salon, tous les yeux se fixèrent sur elle et se remplirent de larmes.

---

(1) La fille de Cazotte, le spirituel et original auteur du Diable amoureux, se dévoua de même et avec un pareil succès. Mais elle ne fit que différer le supplice de son père.

(*Note des édit.*)

Du 12.

Lavoisier, de la section de la Montagne, supplicié le 9 thermidor, nous fut amené le matin ; on l'arrêta au moment qu'il allait offrir ses armes à son comité révolutionnaire : comme il était sans linge et sans chapeau, il sollicita la permission d'aller jusque chez lui, bien escorté, chercher ce dont il avait besoin pour se rendre en prison. « Bah ! répondit le commissaire, il faut que tu marches comme cela (1). » Les gardes, plus humains, prirent sur eux d'acquiescer à sa demande.

Du 13.

On fit le soir de la musique au salon ; on y chanta plusieurs morceaux, et les couplets suivans, faits par le citoyen Coittant.

LE SALON DE PORT-LIBRE.

Air : *Du vaudeville des Visitandines.*

Dans ce salon point de parure,
Ni d'ornement que la beauté
Sortant des mains de la nature :
Riche de sa simplicité,   bis.
On n'y rencontre aucune glace ;
On ne s'y mire qu'en ses yeux,
Et chacun de nous est heureux
De pouvoir y prendre une place.

---

(1) La maladie et les infirmités même n'étaient rien aux yeux de ces farouches commissaires. Ils voulaient triompher même de l'impuissance physique d'agir. Nous lisons ce trait dans un Mémoire sur Brive. « Verlhac voulut obliger de descendre d'un second étage

D'un côté vous voyez le sage
De la lecture s'occuper ;
De l'autre, le jeune et bel âge
Rire, causer et travailler.   *bis.*
C'est près de vous, belle jeunesse,
C'est au milieu de votre cour,
Que se tient l'assise d'amour,
Et l'école de la tendresse.

Le fils aîné de Cythérée
Est prisonnier ainsi que nous,
Et tant que dure la soirée,
Il veut folâtrer avec vous ;   *bis.*
Quoique léger, on suit ses traces :
N'allez pas vous inquiéter,
Vous savez qu'il doit habiter
Le même temple que les Grâces.

Ne vous trouvant plus à la ville,
Il vous suit dans cette maison
Qui devient son plus cher asile ;
Voici quelle en est la raison :   *bis.*
Il reçut l'ordre de sa mère,
En quittant le séjour des cieux,
De venir égayer ces lieux,
Pour nous faire oublier la terre.

Si notre ame est émerveillée
Par un aussi riant tableau,
Qui nous retrace la veillée
D'un ancien ci-devant château,   *bis.*

Chaumond, vieillard rongé par la goutte, qui ne bougeait de sa cellule, ni même ne se levait de sa chaise. Celui-ci avait beau lui dire : « Je ne puis me remuer seul.—Descends donc malgré cela au nom » de la loi... Ne lui résiste pas... N'achève pas de te perdre par » opiniâtreté... malheureux !... » Deux fusiliers furent obligés de monter prendre l'infirme qu'ils descendirent dans leurs bras au corps-de-garde. »

(*Note des édit.*)

Mères sages autant qu'affables,
Cela ne peut vous alarmer :
On donne l'exemple d'aimer,
Quand on est comme vous aimables.

Après le concert, Vigée nous lut son *Epítre à la Contat*, et son *Ode sur la Liberté*. Ces deux morceaux ont été vivement applaudis.

Du 14.

On nous a amené plusieurs femmes, entre autres les citoyennes de Gaville et de Montcrif.

Du 15.

Rien de nouveau que l'arrivée de Larive, artiste distingué du Théâtre-Français.

Du 16.

Beaucoup d'ennui et beaucoup d'arrivans.

Du 17.

Le nombre des citoyennes qui s'agglomèrent dans la prison, fait craindre que le salon ne soit bientôt plus assez spacieux pour les contenir toutes ; il est question de le supprimer, et d'y faire quatre chambres pour héberger ceux que la mauvaise fortune conduira dans ces lieux ; on est venu prendre des mesures pour ces dispositions : cela jette beaucoup de noir dans les esprits. On est encore incertain sur l'endroit où l'on se réunira : les uns disent que ce sera dans l'église, d'autres dans le réfectoire. Quoi qu'il en soit, la société des femmes nous devient de jour en jour plus nécessaire.

On s'est fort amusé ce soir; le petit de Crosne, âgé de quinze ans, d'une simplicité sans exemple, devant partir demain pour aller rejoindre son père dans une autre maison d'arrêt, voulut chanter quelques couplets en forme d'adieux : un prisonnier lui composa les suivans, d'un genre assez burlesque, et qu'il chanta, accompagné de la viole-d'amour du citoyen Witerbach.

Air : *Je suis né natif de Ferrare.*

Je suis né natif de la ville,
Où par les soins de mon cher père,
J'ai appris à si bien chanter,
Citoyennes, vous le voyez.   *bis.*
Adieu toute la compagnie;
Adieu, messieurs, adieu, mesdames;
Je suis fâché de vous quitter,
Mais il faut aller voir papa.   *bis.*

Je ne jouerai donc plus aux barres,
Je ne ferai donc plus ma cour
A toutes ces jeunes beautés;
Mais, citoyennes, vous riez.   *bis.*
Il est pourtant bien agréable
De voir en plein hiver des roses,
Qu'ailleurs je ne retrouverai :
Mais je ne vous oublîrai pas.   *bis.*

Cette petite comédie a beaucoup diverti.

Du 18.

La citoyenne de Crosne, son fils et Angran, sont partis pour Picpus. Nous possédons ici Malesherbes,

Rosanbo et son fils. On nous a amené ce matin le citoyen Robin, député à l'Assemblée législative, qui nous a assuré qu'il y avait douze cents arrestations de signées au comité de sûreté générale ; il était accompagné du ci-devant baron de Marguerites, maire de Nîmes, ex-constituant, qui était avec nous aux Magdelonnettes, et nous a annoncé, comme surcroît de société, le citoyen Fleury, et la toute aimable citoyenne Devienne, tous deux artistes du Théâtre-Français.

Du 19.

Notre concierge est en état d'arrestation chez lui ; différens sujets y ont donné lieu, mais particulièrement celui-ci : mécontent de quelques gardiens, il les renvoya. Un de ceux-ci avait laissé entrer, dans l'intérieur, la femme d'un prisonnier ; voici comme ce dernier s'y prit pour s'en venger. Le concierge Haly, par un de ces abus trop communs dans les maisons d'arrêt, donnait, pour une somme quelconque, des cartes qui facilitaient l'entrée de la prison à celui qui en était porteur. Le jour même de l'expulsion d'un des gardiens, un jeune homme entre malgré la loi à Port-Libre ; il était muni d'une carte signée du concierge. Le gardien chassé, instruit par ses confrères de cette contravention, va faire son rapport au comité révolutionnaire de sa section ; malheureusement pour le concierge, le jeune homme, comme intrus dans la maison, est une pièce probante.

On assigne une autre cause à son arrestation : on prétend qu'il a été dénoncé pour n'avoir donné aucun secours à une jeune femme qui, après plusieurs instances pour voir son mari, et après avoir resté quarante-huit heures à la porte de la maison d'arrêt, était tombée évanouie.

On a transféré hier à la Force un de nos camarades des Magdelonnettes, Ménil-Durand. Cet homme, ex-noble, d'un caractère remuant, a déplu au concierge, qui a usé envers lui de son droit de déplacer qui bon lui semble ; ce droit, tant soit peu féodal, fait trembler tous les prisonniers, qui ont soin de mettre beaucoup de circonspection dans leurs demandes ou requêtes à monsieur le concierge.

Du 20 et 21. — Rien.

Du 22.

On a découvert aujourd'hui le voleur de la montre de la citoyenne Debar ; on n'aurait jamais soupçonné l'auteur de ce vol : c'est un jeune élégant, de la plus aimable figure, doux, aimable auprès des femmes, passant pour avoir de la fortune, et faisant une dépense qui annonçait la plus grande aisance ; il se nomme Duvivier. Voici comme la chose a été éventée : il avait eu l'audace de faire passer la montre dans du linge sale, à une fille d'opéra qui était sa maîtresse, et l'avait chargée de la vendre ou de l'engager. Cette fille n'en trouva que cinq cents livres, mais qu'on ne voulut lui donner qu'à condition qu'elle exhiberait le consentement du propriétaire. Apparemment que la venderesse avait eu la bonne-foi de dire que la montre ne lui appartenait pas : elle fit part à son amant de la difficulté qui s'opposait à la vente ; le greffier, en visitant la lettre, s'aperçut de l'escroquerie, et la fit passer au jeune homme qui fit une réponse où toute l'intrigue fut dévoilée. On fit venir alors le voleur qui avoua tout. On va le transférer dans une autre maison d'arrêt où sans doute il ne languira pas.

Cette bassesse d'un jeune homme bien né a révolté tous les prisonniers.

Du 23.

Plusieurs détenus se sont escrimés dans l'art des bouts-rimés.

Nous avons entendu des chants d'église, tels que le *Gloria in excelsis*, le *Credo*, l'*Offertoire*, enfin la messe complète ; le soir, les vêpres, complies et salut, rien n'y a manqué ; cet office s'est célébré dans l'église de l'Institution de Jésus.

Il paraît que la liberté des cultes est en plein exercice ; je doute qu'on la permette long-temps.

Du 15.

Deux personnes sont entrées dans le bercail, le citoyen Évrard et sa femme ; le mari était ci-devant secrétaire de l'intendant de Châlons ; le motif de leur arrestation est d'avoir un fils émigré ; effectivement leur fils, âgé de 13 à 14 ans, qui était tambour ou musicien dans un régiment, a disparu. La mère raconte un accident dans cette affaire, qui n'est pas à l'avantage de nos révolutionnaires qui crient si fort aux mœurs. La famille Évrard a une fille de la plus rare beauté ; elle a été à la Convention solliciter l'établissement d'un lycée de musique ; y a été remarquée des amateurs ; elle a été depuis dans les comités, réclamer la liberté de ses parens. On lui a fait entendre :

Qu'il est avec le ciel des accommodemens.

La douleur de la mère est si profonde, qu'elle nous a à tous arraché des larmes.

Du 25. — Rien. — Du 26.

Sont arrivés aujourd'hui, la citoyenne de Vigny et son fils qui est impotent. On nous annonce aussi une nouvelle pensionnaire : c'est la citoyenne Prévost, âgée de 91 ans ; une fortune de cent mille livres de rente a fait présumer qu'elle était en état de contre-révolution. Les arrestations sont plus nombreuses que jamais : on remplit la Force et Saint-Lazare.

Les travaux d'une nouvelle promenade se poussent avec activité : on assure que nous pourrons en jouir d'ici à quelques jours ; cela étendra un peu les limites de notre liberté, je veux dire que nous aurons un peu plus d'espace pour exercer nos jambes.

Des 27 et 28.— Rien.— Du 29.

Un décret rendu aujourd'hui fait espérer aux vingt-trois ou vingt-quatre receveurs-généraux des finances leur liberté provisoire; ce sera une perte pour la maison qu'ils défrayaient en grande partie.

Du 30.— Rien. —Du 1 pluviôse.

Il est arrivé aujourd'hui un événement fâcheux au salon ; on lisait le journal du soir, comme à l'ordinaire; à l'article du tribunal révolutionnaire, on vient à nommer, dans la liste des suppliciés, le citoyen et la citoyenne de Charas. Au même instant, Labretèche, qu'on ignorait être de ses parens, tomba roide; on eut toutes les peines du monde à le rappeler à la vie.

Du 2.

Les receveurs-généraux des finances attendent l'ordre de leur liberté provisoire qu'ils croient ne pouvoir pas arriver avant quatre jours, attendu les longues formalités; leurs familles, qui sont à Port-Libre, sont dans la désolation d'être obligées de se séparer.

Du 3. — Rien. — Du 4.

Les receveurs-généraux des finances nous ont quittés aujourd'hui; la prison a été toute en mouvement; les adieux de ceux qui y laissent leur famille furent touchans : les larmes inondaient les yeux des épouses et des enfans qui y restaient.

Une brigade d'administrateurs de police, de

membres de comités révolutionnaires, d'officiers de paix, d'inspecteurs de police, vinrent chercher les citoyens ci-après nommés, tous receveurs-généraux:

D'Aucour, Delorme, de Foissy, de Bondy, de Launay, d'Ablois, Auguié, Choart, Magni, Darjuzon, Randon-Dhannencourt, Thirion, Marinier, Tonnelier, Marquet, Randon-de-Pommery, Parseval, Oursin, Fougeret, Bergeret, Monbreton, Montcloux, Landry.

Durney resta, comme ayant rendu ses comptes.

Du 5.

Il est arrivé hier un accident fâcheux au citoyen Thévenin de Tanlay, ancien gentilhomme de Louis XVI. Cet homme, âgé de 84 ans, a fait une chute très-grave, au bout d'un corridor très-noir. Il s'est fait une blessure profonde à la tête ; il est actuellement sans connaissance : on parle même de le trépaner, s'il a la force de supporter l'opération ; mais le docteur Dupontet en désespère.

Froidure, administrateur de police, Grandpré, adjoint du ministre de l'intérieur, sont venus nous rendre visite. Ce dernier a écouté avec affabilité nos plaintes, sur la mauvaise qualité du pain qu'on nous donne, et a proposé des mesures pour en avoir de meilleur.

Du 6.

Thévenin est mort des suites de sa blessure.

Notre salon, jadis le séjour de la gaieté et de l'égalité, s'est changé en un ci-devant salon de bonne compagnie. Les femmes se parent avec le plus grand soin, elles se rangent autour d'une grande table ; les hommes les regardent, et puis c'est tout. Les amis ou les personnes de leur coterie leur parlent à l'oreille et leur disent des douceurs. Toutes n'ont pas la même fierté ; un froid bonjour, une inclination de tête, sont le seul signe d'attention qu'elles donnent à celui qui s'évertue jusqu'à leur adresser la parole. En général, ce salon ne présente plus l'attrait des premiers jours.

Du 7.

Les arrivés d'aujourd'hui sont, la famille Ménardot, les citoyennes Leprêtre de Château-Giron, la mère et les deux filles, venant d'Évreux. L'une d'elles s'est trouvée mal plusieurs fois au greffe, et a été agitée de convulsions effrayantes. Puis, la citoyenne Lachabeaussière qu'on a mise au secret. Son mari est aux Magdelonnettes (1), et ses deux filles à Pélagie ; ils sont tous au secret.

On reproche à cette famille d'avoir logé le député Julien de Toulouse, avec qui elle n'a jamais eu de relation. On assigne une autre cause à leur détention ; il paraît prouvé que leur gendre, pour assouvir une basse vengeance, avait employé le ministère de Héron, agent du comité de sûreté générale, pour conduire cette famille à l'échafaud.

---

(1) Lachabeaussière, auteur connu par plusieurs ouvrages estimés ; directeur de l'opéra ; ordonnateur des fêtes nationales.

(*Note de l'auteur.*)

Le nom de Lachabeaussière était inscrit sur la liste fatale pour le 13 thermidor. Il avait consacré ses derniers momens à faire la pièce suivante, et avait prié un de ses malheureux camarades de la faire paraître le jour de son supplice.

Nous nous faisons un devoir de la publier.

A MA FEMME,

LE JOUR DE MA MORT.

Par le citoyen Lachabeaussière.

Adieu, de mon bonheur tendre dépositaire,
Par qui je l'ai connu, je l'ai goûté quinze ans;
Des talens, des vertus, ô modèle exemplaire
Adieu, je vais périr victime des tyrans.
D'un monstre sans pudeur, la cruauté farouche
Fait du glaive des lois un poignard assassin :
Un manteau de Brutus a déguisé Tarquin

Peuple, que je te plains! on a rivé ta chaîne.
Je te laisse avili, c'est là mon seul regret.
Je te vois encenser qui mérite ta haine...
J'ai déjà trop vécu... La mort est un bienfait.

Tyrans de mon pays..., destructeurs de sa gloire,
L'opprobre vous attend chez la postérité;
Vous n'échapperez pas au burin de l'histoire :
Le crime porte aussi son immortalité.
Adieu, femme chérie!... On m'appelle... Il est temps...
Je pars... Songe bien moins à pleurer qu'à me suivre...
Tu n'as pas mérité le supplice de vivre.
L'asile des cœurs purs est ouvert... Je t'attends.

On apportait ordinairement les actes d'accusation sur les onze heures du soir. Il entend appeler le gardien de son corridor : « Hé! allons, ouvre.

— Combien t'en faut-il aujourd'hui? — Cinq.
— Comment? il ne t'en faut que cinq? — Non. »
Et l'on glissait ces actes sous la porte des détenus.
Il attendait le sien; ce ne fut pas encore pour cette
nuit. Partout l'atrocité était à l'ordre du jour.

Du grenier où il était au secret, il vit, aux approches du 10 thermidor, faire dans un terrain voisin de la cour où se promenaient les prisonniers, une profonde et large fosse. Cela lui parut étonnant. Il demanda ce qu'on voulait faire; on lui répondit que c'était pour des latrines nouvelles.

Le fait est que l'on travaillait aux latrines dans le même temps, dans toutes les maisons d'arrêt, et ces fosses n'étaient sans doute faites que pour enterrer et soustraire à la connaissance du peuple les victimes qu'on voulait égorger.

Du 8.

Le nombre des prisonniers va toujours en croissant : on sera bientôt obligé d'en renvoyer. On nous a amené aujourd'hui la citoyenne Saint-Remi de Lamothe. On la prit d'abord pour Lamothe-Collier; mais comme on s'est rappelé qu'elle était morte en Angleterre, on a reconnu définitivement que ce n'était que sa sœur.

Il nous est encore arrivé sept nouveaux camarades d'infortune : la famille d'Aubigny, composée du père, de la mère, des deux filles et du mari de l'une d'elles, nommé Leroi; ils étaient accompagnés de Chamilly d'Étoges, fils de Chamilly, l'un des valets de chambre de Capet, qui est lui-même au Luxembourg (1).

Un vol assez considérable vient d'être fait à Jousseran arrivé tout fraîchement des Magdelonnettes. On lui a pris 8,050 livres.

Jousseran avait dix-sept assignats de 400 liv., et 150 liv. de petits assignats, dans un porte-feuille qu'il avait mis dans la poche d'un gilet; le tout enfermé dans une cassette de sapin à mauvaise serrure. Il logeait dans une cellule à deux personnes, qui ne fermait qu'au loquet. On lui avait apporté, avant le dîner, un paquet de linge qu'il avait négligé de serrer. En sortant du réfectoire, il trouve sa cassette ouverte et fracturée; il visite son gilet, plus de porte-feuille.

On nomme des commissaires pour se mettre à la recherche du vol; ils se transportent dans toutes les chambres du bâtiment, ils font une perquisition exacte sans rien découvrir.

On employa un second moyen, qui ne réussit pas mieux; ce fut de laisser ouverte une chambre noire, avec invitation à tous les citoyens d'y entrer les uns après les autres, et d'y rester deux minutes, afin de donner au voleur, s'il était susceptible de remords, le temps de remettre le porte-feuille. L'opération finie, il ne se trouva rien.

Des commissaires de la section se sont trans-

---

(1) Nous avons dû laisser subsister cette dénomination sous laquelle, dans les temps révolutionnaires, on désignait l'infortuné monarque. (*Note des éditeurs.*)

portés ici pour recevoir la déclaration de Jousseran.

Notre concierge est parti pour la Force, et c'est un guichetier de cette prison qui le remplace provisoirement : il s'appelle Huyet.

Nous n'avons pas encore d'idées bien fixes sur cette arrestation; on pense que les dénonciations de ses gardiens l'ont seules motivée : peut-être est-ce une mesure générale que l'on prend; car nous apprenons à l'instant que plusieurs concierges d'autres maisons d'arrêt ont été également arrêtés. Quoi qu'il en soit, celui de Port-Libre était très-despote, méconnaissait les principes de l'égalité, mais était très-accessible aux recommandations effectives, telles que les bouteilles de vin, pâtés, etc.

Du 9.

Toujours des arrivans, dont la nomenclature serait trop longue. Point d'événement.

Du 10.

Notre nouveau concierge est peu communicatif; il commence à visiter son nouvel empire et cherche à connaître ses pauvres sujets. Il paraît plus fait pour remplir sa place que le précédent. Son extérieur n'a rien de farouche. Il veut que chaque prisonnier ait, à son tour d'ancienneté, des chambres plus commodes ou regardées comme telles. Il paraît désirer aussi que chacun paye proportionnellement à ses revenus. On espère que tout ira bien avec ce nouveau gouverneur. Son ménage est composé d'une femme et de deux filles, qui n'ont rien de remarquable qu'une honnête laideur.

Du 11.

Plusieurs prisonniers dont la résidence est ancienne dans la maison, et qui étaient mal logés, parce qu'ils n'avaient pas capté la bienveillance du concierge expulsé, par des cadeaux ou assignats, ont pris des chambres plus commodes et plus saines.

Du 12.

On cherche tous les moyens possibles de procurer de l'agrément aux femmes dans le salon. On proposa des bouts-rimés à Vigée et à quelques autres. Les rimes étaient, croc, broc, carcasse et filasse. Ces rimes, assez baroques, firent qu'on ne s'empressa pas de les remplir. Delamalle, ci-devant avocat, courut la chance. Voici comment il s'en tira :

En amour je ne suis pas. . . . . *croc;*
Je n'aime point ni bouteille ni. . . . . . . *broc,*
Encore moins une vieille. . . . . *carcasse,*
Et je déteste la. . . . . *filasse.*

Ce badinage amusa un instant, et il fut arrêté que ce seraient les femmes qui proposeraient les rimes, et qu'elles donneraient un prix à celui qui les remplirait le mieux. Voilà une académie parfaitement organisée.

Du 13.

Notre ancien concierge, Haly, est revenu aujourd'hui ; on prétend qu'il va reprendre sa place ;

mais auparavant il veut avoir quelques jours pour arranger ses affaires, de manière qu'il ne fera que coucher cette nuit, et il ne sera à demeure dans notre maison que dans deux ou trois jours. Il est plus aimé que haï de certaines personnes qui l'ont singulièrement accueilli. Il a rendu sa petite visite à chaque prisonnier en particulier; au total, avec son air brouillon, on le préfère au nouveau concierge qui, habitué au régime d'une maison de force, s'enivre tous les jours, et n'a pas tous les égards qu'on doit à des citoyens qui ne sont que suspects.

La citoyenne Debar la jeune a proposé aux amateurs, des bouts-rimés, dans la séance du soir de notre académie; MM. Vigée, Laval-Montmorency, Coittant et Chéron de l'Assemblée législative, allèrent les méditer et les remplir dans leurs cellules.

Chacun ayant apporté son travail, on en fit lecture.

Voici les bouts-rimés de Vigée.

Un songe sous vos traits m'offrait le doux.	*plaisir*,
Je m'approche, le vois, le contemple à.	*loisir :*
A mes vœux, m'écriai-je, ah! ne sois point. . . .	*rebelle*,
Je porte une ame pure, un cœur tendre et.	*fidèle ;*
Dans les lieux où je suis en proie à la.	*douleur*,
Par grâce, de mes maux daigne adoucir.	*l'aigreur.*
Je m'éveille.... L'amour ainsi de nous.	*s'amuse*,
Et son plus grand bienfait, souvent cache une.	*ruse.*

Bouts-rimés de Laval-Montmorency.

Au fond de la prison vit encore le.	*plaisir*.
Le jour peut éclairer notre sombre.	*loisir*.

Ce dieu toujours enfant, et rarement. . . . . . . *fidèle*,
D'un seul de ses regards, soumet un cœur. . . . . *rebelle*.
Il dispense aux mortels la joie et la. . . . . . . *douleur,*
Des maux les plus cruels, il adoucit. . . . . . *l'aigreur*;
Mais il tourmente aussi le couple qu'il. . . . . . *amuse*;
Et sourit, dans les airs, du succès de sa. . . . . . *ruse.*

Vigée nous lut ensuite l'opuscule suivant qu'il appelle son paradis :

AUX CITOYENNES

DÉTENUES AVEC MOI A PORT-LIBRE.

Nouvel Adam, par plus d'une Ève,
Dans ces lieux je me vois tenté.
Citoyennes, ainsi votre présence achève
Un tableau par l'esprit avec peine enfanté,
Et d'un séjour par la crainte habité,
Où le cœur n'a ni paix ni trêve,
Me fait, d'un autre Éden, le séjour enchanté.
Si l'illusion est un crime,
Dans le timide aveu d'une erreur légitime,
Si l'on ose entrevoir des projets trop hardis,
Dès ce soir, j'y consens, que j'en sois la victime,
Et que, pour me punir de mes vers étourdis,
Le dieu, qui sous nos pas ouvre et ferme l'abîme,
Vous chassse de son paradis!

Du 13.

On a fait ce soir sortir un instant du secret la citoyenne Lachabeaussière, pour prendre un peu l'air. Cette malheureuse victime d'une atroce dénonciation a fait verser des larmes à tous les assistans. Ses jambes étaient prodigieusement enflées et ses yeux très-malades. Elle s'occupe du dessin, et nous a fait voir un portrait de sa fille, peint par Isabey, qui est d'un fini précieux. Elle espère n'être plus au secret dans deux jours (1), et obtenir la permission de faire venir sa fille avec elle.

Du 14.

On nous a amené le fameux Potin de Vauvineux, si connu par sa banque où l'on échangeait les assignats pour des matières d'or et d'argent; il était accompagné de Roland, ci-devant receveur des tailles d'Orléans et contrôleur de sa caisse. Ce charlatan a essuyé quelques plaisanteries dont il s'est tiré à merveille.

Sont encore arrivés Lecoulteux de Canteleu, ex-constituant, et Saint-Priest qui était avec nous aux Magdelonnettes.

Quatre agens des autorités supérieures sont venus conférer avec le banquier Duruey; ils l'ont engagé à faire valoir son crédit auprès de l'étranger, pour en obtenir des subsistances. Durucy a observé aux envoyés que la qualité de prisonnier empêchait toute espèce de négociations à cet égard. Il a donc réclamé préalablement sa mise en liberté: on ne sait s'il l'obtiendra.

Du 15.

Les nouveaux pensionnaires d'aujourd'hui sont

---

(1) Elle n'en est sortie qu'en fructidor, deux jours avant sa liberté.   (*Note de l'auteur.*)

le ci-devant comte de Thiars, ancien commandant de la ci-devant province de Bretagne; le citoyen Darmaillé, oncle de d'Hauteville, ci-devant page de Capet, et le ci-devant prince de Saint-Maurice, fils du ci-devant prince de Montbarrey, avec sa jeune épouse.

Nous avons sous les yeux, depuis quelques jours, un spectacle bien déchirant. La citoyenne Malessy, femme divorcée de Grimoard, fille de la citoyenne Lachabeaussière, est arrivée depuis peu dans cette maison. Cette femme, pleine de grâces et de majesté, et enceinte dans ce moment, a sollicité son transfèrement, pour être à portée de rendre des soins à sa mère qui est toujours au secret. On sort cependant quelquefois cette victime de son cachot. Ce soir, on l'amena au foyer; elle y rencontra sa fille qui se précipita dans ses bras, et elles restèrent serrées l'une contre l'autre pendant un quart-d'heure, sans pouvoir articuler une seule parole. Que ce langage était éloquent! tout le monde fondait en larmes.

Les malheurs de la citoyenne Lachabeaussière ont tellement affecté sa sensible fille, que son esprit s'est aliéné. C'est la Nina de la piété filiale. Mon cœur se déchire chaque fois que je la considère.

Si elle essaie quelque ouvrage d'aiguille, elle travaille une minute ou deux; puis, se levant avec précipitation, elle parcourt les corridors, et va s'asseoir à la porte du cachot de sa mère; elle écoute;

si elle n'entend rien, elle pleure et s'écrie douloureusement et à demi-voix : « O ma mère! ma tendre et malheureuse mère! »

Si elle l'entend marcher ou faire quelque mouvement, elle lui parle et reste des heures entières assise par terre.

Sa voix douce est l'accent de la douleur et de la folie. Vient-elle se rasseoir au foyer, ses grands yeux se fixent, et elle ne voit personne. Elle soupire, elle gémit. Sa figure et son corps sont tourmentés de convulsions. Ses organes sont si vivement frappés, qu'elle ne prend aucune espèce de soin de sa personne; elle ne se coiffe point; ses cheveux sont abandonnés au vent; elle se couche, sans se couvrir la tête, dans une cellule où elle demeure seule.

Quand la citoyenne Lachabeaussière fut mise au secret dans une chambre qui était destinée à servir de logement aux gardiens, elle fut obligée de coucher, pendant quatre jours, avec une chienne qui nourrissait six petits; deux gardiens y couchèrent aussi les deux premières nuits. Cette femme, d'une constitution délicate, ne put résister à l'odeur infecte qui s'exhalait des ordures de cette portée de chiens. Elle pria qu'on la débarrassât d'une compagnie aussi désagréable. On ne lui rendit ce service qu'après bien des supplications. Quand on retira la paille, on s'aperçut que le séjour des ordures avait dégradé le carreau.

La citoyenne Lachabeaussière, connaissant peu les usages des prisons, ne savait si elle pouvait témoigner sa reconnaissance aux guichetiers qui l'avaient délivrée d'une infection qui l'aurait conduite au tombeau. Elle tenait à la main son porte-feuille, dont elle avait tiré un assignat de cent sous; elle le regardait sans oser l'offrir. Un des gardiens s'approche : « Qu'est-ce que tu fais de cela ? — Mais, citoyen,…….. je ne sais pas si je puis vous offrir quelque chose. — Oui, nous prenons ; donne ; » et elle acquitta le bienfait.

On a laissé à cette citoyenne un chien d'un instinct surprenant, et qui fait sa seule consolation. Brillant est son nom. Cet animal connaissait si bien les gardiens bienfaiteurs de sa maîtresse, Garnier et Desjardins, qu'il ne se trompait jamais dans son choix. Avait-elle quelque besoin, elle disait à son chien qui était dehors : « Je n'ai pas déjeuné, ou je n'ai pas dîné, ou, enfin, j'ai besoin de prendre l'air, va chercher Garnier ou Desjardins : » et Brillant allait chercher le gardien, lui sautait au cou, et ne le quittait pas qu'il ne vînt vers sa maîtresse.

Ce chien avait contracté beaucoup d'aversion pour le concierge ; et comme il ne pouvait se venger sur lui des mauvais traitemens qu'il faisait éprouver à sa maîtresse, il se rejetait sur son chien ; et quoique beaucoup plus petit et plus faible, il ne le quittait qu'après l'avoir terrassé.

La citoyenne Malessy portait chaque jour, à son

infortunée mère, une partie de sa subsistance, dont elle se serait souvent passée sans ce soin filial.

Un jour elle invoquait, avec l'accent de la douleur, l'ouverture du cachot pour remplir ce devoir. Par malheur, la troupe des geôliers était à table et se régalait d'un civet de chat, autre victime de leur dégoûtante barbarie ; ni la résignation courageuse, ni l'intéressant maintien de cette jeune personne ne fléchissent les cerbères. « Que ta mère attende, » lui disent-ils, avec tous les accompagnemens grossiers d'un langage digne d'eux, « nous ne sommes pas ses valets. » Des pleurs échappent à sa fille. « Tu pleures, lui dit un des sbires ; attends, attends, je veux bien me déranger, mais à deux conditions : la première, de manger du chat, et la seconde, de boire dans mon verre. » En vain des représentations douces essaient de démontrer le dégoût invincible que sa grossesse et ses souffrances lui donnent pour manger du chat et boire du vin dont elle ne boit jamais ; point de clefs sans cela. Il fallut bien que la tendresse filiale surmontât cette humiliation ; elle se détermina à subir les deux épreuves, l'inconvénient qui devait en être la suite, le rire indécent et les sales plaisanteries des auteurs de cette gentillesse : ce ne fut qu'à ce prix qu'elle obtint, au moins au bout d'une grande demi-heure, le droit de porter à manger à sa malheureuse mère, et de la voir quelques minutes.

Nous donnons ici la romance que la citoyenne Lachabeaussière a faite dans son cachot.

ROMANCE.

Air : *Comment goûter quelque repos.*

Comment te conter mes malheurs ?
Ah! je n'en ai pas le courage ;
Mon triste cœur ne se soulage
Que par les soupirs et les pleurs.
Victime de la calomnie
Et d'un gendre ingrat et pervers,
Il me fait gémir dans les fers,
Et me dénonce à ma patrie.

Je vivais ; d'un cœur innocent,
Au sein chéri de ma famille,
De mon époux et de ma fille,
Plus adorée à chaque instant.
Mais ce monstre de perfidie,
Ce gendre imposteur et méchant,
Pour nous ravir un peu d'argent,
Nous rend suspects à la patrie.

Un jour, je priais l'Éternel
Qu'il daignât protéger la France ;
Je lui peignais notre souffrance,
On me frappa d'un coup mortel :
Au nom de la France chérie,
On vient, on me charge de fers :
J'ai tout perdu dans l'univers,
Honneur, enfans, époux, patrie.

Mourante, on m'arrache des bras
De mon époux et de ma fille,
Et j'entends ma triste famille
Invoquer en vain le trépas.

Époux trop cher, fille chérie!
Hélas! ne vous verrai-je plus?
Conservons au moins nos vertus,
Sachons mourir pour la patrie.

Ma fille, jeune et sans soutiens,
Périra des maux de sa mère;
Mon époux, trop malheureux père,
Pourra-t-il supporter les siens?
Puisse la justice, attendrie,
Punir enfin les cœurs pervers!
Il me reste, dans mes revers,
Mon innocence et ma patrie.

Du 16.

On est venu interroger huit religieuses qui sont au secret. On a voulu leur faire prêter le serment de la liberté et de l'égalité; elles ont refusé en disant qu'elles ne vivaient pas sous le règne de la liberté, puisqu'elles étaient prisonnières. Quant à l'égalité, elles ne voyaient pas que ce fût plus son règne, puisque celui qui les interpellait mettait tant de hauteur et d'arrogance dans ses interrogations. On les a menacées du tribunal révolutionnaire; elles ont répondu qu'elles y iraient avec plaisir. « Mais, renoncez-vous à votre pension, leur a-t-on dit? — Non, parce qu'elle représente les biens qu'on nous a pris. — Mais la loi défend de payer ceux ou celles qui refusent de lui obéir, et comment vivrez-vous? — La Providence aura soin de nous. — Mais la Providence ne vous donne pas de pain. — Nous ne demandons rien à personne. — Comme la république ne souffre pas d'ennemis dans

son sein, on vous déportera : où voulez-vous aller?
— En France, qui est notre patrie. »

Ces huit religieuses ont été depuis guillotinées, comme fanatiques.

Du 17.

La commune vient de faire paraître un règlement sur le régime des prisons. Il est dit dans un des articles : Que l'égalité doit alléger les chaînes de ceux qui, privés de leur liberté par mesure de sûreté générale, en ressentent plus vivement le poids par le défaut de fortune; et que pour l'exécution du décret qui prescrit une nourriture égale pour tous les prisonniers, il n'entrera dans les maisons d'arrêt aucune nourriture du dehors, excepté le vin. Chacun sera nourri à raison de cinquante sous par tête. Cette mesure n'a satisfait personne. Une des phrases de ce règlement porte : Qu'il faut que les riches expient leur fortune. D'après cette expression, il paraît que la richesse est réputée pour crime dans le vocabulaire révolutionnaire des municipaux.

Du 18.

Il y a eu aujourd'hui salon. La séance a été intéressante. Vigée nous a lu la pièce de vers suivante qui a été fort applaudie.

A L'ACACIA (1).

Arbre dont la feuille légère,
Aux amans réunis sous tes rameaux nombreux,

---

(1) Cet arbre était planté dans une des cours de Port-Libre.
(*Note de l'auteur.*)

Prête son ombre tutélaire,
Arbre chéri, que ton sort est heureux !
Dès que la nuit, suivant sa route obscure,
Couvre de son rideau l'azur brillant des cieux :
L'Amour, pour préparer ses larcins et ses jeux,
Choisit le trône de verdure
Dont s'entourent tes pieds noueux.
De la pudeur en secret tourmentée,
Discret témoin, tu vois tous les combats,
Et sa langueur modeste et son chaste embarras.
Tu vois la main que presse une main agitée;
Le bras que mollement enlace un joli bras;
L'innocence confuse et jamais irritée;
Le baiser qui s'approche et qu'on n'évite pas.
Toi seul es dans la confidence
Des soupirs hasardés, de ces mots suspendus,
Toujours mal prononcés, toujours bien entendus :
De ces aveux craintifs la timide éloquence
Provoque le désir et prévient le refus.
Oh ! que le temps respecte ton grand âge,
Bel arbre ! le dieu que tu sers,
Le dieu qui s'applaudit de ton utile ombrage,
Doit te sauver du courroux des hivers.
Tous les matins, que sa main empressée,
D'une eau pure à tes pieds discrètement versée,
T'offre en tribut les flots réparateurs;
Tandis que des zéphyrs doucement caressée,
Ta tête de l'aurore amassera les pleurs.
Surtout que la hache barbare
S'émousse à ton aspect, crainte de te flétrir !
Puisqu'ici bas tout doit mourir,
Tu mourras, mais du moins, que le destin bizarre
Et de nos jours cruellement avare,
Ne hâte pas l'instant où le fer destructeur
Devra sur toi déployer sa fureur !
Quand ton heure sera venue,
Je veux qu'un simple monument
Te rende aux regrets de l'amant,
Au souvenir de l'amante ingénue;

Je veux que sur la pierre émue,
Ces faibles vers se gravent tristement :
« Ici, des cœurs exempts de crimes,
Du soupçon dociles victimes,
Grâce aux rameaux d'un arbre protecteur,
En songeant à l'amour, oubliaient leur douleur ;
Il fut le confident de leurs tendres alarmes ;
Plus d'une fois il fut baigné de larmes.
Vous que des temps moins rigoureux
Amèneront dans cette enceinte,
Pleurez cet arbre généreux ;
Il consolait la peine, il rassurait la crainte,
Sous son feuillage on fut heureux. »

Le citoyen Coittant a donné lecture d'une romance de sa composition, sur le dévouement de la citoyenne Sombreuil, qui, à la journée du 2 septembre, a arraché son père des bras sanglans des assassins. La voici :

TRAIT HISTORIQUE

DE PIÉTÉ FILIALE.

AIR : *Du Vaudeville de la soirée orageuse.*

TENDRE Sombreuil, à ton aspect,
On sent couler de douces larmes,
On est saisi d'un saint respect ;
L'ame goûte les plus doux charmes
Ta filiale piété
Fait qu'on t'honore et te révère :
Tu trouvas l'immortalité,
En sauvant les jours de ton père.

Je vois encor ton faible bras
Détourner la hache homicide,
Et retenir les attentats ;
Je t'entends d'une voix timide

T'écrier :.... « Ne le frappez pas...
Respectez cette tête chère....
Faites-moi subir le trépas;
Mais conservez mon tendre père »....

 Tu fais un rempart de ton corps,
Et tu remportes la victoire.
Aussi tes généreux efforts,
A jamais assurent ta gloire.
Tes pleurs charment les furieux;
Ils s'arrêtent.... ton ame espère....
Tes cris sont entendus des cieux,
Qui sauvent les jours de ton père.

La citoyenne Sombreuil était présente; elle écoutait, la tête baissée; son visage était baigné de pleurs. L'auteur de la romance s'avance vers elle et lui dit : « En célébrant le courage, je n'ai suivi que l'impulsion de mon cœur, et je me trouve très-heureux d'avoir pu rehausser l'éclat de la vertu captive, en consacrant le récit d'une belle action. —Citoyen, répondit la citoyenne Sombreuil, j'en ai reçu la récompense dans le temps, je la reçois encore aujourd'hui. »

Le citoyen Grappin, sur l'invitation de plusieurs prisonniers, nous a donné les détails les plus curieux sur divers événemens arrivés dans les premières journées du mois de septembre 1792. Ce brave homme est parvenu à sauver soixante à soixante-dix victimes, parmi lesquelles sont les citoyens Sombreuil, Cahier, le juge de paix de la section du Temple, Duperron, juge de paix de celle de Bonne-Nouvelle, Valroland, maréchal-de-camp, un marchand de bois de Nancy, douze femmes; pour les autres, il n'a jamais su leurs noms.

Grappin était un des huit députés de sa section (Contrat-Social), nommés pour aller réclamer deux prisonniers qui allaient être égorgés. On avait déjà été trois fois à l'Abbaye pour les découvrir; les commissaires, voyant leurs démarches infructueuses, allaient se retirer, lorsque Grappin demande au concierge son registre d'écrou, le compulse et parcourt en vain la prison avec lui. Grappin était désespéré; le concierge lui dit : « Ne vous découragez pas, peut-être sont-ils dans la petite église. » Ils y vont ensemble; elle contenait à peu près quatre cents prisonniers, du nombre desquels étaient deux cent quarante-six Suisses qui avaient mis bas les armes avant la journée du 10 août. On les met tous en rang; le concierge faisait l'appel, lorsqu'un jeune homme essaie de se sauver en sautant par une fenêtre; on le crible de coups de fusil; ce bruit répand l'effroi dans l'église, le concierge se sauve avec le registre, et Grappin reste enfermé dans cet asile de la mort. Il était en uniforme, il en impose à la tourbe des guichetiers; il descend entre les deux guichets où siégeait le grand juge *Maillard*, assisté de quelques autres assassins. On allait livrer un citoyen aux bourreaux qui attendaient leur proie. Il était père de six enfans. Grappin a le courage de prendre sa défense. « Je n'ose pas assurer, dit-il, qu'il est innocent; mais s'il n'est pas coupable, les juges auront à se reprocher d'avoir fait égorger le nourricier d'une famille nombreuse, et d'avoir fait couler le sang du juste. »

La harangue fait son effet; on écoute l'accusé, il se justifie, il est sauvé.

Ce succès encourage Grappin. Il vole retrouver le concierge. Ils vont ensemble dans une chambre où étaient renfermés huit prisonniers qu'il reconnaît pour la plupart. Ils étaient plongés dans l'abattement le plus profond; ils attendaient, dans un morne silence, qu'on vînt les arracher à leur cachot, pour les traduire devant le fatal tribunal. « Rien n'est encore désespéré, leur dit Grappin. Écrivez à vos sections, pour qu'on vienne vous réclamer. » Ces malheureux écrivent; Grappin se charge de leurs lettres, et descend chercher ses collègues qui étaient partis, et qui avaient eu le bonheur de trouver et de sauver les deux citoyens qu'ils avaient réclamé au nom de la section.

Grappin allait sortir de l'Abbaye, lorsqu'il rencontre les exécuteurs qui amenaient le citoyen Sombreuil, gouverneur des Invalides; il parvient à suspendre leur fureur; la soif du meurtre s'éteint un instant chez ces monstres tout haletans de carnage. Il s'approche du citoyen Sombreuil; celui-ci l'assure qu'il n'a pas quitté son poste au 10 août, qu'il n'a contre lui que quelques dénonciations que ses ennemis ont surprises à la bonne foi d'un petit nombre d'invalides.

Grappin le fait introduire dans un cabinet retiré ; les bourreaux n'avaient pas quitté leur proie. La fille du citoyen Sombreuil s'était précipitée à leurs genoux : « Prenez ma vie, leur disait-elle, mais sauvez mon père. »

Grappin essaie de fléchir les assassins, il leur propose d'envoyer des commissaires aux Invalides, pour s'assurer si véritablement Sombreuil n'avait pas quitté l'hôtel le 10 août. Maillard expédie l'ordre, on part. On rapporte une lettre du major qui atteste la vérité du fait. Les égorgeurs ne la trouvent pas valable. Grappin insiste : « Mais, citoyens, vous ne prononcerez pas un jugement inique, vous entendrez ses dénonciateurs ; les vieux défenseurs de la patrie sont incapables de trahir la vérité. Ordonnez, je pars avec quatre citoyens dignes de votre confiance, nous irons aux Invalides, et nous en rapporterons des témoignages dignes de foi. » Les assassins balancent un instant; ils cèdent. Un second ordre est expédié.

Grappin arrive aux Invalides, il était quatre heures et demie du matin; le major se lève, les pouvoirs sont exhibés, la générale bat, les invalides se rassemblent dans la grande cour au nombre de huit cents. Grappin monte sur une table. « Amis, s'écrie-t-il, que ceux qui ont des dénonciations à faire contre Sombreuil, passent d'un côté; que ceux qui n'ont rien à dire passent de l'autre. »

Douze s'ébranlent et en entraînent cent cinquante ; ils voulaient écrire et motiver leurs dénonciations. Grappin n'avait qu'une heure pour sauver le citoyen Sombreuil. « Nous n'avons pas le temps d'écrire, leur dit-il ; encore une fois, que ceux qui ont des plaintes à former les fassent publiquement, et qu'ils ne parlent que d'après leur ame et conscience. »

Une dispute survenue entre quelques invalides faillit faire perdre à Grappin le fruit de ses soins généreux. De braves gens, qui n'avaient rien à reprocher au citoyen Sombreuil, ne voulaient pas passer du côté des dénonciateurs, malgré les instances et les menaces de quelques séditieux; la rixe prenait un caractère inquiétant ; des coups de crosse avaient déjà été donnés, lorsque Grappin fait retirer des rangs les plus mutins, et les fait conduire dans leurs chambres. Quand le calme est rétabli, il recommence l'épreuve, et la minorité articule verbalement ses dénonciations.

Dans cet état de choses, Grappin témoigne sa satisfaction aux invalides, et fait remarquer aux commissaires qui l'accompagnaient, que la très-grande majorité n'avait point inculpé le citoyen Sombreuil, qu'elle lui avait au contraire rendu justice; il leur fait aussi observer que l'esprit de parti avait seul dirigé les dénonciations qui avaient été faites. Après cet exposé, il invite les commissaires à circonstancier le rapport des faits ; ceux-ci s'en excusent, et répondent à Grappin, que ce qu'il dira sera bien dit, et qu'ils sont disposés à l'appuyer de toutes leurs forces.

On retourne à l'Abbaye. Arrivé devant les juges, Grappin rend compte de sa mission. Les égorgeurs ne paraissent pas satisfaits; il presse, il invoque le témoignage des commissaires, le jugement est rendu, Sombreuil est acquitté. Il vole vers ce citoyen et sa fille qui étaient restés dans le fatal cabinet; il leur annonce leur délivrance; il les accompagne jusqu'au dehors de la prison; il les montre à la populace, en lui disant : « C'est un brave officier, c'est un bon père de famille. » Après les avoir conduits quelques pas, il les embrasse et les confie à des hommes qui reconduisaient chez eux le peu de citoyens qui échappaient à la boucherie.

Grappin rentre à l'Abbaye, il a le bonheur de sauver encore plusieurs victimes, entre autres un vieillard de quatre-vingt-cinq ans, que les bourreaux allaient mettre en pièces : c'était à qui lui arracherait la vie. Il le charge sur ses épaules, et parvient à le soustraire à la rage des assassins.

Après avoir déposé ce vieillard en lieu sûr, Grappin se ressouvient qu'il a reçu des lettres à l'Abbaye adressées à différentes sections. Il monte en voiture, arrive dans l'enceinte des délibérations, il implore l'humanité des citoyens : l'éloquence d'un homme de bien électrise tous les esprits, des commissaires sont nommés, ils vont réclamer les huit prisonniers détenus à l'Abbaye, ils sont sauvés : le citoyen Cahier était du nombre. Lors de l'arrivée des commissaires, il paraissait devant le redoutable tribunal; l'espérance avait fui de son cœur ; il allait être livré aux bourreaux ; il avait déjà donné sa montre à un des juges ; il sanglotait et s'écriait : « Adieu, ma femme, mes enfans ! »

Le tribunal était aux opinions sur l'affaire des Suisses. On délibérait si on les ferait exécuter, ou si on les enverrait à la commune. Grappin devient leur défenseur officieux : « Dans un combat, dit-il, tout ce qui périt est de bon droit, mais après la victoire, il y aurait de la barbarie à assassiner des hommes qui, égarés par leurs chefs, ont ensuite déposé les armes. Laissez-les vivre, et rendez-les à leur patrie. Ils y publieront nos bienfaits, notre courage et notre générosité. Les treize cantons ont toujours été alliés avec la France, voulez-vous en faire des ennemis, en massacrant leurs enfans ? Je pense donc que le seul parti à prendre est de conduire les Suisses à la commune. »

Cet avis est adopté, Grappin monte au conseil-général, il y plaide la cause des Suisses avec chaleur.

Pétion, qui était présent, frappé de l'énergie de son discours, lui dit : « Brave homme, allez à la Force, et dites de ma part qu'on se retire, et que la loi seule juge les coupables. » Pétion fait accompagner Grappin par un municipal. Ils arrivent à la Force où l'on massacrait encore. Ils font, au nom de Pétion, des représentations aux assassins : on n'y a aucun égard. Grappin retourne à la commune, s'empare de Pétion, et l'emmène, presque malgré lui, à la Force. Arrivé à cette prison, le maire de Paris prend la parole. A sa voix les exécutions sont suspendues; cependant les flots d'une multitude avide de carnage et de sang continuaient à se presser. Grappin monte sur des planches, harangue la populace, et lui représente qu'il est instant pour elle de se retirer dans les sections, pour y déjouer les complots de quelques scélérats qui conspirent contre sa liberté. La multitude se retire, la cavalerie bouche les avenues, et les massacres finissent avec le jour.

Grappin, né pauvre, n'ayant reçu d'éducation que de la nature, lutta soixante-dix-huit heures contre les assassins pour leur arracher leurs victimes, et il en sauva un grand nombre. Homme vertueux! que ton nom béni de tes contemporains passe glorieux à la postérité!

Le lendemain des exécutions, Maillard, les juges égorgeurs, et quelques bourreaux avaient entraîné Grappin chez Martin, marchand de vin à l'Apport-Paris où on devait déjeuner. Il fut question de s'adjuger les effets et bijoux des victimes qui avaient été inventoriés dans un procès-verbal fait sur les lieux, et que Grappin avait signé. Ceux qui avaient de l'argent devaient en acheter une partie, le reste des effets aurait été distribué à ceux qui n'en avaient pas. Grappin était de ces derniers: il ne voulait pas se souiller d'un pareil brigandage. Il sortit pour aller rendre compte de ces faits au maire, qui invita deux municipaux à se transporter chez le marchand de vin. Les municipaux, dont un était le nommé Lenfant, ne voulurent pas se compromettre, et les assassins se partagèrent paisiblement les dépouilles. J'ai depuis entendu dire au citoyen Rolland, qui était commissaire aux scellés des effets des massacrés, et à la comptabilité de la commune, qu'il y avait, dans le compte des sommes allouées pour cette *expédition* (c'était le mot tecnique), un article de trente-six livres payées à une femme pour avoir fait son devoir dans ces épouvantables journées (1).

Il nous est arrivé aujourd'hui un citoyen qui a beaucoup fréquenté Bazire et Chabot, et qui nous a raconté sur ces deux personnages des anecdotes assez curieuses.

Bazire est né à Dijon, et occupait, aux anciens états de la ci-devant province de Bourgogne, une place de dix mille livres par an; il épousa une femme riche, et tenait à Dijon une maison assez splendide; il s'occupait de botanique, d'histoire naturelle, et recevait chez lui les savans de la ville. Cet homme avait naturellement le cœur bon, mais, le plus souvent, il se laissait entraîner par les impulsions qu'il recevait. Il se lia avec Chabot,

---

(1) Cet odieux article de *dépense* ne se trouve pas dans le *compte* dont les *Mémoires sur les journées de septembre* contiennent l'extrait. Assez d'horreurs figurent, sans celle là, dans cette effrayante comptabilité. (*Note des édit.*)

moine défroqué très-paillard. L'ex-capucin, par une industrie active, était parvenu à se donner un mobilier assez propre. Il désirait traiter chez lui quelques amis ; il parla à Bazire de l'emplette d'une cuisinière; Chabot voulait avoir maison montée.

Une jeune fille, arrivée fraîchement de Dijon, était venue chez Bazire implorer sa protection et ses bons offices. Bazire la proposa à Chabot qui l'accepta. Comme elle était grande et bien faite, l'impudique lui donna doubles gages. La cuisinière quitte ses ajustemens villageois, une demi-parure relève ses rustiques attraits; ce n'est plus Jeannette tout court, c'est mademoiselle Jeannette, cousine issue de germain de M. Chabot, et gouvernante en chef de sa maison.

Tandis que ses arrangemens se faisaient à l'amiable à Paris, madame Bazire avait renvoyé de chez elle, à Dijon, une cuisinière qui l'avait volée; elle avait mandé cet événement à son mari, et lui défendait de la recevoir si elle venait à Paris. La cuisinière arrive, et, nonobstant l'avertissement, Bazire la prend à son service.

Madame Bazire, qui probablement s'ennuyait beaucoup à Dijon loin de son époux, résolut de lui causer une surprise agréable. Elle arrive à Paris à l'improviste, et la première personne qu'elle rencontre chez son mari est la cuisinière qu'elle avait renvoyée. Sa surprise est extrême. « Bonjour, madame Bazire, lui dit cette fille.—Que faites-vous ici? — Mais, Madame, je suis avec Monsieur.

— Mademoiselle, commencez par vous retirer sur-le-champ, et que je ne vous revoie jamais. »

La fille sort sans mot dire. Arrive, sur ces entrefaites, la cousine Chabot qui dit d'un ton léger : « Où est Bazire? Mais c'est bien singulier, on ne le trouve jamais ce Bazire. » Madame Bazire était dans la stupéfaction ; elle ne reconnaissait pas Jeannette de Dijon, qui était toute fringante avec un bonnet à la mode, une pelisse et des bas de soie. « Mais, qui êtes-vous, mademoiselle, dit madame Bazire? — Je suis la cousine de Chabot, député à la Convention nationale; il est bien surprenant que ce Bazire ne soit point ici, il m'avait promis de s'y trouver, c'est un homme bien étonnant. — Mademoiselle, M. Bazire va venir tout à l'heure. »

Pendant ce colloque, madame Bazire examinait la cousine et tâchait de se remettre ses traits. « Pourrais-je vous demander, Mademoiselle, où vous êtes née? — A Dijon, Madame. — Eh bien! Mademoiselle, je vous prie de ne plus remettre les pieds ici, tant que j'y demeurerai. » La cousine s'en alla un peu décontenancée.

Bazire arrive à son tour; il cache, sous des caresses, l'embarras où il se trouve. Madame Bazire, après lui avoir adressé des reproches très-amers, lui raconte ce qui s'est passé en son absence. Elle lui signifie que son intention est de ne pas voir Chabot, le dissolu; et que pendant son séjour à Paris, elle entend qu'il n'ait d'autre société que la sienne dans l'intérieur de sa maison. Elle lui déclare en même temps qu'elle ne sortira jamais avec lui pour aller au spectacle ou ailleurs, et que toute espèce d'intimité est absolument rompue entre elle et lui. Ce régime sévère dura tant qu'elle resta à Paris.

Un jour que madame Bazire se disposait à sortir pour aller au spectacle, un homme à cheveux noirs se présente et demande à parler à son mari. On l'introduit dans son cabinet. Pendant ce temps, la cuisinière qui avait laissé une corbeille d'argenterie dans l'antichambre, était allée aider sa maîtresse à s'habiller. L'homme aux cheveux noirs n'ayant pas été long-temps sans sortir, elle entend un cliquetis d'argenterie, quitte sa maîtresse, et court à l'antichambre. La corbeille avait disparu; elle descend précipitamment et crie au voleur. On saisit le quidam sous un des guichets du Louvre (Bazire demeurait rue Saint-Thomas); il fut mis entre les mains de la garde, et Bazire ne put le sauver, quoiqu'il en eût manifesté le désir.

Le comité de sûreté générale voulant s'assurer si les correspondances étaient bien surveillées à la poste, fit faire un paquet adressé au citoyen comte d'Artois. Il fit arrêter la malle à quelques lieues de Paris, on trouva le paquet. Parmi les autres lettres, Bazire en décacheta une écrite par une princesse étrangère, détenue à l'Abbaye peu de jours après les exécutions de septembre, et dont les caractères étaient tracés avec son sang. Elle avait exprimé, dans cette lettre qui contenait un paquet de ses cheveux, les sentimens les plus tendres et la ferme résolution de mourir.

La sensibilité de Bazire fut vivement émue : il envoie un gendarme pour connaître l'écrou de cette femme; il n'en existait point. Il donne un mandat pour la faire venir. Cette infortunée, croyant que c'était son arrêt de mort qu'on allait prononcer, se jette aux genoux de Bazire, qui lui dit en la relevant : « Je n'ai point trouvé de charges contre vous au comité; et comme il n'y a pas de raison pour que vous soyez privée de votre liberté, je vous la rends, et je suis très-heureux de pouvoir vous être utile. »

Tous ces détails nous ont un peu distraits des ennuis de notre captivité.

Du 7 ventôse.

Depuis six heures du matin il se fait beaucoup de bruit dans la maison. Concierge, greffier, guichetiers, chiens et gardes sont en mouvement pour deux prisonniers qui, à l'aide d'une planche passée transversalement, se sont évadés. L'un est un Italien nommé Palmaléoni, né à Venise, espion du ministre des affaires étrangères qui lui donnait de temps en temps des subsides.

Dans la journée il s'est passé un autre petit événement. Un amant idolâtre de sa maîtresse lui a voulu faire passer un billet dans la manche d'un gilet; le pauvre billet a été découvert. Cet accident a redoublé la surveillance du concierge et des gardiens.

Du 8.

L'évasion de l'Italien nous a valu une visite nocturne pour s'assurer si nous étions tous dans nos lits. Ce Palmaléoni a été repris deux fois dans la ville, mais il a eu l'adresse d'échapper à la surveillance. Il avait très-bien pris ses mesures, car il avait renvoyé de Port-Libre ses livres, un de ses matelas et sa petite valise. Malheureusement la valise n'a pu arriver à bon port; elle a été saisie au moment où elle était rendue à sa destination. Le commissionnaire et plusieurs autres personnes ont été arrêtés. Quelques municipaux sont venus constater l'évasion par un procès-verbal, et ont mis en état d'arrestation le concierge chez lui, le tout pour la forme.

Du 14.

On nous a amené ce matin Berthaux, adjudant de l'armée révolutionnaire. Ce patriote à moustaches pleurait comme un enfant; tous les prisonniers fuient ce misérable qui était bien insolent lorsque, escorté de cinquante coupe-jarrets, il allait porter l'effroi et la désolation dans les familles, en enlevant nuitamment de bons citoyens victimes de fausses dénonciations.

Le traiteur qui nous fournit nous a appris l'arrestation d'Hébert, Ronsin, Vincent et autres scélérats. Comme il était fort lié avec Hébert, il a reçu une lettre de sa femme qui lui mande cette triste nouvelle. Le père Duchesne a été conduit à la Conciergerie, pieds et mains liés.

On nous a amené deux hommes à bonnet rouge, dont un a été cocher du ci-devant roi. On les a priés d'ôter leurs bonnets, parce qu'il n'y a que le concierge, les porte-clefs et commissionnaires qui aient le droit d'en porter. Tel est le règlement de la prison.

La femme Momoro vient d'arriver, et nous a confirmé l'arrestation d'Hébert. En nous apprenant celle de son mari, elle a dit au greffe qu'on s'était assuré d'elle pour l'empêcher d'aller réclamer son mari à la section, mais que cette mesure n'empêcherait pas les patriotes de se remuer.

Du 25.

On disait ce matin au jardin que notre traiteur était arrêté. Il était sorti pour défendre son ami Hébert. Il est arrivé un gendarme portant l'ordre de ne point laisser communiquer les conspirateurs, ni verbalement, ni par écrit, avec les personnes du dehors. Le concierge fort embarrassé répondit qu'il ne soupçonnait de conspiration que l'homme à moustaches arrivé hier. Toutes les lettres sont arrêtées jusqu'à nouvel ordre.

Du 26.

Notre traiteur a été cité au tribunal révolutionnaire comme témoin à la décharge d'Hébert.

Il est arrivé ce matin un huissier du même tribunal qui a apporté quatre assignations, une pour le concierge, et les trois autres pour des guichetiers. On est venu chercher les deux Frey, beaux-frères de Chabot, qui se disaient comtes de l'Empire, faisaient ici une très-grande dépense, et trouvaient que notre traiteur ne vendait pas assez cher deux côtelettes et une bouteille de vin de Bordeaux pour la somme de 11 liv. On a aussi amené au tribunal, ou au moins à la Conciergerie, un nommé Glaudy, du pays de Chabot.

On a signifié ce soir un ordre du comité de sûreté générale de ne laisser entrer aucuns journaux. Cet ordre nous a d'autant plus contristés, que la curiosité est plus puissamment éveillée par les grands intérêts qui fixent l'attention universelle.

La citoyenne Vaucresson est morte aujourd'hui ; elle a béni son fils dans ses derniers instans, et lui a souhaité des enfans qui lui ressemblassent.

Les gardiens sont venus nous rendre une visite sur le minuit ; il paraît que la surveillance est à l'ordre du jour. Quelques détenus craignaient qu'il n'y eût des projets contre les prisons.

Du 27.

Ce matin deux gendarmes sont venus chercher Duruey, ancien banquier de la cour, et ancien receveur-général des finances, pour le conduire au tribunal révolutionnaire. On ignore la cause de cette traduction. Tout le monde est dans l'inquiétude sur le sort de cet honnête citoyen qui n'a fait que du bien partout où il a demeuré, et qui verse encore des bienfaits sur ceux qui l'entourent.

On est venu également chercher le nommé Tarin, imprimeur, à qui on a mis les menottes.

On nous a amené trois anciens officiers aux gardes dont on ne sait pas encore les noms.

Duruey et Tarin sont rentrés dans la soirée à la grande satisfaction de tous les prisonniers.

Du 28.

Duruey a reçu dans la nuit d'hier son acte d'accusation : il est parti ce matin à sept heures pour le tribunal; il doit monter au fauteuil à neuf, et son jugement sera prononcé entre dix et onze. Quelle justice ! grands dieux ! Nous sommes tous dans l'inquiétude. On assure que cet acte d'accusation contient des délits très-graves. Il en a pris lecture, et s'est couché fort tranquillement. Le matin ayant fait attendre les gendarmes qui étaient déjà de très-mauvaise humeur, il leur dit obligeamment qu'il était désespéré de les avoir retardés si long-temps, mais qu'il fallait au moins paraître d'une manière décente au tribunal. Un d'eux lui répondit que ce n'était pas la peine de se faire si beau pour aller à la guillotine.

Une femme qui vient d'arriver nous a raconté qu'on faisait courir le bruit dans Paris que nous étions en insurrection, et qu'on devait amener des canons à notre porte. Cette nouvelle nous a tous consternés, nos idées se sont portées sur des époques affreuses, et nous avons frémi. Cependant nous avons été un peu rassurés par l'imprimeur

Tarin, qui nous a annoncé que le commissaire qui l'avait interrogé lui avait dit : « Nous savons qu'il
» y a de bons patriotes dans les prisons; reportez
» à vos malheureux compagnons d'infortune des
» paroles de paix et de consolation; dites-leur que
» quand l'affaire des conspirateurs sera terminée,
» on les mettra en liberté. Nous savons qu'ils ont
» couru de grands dangers; mais annoncez-leur
» qu'il ne leur arrivera rien, et que nous périrons
» avant eux. »

Nous avons reçu la visite de deux administrateurs de police qui nous ont promis que, sous deux ou trois jours, l'ordre d'arrêter les lettres serait levé.

Nous avons appris avec une vive satisfaction l'arrestation de Chaumette. On prétend qu'il s'était caché chez Patris, imprimeur de la commune, rue Saint-Jacques, au ci-devant couvent des Filles-Sainte-Marie, où l'agent national avait loué deux cellules.

Un guichetier nous a annoncé le jugement de Duruey : il a été condamné à mort. On dit qu'il était accusé d'avoir fait passer des fonds chez l'étranger, et d'avoir payé une lettre-de-change de 6,000 liv. tirée sur lui de Londres. Ce citoyen est généralement regretté, il jouissait de l'estime de tous les prisonniers.

On nous a amené quatre ou cinq individus qui ne se sont point encore fait connaître. Un d'eux est, dit-on, membre d'un comité révolutionnaire.

Du 29.

La femme Momoro est toujours triste; elle tremble beaucoup sur le sort de son mari. Nous ignorions que cette femme avait figuré la déesse de la Raison dans une mascarade de l'invention de Chaumette. Cette circonstance lui attire des railleries qu'elle feint de digérer assez facilement. Cette déesse est très-terrestre; des traits passables, des dents affreuses, une voix de poissarde, une tournure gauche, voilà ce qui constitue madame Momoro.

On a débarqué douze prisonniers qui, par leur costume et leur langage, ont tout l'air d'être du bord d'Hébert et Chaumette. Nous ne sommes pas tranquilles sur le compte de ces gens-là, si la faction sort saine et sauve du tribunal. Personne n'a pu se faire à la mine de ces coupe-jarrets. Tous les prisonniers se tiennent sur leurs gardes, en cas d'événement.

Le rapport envoyé à Robespierre par Laboureau, un des accusés dans cette affaire, et qui a été ensuite acquitté, pourra jeter quelques lumières sur les menées de ces misérables. Cette pièce est extraite des papiers trouvés chez Robespierre.

Rapport de ce que j'ai vu et entendu depuis ma détention.

Je n'ai commencé à communiquer avec les détenus, que quand il a fallu que je me présente au tribunal. Là, en déjeunant, je les ai vus ; mais, de la totalité des accusés, je n'y ai reconnu que Momoro, comme président de ma section, Ronsin, pour l'avoir vu une fois seulement aux Cordeliers, le soir de sa remise en liberté ; Vincent, pour l'avoir vu non-seulement aux Cordeliers, mais encore à la société populaire de ma section, et à ma section, car il se fourrait partout; Hébert, pour l'avoir vu une fois à la commune où je demandais à parler à Chaumette sur quelque chose qui concernait le comité révolutionnaire de ma section, et pour l'avoir vu deux fois aux Cordeliers ; et Ducroquet, commissaire aux accaparemens, lequel était de ma section. Pour ce qui est des autres accusés, je ne les ai jamais connus, et les ai vus pour la première fois au tribunal.

Je n'ai pu retirer aucun renseignement de Vincent, parce qu'il s'est constamment méfié de moi. Depuis ma première entrevue pour le tribunal, jusqu'au moment où j'ai été appelé pour être acquitté, il parlait souvent à l'oreille de Momoro et de Ronsin, et fermait son papier lorsque je voulais y regarder.

Pour ce qui est de Momoro, il m'a témoigné de l'amitié, beaucoup de reconnaissance, m'a plaint et a certifié de mon innocence, mais ne m'a communiqué aucune chose qui tînt à une conspiration, a affecté même de me faire conserver l'opinion qu'il croyait que j'avais de lui. Comme je lui ai demandé ce que c'était que Percyra et Dubuisson, il m'a répondu que c'était la faction Prôli ; que c'était un reste de la faction de Dumouriez ; que le parti qui lui en voulait avait implanté cette faction dans leur affaire pour les rendre criminels, et préparer une opinion défavorable sur leur compte, c'est-à-dire sur lui Momoro et Vincent, Ronsin et Hébert ; que c'étaient des fripons et des voleurs ; que, quant à Laumur, c'était un aristocrate qu'on avait aussi implanté là pour leur donner un air de conjuration ; que l'aristocratie leur avait mis cet homme en avant, et que Westermann, son accusateur, était aussi coquin que lui Laumur ; que si on faisait bien, on l'arrêterait aussi.

Ronsin a constamment paru gai, sans que j'aie pu deviner si c'était sa conscience ou l'effet du déguisement, jusqu'au moment où il a dit cette phrase à Momoro : « Qu'est-ce que tu écris ? tout cela est inutile ; ceci est un procès politique ; vous avez parlé aux Cordeliers, tandis qu'il fallait agir ; cette franchise indiscrète vous a perdus ; on vous arrête en chemin, et sur le coup de temps ; vous deviez savoir que tôt ou tard les instrumens des révolutions sont brisés. Il vous restait une ressource, vous l'avez manquée : cependant, soyez tranquilles, s'adressant à Hébert, Vincent et Momoro, le temps nous vengera ; le peuple victimera les juges, et fera justice de notre mort. J'ai un enfant que j'ai adopté, je lui ai inculqué les principes d'une liberté illimitée ; quand il sera grand, il n'oubliera pas la mort injuste de son père adoptif ;

il poignardera ceux qui nous auront fait mourir ; il ne faut pour cela qu'un couteau de deux sous. » Le jour qu'on lut le journal d'Hébert, il lui dit : « Tu as verbiagé ; ta réponse était bien simple ; il fallait mettre en parallèle de certains numéros de Marat. Apprêtez-vous à mourir, leur dit-il, je jure que vous ne me verrez pas broncher. »

Hébert n'a rien dit qui portât caractère ; il a paru faible, embarrassé, et la dernière nuit, dans la prison, il a eu des accès de désespoir.

J'oubliais de dire que Ronsin, poursuivant sa harangue à Momoro, Hébert et Vincent, leur dit, en faisant un geste affirmatif : « Il y a déjà long-temps que je me suis aperçu que vous étiez mirés et suivis dans le Sénat par un homme craintif, rusé et dangereux (du moins voilà ce qu'il m'a paru vouloir dire par un terme figuré dont je ne puis me souvenir); il vous a surpris, parce que vous ne vous en êtes pas assez méfiés : il faut mourir ; et, se tournant vers moi : Laboureau, me dit-il, d'après ce que m'a dit Momoro de toi, tu es un bon garçon ; il n'y a rien ici qui te regarde, et je te réponds que tu seras remis en liberté. » Ensuite parlant à Hébert qui lui dit qu'il croyait la liberté perdue, il lui répondit : « Tu ne sais ce que tu dis ; la liberté ne peut maintenant se détruire ; le parti qui nous envoie à la mort y marchera à son tour, et cela ne sera pas long. »

Du 2 germinal.

Le départ de notre traiteur pour le tribunal révolutionnaire, a mis notre dîner en souffrance ; nous attendons avec la plus vive impatience l'issue de l'affaire d'Hébert et compagnie. La nouvelle de leur supplice sera un jour de fête pour tous les prisonniers ; il paraît que ces scélérats voulaient épurer les prisons à leur manière ; il est certain que Ronsin vint dernièrement à Port-Libre prendre connaissance de l'état de la maison, du nombre et de la qualité des prisonniers qu'elle renfermait. Ce fut vers une heure du matin qu'il fit cette visite avec le concierge à la lueur d'un flambeau. Comme je dormais profondément alors, je ne les vis point ; les détenus qui ne dormaient pas le remarquèrent très-bien ; il était en uniforme avec une houppe rouge à son chapeau. Ronsin s'enivra ensuite chez le concierge où il passa la nuit. Le lendemain matin il sortit avec un coupe-jarret qui était venu avec lui.

On transfère beaucoup de prisonniers à Sainte-Pélagie, parmi lesquels sont Cypierre et son domestique, Rosanbo et Pasquier, ci-devant conseillers au parlement de Paris ; ils sont accusés d'avoir signé, pendant la chambre des vacations, en 1790, une protestation contre le décret de la constituante qui cassait les parlemens.

Du 4.

Je faisais ce matin un tour au jardin avec la ci-devant princesse de Saint-Maurice ; les gardiens vinrent nous prier de nous retirer. Madame de Saint-Maurice, un peu fâchée de cette invitation, s'écria : « O mon Dieu! ceci ressemble au collége; mais qu'est-ce qu'on apprend avec ces figures bêtes? »

Enfin, la bande des Hébert, Chaumette, Ronsin, Momoro, etc., a reçu la juste punition de ses forfaits. Cette nouvelle fait l'entretien et la joie de tous les prisonniers.

Un administrateur de police a visité les nouvelles palissades qui s'élèvent autour de notre promenade; il s'est amusé à écrire dessus avec de la craie : Rue de la Liberté. A coup sûr, ce municipal est un homme atroce.

La déesse de la raison n'a pas été du tout raisonnable pendant la journée; elle s'est beaucoup lamentée sur l'accident arrivé à son mari.

Du 5.

Nous avons deux nouvelles pensionnaires; l'une d'elles est la citoyenne Beaufort, bel-esprit, et qui recevait chez elle les poëtes et les savans du quartier. On la dit maîtresse du député Julien (de Toulouse), qui a pris le bon parti de se cacher pour éviter la guillotine. La romance suivante pourra donner une idée de son talent :

A MON FILS,

A QUI L'ON AVAIT REFUSÉ L'ENTRÉE DE PORT-LIBRE.

AIR : *Comment goûter quelque repos.*

O vous, dont les sensibles cœurs
Savent aimer avec tendresse,

Venez partager ma tristesse,
Donnez un soupir à mes pleurs;
Et puisse le destin sévère,
Pour vous, hélas! moins rigoureux,
Vous épargner le mal affreux
D'être à la fois captive et mère! *bis.*

O toi, l'objet d'un pur amour,
Toi dont je pleure en vain l'absence!
Conserve long-temps ton enfance,
De sentir éloigne le jour :
Reste à cet âge où l'on ignore
Les soins d'un douteux avenir,
Où le pénible souvenir
N'éveille point avant l'aurore. *bis.*

Quand je te pressais dans mes bras,
J'oubliais le poids de mes chaînes,
Ton sourire écartait mes peines,
Le bonheur errait sur tes pas :
L'ordre nouveau qui nous captive
Double les maux que j'ai soufferts;
J'aurais aimé jusqu'à mes fers
Près de l'enfant dont il me prive. *bis.*

Du 6.

On nous a amené aujourd'hui le citoyen Noiret, employé à la poste, qui a été mis en liberté hier et réincarcéré aujourd'hui; voici comment. Il sortait du Luxembourg par ordre du comité de sûreté générale : arrivé chez lui, il causait avec un de ses voisins, par la fenêtre. Celui-ci lui demanda s'il n'avait pas connu au Luxembourg un de ses parens qui y était détenu; sur l'affirmative, il lui demanda quand il comptait retourner au Luxembourg. « J'irai demain, répondit Noiret, pour y chercher mes effets. — Vous me rendriez un grand service, si vous vouliez vous charger de remettre une lettre à mon parent.—Oh! pour une lettre, non; les ordres sont trop sévères, je n'en ferai rien. »

Un certain Dufaye entendit cette conversation, et alla dénoncer Noiret, comme s'étant chargé d'une lettre pour le Luxembourg. Noiret se rend à cette maison d'arrêt, et va trouver ses anciens camarades d'infortune; il était à peine avec eux qu'on le fait demander au greffe; le concierge lui signifie qu'il a reçu des ordres pour le garder au Luxembourg. Noiret demande la cause de cette nouvelle arrestation; on lui répond qu'il est soupçonné d'avoir apporté une lettre, au mépris des règlemens. « Je me souviens, dit Noiret, qu'hier un de mes voisins me pria de lui faire le plaisir d'en remettre une de sa part à un de ses parens qui est ici, mais je l'ai refusé. Au surplus, il sera très-facile de vérifier le fait, je n'ai pas encore vu ce parent, il n'y a qu'à le faire descendre, on l'interrogera pendant que je resterai dans ce cabinet. » Le concierge donne des ordres, on procède à l'interrogatoire en présence du greffier. La vérité jaillit des réponses du parent. Noiret est justifié. Le concierge lui dit qu'il faut attendre l'arrivée d'un administrateur de police qui décidera sur le fait.

Arrive, sur les cinq heures, l'administrateur Danger qui fait subir un interrogatoire à Noiret; on lui demande ce qu'il pense en général du Luxembourg; il répond qu'il est persuadé qu'il y a beaucoup de patriotes détenus, et qu'ils méritent, ainsi que lui, d'avoir leur liberté.

Après cet interrogatoire, Noiret part pour la Mairie, Danger lui promet de faire son rapport à la police. Noiret est oublié pendant trois heures dans un cabinet obscur où il subit encore un interrogatoire; il y passe la nuit, puis la matinée; enfin un gendarme lui annonce qu'il a reçu l'ordre de le conduire à Port-Libre. « Camarade, lui dit-il, prenons-nous une voiture? — Pourquoi? il fait beau. — C'est que si tu n'en prends pas, je te ganterai. — Me ganter! c'est violent! — Je ne puis m'en dispenser. » Bref, on prend une voiture, et Noiret vient augmenter le nombre des pauvres prisonniers de Port-Libre.

Je viens d'avoir sous les yeux un spectacle bien affligeant pour l'humanité. Un de nos camarades d'infortune est tombé en démence, il se nomme Bazelaire; c'est un des plus beaux hommes de la république; il était autrefois capitaine dans les grenadiers de France. Ce malheureux fait une foule d'extravagances qui alarment beaucoup les femmes. Il avait mis aujourd'hui sa culotte en place de son bonnet de nuit, et il s'efforçait de passer sa jambe dans un bonnet de coton. Le docteur Dupontet assure qu'il n'y a que la liberté qui puisse lui rendre la raison.

On débite pour nouvelles le renouvellement du comité de sûreté générale. On prétend que non-seulement Panis et Sergent en seront chassés; mais même qu'ils seront mis en jugement comme spoliateurs des deniers publics : c'est la commune qui les accuse.

On nous a amené une femme de la ci-devant cour, madame de Simiane, la belle maîtresse de La Fayette.

On dit que Gouttes, évêque constitutionnel d'Autun, a été guillotiné.

Du 7.

Le citoyen Noiret vient d'obtenir sa liberté pour la seconde fois; son dénonciateur a été arrêté. On voulait l'amener ici, nous nous y sommes tous opposés; il est allé ailleurs.

Du 11.

Nous avons appris l'arrestation de quatre députés de la Convention nationale, Camille-Desmoulins, Danton, Lacroix, Phelippeaux, et de plusieurs administrateurs de police : c'est probablement quelques conspirations nouvelles.

Le trait de la femme de Lavergne, commandant de Longwy, qui a crié vive le roi, pour périr avec son époux, a singulièrement attendri. Cette malheureuse a été exécutée aujourd'hui.

Du 13.

La journée a commencé par l'arrivée des ci-devant marquis et marquise Lavalette, qui nous ont été amenés du Luxembourg. Hier, on a transféré à la Conciergerie les beaux-frères de Chabot. Un nouvel administrateur de police est venu nous rendre visite. Celui-ci avait du moins la figure humaine. Il a promis beaucoup de choses, comme de nous faire recevoir les journaux, de tâcher d'obtenir que les détenus voient leurs parens, de forcer enfin notre impitoyable traiteur à nous donner de la nourriture supportable.

L'affaire de Danton, Chabot, Fabre-d'Églantine, etc., pique singulièrement la curiosité de tous les prisonniers. On veut que tous ces messieurs aient prodigieusement volé; on prétend même que Danton a fait des acquisitions pour plus de cinq cent mille livres. Pour Fabre-d'Églantine, on sait assez généralement qu'il vivait d'emprunt en 1790 et 1791; sa fortune avait pris une face plus riante, il habitait un des appartemens les plus élégans de Paris. Ce qui est assez remarquable, c'est que son ancien ameublement est actuellement sous sa remise : il consiste en un mauvais lit, deux chaises de paille, un pot de chambre et une misérable table de noyer, sur laquelle il composait ses comédies et tragédies.

Du 14.

On nous a amené un membre de la société populaire du Contrat-Social. C'est le plus fougueux jacobin qu'il soit possible de voir. Il a été reçu comme il le méritait par ses co-sectionnaires, et n'a pu rester dans l'intérieur de la prison; il sera transféré à la Force.

Du 15.

Les accusés montrent une grande fermeté devant le tribunal révolutionnaire, et se défendent d'une manière très-vigoureuse. Un citoyen, qui a été témoin des débats, nous a rapporté que Danton fait trembler juges et jurés, il écrase de sa voix la sonnette du président : celui-ci lui disait : « Est-ce que vous n'entendez pas la sonnette? — Président, lui répondit Danton, la voix d'un homme qui a à défendre sa vie et son honneur, doit vaincre le bruit de ta sonnette. » Le public murmurait pendant les débats. Danton s'écria : « Peuple, vous me jugerez quand j'aurai tout dit : ma voix ne doit pas être seulement entendue de vous, mais de toute la France. »

Du 16.

Nous avons appris aujourd'hui l'exécution de Danton et compagnie. Le supplice de ces gens-là nous a moins étonnés que celui d'Hébert. On nous a mené ce soir Victor Broglie, l'ex-constituant.

Du 25.

On est venu chercher ici le nommé Marino qui a méconnu la représentation nationale dans la personne du député Pons de Verdun, et qu'un décret a renvoyé au tribunal révolutionnaire. On a également enlevé un ex-chanoine du Mans, accusé de fanatisme. Ce dernier est revenu avec un acte d'accusation; on lui a donné un défenseur officieux. Ce bon chanoine, qui est âgé de 74 ans, a subi un interrogatoire de deux heures; à chaque réponse qu'il faisait, on lui disait qu'il mentait. Sans doute on viendra le chercher au premier jour pour subir son jugement.

Du 28.

On nous a enlevé un prisonnier pour aller au tribunal révolutionnaire, c'est le citoyen Roussel, père de deux fils émigrés, chez lequel on a trouvé plusieurs chansons aristocratiques.

Du 1er floréal.

Nous avons appris aujourd'hui, avec la plus vive douleur, la condamnation et l'exécution de plusieurs membres du ci-devant parlement de Paris, assassinés par le tribunal révolutionnaire. Rosanbo a emporté les regrets de tous les prisonniers; il serait difficile de réunir autant de vertus que cet estimable magistrat. Il a laissé dans le deuil et le désespoir son beau-père, B. Malesherbes, son épouse, ses deux filles, ses fils et ses deux gendres, qui gémissent tous dans notre maison d'arrêt.

Du 2.

Plusieurs bruits circulent dans la prison; on dit qu'il est arrivé à Paris trois chariots de prisonniers, chargés chacun de soixante infortunés, entassés les uns sur les autres; on prétend que ce sont des ouvriers qui voulaient aller à la messe, en dépit d'un arrêté de je ne sais quel proconsul montagnard. Ils avaient tous l'air riant, excepté un vieillard, vêtu proprement, qui pleurait.

Le tribunal révolutionnaire continue le cours de ses assassinats. On raconte que cinquante magistrats d'anciennes cours souveraines, sont actuellement en présence de leurs bourreaux. On parle aussi de la traduction prochaine de Le Chapelier et de d'Esprémesnil; ces deux ex-constituans, très-opposés d'opinion, périront ensemble comme conspirateurs. Fouquier-Tinville a fait sortir de la Bourbe, pour l'approvisionnement de son charnier, les ci-devant duchesses Du Châtelet et de Grammont, la citoyenne de Rosanbo, le citoyen et la citoyenne de Châteaubriand : le premier, gendre du citoyen Rosanbo; la seconde, sa fille; et le vertueux Malesherbes, grand-père de cette famille, dont il ne reste plus ici que trois enfans de Rosanbo et les citoyens d'Aunay et de Tocqueville, ses gendres. Le jeune homme et ses deux sœurs poussaient ce soir des cris affreux. Leur malheureuse mère, depuis l'assassinat de son mari, avait tout-à-fait perdu la tête et était tombée dans le délire. Au moment où on est venu la chercher, elle a rassemblé toutes ses forces et repris ses esprits; elle est allée chez mademoiselle de Sombreuil, et lui a dit ces paroles remarquables : « Mademoiselle, vous avez eu le bonheur de sauver monsieur votre père, et moi je vais avoir celui de mourir avec le mien et de suivre mon mari. »

Après avoir prononcé ce petit discours, elle est retombée dans son premier état, s'est précipitée hors de la chambre, sans savoir où elle portait ses pas.

On nous a amené un vieillard de 78 ans, avec son fils âgé d'à peu près 30 ans. Ils se nomment

Chemilly et habitent à Paris la section de Brutus. Ce septuagénaire a autrefois servi dans le régiment des gardes; son fils est capitaine réformé de dragons; tous deux sont hors de service depuis longtemps.

Du 3.

Deux brigands d'un comité révolutionnaire sont venus aujourd'hui méditer ici sur l'instabilité des choses humaines. On a arrêté notre gargotier qui, non content de nous empoisonner, nous volait avec une impudence sans égale. Ce coquin ne craignait pas de nous vendre trente sous soixante-douze haricots. On a dressé procès-verbal de tous ses vols, et les plaignans sont admis à déduire les friponneries du maraud.

On a disposé de nouveaux guichets; nous avons gagné, d'un côté, la liberté de divaguer sans carte dans tous les bâtimens séparés du nôtre qui s'appelle faubourg Saint-Germain; mais nous sommes privés de la faculté d'aller au greffe et dans la cour d'entrée.

Nous avons appris l'exécution de la famille Rosanbo; la consternation a été générale.

On nous a amené aujourd'hui M. de La Rochefoucauld et mademoiselle de Béthisy, fille de l'ex-comte de Béthisy; elle fait l'apprentissage du malheur encore bien jeune, elle n'a que 17 ans; elle fut obligée de suivre son père, lorsqu'il émigra, il y a trois ans; un décret de la Constituante la déchargea du délit d'émigration. Revenue en France, elle s'adonna aux métiers les plus durs et les plus fatigans, pour pourvoir à sa subsistance ; elle fut tour à tour ouvrière et blanchisseuse. Hélas! cette jeune et intéressante personne n'est peut-être pas encore parvenue au terme de ses maux.

Plusieurs prisonniers racontent différentes anecdotes sur le vertueux Malesherbes. Lorsqu'on vint chercher Rosanbo pour le mettre en prison, son épouse pria M. de Malesherbes, son père, de faire un mémoire en faveur de son mari. M. de Malesherbes en composa un dans lequel il prit la défense de son gendre, et s'attacha à prouver qu'on ne pouvait point punir de mort un magistrat qui avait fait son devoir, en déposant son opinion, sur quelques innovations, dans une protestation signée de ses collègues.

M. de Malesherbes, étant détenu ici, adressa une lettre à un de ses amis, dans laquelle il s'applaudissait d'avoir été honoré de la confiance de Louis XVI qui l'avait chargé de sa défense. Cette lettre passa au visa du greffe ; on la lui rendit en lui observant qu'elle pourrait avoir pour lui des conséquences funestes, si on parvenait à en savoir le contenu. M. de Malesherbes la garda un moment dans ses mains et dit au greffier : « Vous avez raison, cette lettre pourrait bien me faire guillotiner. » Il rêva et resta quelques minutes dans l'indécision, et dit ensuite : « Qu'importe ? elle partira. Telle est mon opinion ; je serais un lâche de la trahir, je n'ai fait que mon devoir. » La lettre partit; elle a servi depuis dans l'espèce de procédure où il a été assassiné.

Châteaubriand savait aujourd'hui qu'il devait être transféré le lendemain pour être mis en cause au tribunal. Il a dissimulé ses craintes à sa femme, et a montré la plus grande fermeté et la plus profonde résignation (1). En général, tous nos compagnons d'infortune nous quittent pour aller à la boucherie, avec le sang-froid le plus tranquille, je dirais presque avec héroïsme.

Du 5.

On nous a encore amené aujourd'hui deux patriotes : c'est ainsi que les gardiens nomment les membres des comités révolutionnaires.

On vient d'arracher des bras de leurs mères, mesdemoiselles de Brion et de Bissy, la première âgée de 15 ans et la seconde de 19 ans. Comme elles n'étaient point en état d'arrestation, et que la piété filiale les avait seule portées à s'associer au sort de leurs mères, elles ont été comprises dans le décret qui expulse de Paris toutes les personnes attachées à la caste ci-devant nobiliaire.

Toute la maison a frémi en apprenant le supplice de plusieurs victimes qui s'étaient concilié l'estime de tous les prisonniers; on prétend cependant que l'accusateur public a dit à l'un des témoins : « Eh

---

(1) M. de Châteaubriand, qui avait épousé la petite-fille de l'illustre Malesherbes, était le frère aîné de l'écrivain célèbre à qui l'on doit le *Génie du Christianisme* et les *Martyrs*.

(*Note des édit.*)

bien! on doit avoir eu peur dans la maison de Port-Libre, quand on a connu les exécutions de plusieurs personnes qui en faisaient partie. Cela devait être ainsi. Mais vous pouvez assurer les citoyens qui y restent, que je n'ai aucune note contre eux en ce moment, et qu'ils peuvent rester tranquilles. »

Ces paroles, qui nous ont été rapportées, ont un peu calmé les esprits abattus par la terreur.

Du 6.

Encore trois nouveaux prisonniers. De Cotte, ci-devant président-rapporteur du Point-d'Honneur; Gui, secrétaire du ci-devant maréchal de Noailles; et l'agent national de la commune de Tours.

Du 7.

Un général révolutionnaire, nouvellement débarqué, nous a donné une petite comédie qui a fait beaucoup rire. Ce personnage s'est montré dans le jardin en grand uniforme, le collet brodé, le chapeau galonné et orné de ses plumes. Malheureusement la taille trahissait un peu le héros; il n'avait guère que quatre pieds trois pouces, et pour comble d'infortune, on avait appris dans la maison que ce général était un ancien aboyeur de la foire Saint-Germain, ci-devant attaché à une ménagerie. Un prisonnier assez jovial l'accosta dans son passage, et s'écria : « Le voilà, le voilà, ce grand Talala, qui a été à la Vendée, ce grand animal d'Afrique qui a des dents et qui mange des pierres; venez, Messieurs, venez le voir, il n'en coûte que deux sous après l'avoir vu. C'est ce grand général des bois, qui est venu des déserts de l'Arabie, dans une montgolfière, et qui est descendu à la Bourbe; c'est celui qui a une culotte blanche et un gilet noir; voyez, voyez. »

Cette petite scène a fait diversion à notre ennui. Ce général révolutionnaire fraie avec quelques jacobins qui sont ici. Parmi ces derniers est un nommé David, de la section du Contrat-Social. Lorsqu'il est arrivé ici, il crevait d'embonpoint; aujourd'hui il n'a plus que la peau et les os. On prétend qu'il a pris une part très-active dans les journées de septembre; il paraît être actuellement déchiré par les remords.

Du 8.

On a transféré aujourd'hui à la Conciergerie M. de Nicolaï qui était autrefois président du grand conseil. Il a montré une grande fermeté en nous quittant. Il était à table, quand un gardien est venu le chercher; il lui a demandé pourquoi on l'appelait. « C'est un gendarme qui est en bas, répondit le gardien. — Oh bien! c'est bon, dit M. de Nicolaï; je sais ce que c'est; qu'il attende. »

Il acheva de dîner, prit un verre de liqueur et se rendit au greffe, en disant à ceux qui étaient sur son passage : « Ce n'est rien; cela ne sera pas long, ce n'est qu'une levée de scellés. » Le gendarme lui demanda s'il n'emportait rien. « Non, ce n'est pas la peine. »

Il avait depuis huit jours une douleur à l'épaule;

on l'engageait à consulter le médecin. « Non, répondit-il, cela n'est pas nécessaire, le mal est trop près de la tête, l'une emportera l'autre.

M. et madame Terray, neveu et mère de l'abbé Terray, sont aussi partis pour la Conciergerie. M. Terray m'a raconté qu'il avait un fils en pays étranger; qu'il l'envoya, en 1790, à l'âge de quatorze ans, achever ses études à Oxford et à Berlin. Il paraît que cette émigration sera le prétexte de sa condamnation.

Du 13.

Des commissaires du comité révolutionnaire de la section des Tuileries sont venus chercher, par ordre du comité de sûreté générale, Sombreuil père et fils, Montmorency, les ci-devant princes Jules de Rohan et de Saint-Maurice. On croyait d'abord que c'était pour les conduire au tribunal révolutionnaire; mais nous avons appris depuis, qu'on les avait transférés à Sainte-Pélagie, et mis au secret tous cinq. Il est difficile de se peindre la consternation de toute la maison et le courage des transférés. On a examiné tous leurs papiers. Mademoiselle Sombreuil encourageait son père. « Il ne peut rien vous arriver, lui disait-elle, vous avez toujours été vertueux, la justice protégera l'innocence; mais si le crime en ordonnait autrement, je ne vous survivrais pas et j'irais bientôt vous rejoindre. »

Elle se promenait en tenant d'une main son père, et de l'autre, Grappin, son libérateur. M. de Sombreuil disait à sa fille, en montrant Grappin : « Si cet honnête homme n'était pas marié, je ne voudrais pas que tu eusses d'autre époux. »

Du 14.

Ce matin je vis mademoiselle Sombreuil qui avait l'air très-calme ; mademoiselle Chabert avait passé une partie de la nuit dans sa chambre ; elle avait reçu une lettre de son père qui lui recommandait le calme et la résignation. Il lui écrivait qu'il était inutile de demander à venir avec lui, parce que toute espèce de communication était impossible. Il espérait, au surplus, être interrogé dans la soirée. Nous avons appris, sur les quatre heures du soir, que nos anciens compagnons d'infortune étaient sortis du secret. On pense qu'ils n'ont été transférés que d'après la dénonciation de quelques scélérats qui habitent avec nous.

Du 15.

Encore une famille dans la douleur : c'est celle de Fougeret, ci-devant receveur-général des finances. Un gendarme est venu le chercher ce matin. D'après un décret, il était en arrestation chez lui, sous la sauvegarde d'un gendarme. Il avait préféré revenir ici pour vivre avec ses parens. Cet événement a jeté la désolation dans toute la maison.

Fougeret est revenu ce soir ; il a été interrogé ; les inquiétudes sur son compte ont cessé. Ce retour nous a fait à tous le plus vif plaisir.

Du 16.

Madame de Sénozan, sœur de feu M. de Malesherbes, et à peu près du même âge, a été amenée au tribunal. Cette respectable dame était très-affligée.

Du 17.

Une force armée considérable rôde actuellement (8 heures du matin) dans le jardin. Des hommes bardés de rubans tricolores distribuent de tous côtés des sentinelles qui sont doublées. Nous ignorons le sujet de cet appareil.

On nous apprend que trois prisonniers ont été visités, et qu'on leur ôte couteaux, rasoirs et ciseaux.

Il est trois heures, et on sonne la cloche de l'appel. C'est pour nous consigner chacun dans nos chambres; on nous assure que l'opération ne sera pas longue, mais, en attendant, toute communication est interdite. L'alarme est générale. Je viens de faire le sacrifice de mes poésies, toutes très-fugitives; je ne ferai celui de mon journal qu'à la dernière extrémité, et je le sauverai, si je le puis.

Au milieu des alarmes auxquelles nous sommes en proie, nous avons appris la mort du nouveau Sénèque Luillier, agent national du département de Paris, qui s'est ouvert les quatre veines au Luxembourg. Périssent ainsi tous les brigands!

Du 18.

Nous sommes toujours consignés. J'ai caché ce journal sous les cendres, derrière la grosse bûche du fond, au risque d'être brûlé. S'il en revient, je le continuerai. J'ai caché mes ciseaux; ma montre et un rasoir dans les trous de la ventouse de ma cheminée. J'espère que ces petits meubles échapperont aux recherches de nos inquisiteurs.

Il est resté cette nuit cent hommes de garde. On dit qu'il y a des canons à la porte et des charrettes toutes prêtes pour le transférement. Les instans qui s'écoulent sont affreux; c'est une agonie perpétuelle. Les commissaires instrumentent dans les autres bâtimens; comme j'habite la dernière chambre du dernier étage du dernier bâtiment, je serai sans doute examiné un des derniers.

Du 19.

Les commissaires travaillent toujours. On dit qu'ils traitent plusieurs prisonniers avec une grande sévérité. Ils ne laissent pas les couteaux à tout le monde; ils brisent la pointe de ceux qu'ils n'emportent pas. On répand même qu'ils font mettre absolument nus certains individus. La mesure me paraît très-rigoureuse.

Tout le monde est triste, les communications sont tout-à-fait interceptées, on laisse des sentinelles à la porte de ceux qui ont été interrogés. On ne sait pas encore trop à quoi tout ceci aboutira.

On ne peut se procurer à dîner, les ordres sont très-sévères, rien ne transpire du dehors. Cependant on a appris que les fermiers-généraux avaient été assassinés sur la place de la révolution.

Les commissaires, après leur dîner, sont passés dans notre bâtiment; ils ont commencé leur visite par le premier corridor, et ils y sont restés jusqu'à minuit, pour examiner à peu près cent personnes. Cette opération s'est faite avec plus de célérité que nous ne l'aurions imaginé; mais elle a beaucoup resserré les communications que nous avions jusque-là avec les prisonniers de ce bâtiment. D'autres commissaires ont remplacé les premiers inquisiteurs, épuisés de fatigue.

Du 20.

Au moyen de quelques signes convenus avec les prisonniers des autres bâtimens, nous avons appris qu'on ne faisait pas de questions relatives à la détention, qu'on ne prenait pas les montres et qu'on n'examinait pas les papiers. Cette nouvelle nous a un peu tranquillisés.

Quelques détenus, plus indiscrets que les autres dans leurs signes, ont donné l'éveil aux sentinelles, et on a donné sur-le-champ la consigne de fermer toutes les fenêtres.

Après le dîner, les commissaires sont entrés dans notre corps de logis. Deux de ces messieurs, tout fiers du ruban tricolore qu'ils portaient, avaient la figure la plus repoussante. L'un était ci-devant marchand d'habits sous les piliers des halles. Ils ont été très-longs dans leur examen, et sont restés plus de deux heures dans la chambre du n° 35 que j'ai habitée à mon arrivée dans cette prison. Ils ont pris des femmes avec eux pour fouiller les dames. Nous avons été informés ce matin qu'ils avaient fait déshabiller plusieurs personnes, entre autres, les citoyennes Couture et Roussel, femmes de chambre de la Du Barry, et madame Poissonnier, ci-devant attachée à la reine.

Du 21.

On nous fait espérer que nous serons visités aujourd'hui. Nous attendons cet instant avec beaucoup d'impatience, car on nous rendra sans doute après la liberté des communications. Ceux qui ont passé à l'examen peuvent se promener dans le jardin, et les fenêtres peuvent actuellement s'ouvrir. Le citoyen Poissonnier nous a dit ces deux mots latins : *Sicut infans*, qui signifient sans doute qu'on vous met nus, comme lorsque vous naissez.

Au milieu de ce tracas, nous bénissons la Providence qui a pourvu, d'une manière toute particulière, à notre dîner. M. de Cambise, capitaine de marine qui a commandé l'année dernière la station de Saint-Domingue, et qui est ici avec sa femme, avait une petite provision d'œufs et de beurre qu'il avait déposée dans notre chambre avant qu'on interceptât les communications. Aujourd'hui mon co-chambriste, qui est très-lié avec M. de Cambise, nous dit qu'il pouvait nous offrir des œufs qui ne lui appartenaient pas, mais qu'il espérait ne pas être désavoué par le propriétaire. En conséquence, je me suis constitué cuisinier, j'ai fait une bonne soupe aux herbes et une excellente omelette à la célestine; nous avions de plus une ample salade : nous avons fait un repas délicieux. Il s'est perdu entre deux compagnons un pari de vingt-cinq livres qui doit être mangé sous peu. Voici le sujet : J'avais pour aide de cuisine un ex-chanoine de Troyes qui, soufflant très-mal le feu, reçut de mon bras un coup de serviette tellement appliqué, que la marque fût imprimée sur-le-champ sur sa jambe. Il défit son bas et nous fit voir une tache noire. Un de nos co-chambristes dit qu'il plaisantait, et que cette marque ne venait pas du coup; le pari s'engagea, et le soir la marque disparut.

Après le dîné, je descendis chez Larive, et tandis que j'y étais, les commissaires apparurent et nous consignèrent rigoureusement dans nos chambres. Après leur examen ils dirent aux trois prisonniers visités qu'ils pouvaient aller se promener, et que pour eux ils se rendaient à la Mairie où ils avaient affaire. Ce contre-temps nous a beaucoup affligés; car nous étions ajournés à demain pour la visite.

Un moment après nous apprîmes que d'autres commissaires municipaux étaient en exercice. J'allai passer la soirée chez Emmery; à peine étais-je entré que les commissaires se rendirent dans la chambre voisine. Ils demandèrent combien il y avait encore de chambres à visiter. On leur répondit qu'il n'y en avait plus que trois. Après s'être assurés du nombre des prisonniers qu'elles contenaient, ils voulaient se retirer sans terminer leur opération. Je leur observai qu'il y avait déjà cinq jours que nous n'avions joui de la promenade, et que nous avions le plus grand besoin de prendre un peu l'air; je les engageai de finir ce soir, ce qu'ils me promirent. Il était alors six heures et demie.

A la tête de mon lit est une porte de communication avec la chambre voisine; elle est tellement disposée que l'on ne peut parler un peu haut sans être entendu de l'autre pièce; nous étions convenus que les prisonniers de la première chambre qui passeraient à l'examen élèveraient la voix pendant l'interrogatoire, de manière que nous pussions recueillir les demandes et les réponses.

Ne voulant pas subir l'humiliation d'être déshabillé par les commissaires, je me mis au lit; mes camarades de chambre en avaient fait autant. Le silence le plus profond régnait parmi nous. J'étais aux écoutes, l'oreille clouée à la serrure de la porte de communication. J'avais conservé mon couteau sous mon oreiller. D'après les interrogatoires j'appris qu'on enlevait les couteaux, rasoirs et ciseaux. Je me levai et allai cacher mon couteau sous les cendres.

Les commissaires arrivèrent enfin dans notre

chambre. Le concierge, qui les accompagnait, me dit : « Ah! ah! tu savais donc, l'ami, que nous allions venir, puisque tu t'es couché ; tu mérites d'aller au cachot. » Je m'aperçus ensuite que le concierge, qui voulait railler, avait voulu m'effrayer par cette plaisanterie. On me demanda si j'avais un rasoir. « Oui. —Des ciseaux? — Oui ; » et en même temps je déposai le rasoir et les ciseaux. —As-tu un couteau? —Non.—Des assignats? — Tiens, voilà mon porte-feuille; » et je tirai un corset de cinq livres et deux billets de dix sous. « Oh! oh! dit affectueusement un des commissaires; oui, parbleu! je connais celui-ci, c'est un bon enfant. — Mais qui êtes-vous, vous qui me connaissez?— Dans trois jours tu le sauras. — Y a-t-il longtemps que vous me connaissez?— Oui. — Comment m'appelé-je? — Coittant : je dis que tu es un bon enfant; et je ne dis pas cela de tout le monde. »

Enfin ce commissaire ne voulut jamais me dire qui il était, malgré toutes mes sollicitations. Ces messieurs gardèrent mon antique rasoir et mes vieux ciseaux. L'examen ne fut pas long, nous étions tous en chemise, en vrais sans-culottes. Comme ces commissaires s'en allaient, après nous avoir fait signer le procès-verbal des effets qu'ils emportaient, j'insistai de nouveau auprès de mon interrogateur pour me dire qui il était. Il me répondit à l'oreille qu'il donnerait le lendemain de ses nouvelles à quelqu'un qui était de ma connaissance. Je n'ai plus entendu parler de ce commissaire.

Aussitôt après leur départ, j'allai retirer de ma cachette, ma montre, mes ciseaux neufs, un rasoir et mon pauvre journal que le feu avait un peu endommagé. Ainsi se passèrent cent onze heures de véritable agonie. Je regrette beaucoup quelques petites fables que je jetai dans le feu : l'indulgence de l'amitié y avait ajouté quelque prix.

Du 22.

Les communications sont entièrement rétablies. Les commissaires, malgré leur surveillance et leurs précautions, n'avaient pu empêcher les prisonniers de savoir quel était le but de leurs recherches. Chacun s'empressa de cacher les objets auxquels il était attaché.

Un prisonnier avait déposé vingt-cinq louis en or dans des latrines sous de la paille. Après la visite, il n'eut rien de plus pressé que de voler vers son trésor. Malheureusement il avait disparu ; en vain il fouille dans la paille, ses recherches sont inutiles ; il dirige ses pas dans un autre coin et trouve une pareille somme qu'un autre avait cachée et dont il s'empara. Il paraît que dans cette aventure, quelqu'un s'est trouvé *subito* propriétaire de vingt-cinq louis, dont un pauvre prisonnier aura été dépouillé.

Un autre avait caché des assignats sous un tas d'ordures. Un chien, en cherchant des os, découvre et met en évidence les assignats. Un prisonnier s'aperçoit de la manœuvre et recouvre charitablement les assignats. Le maudit chien revient à la charge, et les découvre une seconde fois. Sur ces entrefaites passe un gardien qui aperçoit les assignats et qui les empoche sans façon. Quand le malheureux propriétaire voulut reprendre son dépôt, il ne trouva plus que la place.

Tout le monde avait mis son esprit à la torture, pour soustraire à la voracité des inquisiteurs son argent et ses bijoux. Les uns les avaient cachés sous des seuils de porte, sous des appuis de fenêtre ; d'autres les avaient mis sous des bandes de papier collé sur des fentes de cloisons, des crevasses de mur, et quelques autres enfin sous des couvertures de livres, en les décartonnant.

Deux prisonniers pleins de jovialité se débarrassèrent assez adroitement de la visite des municipaux. Ils avaient déposé leurs assignats sur la partie haute du chambranle de leur porte. En attendant la visite, ils s'amusaient à fumer quelques pipes. Ils étaient tranquillement assis sur leurs lits, quand la sainte hermandad arrive. La cellule était tellement pleine de fumée que la lumière s'éteint. On rallume la bougie. « Ouf ! dit un des visiteurs, on étouffe ici. » A ces mots, les fumeurs lui lancent, ainsi qu'à la compagnie, plusieurs bordées de fumée. Les municipaux ne pouvant respirer, toussaient avec grand bruit. « Est-ce que vous n'aimez pas la pipe ? » dit un des fumeurs à l'un d'eux, et il lui obscurcit absolument la vue par une nouvelle bouffée. « Est-ce que vous ne fumez pas? » dit l'autre, en renouvelant la bordée. « Oh mon Dieu ! on ne peut pas tenir ici ! » criaient les frères visiteurs ; « avez-vous des armes, des bijoux, des assignats? —Voyez, cherchez; » et les flots de fumée roulaient dans la chambre. « Oh ! non, dit un des tricolores, en toussant, il n'y a rien ici de suspect ; signez et passons ailleurs. »

Le corrégidor et sa bande furent plus heureux chez le général Dublaisel, vieillard presqu'octogénaire, homme probe, et qui, s'en rapportant à la bonne foi municipale, n'avait pris aucune précaution pour cacher ses effets. Il avait à peu près pour trente mille livres d'assignats à face, provenant d'un remboursement. La vue d'une aussi forte somme réjouit singulièrement les brigandeaux. « Oh ! oh ! dit l'un, voilà bien des assignats à face royale. Pourquoi en as-tu tant? — C'est qu'on me les a donnés. — Mais, dit un autre, en s'emparant, il y en a beaucoup. — Oui, mais il me paraît qu'ils sont assez de votre goût ; allez, continuez vos rapines ; emportez ces effigies ; mais vous ne m'enlèverez pas soixante-dix-huit ans d'honneur, de courage et de probité. » Les municipaux, ne comprenant rien à ce langage, sortirent en ricanant, et les poches bien garnies.

Ces messieurs vexaient les prisonniers en proportion de leurs richesses présumées. Quand ils ne trouvaient rien ou peu de chose chez un homme qui, par son nom ou sa qualité, leur promettait une ample moisson, ils ne finissaient pas leurs recherches ; et lorsqu'elles étaient infructueuses, il n'est sortes d'injures dont ils n'accablassent le malheureux détenu.

Pendant l'opération municipale, on nous a amené madame Audouin, la très-digne moitié de M. Audouin, ex-vicaire de Saint-Thomas-d'Aquin, gendre de papa Pache, et son adjoint dans le ministère de la guerre. Cette femme a amené son enfant avec elle.

Le bruit court dans la prison que madame d'Orléans et l'homme du 21 janvier, le général Santerre, ont été exécutés. Ce bruit s'est trouvé faux.

M. Fougeret vient d'être emmené ; on suppose que c'est pour une confrontation.

Du 23.

Les cris perçans et affreux des filles de M. Fougeret, nous apprennent que cet infortuné vient d'être égorgé par le tribunal. C'est quelque chose d'horrible, que d'être le témoin de l'excès de la douleur de toutes les familles qui ont un père, un fils, un époux, une épouse à redemander aux assassins brevetés du gouvernement. On meurt autant de fois qu'on enlève une victime et qu'on apprend sa mort.

Madame Fougeret annonça cette triste nouvelle à ses trois filles, en leur disant : « Votre père est tué. » Ces enfans qui adoraient leur père, le venaient voir régulièrement deux fois par jour, tel temps qu'il fît, aux Magdelonnettes où il était ci-devant détenu. Je les ai vues arriver ici avec leur mère; elles bénissaient le ciel de leur arrestation, puisqu'elles étaient réunies à leur père. Infortunées ! elles étaient bien loin de prévoir alors le coup qui les frappe aujourd'hui. Madame Desmemères, sœur de M. Fougeret, était dans un état horrible ; comme elle est sujette aux attaques de nerfs, elle est tombée dans des convulsions effrayantes. Ces sortes de spectacles se renouvellent souvent dans cette prison. Quelle vie ! grands dieux !

Du 24.

On nous a amené cette nuit une femme de Mazarin, âgée de 84 ans, sa demoiselle de compagnie et son jardinier.

Le nombre des prisonniers augmente tous les jours ; mais on les amène de manière qu'on ne peut ni les voir ni les connaître.

Il court un bruit sourd sur les commissions populaires ; il paraît certain qu'elles sont organisées et qu'elles vont entrer en activité.

Du 27.

On a conduit ici plusieurs patriotes renforcés à bonnet rouge, tels que des membres de comités révolutionnaires et des municipaux. Le major des Invalides les a suivis.

On parle toujours des commissions, comme devant être bientôt en activité ; quelques-uns assurent même qu'elles y sont déjà.

On dit aussi que les comités révolutionnaires de Paris ont été en députation au comité de salut public où ils ont été mal reçus. On ajoute que la division a éclaté entre le comité-roi et le comité de sûreté générale.

Du 29.

La citoyenne Malessi, fille de madame Lachabeaussière, vient d'accoucher d'une fille dans notre prison. C'est en vain que sa malheureuse mère, qui est toujours au secret, a demandé à la voir. Cette inhumanité fait frémir tout le monde d'indignation.

Voici une romance que madame de Lachabeaussière a composée sur ce douloureux événement.

UNE MÈRE A SA FILLE NÉE EN PRISON.

ROMANCE.

AIR : *Je l'ai planté, je l'ai vu naître.*

AIMABLE enfant, qui viens de naître
Au milieu des fers, des tombeaux,
Puisses-tu ne jamais connaître
Le cruel auteur de nos maux !

Goûte sur le sein de ta mère,
Un bonheur innocent et pur.
Que le sort d'un coupable père
A tes yeux soit toujours obscur.

Tandis que ta paisible enfance,
Exempte de soins, de douleurs,
S'écoulera dans l'innocence,
L'Éternel séchera nos pleurs.

> La France libre et fortunée,
> Ayant fait périr ses tyrans,
> Par la justice gouvernée,
> Suspendra ses glaives sanglans.
>
> Alors, au destin qui m'accable
> Succèderont des jours charmans,
> Et le sort fait pour les coupables
> N'atteindra plus les innocens.

Il est arrivé aujourd'hui trois professeurs (mâles et femelles) de morale publique au jardin des Tuileries et autres endroits publics. Ces instituteurs populaires, qui tenaient des cours de loi agraire sur des chaises, ont été arrêtés pour avoir voulu donner une trop grande extension aux droits de l'homme.

On a transféré à la Conciergerie le ci-devant baron de Marguerites, ex-constituant et ancien maire de Nîmes.

Du 30.

La nouvelle du jour est que la commission populaire est définitivement nommée, et qu'elle doit aujourd'hui prêter serment. Un arrêté du comité de sûreté générale, adressé au concierge, et qui vient d'être rendu public, ne laisse plus aucun doute sur l'organisation de cette autorité révolutionnaire. D'après cet arrêté, il est enjoint au concierge d'exécuter ponctuellement les ordres de la commission, et de lui exhiber l'état de ses prisonniers, leurs noms, prénoms, âges, qualités, les motifs de leur arrestation, le nom des autorités qui ont délivré les mandats d'arrêt.

Du 3 prairial.

La nourriture commence à devenir détestable, l'ennui nous assiége, l'incertitude nous tue. J'avais demandé quelques livres philosophiques, on n'en a pas permis l'entrée. On ne tolère que les romans. Les livres dits de dévotion sont absolument prohibés, comme pouvant exalter les têtes. Les livres de morale sont également proscrits, parce qu'on ne veut pas que l'on pense. Misérables tyrans! pauvre espèce humaine! quelle révolution!

Nous avons ici un ancien laquais de la ci-devant comtesse de Méhu, qui fait les fonctions de greffier ou plutôt de mouchard. Il a dit à quelqu'un, en confidence, qu'il était à la Bourbe par ordre du comité de sûreté générale, pour reconnaître les aristocrates. Le misérable se nomme Petit.

Du 4.

La nouvelle du jour est que Collot-d'Herbois a failli être tué d'un coup de pistolet; on assure aussi que les jours de Robespierre ont été en danger. Ces bruits n'ont attristé personne.

Une nouvelle disposition de police vient de niveler les prisonniers pour la nourriture; on nous accorde à chacun cinquante sous pour nous restaurer; les plus riches même ne dédaignent pas de recevoir la petite ration pécuniaire; la crainte d'être notés les rend très-exacts à toucher la rente journalière. C'est cependant quelque chose d'assez original, que de voir l'ancien garde-des-sceaux de

France, Hue de Miroménil, aller chercher modestement les cinquante sous alloués par la nation. Tout ceci se fait au nom de l'égalité (1).

Du 6.

Le comité de sûreté générale vient de nous donner de ses nouvelles dans une affiche placardée dans l'intérieur de la prison. Il nous apprend que ceux d'entre nous qui seront jugés ennemis de la république, ennemis de la nation, ennemis de Robespierre, du tribunal révolutionnaire, etc., seront guillotinés ou déportés *ad libitum*. De plus, il ordonne que les prisonniers n'auront aucune espèce de communication avec le dehors, plus de livres, plus de lettres, plus de consolation. Un cuisinier est en réquisition pour toute la maison, les prisonniers seront tous au régime de l'égalité. Il y aura deux boîtes à la porte, pour y déposer les paquets de linge sale qui reviendra blanchi, par la même route. Cette extrême rigueur laisse beaucoup de noir dans les idées. Le désespoir est dans les yeux du plus grand nombre.

---

(1) « A Troyes, dit l'auteur d'un Mémoire sur la terreur exercée dans cette ville, le conseil général de la commune ordonna que la viande fût retranchée aux détenus, et qu'on versât et mêlât dans un même tonneau toutes les boissons qui leur viendraient du dehors, sous prétexte que l'*Egalité voulait que la nourriture et la boisson fussent les mêmes pour tous.* »

(*Note des édit.*)

Du 8.

La femme Momoro vient d'obtenir sa liberté. Elle était si étonnée de ce bonheur, qu'elle avait peine à le croire; la bonne femme s'est mise à pleurer en sortant.

Du 12.

On vient de nous enlever l'ex-marquis de Lavalette, ancien officier aux gardes, pour aller au tribunal révolutionnaire. Les cris de sa malheureuse femme nous ont appris ce funeste événement. Elle s'était pendue au cou de son mari, ses jambes étaient entrelacées dans les siennes; dans cette situation, elle priait le guichetier de l'emmener avec son mari. Cette scène déchirante avait attendri tout le monde, excepté l'inexorable guichetier qui, impatienté du retard, s'écria avec une voix rauque : « Allons, est-ce bientôt fini ? »

Ce misérable guichetier avait déjà porté le désespoir dans l'ame de cette épouse infortunée. Les fenêtres de madame Lavalette donnaient précisément sur le jardin où son mari jouait au ballon. « Appelle ton mari, lui cria le guichetier. — Pourquoi donc ? — Appelle-le toujours. — Mais, mon ami, dis-moi donc pourquoi ? — Pour aller au tribunal. » Madame Lavalette, à cette triste nouvelle, tomba roide sur le plancher.

Du 14.

On nous a enlevé trois prisonniers pour approvisionner le tribunal révolutionnaire : madame Le

Pescheux, de Lyon, et deux juges de paix du département des Ardennes.

Du 15.

Encore cinq procès pour le tribunal révolutionnaire : Viart, Mézeray, commis ; Roger, agent national d'un district, prévenu de s'être approprié une partie de l'argenterie de l'église de Gennevilliers ; le ci-devant marquis Villeneuve de Trans, et Laigle, domestique ; ils sont tous accusés d'avoir blasphémé contre le gouvernement révolutionnaire, dans un petit café qui est dans l'enceinte de notre prison. Sept témoins ou *moutons* sont assignés pour témoigner. Les jacobins dont j'ai déjà parlé ont voulu jouer un tour au docteur Dupontet qui le leur a bien rendu. Ces messieurs, qui s'étaient laissé gagner au jeu quelques assignats par le docteur, lui dirent, pour se venger, qu'on le demandait au greffe pour aller au tribunal révolutionnaire. Le bon docteur, un peu étourdi, descend en robe de chambre et bonnet de nuit ; il s'aperçoit alors qu'on a voulu le jouer. Il avait dans sa poche deux grains d'émétique qu'il portait à un malade. Il va dans la chambre d'un des jacobins, et verse l'émétique dans une bouteille de vin. Le terroriste a été purgé d'importance.

Du 17.

Les *moutons* sont revenus du tribunal ; ils nous ont raconté qu'il n'y en avait que trois de condamnés. Viart avait tellement perdu la tête, qu'on fut obligé de le faire descendre du fauteuil.

Voici les noms des moutons : Cupif, ci-devant inspecteur du jardin des Tuileries; Cruan, cordonnier; Latour, ex-dragon; Caron, ancien domestique et officieux dans la prison; Folâtre, ancien commandant du bataillon de Bonne-Nouvelle; Schaff, horloger; Roger, surnommé le *Sot*. Quatre de ces *moutons* étaient plus connus par leur scélératesse; c'étaient Cupif, Cruan, Latour et Roger. Comme ils craignaient le ressentiment ou le désespoir des malheureux prisonniers, ils demandèrent à l'administrateur Benoît d'être transférés; celui-ci, qui les protégeait, les fit placer dans un petit corps de bâtiment adjacent à la première cour.

Ces quatre brigands étaient inaccessibles; mais ils avaient la faculté d'aller partout pour exercer leur ministère. Dès ce moment ils marchaient la tête levée, et des hommes n'ont pas rougi d'aller mendier leur protection.

Les administrateurs de police venaient plusieurs fois par décade recevoir les dénonciations que ces scélérats avaient concertées entre eux.

La chambre qui renfermait ces quatre monstres était située au fond de la cour, à droite, dans un angle du bâtiment. Elle communiquait auparavant dans l'autre aile, par une chambre voisine de la leur, dont on avait condamné la porte. Les prisonniers qui l'habitaient entendaient assez distinctement tout ce qui se disait dans la chambre des moutons, et ils auraient été entendus de même, s'ils n'avaient pris la précaution d'étendre une couverture très-épaisse sur la porte, de manière que le son de la voix ne pénétrait pas dans l'autre pièce. Un citoyen qui était dans cette chambre, ayant vu monter l'administrateur Benoît, eut la curiosité d'entendre leur colloque; en conséquence, il se plaça entre la porte et la couverture. Il entendit les quatre dénonciateurs passer en revue la plupart des prisonniers. Benoît tenait la plume et prenait note des dénonciations. Celui-ci était un aristocrate; celui-là avait l'air de mépriser les sansculottes; un autre était accusé d'avoir de la tristesse sur la figure, quand il apprenait l'exécution d'un prisonnier; un autre était ennemi de Marat, de Robespierre, etc.

L'administrateur faisait aussi des questions sur tel ou tel détenu, et quand les dénonciateurs n'avaient rien à articuler contre lui, ils finissaient par dire qu'ils le soupçonnaient d'aristocratie.

L'administrateur, en se retirant, les engagea à toujours bien servir la république, et à continuer de dénoncer les aristocrates; il leur parla de justice et même de vertu.

Après le départ de l'administrateur, les quatre moutons se prirent d'un grand éclat de rire; chacun se disputait la gloire d'avoir fait le plus de dénonciations. La mienne, disait l'un, était mieux imaginée que la tienne; elle avait au moins un air de vérité. J'aime mieux la mienne, répliquait un autre; elle est plus forte. Tous se réunissaient pour s'applaudir de conduire bien vite leurs victimes à l'échafaud. Le citoyen qui écoutait de pareilles horreurs, transporté de fureur, voulait enfoncer la porte, appeler du monde, et faire dresser procès-verbal de tout ce qu'il avait entendu. Les trois prisonniers, tout aussi irrités que lui, craignant que cette dénonciation ne les fît périr un peu plus tôt, parvinrent, à force de prières, à calmer l'indignation du prisonnier qui depuis me raconta cette horrible aventure. Et voilà quels étaient les brigands qui disposaient à leur gré de la vie des malheureux détenus !

Du 20.

Nous avons célébré la fête de l'Être-Suprême. J'avais fait un hymne qui fut chanté, et dont les dames entonnèrent les strophes; tout cela alla tant bien que mal; on dansa ensuite la carmagnole en grande ronde et à grands chœurs. Puis vint une prière à l'Être-Suprême, de la composition de Vigée, chantée par mademoiselle Béthisy qui y mit beaucoup d'onction.

L'air *si vous aimez la danse* eut son tour; puis *la Marseillaise*.

Larive déclama, par intermède, des vers de *Guillaume Tell*, et le pauvre hymne de Chénier, répudié par Robespierre. Vigée fit la clôture de la fête par la lecture d'un hymne pour la fête du malheur, et d'une ode à la liberté, de sa composition.

L'administrateur Benoît assistait à la cérémonie, tout ébahi; car le bon homme n'avait jamais entendu tant d'hymnes.

Du 21.

Les sans-culottes ont fait le lendemain de la fête; ils ont déjeuné entre eux, ont beaucoup braillé, et ont fini par s'enivrer complètement. Ils voulaient même danser absolument; les dames n'ont pas été de cet avis, et le bal a été ajourné.

Du 24.

On nous a amené ce matin une bonne grosse fermière du bourg de l'Égalité, dont le fils a émigré. Cette femme avait quelque argent et quatre à cinq paires de ciseaux qu'on lui a pris.

Cette pauvre femme ne put s'empêcher de s'écrier, en les remettant : « Il fallait donc me dire qu'on devait me les prendre, je les aurais laissés chez moi. »

Du 25.

On nous a enlevé l'ancien président Le Rebours. On n'a trouvé que lui sur le registre des écrous, parmi plusieurs victimes qu'on cherchait dans notre maison. On a donc été ailleurs.

Du 26.

J'étais à me promener ce matin sous les arbres du petit cloître, lorsqu'un camarade d'infortune, s'avançant tristement vers moi, me demanda si j'étais capable de fermeté. Je lui répondis affirmativement. « Eh bien! prépare-toi, on vient te chercher pour le tribunal avec Gamache. Le gendarme est au greffe. » Je montai alors dans ma chambre; je confiai à mon ami ma montre, ma boîte et le portrait de mon Hélène; je le priai de remettre ces divers objets à mon amie. Il me le promit; il descendit ensuite pour s'assurer de ce qui se passait au greffe. Il revint tout joyeux, au bout d'un quart-d'heure, en m'annonçant qu'une erreur de nom l'avait fait trembler pour mes jours. Cette nouvelle me rassura un peu; cependant j'étais parfaitement résigné.

L'infernal Benoît vient de nous signifier l'ordre de ne plus nous servir de lumière; nous avons obéi sans murmure. Nous soupons et nous nous couchons à la lueur du réverbère.

Nous avons appris l'exécution du président Le Rebours et de Fréteau.

Du 27.

Nous ne serons plus obligés de nous coucher sans lumière; l'administrateur de police vient de nous permettre d'en avoir jusqu'à dix heures et un quart.

On est venu hier soir chercher Gamache, et il est parti pour le tribunal. Il dit au gendarme qui vint le prendre : « Mon ami, je suis un vieux militaire, je ne sais point résister à la consigne ni aux ordres supérieurs; je n'ignore point que tu as le droit de me lier ; mais ne crains rien, je saurai mourir en homme de ma race. » On nous assure qu'il n'a point été garroté, et qu'il est mort avec beaucoup de courage. Il était fort entiché des principes de l'ancienne noblesse.

Du 28.

Il est défendu au concierge de laisser parvenir jusqu'à nous le journal.

Du 29. — Rien. — Du 30.

Nous avons célébré une fête patriotique, assemblés dans le corridor du deuxième étage : la citoyenne Beaufort, femme de lettres, et qui possède aussi le talent de la peinture, a prononcé un discours ; puis on a chanté des hymnes, et on est passé dans le jardin où l'on a dansé la carmagnole.

On met au nombre des guillotinés le fameux Marino, de ma section (celle de la Montagne), ce scélérat, qui sans doute est cause de l'arrestation de beaucoup d'entre nous. Plusieurs administrateurs de police ont eu, dit-on, le même sort. Nos ennemis périssent, et nous sommes toujours dans les fers.

Du premier messidor.

J'étais engagé à souper sans lumière, puisqu'il est défendu d'en avoir, passé dix heures. Nous nous y sommes amusés autant que des prisonniers pouvaient le faire dans notre position : c'était chez la citoyenne Collet de Châlons, avec Vigée et autres.

Du 2.

J'ai été voir, ce matin, mon portrait, peint de mémoire par le citoyen Fougeret, ainsi que plusieurs camées où semblait respirer la malheureuse famille de cet artiste estimable. En sortant de chez lui, j'ai été entendre, à la chapelle, des quatuors d'harmonie fort bien exécutés, grâce à ma basse et à ma quinte.

En passant par le greffe, on m'a dit que nous n'avions plus la faculté d'écrire ni de recevoir des lettres : nous voilà resserrés plus que jamais.

Des 3, 4 et 5. — Rien. — Du 6.

Deux prisonniers, mandés ce matin à la Mairie, ont été interrogés par la commission. Ils nous ont assuré que les commissaires leur avaient dit qu'il y avait quatre cents rapports de faits pour des mises en liberté.

La commission a paru ce soir dans notre prison, et a interrogé sept détenus. On prétend qu'elle met beaucoup de sévérité dans ses interrogatoires. Mais chacun des interrogés est content, parce que l'espérance n'abandonne jamais l'homme. On est étonné seulement qu'elle n'interroge pas les plus anciens prisonniers : elle semble les prendre au hasard.

Du 7.

Des gendarmes ne composent plus notre garde ; ce sont les sections qui font ce service. Cela nous importe peu, puisque le service se fait maintenant en dehors.

Du 8.

Broglie, ex-constituant, est parti ce soir pour le tribunal.... Sans doute nous ne le verrons plus. Quoiqu'il fût informé de son sort deux heures d'avance, il n'en fut pas moins tranquille. On venait d'achever son portrait en miniature ; il en disposa en faveur d'une de ses amies. Vigée était chez lui, et lisait quelques-uns de ses ouvrages ; il tira sa montre et lui dit : « L'heure approche ; je ne sais si j'aurai le temps de vous entendre jusqu'à la fin ; mais n'importe, continuez toujours en attendant qu'on vienne me chercher. »

Du 9. — Rien. — Du 10.

On nous a amené une jeune femme de dix-huit ans, grosse de sept mois, avec son mari : elle est petite-fille de M. de Fleury, avocat-général, et fille de M. de Montmort.

Du 11.

J'ai eu une grande conversation avec le citoyen Loppin, membre de la commission, à qui j'ai assuré que j'ignorais les motifs de mon incarcération depuis dix mois. Il m'a promis de s'en occuper. Quelques personnes m'ont fait observer que cet entretien me ferait peut-être aller plus vite à la guillotine (1). Mais qu'importe la perte de la vie, quand on gémit dans les fers ?

---

(1) Rien n'était plus vrai, car ce Loppin signa mon arrêt de

Du 12.

Nous avons eu la visite d'un nouvel administrateur de police. Il s'appelle Dumoutier : c'est un ancien frippier des Halles. On le dit honnête homme. Il a le plus grand désir que le réfectoire s'établisse. On nous fait espérer que ce sera pour deux ou trois jours, et nous mangerons tous en famille.

Du 13. — Rien. — *Du* 14.

Je me flattais hier de ce que nous avions été quelques jours tranquilles; ma consolation n'a pas duré long-temps. Ce matin on nous a enlevé quatre de nos compagnons d'infortune. Boisgelin, avec qui nous avions été aux Magdelonnettes, ex-noble, et qui en avait la hauteur ; la citoyenne Coquet, belle-mère de Duvaucel, fermier-général guillotiné, et dont une fille est émigrée : sachant que sa dernière heure approchait, elle se coupa elle-même les cheveux, en disant : « Les coquins n'auront pas cet honneur ; » et elle les déposa, avec son portrait, entre les mains d'une de ses amies, pour les remettre à sa fille. Le troisième est le citoyen Poirier, marchand de vin, rue Saint-Thomas-du-Louvre : on ne connaît pas son affaire, non plus que celle du quatrième, le nommé Brousse, cultivateur.

---

mort, que j'ai vu aux archives du comité de sûreté générale depuis ma sortie, et qui est joint à mon dossier.

(*Note de l'auteur.*)

Notre nouvel administrateur veut que les prisonniers soient bien traités ; il a accordé la promenade aux deux femmes qui sont au secret, les citoyennes Audouin et l'infortunée de Lachabeaussière qui, renfermée depuis si long-temps, ne pouvait faire un pas sans se reposer.

On nous a amené un cordonnier enchaîné, puis un septembriseur : ce dernier n'a pas trouvé seulement à se loger.

Du 15. — Rien. — *Du* 16.

Il nous a fallu renvoyer nos basses, quintes, violons, parce qu'on nous a signifié qu'on ne voulait plus ici de musique.

On nous enleva, ce matin, le nommé Thiéri, président de la section du Bonnet-Rouge : nous ne savons si c'est une nouvelle victime pour l'échafaud.

Cinq personnes sont parties d'ici, savoir : quatre pour le tribunal révolutionnaire, Cassenac et sa femme, Tourangeaux, et deux autres du même pays ; puis Hegasse, pour le tribunal criminel du département : l'affaire de ce dernier est pour faux assignats par lui reçus il y a deux ans, et rendus à celui qui les lui avait remis ; mais accusé de n'en avoir pas fait sa déclaration. Cassenac et sa femme sont prévenus d'avoir eu des correspondances avec les émigrés, d'avoir été à la Vendée combattre avec les révoltés, et mis en liberté par la commission militaire de Tours, soupçonnée de ne la donner qu'aux aristocrates. Les deux autres Tourangeaux étaient membres de cette commission.

On a amené trois personnes de la Force ici, dont deux femmes qu'on dit être filles publiques, et un nommé Férière.

Du 17. — Rien. — *Du* 18.

Deux gendarmes sont venus chercher Prestat et Doinel. Le premier a seulement été interrogé par la commission, relativement à des vols qui furent faits le 10 août au château des Tuileries. Il paraît que Daubigny, adjoint du ministre de la guerre et membre de la commission, prévenu d'avoir volé une grande quantité d'assignats, et qui avait été acquitté, va être repris sous œuvre : il faut que tôt ou tard les coquins soient punis.

Vigée fit pour sœur Collette, notre charmante commensale, les jolis couplets que voici, au sujet de l'apôtre Pierre, son patron.

AIR : *Comment goûter quelque repos.*

PIERRE fut un de ces mortels
Qu'adora la sainte ignorance;
Long-temps il obtint dans la France
Des oraisons et des autels.
Maintenant la philosophie
Veut oublier jusqu'à son nom :
Mais quand Pierre est votre patron,
Je ne puis croire qu'on l'oublie.

Pierre comme nous a gémi
Dans une prison redoutable;
Mais les doux plaisirs de la table
N'y consolaient point son ennui;

Plus malheureux encor peut-être,
Il n'y connaissait pas l'amour :
Et qui vous voit dans ce séjour
Est du moins sûr de le connaître.

Pierre a les clefs du paradis,
Nous disait le pieux grimoire;
Chacun de nous daignait le croire,
Chacun voulait s'y voir admis.
Il en est un dont sur la terre
Vous avez bien les clefs aussi :
Nous aurions tous pour celui-ci
Déserté celui de saint Pierre.

Entre eux je soupçonne pourtant
Une ressemblance certaine :
On n'entrait dans l'un qu'avec peine;
Il doit de l'autre en être autant.
Mais le vôtre en cela l'emporte :
A la chasteté Pierre ouvrait;
Près de vous qui s'en prévaudrait,
Resterait toujours à la porte.

Je me souviens de certain trait,
Qu'en riant toujours on répète :
Celui de gentille Perrette
Tombant avec son pot au lait.
Un fol espoir en fut la cause.
De grâce, ne l'imitez pas :
Si vous tombez.... dans le faux-pas
Que l'amour soit pour quelque chose.

Du 19.

On nous a amené, ce matin, madame et mademoiselle Beaumarchais, qui auraient été des nôtres, si nous avions eu de la place pour les loger. Elles ont été renvoyées ailleurs.

Nous avons encore eu l'arrivée de la femme d'un

membre du comité révolutionnaire qui, d'après son écrou, s'est permis des injures contre Robespierre.

Du 20.

Nous avons, aujourd'hui, célébré une fête nationale, mais sans musique, puisqu'elle nous est défendue; Vigée avait fait des paroles, et Leclerc le chant.

Une famille de notre maison est dans le deuil, celle de Bar, parce que le père de la jeune femme a été guillotiné hier, pour cause de la prétendue conspiration du Luxembourg.

Le nouveau concierge fait ses adieux. C'est Benoît qui reprend le gouvernement de cette maison. Cela ne fait aucune sensation, sans doute parce qu'on n'a pas eu le temps d'apprécier celui qui se retire.

Du 21.

Il nous est venu deux administrateurs de police pour s'occuper encore du réfectoire en commun.

S'ils reparaissent demain, comme on nous l'a promis, nous leur représenterons combien il est dur de nous priver de fruit et de lait, qu'on ne peut faire entrer de dehors, tandis que les prisonniers ont le plus grand besoin de se rafraîchir le sang.

Du 24.

Le réfectoire est enfin organisé; il nous paraît fort sage. Il y aura deux tables de deux cent quarante couverts chacune, et l'on sera divisé de dix en dix. La première sera servie à une heure, la seconde à deux heures. Les détenus auront de la viande deux fois par décade ; ils se pourvoiront de ce qui leur est nécessaire, attendu que le traiteur ne fournira que soupières et plats : chaque détenu se fournira de vin jusqu'à nouvel ordre, et on leur allouera, pour cet objet, deux sous par jour ; il aura un pain d'une livre et demie journellement. Nous nous proposons de nous amuser à ces grandes tables.

On a amené ce matin quatre détenus au tribunal révolutionnaire, entre autres les curés de Saint-Cyr et de Marly. Celui de Saint-Cyr est un sieur Benaud-Murcier qui composait un journal de harpe et de clavecin.

Du 25.

Nous sommes tous descendus pour voir la première table. Elle était nombreuse en femmes. C'était réellement un beau coup-d'œil. Les commensaux de cette première table se rassemblèrent sous le Cloître ; et il était piquant de voir, par exemple, la ci-devant princesse Saint-Maurice et autres de sa trempe, attendre, avec les sans-culottes qui mangent à cette table, mais en petit nombre, le moment d'entrer pour prendre leur réfection. Quelle différence !... je ne dis pas seulement d'un temps plus éloigné, mais d'hier, où ces personnes mangeaient des mets délicats et recherchés !

Notre dîner fut médiocre et il y eut un peu de confusion. On nous avait donné de la soupe, de la raie et sept médiocres artichaux pour dix; mais le tout était en trop petite quantité. Les sans-culottes se plaignent hautement, avec d'autant plus de raison qu'il n'y aura qu'un seul repas par jour.

Mouchet, envoyé au tribunal depuis le matin, en est de retour; il resta deux heures sur le fauteuil, en attendant qu'on eût interrogé seize prévenus; quand on voulut s'occuper de lui, on reconnut qu'il y avait erreur de nom, et on le fit retirer.

Du 26.

On nous a amené aujourd'hui deux membres d'un comité révolutionnaire, dont l'un, dit-on, porte sur les épaules les marques de la féodalité, c'est-à-dire une fleur de lis. Leurs figures ont quelque chose de répugnant. Ils furent fort mal accueillis des citoyens de leur section qu'ils avaient fait incarcérer. Mais le moment le plus désagréable pour eux a été celui où ils sont entrés au réfectoire, avec trois ou quatre coquins de leur espèce, qui sont ici depuis peu; les huées dont on les a assaillis, leur ont fait voir quelle était l'opinion publique à leur égard.

L'ordre a été parfaitement rétabli au réfectoire, pour que les mets fussent mangés chauds. Comme c'était notre jour de viande, on a servi à chaque table de dix un morceau de bœuf de cinq livres, des choux et des haricots verts.

Les sans-culottes de la maison ont, ce soir, célébré l'anniversaire du 14 juillet, par des discours, des chants et des danses.

Du 27.

On nous a amené ce matin un homme bien estimable, le chevalier de Florian, auteur de *Numa*, d'*Estelle*, etc. Il nous a appris que Parny, le poëte du naturel et des grâces, était aussi incarcéré; mais il ignore dans quelle maison d'arrêt.

Du 28.

On est venu chercher ce matin, pour le tribunal, une malheureuse sœur converse qui servait de berceuse à l'enfant de madame Malessi. On nous a amené en même temps vingt personnes, neuf de Tours, dont, parmi les hommes, un marche avec des béquilles, et deux ou trois femmes dont une superbe. Les onze autres sont les maîtres, les valets et commensaux d'un hôtel garni, rue des Deux-Portes, près Saint-Severin, où se cachait, dit-on, un homme mis hors la loi.

On a renvoyé tous les chiens de la maison; il n'y en avait que cent quatre-vingt-dix; mais on a respecté celui de madame de Lachabeaussière. Il est certain que cet animal est incomparable. Aujourd'hui, le gardien alla prendre madame de Lachabeaussière pour la conduire à la promenade; le chien l'accompagnait : quand il vit de quel côté l'on tournait, il prit les devans et attendit à la porte l'arrivée de sa maîtresse; la porte ouverte, il se jette au cou du gardien et le lèche, en signe de remerciement et de reconnaissance, puis alla se cacher dans la chambre de celle qu'il aurait voulu ne quitter jamais.

Du 30.

Nous avons eu une petite fête dans le réfectoire. Le citoyen Cupif, ordonnateur de toutes celles qui ont eu lieu jusqu'à présent, est venu planter le simulacre de l'arbre de la liberté, c'est-à-dire attacher une forte branche au tuyau du poêle, et prononcer un discours analogue. Vers les six heures, on s'est rassemblé au réfectoire où l'on a chanté d'abord une chanson de Florian, puis un hymne au peuple français, par Vigée, musique du prisonnier Leclerc. On s'est ensuite rendu au jardin, où l'on a fini par un hymne à l'Éternel, de Coittant.

Du 2 thermidor.

Comme nous dînions au réfectoire, le concierge est venu nous prendre nos couteaux, et il n'en a laissé qu'un seul pour dix personnes; mais nous avions eu soin de cacher les autres. Ainsi la plupart d'entre nous seront obligés de manger comme les animaux. Quelle honte pour ceux qui veulent un tel avilissement, et pour ceux qui sont forcés de s'y soumettre!

Du 3.

Dès le matin, à notre réveil, nous apprenons qu'il y a trois chariots à la porte et dix gendarmes à cheval qui attendent quarante prisonniers. Aussitôt l'alarme se répand de toutes parts, chacun craint pour soi. Enfin, nous apprenons qu'il s'agit de transférer ceux des détenus qui se sont plaints le plus vivement des abus de la maison. Gonille, ci-devant commissaire national au tribunal criminel du département, ayant voulu plaisanter le greffier en feignant de désirer être de l'émigration, fut mis sur la liste à son insu, contraint de partir avec les autres, dont il faillit enrager de dépit.

On nous enleva, à cette époque, la plupart des maris qui faisaient mauvais ménage avec leurs femmes, tels que le ci-devant marquis de Ferrières et Poissonnier.

Du 4.

Nous apprîmes que nos transférés, conduits au Luxembourg, étaient vingt-sept dans une pièce et seize dans une autre.

On nous avait amené, dans la nuit, une riche marchande du Palais, prévenue d'avoir suivi le culte religieux, d'avoir fait dire la messe dans son domicile. Elle pleure et se désespère.

Du 5.

On a ouvert le guichet à quatorze religieuses de Sainte-Aure, qui dans ce quartier, vivaient en communauté. Les vieilles et les jeunes ne paraissaient nullement effrayées. Elles ont mangé au réfectoire, et étaient là comme chez elles.

Le soir, on nous a amené neuf autres femmes,

dont la plus jolie est la citoyenne Van-Robais; les unes venaient des Anglaises, et les autres de différentes maisons de santé. Toutes nous ont assuré qu'on leur avait dit que notre maison allait être spécialement destinée aux femmes en arrestation, et que nous serions transférés.

A la nuit tombante on est venu chercher le citoyen Dublaisel, ancien lieutenant-général, pour le traduire au tribunal révolutionnaire. Cet homme, âgé de soixante-dix-huit ans, était retiré aux Chartreux depuis quinze années, et ne se mêlait en rien de la révolution. Il n'emporta qu'une chemise et un bonnet, en disant : « Voilà, sans doute, la dernière que je mettrai. » Il fut guillotiné.

Du 6.

Il nous est arrivé, ce soir, quarante-cinq femmes, venant des Bénédictines anglaises. Tout cela nous annonce quelque grand changement dans notre maison....

Il n'était que trop vrai; une grande partie d'entre nous est arrachée de son ancienne retraite et transférée à la maison d'arrêt des Carmes.

TRANSFÈREMENT

D'UNE PARTIE DES DÉTENUS DE PORT-LIBRE A LA MAISON D'ARRÊT DES CARMES.

L'orage, après avoir grondé pendant quelques jours, éclate enfin ; nous supportions à Port-Libre la perte de notre liberté; nous y avions fait des connaissances, des amis : tout-à-coup, le 7 messidor, an deuxième, des listes de transfèremens se distribuent, et il nous faut monter dans de funestes chariots, au nombre de quarante-cinq, sans savoir où nous allons. Parmi les transférés, on remarquait Coittant, Laroche, Quoinat, Vigée. Plusieurs de ceux qui devaient aussi être compris dans l'émigration, s'étaient rachetés à force d'argent.

Nos doutes se dissipèrent après que nos chariots eurent long-temps roulé avec lenteur, entourés d'une forte escorte de gendarmerie à cheval ; on nous descendit dans la maison d'arrêt des Carmes. Qu'elle était désagréable, affreuse, en comparaison de celle que nous venions de quitter! On nous renferma dans une vilaine écurie où nous restâmes plusieurs heures sans qu'on eût l'air de songer à nous. Après une attente qui nous parut bien longue, nous en sortîmes quatre à quatre, pour aller nous coucher dans des corridors, dans des cachots, où l'humidité était si grande que le matin nous tordions nos habits. Nous n'en fûmes tirés qu'à dix heures et demie, dévorés par mille insectes de toutes espèces, et tous presque morts de faim ; car on avait refusé de nous laisser prendre quelques provisions à Port-Libre. En attendant l'heure du réfectoire, on nous distribua un morceau de pain.

Ici les corridors ne sont point éclairés ; on n'a pas toujours la jouissance du jardin ; l'on n'a pu long-temps entrevoir que par leurs fenêtres, les femmes qui sont détenues au nombre de vingt, et ne mangent au réfectoire qu'après les hommes. Les corridors sont vernis ; quoique spacieux, ils sont peu aérés et infectés par le méphitisme des latrines. Les fenêtres sont bouchées aux trois quarts, de sorte qu'on ne reçoit le jour que d'en haut ; et encore le peu d'ouverture qu'elles ont est-il grillé avec de forts barreaux. C'est directement une prison de force dans toute son horreur. Les détenus ne soignent point leurs personnes comme à la Bourbe ; ils sont décoletés, pour la plupart sans cravate ; en chemise, en pantalon, malpropres, les jambes nues, un mouchoir autour de la tête, point peignés, la barbe longue. Les femmes, nos tristes compagnes d'infortune, sombres, rêveuses, sont vêtues d'une petite robe ou d'un pierrot, tantôt d'une couleur, tantôt d'une autre. Du reste, on est assez bien nourri ; à l'unique repas du réfectoire, nous avons le pain à discrétion, et chacun une demi-bouteille de vin. Mais notre concierge est dur, rébarbatif.

Pendant toute la nuit du 9 au 10 thermidor, nous avons entendu beaucoup de bruit, battre le rappel, la générale, sonner le tocsin, des cris dans le lointain, des proclamations qui nous parvenaient d'une manière confuse. On nous avait verrouillés de bonne heure dans nos cellules ; tout cela nous causait la plus vive inquiétude.

Le lendemain, notre anxiété se dissipa en partie. Nous apprenons qu'à trois heures du matin, on est venu mettre Santerre en liberté. Nous ne sommes instruits qu'en partie des étranges événemens qui se sont passés, de ceux non moins extraordinaires qui arrivent. Mais nous acquérons la certitude que sans la chute de Robespierre, et celle de la commune orgueilleuse et conspiratrice, nous devions tous être massacrés. Le nommé Crépin, administrateur de police, à la tête d'une troupe de scélérats, attendait à notre porte l'affreux signal du carnage ; dans son impatience féroce, deux fois il se fit ouvrir la porte de notre prison, et c'était pour nous égorger (1). Lorsqu'il apprit que l'humanité triomphait,

---

(1) On prenait à tâche de varier le mode et la forme des désignations meurtrières. A Troyes, par exemple, « une liste de neuf victimes est présentée à la société populaire ; elle est adoptée avec le mode d'exécution, portant que des écriteaux peints en jaune seront affichés à la porte de ces individus, sous le titre d'assassins du peuple. En présentant cette liste, qu'il donne comme provisoire, le rapporteur du principal comité s'excuse sur ce qu'elle est trop peu nombreuse, et rassure les patriotes énergiques, en disant que le comité s'occupera de la grossir. »

(*Note des édit.*)

il accourut se cacher au milieu de nous ; mais on refusa de le recevoir : il pleura, il dit qu'il n'avait été élu que malgré lui, qu'il n'était d'aucun complot, qu'il ne voulait que le bien.

Destournelles, ex-ministre des contributions publiques, que nous avons eu pour commensal aux Magdelonnettes, partageait nos alarmes dans la maison des Carmes ; mais il était toujours le même, affectant des prétentions à l'esprit, et se donnant ridiculement les airs d'un ministre ; il paraissait avoir oublié tout le monde, entre autres Coittant, quoiqu'il le connût depuis dix-sept années.

Santerre vint nous faire une courte visite d'amitié le 11, et nous donna l'espoir consolant que l'on s'occupait de briser les fers des patriotes. En réjouissance des heureux événemens, nous chantâmes des hymnes dans les corridors, et nous ne rentrâmes dans nos cellules qu'à dix heures du soir.

Deux nouveaux administrateurs de police nous ont assuré que notre sort allait être adouci : la promenade du jardin nous est accordée ; nous aurons du papier, des journaux ; nous pourrons écrire et recevoir des réponses. Les détenues pourront se promener avec nous.

Nos prisonnières les plus remarquables sont les citoyennes Custine jeune, Lameth, d'Aiguillon, Narravelle-Fenaud, Beauharnais, Croiseille, âgée de 14 à 15 ans et enceinte. Ce fut pour cette dernière qu'ont été faits les vers suivans, composés et gravés dans un cachot, aux Carmes, par

Beauvoir, qui fut guillotiné avec les quarante-six victimes de cette maison :

> Amour, viens recevoir ma dernière prière ;
> Accorde à Désirée un avenir heureux :
> Daigne ajouter surtout à sa belle carrière
> Les jours que me ravit un destin rigoureux.
>   Si de l'excès des malheurs qu'on essuie,
>   Naît quelquefois notre félicité,
>   Bientôt sera répandu sur ma vie
>   Le charme heureux qui suit la volupté.
>   Mon cœur brûlant adore Désirée.
>   Quand Atropos viendra trancher mes jours,
> Le dernier des soupirs sera pour les amours,
> Qui lui diront combien elle fut adorée.

On a conduit parmi nous, ce soir, la veuve du guillotiné Fleuriot, ex-maire de Paris.

Nous avons appris l'exécution à mort de six de nos compagnons de la maison de la Bourbe, Saint-Roman, les Montcrif père et fils, Button le jeune, Lavoisier. Le jour que nous en partîmes, on enleva pour le tribunal la citoyenne Derigny, son fils et de Thiars. Rien ne nous était plus sensible que ces enlèvemens, et c'est une consolation que de n'en être plus les douloureux témoins.

Tandis que les mises en liberté sont très-fréquentes, on vient de nous amener Lebas, grand et bel homme.

Aujourd'hui, 19 thermidor, trois mises en liberté, Destournelles, Dufourny et un autre.

Dans le nombre des sorties d'aujourd'hui, nous avons eu celle de la citoyenne Beauharnais. Cette femme était généralement aimée ici. Le plaisir d'apprendre que Tallien venait soulager ses peines en brisant ses fers, excita mille applaudissemens auxquels elle fut si sensible, qu'elle s'en trouva mal. Quand elle fut revenue à elle-même, elle nous fit ses adieux et sortit au milieu des vœux et des bénédictions de toute la maison (1).

Laroche vient d'obtenir sa sortie (21 thermidor) : le voilà donc libre, et sa fille bien heureuse, car elle l'aime tendrement.

Vigée est aussi rendu à ses amis ; les muses n'auront plus la douleur de voir un de leurs favoris relégué dans le fond d'une prison.

Pour affliger encore nos ames, il vient de nous arriver vingt-huit prisonniers du département du Nord, arrêtés par ordre de Joseph Lebon. Ils viennent pour être jugés par le tribunal révolutionnaire. Ils ont été traités en route avec une barbarie qui fait frémir. Ils étaient partis au nombre de cinquante-huit ; mais on a eu l'inhumanité d'éloigner les maris de leurs épouses, les pères de leurs enfans. Un de ces malheureux était au désespoir : on l'avait séparé de sa femme et de ses six filles plus aimables les unes que les autres.

Notre concierge, Aubert, le 25 thermidor, reprend sensiblement ses manières brutales. Sans doute que les prisonniers sont menacés de nouvelles mesures attentatoires à leur repos. La conduite des

---

(1) C'est maintenant l'épouse du vainqueur d'Italie, du général Bonaparte.

(*Note de l'auteur.*)

concierges et guichetiers à notre égard, est le thermomètre de notre position future. Quand nous les voyons doux et s'efforcer d'être gracieux, les circonstances nous sont favorables. Se montrent-ils insolens et farouches, soyez sûr que le vent n'est plus en notre faveur.

Sous le règne de l'ancien concierge et de l'ancienne municipalité, on a pris à deux détenus de cette maison, à l'un onze cents livres, à l'autre dix-mille livres; non-seulement on refuse de leur restituer ces sommes, mais on a l'inhumanité de les laisser au dépourvu de tout, sans draps, sans chemises, sans bas et sans souliers (1).

---

(1) Ce journal a été écrit par M. Coittant qui s'est désigné lui-même dans plusieurs des pages qu'on vient de lire.

(*Note des édit.*)

LUXEMBOURG.

Le Luxembourg, où l'on renferma d'abord les députés accusés du prétendu crime de fédéralisme, ne devint prison pour les autres citoyens qu'au 20 vendémiaire, époque à laquelle on y conduisit des Anglais et des Anglaises. C'est par ces étrangers que fut reçu le brillant contingent de suspects de la section de Grenelle. Des enfans, des adolescens, quelques dames de la première distinction, traînant à leur suite de fringantes femmes de chambre, des nobles avec leurs domestiques, et quelques plébéiens honnêtes et pauvres, arrivèrent au nombre de cinquante-deux, sur les dix heures du soir, à la lueur d'une quantité prodigieuse de flambeaux, escortés par un bataillon entier, après avoir traversé à pied les rues de Paris processionnellement.

Le concierge, nommé *Benoît*, septuagénaire, plus respectable encore par ses vertus que par son âge, les reçut avec humanité; il n'avait pas de lits à leur offrir; mais on voyait qu'il souffrait plus encore que ceux auxquels il ne pouvait présenter que les quatre murailles.

Chacun se prête un mutuel secours; les blouses, les redingotes et manteaux servent de matelas pour reposer la chair délicate des dames, et le gentilhomme se trouve fort heureux de bivouaquer sur une chaise à côté du sans-culotte. Dès le lendemain chacun reçut son lit de sangle, son petit matelas, et le traversin économique.

A mesure qu'il arrivait de nouveaux pensionnaires, le sensible Benoît les conduisait vers ceux qui, par leur profession, leur pays, leur caractère, leur section ou leur âge, semblaient promettre au détenu une société plus agréable. Déjà se formaient les connaissances, déjà les petits comités se resserraient dans un cercle plus étroit : l'amour avait le plus de part dans le choix des sociétés. Les Anglaises, moins vives, mais aussi tendres que les Françaises, se rangèrent à leur tour sous les drapeaux de la galanterie ; les petits vers, les couplets, le jeu, la médisance et la musique remplissaient les journées. Parfois cependant on était interrompu par la visite de municipaux qui n'étaient rien moins que damoiseaux. *Marino*, administrateur de police, qui ensuite fut juge à Lyon, et depuis jugé et guillotiné à Paris, ne se permit-il pas un jour de dire au cercle assemblé : *Savez-vous ce qu'on répand dans le public ?.... que le Luxembourg est le premier b..... de Paris ; que vous êtes ici un tas de p..... qui........ et que c'est nous qui vous servons de maq.......*

Des oreilles délicates devaient être déchirées par des reproches aussi grossiers, mais il fallait se faire à tout. Cet administrateur était moins dur envers les citoyens peu fortunés ; il y en avait une douzaine d'engouffrés dans une espèce d'entresol, qui jadis avait servi de grenier à foin; quelques égrillards voulurent se donner le plaisir de s'amuser aux dépens de Marino. Comme l'on sut qu'il allait entrer, on ferma la fenêtre; la plupart se mettent à fumer; le cuisinier de semaine, un torchon sale devant lui, est chargé de recevoir l'administrateur, qui fait trois pas en arrière, tout saisi par l'odeur combinée du charbon, de la fumée des pipes et des haleines à l'ail; on l'introduit, on offre à ses yeux une méchante table fabriquée à la diable, sur laquelle était une cruche ébréchée, plus une bouteille qui servait de chandelier; il faut sauter à la fenêtre, pour ne pas étouffer; il s'embarrasse dans des matelas étendus par terre; il chancelle, il tombe; on le relève; on l'invite à prendre sa part de pommes-de-terre qu'on faisait frire au suif, il s'attendrit, et finit par faire cadeau à la chambrée d'une cuiller en bois, et presque neuve, qui avait écumé le pot du vieux Sillery.

Les petits présens entretiennent l'amitié.

La publicité de certaines aventures galantes, la pétulance de quelques dames, firent prendre à l'administrateur de police le parti de séparer les deux sexes. Un jeune homme du dehors s'était, à prix d'argent, ouvert les portes de la prison; et, caché derrière un paravent, seule barrière à la curiosité indiscrète, il goûtait tranquillement et en plein jour, dans les bras de sa maîtresse, les plaisirs de l'amour. La dame, surprise en flagrant délit, feint de se fâcher, jette les hauts cris, se dit frappéc, crie au viol et s'évanouit. Pendant cette scène, l'Adonis s'échappe avec la légèreté d'un trait, et se fait ouvrir le guichet à la faveur d'argumens que le bon Basile appelait irrésistibles.

Cependant le Luxembourg se peuplait ; tous les jours on voyait arriver des légions de citoyens de Paris, arrachés à leur commerce et à leur famille ; on les traînait à travers les rues ; on les peignait au peuple sous les traits les plus noirs, et c'était pour la plupart de malheureuses victimes de la vengeance ou de la scélératesse. Ils entendaient autour d'eux les cris funèbres : *A la guillotine !* et arrivaient à demi-morts au Luxembourg où ils étaient tout étonnés de trouver un concierge humain et sensible qui prévenait leurs besoins, et cherchait à deviner où il pourrait les placer pour qu'ils fussent plus avantageusement. Chaque arrivant était, d'ordinaire, conduit dans la chambre de ses co-sectionnaires. Il trouvait en eux des camarades, des amis et des frères. L'on vivait ensemble dans la plus étroite union; chacun à son tour balayait la chambre, allait à l'eau, faisait la cuisine; les frais étaient tous en commun, et chacun payait son écot, qui, tout compris, n'excédait pas quarante sous par jour.

Un citoyen était-il trop pauvre pour subvenir à sa subsistance, le bon concierge prévenait presque toujours une demande qui pouvait l'humilier, et chargeait un prisonnier opulent d'y pourvoir.

Parmi les détenus célèbres dans les fastes du

Luxembourg, il faut compter le fameux Vincent, secrétaire du ministre Bouchotte. Ce petit homme violent et emporté injuriait les nobles avec la dernière insolence. Quand on amena le général O-Hara et plusieurs autres prisonniers de marque, tant anglais qu'espagnols, il entra en fureur contre eux ; et, après les avoir accablés d'injures, il les aurait frappés, sans la contenance ferme des gendarmes. Son épouse avait la permission d'entrer et de le voir. Un jour qu'assise sur son lit, elle l'entretenait tout bas de ses affaires, il saute à terre, en écumant de rage, prend un couteau, et courant à un gigot cru et saignant qui était suspendu à la fenêtre, il en coupe une tranche et la dévore en disant : *Que ne puis-je manger ainsi la chair de mes ennemis!* Hébert venait souvent le voir ; et tous les jours de nouvelles députations, tant des sociétés populaires que des comités révolutionnaires, venaient le consoler et s'enivrer avec lui. Enfin, il partit au bruit des instrumens et des chants de victoire d'une députation nombreuse qui le porta en triomphe chez lui. Il laissa dans la prison un scélérat associé aux projets sanguinaires qu'il avait formés avec Hébert : c'était Savard, d'horrible mémoire, qui reçut à bras ouverts les Grammont, Duret et Lapalu, chargés dès-lors de l'exécration publique. Grammont, peu content d'avoir assassiné à Versailles les prisonniers d'Orléans, osa se vanter, en plein café, au Luxembourg, d'avoir bu dans le crâne de l'un d'eux. Il avait élevé son fils dans ses principes atroces, et ce monstre était encore plus féroce que son père : l'un et l'autre étaient officiers dans l'armée révolutionnaire. Duret, qui en était adjudant-général, avait fait ses preuves avec Lapalu qui déclara n'avoir fait périr que sept mille hommes dans les départemens environnans la ville de Lyon, où cet anthropophage faisait tout à la fois les fonctions de dénonciateur, de témoin, d'accusateur, de juge et de juré ; il ajoutait, il est vrai, qu'il y avait dans ces départemens quatre cent mille têtes fédéralisées qu'il aurait pu faire couper avec la même facilité, pour peu qu'il eût aimé à verser le sang. Digne héritier des projets de Vincent, ce scélérat, qui portait empreintes sur son visage la scélératesse et la férocité, devait, en sortant de sa prison, faire égorger la plupart de ses compagnons d'infortune. Déjà l'on faisait des listes, déjà plusieurs détenus avaient été sondés sur les motifs de leur arrestation ; on prenait leurs écrous ; on donnait des espérances aux uns, on menaçait ouvertement les autres. Il s'était entouré de tous ceux qui lui paraissaient capables de seconder ses infâmes desseins ; mais la guillotine l'arrêta au milieu de sa carrière, ce qui réjouit singulièrement tous les habitans du Luxembourg.

Une quarantaine de malheureux pères de famille, cultivateurs ou artisans, avaient été envoyés par *Lapalu* dans les prisons de la Conciergerie. Dans cet affreux séjour, manquant de tout, sans ressources, sans connaissance et sans secours, ils étaient pour la plupart tombés malades. On les transféra au Luxembourg, et dès le premier jour deux périrent par le manque de soin et les fatigues du transfèrement. Il se fit aussitôt une collecte dans la maison. Tous furent, en moins de vingt-quatre heures, habillés, couchés, chauffés et nourris. On eut le plus grand soin des malades; mais on avait beau faire, il en mourait toujours de temps à autre, tant ils avaient été maltraités. Quand on annonçait la mort de l'un d'eux à leur persécuteur, il répondait avec un air farouche : *Tant pis, c'en est un de moins pour la guillotine !*

Ce monstre, comme Robespierre et tous les autres scélérats, disait toujours qu'on voulait l'assassiner. Quelques jours avant son transfèrement, lui et sa clique infernale s'étaient enivrés; ils se promenaient derrière les nobles, les injuriaient par des propos insultans, et s'attachaient surtout à deux ou trois sociétés où se trouvaient quelques jeunes femmes récemment arrivées avec leur mère; enfin, pour ne point occasioner de trouble, elles furent contraintes de remonter tranquillement dans leur chambre.

Cette conduite contraria les projets de nos cannibales, mais ne les déconcerta point. Le jeune Grammont, qui jouait aux barres avec deux ou trois de ces brigands, se jetait exprès à droite et à gauche sur ceux qui se promenaient dans la cour; il avait grand soin de ne renverser que des nobles et des vieillards. Ses complices l'encourageaient par leurs ris immodérés; enfin il se trouve un homme qui ose lui faire d'honnêtes représentations sur sa brutalité. Grammont rit, et faisant une pirouette, lui tourne le dos. Un de ses camarades répond insolemment : « S'ils ne sont pas contens, on les transférera à Bicêtre. »

Le jeune Lamarelle, vivement affecté de voir son père si cruellement outragé, répliqua avec chaleur : « Mon père est un honnête homme, et on n'enferme à Bicêtre que les coquins qui te ressemblent. » Le mot n'était pas lâché qu'il avait déjà reçu trois ou quatre violens coups de poing sur le visage : la figure en sang, les yeux hors de la tête, on l'arrache de leurs bras homicides. La dispute devenait générale, l'indignation était peinte sur tous les visages, et ces assassins provoquaient les citoyens avec une insolence qui aurait eu des suites fâcheuses, sans la présence subite de Danger, administrateur, qui, averti d'avance, attendait l'événement chez le concierge.

Chacun se plaignit de la conduite atroce des épauletiers; Lapalu couvrait toutes les voix, et prétendait que c'était à lui qu'on en voulait, que l'on conspirait dans la maison contre sa personne et qu'on cherchait à l'assassiner.

Enfin, ce monstre délivra le Luxembourg de sa présence, et il alla attendre, à Saint-Lazare, avec ses autres complices, la juste punition de ses forfaits.

Depuis son exécution les détenus paraissaient respirer plus librement. La joie et la confiance animaient tous les visages.

Un bien ne vient jamais seul ; on vit arriver le président d'un comité révolutionnaire : c'était un morceau friand pour des détenus.

Ce président était le riche Kalmer, juif et allemand d'origine, qui, par intérêt, avait abjuré la religion de ses pères, et s'était fait révolutionnaire par spéculation. Ce millionnaire était en sabots, affublé d'un méchant bonnet rouge et couvert de haillons. Parmi ceux qu'il lui avait plu de faire incarcérer au Luxembourg, se trouvaient deux frères pour la liberté desquels il ne demandait que mille écus : ils furent lui rendre leur visite. Il était sans cesse accablé d'importuns complimens; les uns lui demandaient : Combien compte-t-on d'étrangers ou de gens payés par eux dans les comités révolutionnaires ? Un autre : Combien en as-tu fait arrêter ? Un troisième : Quel est maintenant entre vous le prix courant de la chair humaine ? Quelques-uns voulaient savoir combien se payait une fausse dénonciation. On allait jusqu'à lui demander si les Juifs ne se regardaient pas actuellement en France comme en pays d'Égypte. D'autres, qui le connaissaient plus particulièrement, lui demandaient le prix de l'or et de l'argent, et celui des femmes. Il répondait, sans se déconcerter, qu'il était le fondateur d'une société populaire, et qu'il avait mis un comité révolutionnaire au pas. Il voulait donner de l'argent aux deux frères, espérant qu'ils se tairaient par intérêt; mais tout tourna à sa honte; honni et vilipendé, il eut la douleur de les voir sortir par ordre du comité de sûreté générale, sans lui avoir compté les mille écus. Il avait voulu d'abord se nourrir avec lésinerie, espérant se faire passer pour un véritable sans-culotte; mais voyant qu'il n'était que trop connu, il donna dans un excès contraire. Tous les jours un âne chargé de provisions de toute espèce, arrivait au Luxembourg pour satisfaire ses appétits gloutons. Ne mit-on pas le malheureux âne en réquisition? Ce chagrin fut compensé par le plaisir qu'il eut de voir arriver celui qui l'avait dénoncé au comité de sûreté générale, et que son comité révolutionnaire faisait mettre en prison, pour consoler et venger son cher président: mais, hélas! les joies sont courtes; le dénonciateur eut sa liberté, et Kalmer, ce sans-culotte à 200,000 liv. de rentes, fut guillotiné pour intelligences avec les ennemis extérieurs.

Après lui, vint un certain bossu, jadis écrivailleur dans la chicane : les uns, sur sa seule inspection, le garantissaient courtier d'espionnage; les autres, avec plus de justice, le déclaraient septembriseur. Il n'eut pas d'autre nom dans la prison que celui de *petit septembriseur*, nom qui lui était à peu près indifférent. Il disait un jour: « Au moins on ne m'accusera pas d'avoir volé. » Mais certain fournisseur de l'armée qui, avant la révolution, n'avait pas un sou vaillant, et qui disait avoir donné plus de 100,000 livres à la nation, crut que c'était une épigramme lancée contre lui : il se fâcha, s'emporta. « Mon camarade, lui disait » l'autre, je n'ai point eu l'intention de t'insulter, » ni toi, ni tes confrères. » Enfin, on les apaisa, et ils s'embrassèrent : les loups ne se mangent point.

Mais ces petites jouissances n'étaient rien en comparaison de la joie que causa la nouvelle de l'arrestation d'Hébert, Vincent et Momoro. Déjà les détenus se félicitaient tous de n'avoir plus à redouter un nouveau septembre ; déjà ils croyaient toucher au moment heureux où la justice allait examiner les dénonciations, et rendre à leurs familles des hommes respectables par leur innocence et leur probité. L'espérance renaissait dans tous les cœurs consternés. On vit arriver à son tour le fameux Chaumette. Ce n'était plus ce redoutable procureur de la commune, la terreur des filles de joie ; c'était tout bonnement un individu tout honteux, aux cheveux plats et luisans. Semblable au renard surpris dans des filets, il portait la tête basse, son œil était morne et baissé, sa démarche lente et mal assurée, sa contenance triste et douloureuse, sa voix douce et suppliante. On ne pouvait l'entrevoir d'abord que par une chatière ; chacun s'empressait d'y courir ; enfin on ouvrit les corridors, et les députations ne lui furent pas épargnées. Parmi les divers complimens qui lui furent faits, on distingua celui d'un certain original qui lui dit, avec la gravité d'un sénateur romain : *Sublime agent national, conformément à ton immortel réquisitoire, je suis suspect; tu es suspect.* Puis montrant un de ses camarades : *Il est suspect, nous sommes suspects, vous êtes suspects, ils sont tous suspects;* et lui faisant ensuite une profonde révérence, il se retira avec ses camarades, et fit place à une autre députation. Ce premier choc étant passé, Chaumette, tout étourdi, n'osait descendre dans la cour dont les détenus jouissaient depuis un mois environ. Mais on le rassura en lui disant qu'il n'avait à craindre que quelques froides plaisanteries auxquelles un homme d'esprit comme lui pouvait toujours répondre avec avantage. Il se remit un peu, et cependant craignant quelques huées générales, il ne vint que jusqu'au café. Là, il se disculpa de son réquisitoire sur les gens suspects, avec une douceur, une sensibilité qui semblaient annoncer le cœur le plus pur et le plus vertueux. Quelqu'un lui reprocha son réquisitoire sur le recrutement pour la Vendée. « Tu demandais, disait-il, qu'on choisît de préférence les clercs de notaires ou d'avoués, les modérés, les muscadins et les aristocrates, en y mêlant quelques patriotes clairs-semés. Qu'est-il arrivé de ton réquisitoire? c'est qu'au lieu d'inspirer à la jeunesse française les élans sublimes de la valeur, tu l'as abreuvée de dégoûts. Les jeunes gens sont restés chez eux, et c'est l'argent à la main qu'on s'est procuré des héros de 500 livres, qui, après avoir exercé sur leur route toutes sortes d'horreurs, passèrent en partie du côté des rebelles, ou revinrent à Paris faire le même commerce. C'est encore toi qui insultais les volontaires de la première réquisition ; c'est toi qui disais qu'ils n'avaient point le corps velu ni les bras chargés de poil ; qu'ils n'étaient bons qu'à être mis à la bouche du canon, etc., etc. Tu as tout fait pour exciter du mouvement dans Paris, en aigrissant ainsi ceux qui allaient verser leur sang pour la défense de leur patrie et de leurs magistrats. » Il fit, à cette inculpation, une réponse précieuse à recueillir. Il dit que, trompé par les exagérations de quelques malveillans, il s'était figuré que les jeunes gens de Paris ne partiraient pas sans peine, vu qu'ayant été élevés mollement et délicatement, ils ne devaient pas être très-braves ; qu'ainsi, crainte de mouvement, il était toujours prudent d'indisposer le peuple contre eux.

« Au surplus, ajouta-t-il, j'ai bien réparé
» mon erreur, car c'est moi qui ai le plus con-
» tribué à faire juger et innocenter les jeunes gens
» arrêtés aux Champs-Élysées ; et si j'ai, en effet,
» affligé la jeunesse parisienne ; si j'ai, sans le vou-
» loir, compromis son honneur, je lui en demande
» un pardon solennel. Eh ! mes amis, quel est
» celui qui ne se trompe pas quelquefois ! »

M. Cousin lui demanda s'il ne s'était pas aussi trompé, lorsque, pressé par un peuple immense qui demandait des subsistances à une municipalité également perfide et ignorante, il avait fait un réquisitoire pour qu'il fût mis deux gendarmes chez lui, tandis que depuis un an il avait rendu ses comptes, et qu'il venait de quitter son lit où il était gissant depuis trois mois, pour voler au secours de ses concitoyens menacés de la famine, et se rendre au vœu des administrateurs qui ne savaient plus où donner de la tête. « Je connaissais » parfaitement ton intègre probité, lui répondit » Chaumette; je savais bien que tes comptes » avaient été vérifiés et épurés; mais enfin nous » étions fort embarrassés : il fallait bien trouver » un moyen de satisfaire le peuple qui était alors » fort agité, et je n'ai pas trouvé d'expédiens plus » favorables que de mettre les scellés et des gardes » chez tous ceux qui, depuis 1789, avaient administré les subsistances. — Grand merci de » l'expédient, répliqua M. Cousin; je ne suis pas » riche, et, pour te tirer d'embarras, je me serais » bien passé de dépenser cent pistoles à payer les » gardes qu'il t'a plu de faire mettre chez moi. » Quant à notre converti, voyant que l'on n'avait pas grande foi à sa contrition, il resta dans sa chambre, n'ayant, pour toute société, que quelques hébertistes.

Un hypocrite bien plus adroit, mais qui ne fit pas plus de prosélytes, arriva, au grand étonnement de tous les détenus qui le regardaient comme l'un des agens les plus affidés de Robespierre. C'était le tartuffe Lulier, président du département de Paris. Il refusa, crainte de se compromettre, de coucher dans la chambre de son frère Chaumette; il coucha dans celle d'un homme fort riche, fort généreux, et qui par là-dessus joignait le mérite d'avoir dans sa cave les meilleurs vins de Paris. Lulier prétendait qu'un homme comme lui ne devait pas rester six heures en prison. Il ne parlait que des services qu'il rendait au public et aux particuliers; que de la délicatesse de ses sentimens, de la sensibilité de son cœur, de sa tendresse pour sa femme et sa fille. A l'entendre, il n'avait pas fait faire une seule arrestation; son ame était déchirée de voir tant d'innocentes victimes (il y en avait seulement au Luxembourg une quarantaine de sa section). Ceux qui le connaissaient voyaient clairement que le patelin en voulait au vin de M. *Dumoulin*, connu par son humanité, et qu'il jouait les sentimens pour s'attirer ses bonnes grâces, comme il avait joué le patriotisme pour se donner une place bien lucrative. Voyant toutefois que les lettres qu'il écrivait à Robespierre restaient sans réponse, la terreur par laquelle il avait voulu régner s'empara de son ame. Les larmes étaient sa seule ressource, sa seule philosophie. Il ne voyait aucun de ses co-sectionnaires; mais en revanche, quand il ne pleurait ni ne buvait, il était à faire sa cour au duc de Gesvres, et il inspirait à tous les détenus le mépris et la pitié. Enfin il alla porter à Sainte-Pélagie son fougueux désespoir; et là, dans l'un de ses accès, il se punit par sa propre main de ses fourberies et de ses crimes. Il était encore au Luxembourg, lorsqu'on annonça que Danton, Lacroix, Philippeaux et Camille-Desmoulins étaient chez le concierge. Réal, l'accusateur public du tribunal assassin du 17 août, était arrivé la même nuit; il leur disait qu'ils seraient probablement de la même charretée, qu'ils joueraient les premiers rôles, tandis que lui, victime obscure et inconnue, son nom ne passerait pas même à la postérité. Il vit que Camille avait apporté des livres sombres et mélancoliques, tels que *les Nuits d'Young* et *les Méditations d'Hervey*. « Est-ce que tu veux mourir d'avance? lui dit Réal : tiens, voilà mon livre, moi; c'est la Pucelle d'Orléans. » Quand Lacroix parut, Hérault-de-Séchelles quitta sa partie de galoche (1) pour aller l'embrasser. Le député Simon en fit autant. Ce dernier n'était pas aussi bien vu que son collègue; on lui reprochait d'avoir dit à la Convention qu'il fallait que les détenus allassent grossir le limon de la Loire; d'ailleurs il était prêtre constitutionnel, et il conserva, tant qu'il fut au Luxembourg, la dénomination de *Simon-Limon*.

---

(1) Les prisonniers, pour passer le temps, s'amusaient à jouer à *la galoche*, c'est-à-dire qu'on mettait sur un bouchon de liége des pièces de monnaie qu'on essayait d'abattre avec des gros sous.

(*Note de l'auteur.*)

A son arrivée, Lacroix ne parla point; les prisonniers un peu distingués jouissaient infiniment, et l'un d'eux, appelé *La Roche-du-Maine,* qui était fort goguenard, dit, en le voyant passer : « Voilà de quoi faire un bon cocher. » Camille et Philippeaux n'ouvrirent pas la bouche; mais lorsqu'on conduisit Danton, celui-ci dit, en affectant un rire forcé : « Quand les hommes font des sottises, il
» faut savoir rire. Je vous plains tous, si la raison
» ne revient pas promptement : vous n'avez encore
» vu que des roses. » Puis rencontrant l'anglais Thomas Payne, il lui dit bonjour en sa langue, et ajouta : « Ce que tu as fait pour le bonheur et la
» liberté de ton pays, j'ai en vain essayé de le
» faire pour le mien ; j'ai été moins heureux, mais
» non pas plus coupable... On m'envoie à l'écha-
» faud; eh bien! mes amis, j'irai gaîment. » Quand ils furent chacun dans leur chambre (celles de Danton et Lacroix étaient contiguës), ils furent obligés d'élever la voix, de manière à être entendus de beaucoup de détenus.

« Oh! si j'avais su qu'ils voulaient m'arrêter, s'écriait Lacroix. — Je le savais, répliqua Danton, on m'en avait prévenu, et je n'avais pu le croire. — Quoi! Danton était prévenu, et Danton s'est laissé arrêter ! C'est bien ta nonchalance et ta mollesse qui t'ont perdu. Combien te l'a-t-on prédit de fois ? »

Le général Dillon (1) vint plusieurs fois pour

---

(1) Ce général buvait beaucoup, et quand il n'était pas ivre, il jouait au trictrac. (*Note de l'auteur.*)

parler à Lacroix; mais comme ils ne parlaient que près de leurs fenêtres, et qu'ils avaient grand soin d'écarter les curieux, on n'entendit rien. Quand les députés reçurent leur acte d'accusation, Camille remonta en écumant de rage, se promenant à grands pas dans sa chambre; Philippeaux, sensiblement ému, joignait les mains, regardait le ciel; Danton revint en riant, et plaisanta beaucoup Camille-Desmoulins : rentré dans sa chambre : « Eh bien! Lacroix, qu'en dis-tu? — Que je vais me couper les cheveux pour que Samson n'y touche pas. — Ce sera bien une autre cérémonie quand Samson nous démantibulera les vertèbres du cou. — Je pense qu'il ne faut rien répondre qu'en présence des deux comités. — Tu as raison, il faut tâcher d'émouvoir le peuple. »

Quand ils partirent pour le tribunal, Danton et Lacroix affectèrent une gaieté extraordinaire; Philippeaux descendit avec un visage calme et serein; Camille-Desmoulins avec un air rêveur et affligé. Il dit, avant d'entrer chez le concierge : « Je vais à l'échafaud pour avoir versé quelques larmes sur le sort des malheureux; mon seul regret, en mourant, est de n'avoir pu les servir. Delaunay d'Angers partit sans même lever les yeux. Fabre-d'Églantine était excessivement malade : on l'aida à se traîner jusqu'à la fatale voiture; Bazire partit avec Hérault-de-Séchelles qu'il embrassa plusieurs fois de suite avec affection. Ce dernier, qui n'avait point du tout été mis au secret, s'était promené tranquillement dans la cour environ deux heures, en attendant qu'on le vînt chercher pour le tribunal. Il fit ses adieux à ses connaissances, comme s'il les quittait pour aller à une partie de plaisir. Son domestique, éploré, fondait en larmes; il l'invita à prendre courage, et consolait tous ses amis. Quant à Chabot, il était transféré depuis quelques jours à l'infirmerie de la Conciergerie : il s'était procuré au Luxembourg du sublimé corrosif, et la douleur lui ayant arraché des cris qui donnèrent l'alarme dans la maison, on prolongea sa vie et ses souffrances. Au milieu de ses tourmens, il ne parlait que de son ami Bazire : « Pauvre Basire, qu'as-tu fait? etc. »

Dillon recevait deux fois par jour des nouvelles du tribunal. L'on formait, on ne sait pourquoi, dans la maison, des vœux ardens pour Camille-Desmoulins. Le surlendemain tous les détenus sont consignés dans leur chambre; toutes communications avec l'intérieur et l'extérieur sont interdites; la circulation des journaux est interceptée, et chacun attendait, dans le silence et l'effroi, les motifs d'une consigne aussi rigoureuse.

On apprit bientôt que La Flotte avait dénoncé au comité de sûreté générale, un complot tramé par Simon et Dillon : les papiers publics en ont parlé dans le temps. Les prisonniers demandèrent avec instance, aux administrateurs de police, le transfèrement de ces deux prévenus de conspiration, dans une autre maison d'arrêt, espérant qu'après les mesures s'adouciraient, qu'on leur rendrait la cour où ils ne pouvaient plus se promener, la faculté d'écrire à leurs parens et de lire le journal du soir, comme par le passé. Chaumette, Simon, Dillon, et autres furent transférés et même guillotinés ; mais les mesures, au lieu de s'adoucir, devinrent de jour en jour plus vexatoires et plus tyranniques.

Une calamité inattendue vint tout-à-coup porter l'alarme et la douleur dans le cœur des détenus : c'était l'arrestation du concierge. Cet homme sévère, mais complaisant, était véritablement précieux pour les malheureux. Septuagénaire, père de six enfans, connu par son intacte probité, sa disgrâce devait affliger toutes les ames honnêtes et sensibles. Un nommé Lenain, homme riche, et qui venait de marier sa fille à l'un des fils d'un garde-du-corps, nommé Saint-Cricq-de-Montplaisir, détenu lui-même au Plessis, lui avait remis dans la matinée un dépôt en or, qu'un noble avait caché, et dont il lui avait révélé l'endroit avant d'aller au supplice. Benoît donne un reçu à Lenain, et prévient de suite l'accusateur public, tandis que Lenain, plus avide de sa liberté que d'argent, envoie le reçu au comité de sûreté, et tâche de s'en prévaloir dans sa dénonciation pour obtenir son élargissement. Le soir même Benoît est arrêté, les scellés sont apposés chez lui ; sa famille éplorée vient faire aux détenus ses tristes adieux. Chacun était dans la désolation et croyait avoir perdu un ami et un père. Un seul homme se réjouissait au milieu de la consternation générale : c'était le fameux Brichet (1), ci-devant valet chez madame de Polignac, et qui depuis était devenu membre d'un comité révolutionnaire. Il ne devait pas trouver beaucoup d'amis dans le Luxembourg, où ses victimes et sa réputation l'avaient devancé. Il n'est point d'humiliations qu'il n'ait éprouvées. Il était venu, selon l'usage de ses pareils, en sabots et en bonnet rouge. Après avoir essuyé les injures et les huées de tous les détenus, il alla chez le concierge ; il voulait que ce brave homme mît dans un cachot et au secret quiconque l'appellerait *monsieur Brichet*. Le concierge se contenta d'inviter les détenus à respecter le malheur dans tous les individus, et lui conseilla de monter à sa chambre, ce qu'il fit en jetant sur Benoît et les détenus un regard furieux et menaçant. Mais ceux-ci, sans s'effrayer, lui criaient encore : *Adieu, monsieur Brichet*. Le nom lui en était resté ; il prétendait que c'était la faute du concierge, et monsieur Brichet ne pardonnait rien.

Quelques jours après l'arrestation de Benoît, arriva la fameuse visite (mot honnête pour une chose qui ne l'était guères). Chaque détenu, à son réveil, trouva à sa porte une ou plusieurs sentinelles. Un administrateur de police, polonais d'origine et savetier de profession, nommé Wiltchéritz (2), vint signifier aux prisonniers l'ordre de ne

---

(1) Il a été guillotiné comme hébertiste. (*Note de l'auteur.*)
(2) Il a été guillotiné comme complice de Robespierre. Il faut

point communiquer entre eux. Les détenus se crurent à la veille d'un nouveau deux septembre; déjà ils se faisaient leurs adieux et se préparaient à la mort : mais on ne voulait cette fois que les dépouiller. Argent, bagues, assignats, argenterie, bijoux, boucles, nécessaire : c'était ce que l'on demandait d'abord ; ensuite les rasoirs, couteaux, canifs, ciseaux, fourchettes, clous, épingles, etc. (1). Ils entassaient tout ce qu'ils prenaient dans une chambre, et n'en faisaient qu'un paquet qu'ils cachetaient, sans en faire l'inventaire. Dans tous ces momens de crise, il n'était point permis de recevoir ni de renvoyer ni linge, ni provisions, de façon que la majeure partie de ce qui était envoyé se trouvait égaré. Cette opération dura trois jours entiers ; mais les deux derniers ne furent pas aussi lucratifs que le premier ; on en devine aisément la raison. Les inquisiteurs reçurent même quelques plaisanteries qui les fâchèrent beaucoup. Dans une chambre, un citoyen après leur avoir abandonné son porte-

---

remarquer que ce dernier avait à sa solde une infinité d'étrangers qu'il avait placés dans les administrations. Le maire Fleuriot était autrichien. (*Note de l'auteur.*)

(1) Le général O'Hara ne fut pas exempt de ces perquisitions, et s'y prêta même de bonne grâce. Quand il fut dépouillé, il dit à Wiltchéritz : « Monsieur l'administrateur, j'ai une grâce à vous demander, c'est qu'aucun Français n'entre dans ma chambre. » Il parlait un jour de la liberté de la presse à un prisonnier, et disait : « En Angleterre, nous pouvons écrire : *le roi George, il est bon*; mais vous, ne pouvoir pas écrire : *Robespierre, il est un tigre.* »
(*Note de l'auteur.*)

feuille, s'en croyait débarrassé ; on lui demanda sa bague : « Quoi ! reprit-il, vous donnez donc aussi dans la joaillerie? » On lui demande ses boutons de manche, ses boucles à jarretières, sa boucle à col, et ses boucles à souliers. « Citoyens, répliqua-t-il, vous auriez plus tôt fait de me déshabiller. — Citoyen, répondit Wiltchéritz, la justice est juste, tout cela te sera rendu à la paix, je t'en réponds. » Parisau (1) leur dit : « Citoyens, je suis désolé; vous arrivez trop tard ; j'avais bien ici 300 livres ; mais un citoyen vous a devancés, et me les a dérobées; je désire que vous soyez plus heureux ailleurs ; cependant comme on m'a dit que vous laissiez 50 livres, et que je n'en ai que 23, s'il vous plaisait de parfaire la somme. — Oh ! non, citoyen. — J'entends, vous ne venez que pour prendre. Il est malheureux qu'il y ait ici des citoyens plus actifs que vous. Au surplus, et suivant la marche que vous prenez, vous n'y perdrez rien, et tout rentrera dans vos mains. Vous êtes un océan auquel vont se joindre toutes les petites rivières.

» — Vous êtes bien honnête, repartit le Polonais; mais ce n'est pas des complimens dont nous sommes en recherche aujourd'hui. »

Ils voulurent enlever dans une chambre une ca-

---

(1) Auteur connu par plusieurs pièces dramatiques. Quelques jours après la mort du tyran, on vint au Luxembourg pour lui apporter la liberté ; le malheureux avait péri dans une des masses ordonnées par Robespierre.

(*Note de l'auteur.*)

fetière d'argent ; le propriétaire, pour la conserver, disait qu'elle était de métal anglais, et qu'il l'avait eue d'occasion.

« C'est possible, répliqua l'un des administrateurs, car j'en ai une à la maison toute semblable.

» — Qui vous est venue d'occasion ? reprit le propriétaire.

» — Que vous importe ! répliqua l'administrateur, en rougissant.

» — Ne vous fâchez pas, citoyen ; vous ne seriez pas le premier homme en place qui aurait eu des faiblesses. »

On avait laissé aux horlogers, aux tailleurs, aux cordonniers et aux graveurs, les outils nécessaires à leur état ; les perruquiers recevaient chaque matin leurs rasoirs, et les remettaient le soir à un guichetier.

Ainsi, chacun pouvait encore travailler librement à son état ; il était enjoint seulement aux perruquiers de ne prendre que cinq sous par barbe ; mais chacun continuait de payer selon ses facultés. Le financier Laborde payait la sienne dix livres ; les autres prisonniers opulens n'étaient pas aussi généreux, mais ils ne payaient pas au *maximum*.

Privés de toute communication, de toute nouvelle, de toute espérance d'être jugés, on demandait à Wiltchéritz les journaux, la cour et les moyens de se justifier ; sa réponse éternelle était : « Patience,
» la justice est juste ; ce durement ne peut pas durer ;
» patience. »

» —Patience, lui répliqua-t-on un jour, c'est la vertu des ânes et non celle des hommes.

» — Tu n'es donc pas républicain, répondit-il avec une présence d'esprit admirable? »

Chacun se mit à rire de l'à-propos, et par compagnie, il se mit aussi de la partie, et riant aux éclats, il croyait avoir dit la chose du monde la plus spirituelle (1).

Que de ruses ingénieuses, que d'artifices innocens la tendresse inventait pour tromper la vigilance des cerbères, et essuyer les larmes de l'amitié ! Dans une botte d'asperges, bien serrées l'une contre

---

(1) Un Mémoire sur la maison d'arrêt de Picpus nous a conservé un trait précieux de sottise et d'ignorance. Il peut trouver ici sa place.

« Dupommier, administrateur de police, chargé de la surveillance de cette maison, donna plusieurs fois l'occasion de connaître son ignorance.

» Il vint un jour faire une visite. Il entre dans la chambre d'un prisonnier qu'il trouve occupé à lire. « Qu'est-ce que tu fais là? —Vous le voyez. —Ce n'est pas ainsi qu'il faut répondre. Qu'est-ce que tu fais là ? — Vous en êtes témoin, je lis. — Eh! quelle est cette lecture? — Tenez, voyez. » Il lui présente le livre. Dupommier, qui ne savait pas lire, lui dit avec colère : « Ton procédé est de la dernière insolence. Songe à me répondre, f...., car sans cela je verrai ce que je dois faire. — Je ne pouvais mieux faire que de vous présenter ce livre, et si vous ne savez pas lire, je vais vous apprendre quel en est le titre. — Oui, f...., je veux le savoir : ces b...... là sont si insolens, qu'on n'en viendra jamais à bout. — Puisqu'il faut vous le dire, c'est..... — Eh bien ! dis donc. — C'est *Montaigne*. — Oh ! puisque c'est de la Montagne, continue de lire ; voilà ce qu'il faut ; mais une autre fois, ne sois pas si impertinent. Malpeste, un livre fait par la Montagne ! Bravo, bravo ! » (*Note des édit.*)

l'autre, on trouvait un petit mot d'écrit ; dans un ourlet, une main habile cousait une lettre consolante ; dans le corps d'un poulet, le détenu trouvait aussi des alimens pour son cœur ; on enveloppait du beurre, du fromage, des œufs ou du fruit dans différens morceaux de papier, qui, rapprochés les uns des autres, offraient un journal intéressant ou des lignes tracées par l'amour.

Un des moyens qu'on employa avec le plus de succès au Luxembourg pour fasciner les yeux des argus, fut le ministère d'un chien fidèle : cet animal s'insinuait tous les jours dans l'intérieur de cette prison, pénétrait jusqu'à la chambre de son maître, l'accablait de caresses, et semblait partager ses peines. Un jour surtout, ses démonstrations de joie parurent si multipliées, si importunes même, que le maître en parut inquiet ; plus il s'obstinait à vouloir renvoyer son chien, plus l'animal redoublait de caresses ; il sautait sur lui, pleurait, aboyait, et courbait la tête, il lui montrait son collier. Le maître le croit blessé, cherche partout, et ne lui trouvant aucune apparence de blessure, il veut s'en débarrasser et le mettre à la porte. L'animal insiste toujours ; enfin on ôte son collier. Aussitôt le chien saute de joie : il aboie encore, mais ce n'est plus de douleur. Le maître examine le collier et y découvre un billet de son épouse ; il répond par le même courrier, et chaque jour le fidèle commissionnaire facilitait à ce couple sensible la même correspondance. Tous les jours, à la même heure, on le voyait arriver et sortir avec son invisible message ; et tel était l'instinct de cet animal, qu'il ne se laissait toucher ni même aborder par aucun guichetier : il les eût étranglés plutôt que de souffrir leur approche.

Un autre chien non moins fidèle eut un sort bien différent. Son maître prenait l'air à l'une des fenêtres du Luxembourg ; son chien qui était au jardin, le reconnaît ; aussitôt il saute, il court, il aboie ; il fait le tour des palissades, cherche une ouverture pour parvenir jusqu'à son maître ; la sentinelle, exécutant religieusement sa consigne, lui oppose sa pique, et veut en vain l'éloigner des palissades. Le maître siffle, l'animal redouble d'ardeur; il furète de tous les côtés, partout il trouve des obstacles ; le plaisir, l'impatience et la joie le faisaient bondir. Arrive sur ces entrefaites le général Henriot, qui s'aperçoit des vives démonstrations du chien : il interroge la sentinelle qui lui répond qu'elle croit l'animal enragé. Alors le commandant-général de la garde parisienne enfonce son chapeau sur sa tête, met le sabre à la main. Deux de ses valeureux aides-de-camp suivent son exemple, et guerroient tous les trois contre le chien (1) ; ils

---

(1) Dans un ouvrage intitulé les Crimes des quatre législatures, on trouve ce trait qui prouve que la puérilité peut s'allier à la barbarie.

« Un des juges proposa en pleine audience de mettre en jugement le chien du nommé Saint-Prix, invalide condamné, parce que ce chien mordait les jacobins et allait pousser tous les jours

l'atteignent, le frappent, et l'animal tombe baigné dans son sang, sous les yeux de son maître vers lequel il tournait ses regards mourans.

Les prisonniers étaient au nombre de dix ou douze dans une chambre ; chacun y faisait ses dispositions comme Robinson, lorsqu'il n'espéra plus voir rentrer dans la baie aucun vaisseau du continent ; chacun avait son lit de sangle et le petit matelas. Les uns faisaient leur cuisine, pendaient le gigot à la fenêtre pour l'attendrir ; les autres avaient recours à la marmite perpétuelle du traiteur Coste.

Les gens riches avaient soin des pauvres ; cela se faisait de bonne grâce et sans recommandations ; tout le monde fraternisait ; cependant chacun paraissait s'éloigner de celui qu'on nommait, sous l'ancien régime, *son altesse sérénissime le prince Charles de Hesse*, révolutionnaire par appétit, et renfermé par mesure de sûreté.

C'est là qu'on voyait les hommes de tous les partis et de toutes les factions ; le royaliste pur était auprès du monarchien qui se querellait avec le modeste feuillant. Le brissotin pestait contre tous les trois, et leur prouvait qu'ils n'avaient rien entendu à la contre-révolution, et que tout se serait arrangé pour le mieux sans la révolution du 31 mai.

---

des hurlemens sur la place de la Révolution où son maître avait été exécuté. Ce juge opinait pour le faire assommer par l'exécuteur des hautes-œuvres. » Voyez une autre version du même fait dans les éclaircissemens, note (A). (*Note des édit.*)

Le bruit se répandit que les commissions populaires tant promises allaient bientôt être en activité au Luxembourg. La joie des détenus était inexprimable; on embrassait le concierge, homme nul, qui avait succédé à Benoît, et dont on avait plus à se plaindre qu'à se louer, moins à cause du mal qu'il faisait lui-même, qu'à cause des vexations dont il permettait à un scélérat, nommé Vernet, d'accabler les détenus.

Les prisonniers voulurent, comme toute la France, célébrer la fête de l'Être-Suprême; Wiltcheritz s'était mis en costume de représentation : il avait de grands souliers tout neufs avec de superbes boucles d'argent mises de côté, de beaux bas de soie blancs ravalés, une large culotte de drap de soie noire, une longue veste de satin noir et un habit de taffetas rose; sa tête était chargée d'une demi-livre de pommade et d'une égale quantité de poudre; il tenait avec grâce un énorme chapeau à la main gauche, et de la droite l'administrateur muscadin portait une rose avec délicatesse, et l'enfonçait successivement tout entière dans chacune de ses narines.

« Comme vous voilà brave, lui dit un détenu; mais, en vérité, je crois que vos boucles.... et vous nous disiez, en prenant les nôtres, qu'un bon républicain n'en devait pas porter.

» —Tu ne vois pas, ajouta un autre camarade, que ces boucles-là ne sont pas d'argent; c'est une *composition anglaise*. — Ta composition, disait un autre malin, je la déclare suspecte; est-ce que le citoyen aurait eu çà *d'occasion, par hasard?* » Et tout le monde de rire et d'applaudir.

« Votre hasard et votre occasion, répondit avec dignité Wiltcheritz, sont autant de grossièretés; au reste, je déclare, je donne ma parole d'honneur que je les avais avant la visite.

» — Oh! nous n'avions pas besoin de ce témoignage.... notre conscience était suffisamment éclairée; et d'ailleurs, il n'y a encore personne dans la maison qui les ait reconnues pour avoir été à lui. »

C'était avec de pareilles plaisanteries que les détenus s'amusaient aux dépens du pauvre Wiltcheritz, qui, au demeurant, n'aimait pas la raillerie; mais il ne mettait pas son plaisir à tourmenter les individus, et ne faisait qu'exécuter machinalement les ordres qu'on lui donnait.

C'est à cette époque que le brave Benoît fut acquitté au tribunal révolutionnaire.

L'allégresse était générale dans la maison; tous les détenus étaient au comble de leurs vœux; on eût dit une famille à laquelle un père était rendu; chacun s'attendait à le voir rentrer dans ses fonctions; mais quelle fut la douleur des citoyens lorsqu'ils virent leurs espérances déçues, Benoît obligé de quitter le Luxembourg, son successeur expulsé, et l'ancien concierge de la cave des morts de Lyon, envoyé par le sanguinaire Couthon!

La consternation était générale; on semblait

prévoir les funestes événemens qui ne tardèrent pas à avoir lieu.

Guiard (c'est le nom de cet homme féroce) était à peine entré dans la maison qu'il inventa des vexations inconnues jusqu'à ce jour.

Il n'était plus permis de respirer l'air à la fenêtre, parce que deux malheureux s'étaient donné la mort en se précipitant du haut des toits.

La nuit, des hommes armés de barres de fer, de sabres nus, venaient, avec deux ou trois chiens énormes, éveiller tous les citoyens, leur faire sortir la tête du lit, les compter et les accabler d'outrages.

Il n'était plus permis de reposer; les sentinelles avaient ordre de crier toute la nuit et sans interruption : « *Sentinelle, prenez garde à vous!* »

Tout billet qui renfermait quelques mots de consolation ou d'amitié était impitoyablement déchiré.

On souffrait avec plus de patience que jamais, parce qu'on voyait que la commission interrogeait avec douceur un grand nombre de citoyens.

On espérait que les détenus qui n'avaient pas contre eux le crime de la naissance ou de la richesse, seraient enfin rendus successivement à la liberté.

Cet espoir fut confirmé par un mot de Guiard.

Après l'enlèvement des assignats, on délivrait aux détenus 2 livres 10 sous par jour, depuis le premier floréal : un matin que ce monstre payait, il dit, avec le sourire du crime : « Oh ! la première fois, il y en aura deux cents de moins à payer. »

On était bien éloigné de soupçonner ce qui arriva. Nuit fatale! nuit désastreuse! où cent vingt-neuf victimes furent arrachées au sommeil, pour être traînées dans des chariots à la boucherie.

Qui pourrait peindre la consternation et l'effroi de ceux qui avaient vu partir de leurs chambres, des camarades, des amis, des parens, pour être traînés à l'échafaud!

Personne n'osait descendre dans la galerie; la terreur et la mort étaient dans tous les cœurs; les détenus, se rencontrant, n'osaient se regarder ni se demander des nouvelles de leurs amis.

Les femmes, éplorées, étaient accourues en foule à la porte et au jardin.

Dans tous les momens de crise, ces courageuses citoyennes ne manquèrent jamais de venir prodiguer à leurs époux infortunés les tendres consolations de l'amitié; les détenus eurent le spectacle déchirant du désespoir de quelques-unes, qui, cherchant en vain des yeux leurs malheureux maris, tombaient en défaillance et noyées dans leurs larmes.

O vous, femmes sensibles et courageuses, dont le zèle infatigable, dont la tendresse ingénieuse versa sur les plaies de vos époux le baume de la consolation; vous qui, bravant les rigueurs des saisons, les menaces et les injures de guichetiers insolens, partageâtes si long-temps le poids de leurs chaînes; vous qui leur fîtes supporter la vie et la rigueur de leurs maux, la postérité admirera les généreux efforts de votre sensibilité et de votre vertu! Elle s'arrêtera avec plaisir sur l'histoire touchante de vos souffrances et de vos sacrifices; vous serez l'honneur et le modèle de votre sexe; mais, en attendant que vous viviez éternellement dans la mémoire de nos descendans attendris, jouissez, dans les bras de vos heureux époux, de la juste récompense de votre dévouement courageux. Si le caprice ou l'inconstance vous prépareraient de noirs chagrins, rappelez-leur votre conduite, et, à l'instant, ils oublieront leur injustice, et le nuage sera dissipé; recueillez leur amour et l'estime de vos contemporains, et que vos enfans, instruits par un si bel exemple, apprennent, de la bouche de leur mère, que l'humanité et la sensibilité sont les vertus dont les devoirs sont les plus doux à remplir.

Cependant on vit revenir triomphans les brigands qui avaient été déposer au tribunal contre les prévenus de conspiration. Il n'y en avait pas eu un seul d'acquitté : les dénonciateurs étaient au nombre de sept.

Un d'entre eux avait employé presque à lui seul toute la séance du tribunal; il avait parlé une heure et demie sur l'existence d'une prétendue conspiration dont aucun détenu n'avait jamais eu le moindre indice.

On avait mis à la Conciergerie un des premiers

guichetiers, pour avoir déclaré qu'il n'avait aucune connaissance de cette conspiration.

On avait voulu faire convenir un autre porte-clefs que cette conspiration avait existé; il l'avait formellement nié. On lui dit au tribunal : « Mais quand tu portais quelques paquets à ces contre-révolutionnaires, est-ce que tu ne les entendais pas tenir des propos aristocrates ?

» —Écoutez-moi, écoutez-moi tous, leur répliqua le bon Suisse, entendez-vous ce qui se dit derrière cette porte qui est là-bas? — Non.—Eh bien, moi, c'est tout de même pour la conspiration. »

Le peuple ayant applaudi, celui-ci ne fut pas emprisonné.

Parmi les témoins qui allèrent déposer, le premier et le plus scélérat de tous était un déserteur de l'armée de l'Empereur, entretenu jadis par une *dame* de haut parage : il s'appelait Boyenval (1). Ce jeune homme était garçon tailleur de profession, et depuis qu'il était au Luxembourg, il s'en était évadé; mais, rencontré par un porte-clefs sur le Pont-Neuf, il avait été obligé de rentrer le soir même dans la prison. Il était accusé d'avoir voulu faire des enrôlemens pour les puissances étrangères.

C'était un homme taré qui était le premier faiseurs de listes. D'autres scélérats furent choisis

---

(1) Ce misérable a été guillotiné après le 9 thermidor, avec quelques assassins du tribunal révolutionnaire.

(*Note des édit.*)

pour faire les additions et changemens qu'ils jugeaient convenables.

Boyenval revint du tribunal avec un visage enflammé, les yeux étincelans, et se vantait hautement d'avoir parlé deux heures, d'avoir, presque à lui seul, rempli toute la séance du tribunal, et d'avoir déclamé avec tant d'éloquence, qu'il en était surpris lui-même, et qu'il n'en était pas échappé un seul des cinquante-neuf qui furent mis le premier jour en jugement.

Le second dénonciateur était *Beausire*, ex-noble, et connu même dans l'ancien régime par ses intrigues. Pour en donner une idée, il suffit de dire qu'il épousa la d'Oliva qui, après avoir fait publiquement le métier de courtisanne au Palais-Royal, fut choisie pour faire un rôle dans l'affaire du collier.

Cet homme, accusé d'avoir été jadis attaché à la maison d'Artois, avait joué un certain rôle dans la révolution; en 1790, commandant de la force armée de la section du Temple, il s'en était retiré lorsque son crédit commençait à baisser, et s'était réfugié à Choisy où il était parvenu à se faire nommer procureur de la commune.

C'était le premier espion de Boyenval qui disait cependant de lui qu'il s'en servait, mais que Fouquier-Tinville ne l'aimait pas, et qu'il le ferait guillotiner quand il le voudrait.

On a remarqué que tous ceux qui avaient gagné

à ce Beausire de l'argent au jeu, avaient été compris dans la conspiration.

Le troisième était un nommé Benoît, ci-devant mouchard, qui, à force d'intrigues, était parvenu à se faire nommer commissaire du pouvoir exécutif dans le département de l'Eure : il paraissait, par ses récits, qu'il y avait fait arrêter un assez grand nombre de citoyens. Il n'était pas richement payé par l'administration de police, car il devait à tout le monde et ne trouvait plus à qui emprunter. Il était tellement méprisé, que ses complices même ne voulaient pas frayer avec lui, et finirent par le faire transférer aux Carmes où il continua à servir Robespierre.

Venait ensuite un aide-de-camp de l'armée de Cartaux, nommé Amans; ce jeune homme, plus coupable que les autres, parce qu'il avait plus d'éducation, réunissait toutes les qualités d'un scélérat accompli : à une dissimulation profonde, il joignait un empire si absolu sur lui-même, une hypocrisie si parfaite, que le miel semblait couler de ses lèvres empoisonnées. On le nommait, avec quelque raison, *le troisième volume de Robespierre*.

Quant au cinquième, nommé Letellier, c'était un des commissaires de police de la section révolutionnaire (en septembre 1792) de la police de la Conciergerie, et tout-à-fait digne de cette place. C'est lui qui fut chargé de l'opération vraiment conforme à ses goûts, de faire laver les habits ensanglantés des victimes égorgées, et, ce qui était plus lucratif, de délivrer leurs extraits mortuaires. Disgracié par sa section, et bientôt remplacé, il se trouvait compris dans la loi du 17 septembre.

Il avait long-temps laissé pousser ses moustaches; mais à l'affaire de Lapalu, Grammont, etc., l'administrateur Danger lui avait dit publiquement qu'il ne les aimait pas; depuis qu'il avait vu un de ces hommes à moustaches convaincu, au tribunal révolutionnaire, de faux témoignage, et guillotiné à la place des malheureux qu'il avait voulu faire traîner à l'échafaud, il avait pris le parti de les faire couper, et de renoncer au moins à l'extérieur des faux dénonciateurs.

Aussitôt que l'on connut la cheville ouvrière de cette horrible machination, on vit plusieurs détenus, soit par frayeur, soit par désir de sauver leurs parens, leurs amis, ou leurs personnes, former auprès de ces tyranneaux subalternes une cour très-assidue.

Rien n'égalait l'audace et la ridicule insolence de ces assassins (1). Boyenval surtout révoltait au-

---

(1) « J'ai entendu Amans, dit l'auteur du *Mémoire sur la maison des Anglaises*, dire à un prisonnier : Tu n'as pas d'autre moyen de te sauver que d'en faire guillotiner un grand nombre ; invente une grande conspiration, tu y mettras qui tu voudras, n'importe ; cela réussira, et tu t'attireras la confiance du comité de sûreté générale qui te mettra en liberté pour te donner la facilité de faire arrêter ceux que tu auras désignés. »

(*Note des éditeurs.*)

tant par l'atrocité de ses propos, que par la scélératesse de sa conduite. « Le premier qui me regarde » de travers, disait-il, je le fais transférer à la » Conciergerie. » Il se permettait publiquement les familiarités, les caresses les plus indécentes vis-à-vis la femme d'un peintre, dont, deux heures auparavant, il avait fait guillotiner le mari, pour avoir reçu dans sa chambre des nobles qui venaient se faire peindre. Il se vantait d'aller toutes les nuits aux comités de sûreté générale et de salut public; d'avoir la confiance et l'amitié de Fouquier-Tinville; que toutes les têtes du Luxembourg étaient à sa disposition ; qu'il y était en réquisition, qu'on entendrait parler de lui; qu'il se servait de bien des gens qui y passeraient comme les autres; qu'une fois sorti, il aurait une bonne place; mais que, lui rapportât-elle cent livres par jour, il les *boufferait,* parce que, s'il amassait, on le guillotinerait aussi pour avoir son argent. Il annonçait d'avance ceux qui devaient être transférés à la Conciergerie ou arrêtés. Un jour il se plaignit que, dans une chambre où étaient les citoyens de la section des Amis de la Patrie, on l'avait traité de scélérat; il prédit hautement qu'ils y passeraient tous. En effet, on en guillotina plusieurs le même jour où Robespierre fut mis hors la loi. Plusieurs autres étaient déjà transférés à la Conciergerie, et les pièces de ceux qui restaient étaient au tribunal.

Parmi ces infortunés était un jeune homme, limonadier, nommé Perret, qui entretenait cinq volontaires sur les frontières depuis 1789, et qui avait été réduit à emprunter pour s'acquitter d'une dette aussi sacrée; on y voyait Aubertie, honnête père de famille, commandant de bataillon jusqu'en 1793, qui avait été blessé en repoussant les ennemis au mois de septembre 1792; un autre citoyen connu par sa probité, père de sept malheureux enfans en bas âge, qui avait eu le bras cassé en portant aux volontaires de la section les nouvelles et les secours, tant en nature qu'en argent, que leur envoyaient leurs parens.

Il ne s'était point passé de jour, depuis la fameuse enlevée des cent vingt-neuf, qu'on n'eût arraché du Luxembourg de nouvelles victimes. Madame la maréchale de Noailles, quoiqu'octogénaire, sourde et aveugle, quoiqu'arrivée après le supplice de ceux qu'on disait être les auteurs d'une conspiration, y fut comprise avec toute sa famille. On y fit entrer aussi tous ceux qui avaient rendu quelques services aux nobles, tous leurs domestiques; ils en laissèrent cependant un dont les vertus méritent ici une mention particulière. Lui et son frère étaient depuis leur enfance au service de M. Lamarelle, dont le fils fut si rudement maltraité par Lapalu et les siens. Cet homme généreux avança à ses maîtres tout ce dont ils eurent besoin pendant dix mois de prison; et quand il vit enlever le mari, la femme, la nièce et le fils; quand il sut qu'ils étaient condamnés avec deux ou trois complices de Lapalu pour la même conspiration, il eut le courage de les défendre hautement, et d'ajouter que la mort seule pourrait l'empêcher de publier leur innocence. On fit transférer son frère aux Carmes quelques jours avant la chute de Robespierre.

Ce trait en rappelle un autre non moins précieux. Un Savoyard était parvenu à être porte-clefs dans la maison; brusque sans dureté, jamais il ne se permettait aucune menace, aucune injure. Il apprit que celui qui l'avait accueilli à Paris, qui l'avait instruit, qui avait pourvu à tous ses besoins, que le père nourricier de tous ses compatriotes, le sensible Fénélon était inscrit sur la liste des transférés; ce pauvre garçon, se livrant aux mouvemens de son cœur, court se jeter dans les bras de son bienfaiteur, il l'embrasse et le baigne de ses larmes qui coulaient en abondance; il retenait le bras du gendarme qui le conduisait; il l'appelait son père et voulait l'empêcher d'avancer. « Console-toi, lui disait le respectable vieillard; la mort n'est point un mal pour qui ne peut plus faire du bien. Ta sensibilité est en ce moment pour mon cœur une bien douce récompense. Adieu, mon ami! adieu, Joseph! pense quelquefois à moi. — Ah! je ne vous oublierai jamais, » et ses larmes coulaient par torrent : ce malheureux ne pouvait s'arracher des bras de celui qu'il nommait son père; le concierge fut averti, il parut, et Joseph fut chassé.

Ceux qui furent acquittés au tribunal, rapportèrent quelques détails intéressans sur les condamnés. Les deux frères Robert ne voulurent jamais se séparer; ils se tenaient toujours étroitement serrés et furent exécutés immédiatement l'un après l'autre. Mais le tableau le plus attendrissant, fut celui d'une jeune femme nommée Bois-Béranger; son père, sa mère et sa jeune sœur avaient reçu leur acte d'accusation : elle seule ne l'avait point reçu. « Dieu ! s'écriait-elle, en versant des larmes de désespoir : vous mourrez sans moi; je suis condamnée à vous survivre! » Elle s'arrachait les cheveux, embrassait tour à tour son père, sa sœur, sa mère, et répétait avec amertume : « Nous ne mourrons point ensemble! » Pendant qu'elle s'abandonnait ainsi à la douleur, l'acte d'accusation arrive. Qui pourrait peindre la joie qui éclata aussitôt sur son visage ? la danse succède aux larmes; elle court, vole dans les bras de ses parents, les embrasse de nouveau avec transport : « Maman, s'écriait-elle, nous mourrons ensemble ! On eût dit qu'elle tenait dans ses mains leur liberté et la sienne. Elle se coupa elle-même les cheveux, mangea avec appétit et gaieté, et donna jusqu'à l'échafaud l'exemple d'un courage héroïque. C'était elle qui était la garde-malade de l'épouse de l'ex-ministre Amelot : cet ancien distributeur de lettres-de-cachet n'avait pas été oublié dans celles que répandaient si généreusement les quarante-huit comités révolutionnaires; l'embastilleur se trouvait enfin à son tour embastillé; il venait d'avoir le malheur de perdre le peu d'esprit qu'il avait reçu de la nature. S'il se fût contenté d'écrire au prince de Condé, pour l'inviter à un repas auquel il devait inviter tous les rois, tous les princes de l'Europe, et même la Convention, parce que, disait-il, il n'avait pas de rancune ; s'il se fût contenté de mettre en réquisition par une lettre-de-cachet trois cents négresses pour les besoins du Luxembourg (voilà quelles étaient ses folies), on en aurait ri ; mais ce prisonnier avait conservé toute sa méchanceté : il battait sa femme et tous ceux qui le contrariaient ; on était obligé de le lier et de le garrotter. Cette malheureuse épouse succomba sous le poids de ses chagrins, et essuya une assez longue maladie durant laquelle la jeune Bois-Béranger ne la quitta ni la nuit ni le jour.

Les citoyens acquittés confirmèrent ce qui avait été dit par les dénonciateurs qui tous avaient parlé en faveur de le Maire : qu'il ne lui avait pas été fait le plus petit reproche ; qu'il n'avait pas eu besoin de faire entendre la moindre justification, et que cependant il avait été condamné à la mort.

On expliquait ce fait en disant : Que les témoins ayant tous promis individuellement de s'intéresser en faveur de cet homme vertueux qui, du fruit de son travail, nourrissait sa mère et sa sœur, on avait apparemment parlé en secret à l'accusateur public pour faire guillotiner un homme qui avait eu le malheur de gagner à Beausire de l'argent au jeu.

Outre la douleur qu'on avait de voir chaque jour enlever à ses côtés un camarade dont le temps et le malheur avaient souvent fait un ami précieux ;

outre l'attente cruelle où chacun était lui-même d'être transféré et guillotiné ; outre les persécutions sans nombre que le génie barbare du concierge et de son complice Vernet suscitait tous les jours ; outre les alarmes perpétuelles où le silence forcé des familles, et le refus des journaux plongeaient tous les détenus, survint une nouvelle calamité qui devait opérer sur le physique les maux dont le moral était depuis long-temps affecté. Je parle des tables communes, cette institution si précieuse en elle-même, si elle n'avait pas été abandonnée à des hommes avides qui spéculaient pour empoisonner ou faire mourir de faim les citoyens qu'ils devaient nourrir. On se plaignait un jour à Wiltzcheritz qu'un seul repas par jour ne suffisait pas à des hommes accoutumés à en faire trois ou quatre, surtout quand il était aussi mesquin, surtout quand la viande était pourrie, surtout quand on servait des légumes secs, pleins de cheveux, de bourbe et de vers. Il répondit qu'il ferait donner des haricots et des pommes-de-terre, et qu'il connaîtrait ceux qui oseraient se plaindre. Le concierge recevait les plats infects, mais se contentait de lever les épaules, et buvait ensuite avec le fournisseur. Ce qu'on demandait arriva ; les maladies se multiplièrent, et les malades n'avaient aucun secours ; il fallait, pour faire entrer de la tisane, une permission du médecin, qui devait être visée par l'administration de police, dans les bureaux de laquelle la permission restait encore plusieurs jours ; enfin quand on l'obtenait, ce n'était qu'à prix d'argent qu'on pouvait se procurer les drogues ordonnées. Chacun dépérissait ; la mort était peinte sur tous les visages ; on n'entendait pour toute nouvelle que la voix sépulcrale d'un scélérat soudoyé, qui venait sous les fenêtres des malheureux détenus, crier : *La liste des soixante ou quatre-vingts gagnans à la loterie de la sainte guillotine.* Des barrières avaient ôté la triste et dernière consolation que pussent avoir les prisonniers en apercevant leur famille ou leurs amis. Tous avaient fait le sacrifice de leur vie, et attendaient avec une morne résignation l'instant du supplice. Les malheureux qui l'osaient prévenir étaient regardés par ces mangeurs d'hommes comme des scélérats plus consommés, et on insultait avec barbarie à leurs cadavres et à leur mémoire (1).

Telle était l'affreuse situation des détenus du Luxembourg, qui déjà n'étaient plus que des cadavres ambulans, lorsque la glorieuse révolution du 9 thermidor vint les rendre à la vie. Le bruit de la générale et du tocsin avait d'abord glacé toutes les ames de terreur et d'effroi. Chacun croyait entendre sonner sa dernière heure ; et telle était l'horrible anxiété de tout le monde, qu'on faisait avec

---

(1) Réal, dans un rapport fait à la Convention, peint avec énergie les souffrances des détenus du Luxembourg. Nous avons placé la plus grande partie de ce rapport dans les éclaircissemens, note (B).

(*Note des édit.*)

résignation le sacrifice de sa douloureuse existence. Le sanguinaire Henriot avait paru l'après-midi même pour rassembler la gendarmerie à cheval casernée dans le Luxembourg. Trois fois le son lugubre de la fatale trompette qui annonçait chaque jour aux détenus le sacrifice de nouvelles victimes, s'était fait entendre. Ce monstre, dont tous les exploits consistaient à briser des scellés, à massacrer des hommes désarmés, avait menacé avec son sabre les prisonniers qui tous ne songeaient plus qu'à vendre chèrement leur vie, s'il était possible. Déjà ils s'étaient fait leurs tristes adieux, lorsqu'on entendit la fameuse proclamation qui invitait tous les citoyens à se ranger autour de la Convention nationale, et les décrets courageux qu'elle avait rendus contre les triumvirs. Qui pourrait peindre les transports, l'enthousiasme et la joie des détenus ! Le lendemain c'était à qui apprendrait à son voisin une nouvelle aussi heureuse pour la république. Tous s'embrassaient les larmes aux yeux, et faisaient éclater par leurs nombreux applaudissemens et les cris mille fois répétés de *vive la Convention ! vive la république !* leur admiration et leur ivresse. Quels beaux momens pour ceux qui vinrent recueillir les expressions sincères de l'allégresse générale ! Mais comment représenter l'abattement et la rage des agens subalternes d'un monstre altéré de sang humain ? Le trouble, la discorde et l'esprit de vertige s'étaient emparés de leurs ames pusillanimes. Cachés dans leur repaire, ils s'accusaient les uns les autres.

L'exécrable concierge Guiard (1), frappé de terreur, fuyait le Luxembourg avec ses sabres, ses pistolets et ses chiens; et cependant, la veille, un de ses enfans répondait à un citoyen : *Allez, allez, on vous en f..... du bon*. Le même jour, le neveu de Guiard, ancien garçon boucher, disait que la maison serait bientôt vidée, parce qu'il fallait que ça en finisse d'une manière ou d'autre.

On apprit, avec la plus grande satisfaction, que le farouche Vernet, que sa férocité bien connue avait fait nommer concierge de Saint-Lazare, avait été arrêté.

Les faiseurs de listes, pâles et tremblans, s'inculpaient mutuellement, en essayant de se justifier. Amans ne put dissimuler la frayeur où il était, qu'on ne trouvât chez Robespierre les lettres atroces qu'il lui écrivait journellement.

Deux jours après deux députés vinrent recueillir eux-mêmes les dépositions et les déclarations des détenus. On se ressentit de leur présence par la liberté qu'on obtint de prendre l'air dans la cour, d'écrire à sa famille, d'apercevoir dans le jardin ses parens et ses amis, et de faire entrer du fruit et

---

(1) Ce monstre, qui avait fait ses preuves à Lyon, sous Marino, qui, huit jours après son installation au Luxembourg, dénonçait au tribunal, comme conspirateurs, des citoyens qu'il ne connaissait pas même de nom, ce vil scélérat, vendu à la police dont il était l'ancien espion, ne voulut pas recevoir Robespierre et ses complices, lorsque les gendarmes l'y conduisirent en vertu d'un décret de la Convention.

(*Note de l'auteur.*)

du vin. La nourriture devint plus saine et plus copieuse ; les guichetiers furent moins arrogans, et les visites nocturnes plus rares et plus honnêtes ; les cris des sentinelles moins perçans et moins répétés ; en un mot, on put dormir, boire, manger, prendre l'air et recevoir du dehors les tendres consolations de l'amour et de l'amitié. Quel heureux changement pour le physique et le moral !

Il survint cependant une petite querelle avec l'avide traiteur. Il avait servi de la viande tellement gâtée que l'odeur seule, comme du temps de l'ancien concierge, infectait tout le réfectoire. La plupart des prisonniers se contentaient de manger du pain dont on avait à discrétion, sans se permettre le moindre murmure. Les tables étaient composées de vingt personnes et les plats étaient pour dix ; les citoyens composant l'un de ces plats murmurèrent hautement, allèrent trouver M. le Roide (c'était le traiteur), lui firent voir que sa viande était peuplée d'habitans ; il se fâcha et ne voulut rien donner en place ; les citoyens du second plat en firent autant ; Mais M. le Roide prit un ton goguenard, et se moquant de celui qui l'apportait, se refusa à le recevoir de ses mains. Celui-ci, qui déjà n'était pas de trop bonne humeur, s'impatiente, menace, et flanque le plat dans la cuisine. C'était ce qu'on demandait ; on court aussitôt chez le concierge, on crie que les prisonniers se révoltent.... Un administrateur survient, on lui exhibe un troisième plat de viande, dont sans microscope il pouvait apercevoir la peuplade ; il s'indigne contre le traiteur, lui fait publiquement des reproches sanglans, et lui ordonne de servir des œufs en place de la viande qu'il fit jeter aux chiens ; mais on se doute bien que ceux-ci n'en voulurent pas. Cette conduite excite quelques applaudissemens; sur ces entrefaites le concierge arrive avec un autre administrateur qu'il avait été chercher d'un autre côté, et lui montre la viande encore étendue par terre.

L'administrateur en fureur, adressant la parole aux détenus, les menace de mesures vigoureuses, leur enjoint de nommer les auteurs de cette agitation ; il jure que les bons seront punis comme les méchans, s'ils ne les dénoncent pas, et donne sa parole que les comités de la Convention vont être instruits de l'effervescence qui se manifeste parmi les détenus. Ceux-ci gardaient le silence ; mais Lachevardière prit la parole pour répondre en leur nom, et dit : « Du temps de Robespierre, on disait aussi que les prisonniers étaient agités, tandis qu'ils étaient plus tranquilles que les pierres qui les renfermaient ; par quelle fatalité arrive-t-il que des administrateurs qui se disent régénérés tiennent encore le même langage ? Veut-on encore un prétexte pour faire couler par torrent le sang des malheureux auxquels il n'échappe pas même un murmure ? Je vous en préviens, si telle est votre intention, elle ne réussira pas ; la Convention ne souffrira pas que ces scènes sanglantes se renouvellent ; vous avez injurié, vous avez calomnié des hommes qui, quoique détenus, sont toujours vos semblables ; reconnaissez votre erreur, et votre injustice est oubliée. » Le collègue de l'administrateur, par sa modération et sa douceur, calma tous les esprits, excusa l'emportement de son confrère et tout rentra dans l'ordre accoutumé.

On apprit bientôt la nouvelle arrestation des faiseurs de listes ; l'on vit leurs complices le front humilié, le visage défait, l'oreille basse et les yeux baissés, traverser la cour pour aller les rejoindre à Sainte-Pélagie. On garda à leur égard le silence du mépris, et ils n'essuyèrent pas une injure, pas un reproche de ceux qu'ils voulaient envoyer à la boucherie. Ce fut aussi la conduite que l'on tint vis-à-vis des députés D..... et Lebon : ce dernier affectait la sensibilité d'une petite maîtresse. D....., au contraire, se vantait de n'avoir pas signé de sortie, et annonçait que s'il était à recommencer, il en agirait encore de même. On se permit cependant quelques mots à l'égard d'un membre du tribunal révolutionnaire, tels que *feu de file*, *ma conscience est assez éclairée ; vous me donnez un démenti, donc vous insultez le tribunal; hors des débats*. L'un de ces hommes de sang disait qu'il n'avait rien à se reprocher, qu'il avait toujours voté la mort. Mais le plaisir de voir enfin les coquins sous le glaive de la loi, n'égala point celui dont furent transportés tous les détenus en apprenant le décret bienfaisant qui devait rendre à la liberté une foule de détenus qui, victimes de leur courage ou de haines particulières, n'étaient point compris dans la loi du 17 septembre. Avec quelle douce satisfaction, avec quel enthousiasme on serrait dans ses bras, on couvrait de baisers l'homme fortuné qui obtenait justice et liberté! La musique, les chants patriotiques animaient encore cette scène attendrissante. Un peuple immense attendait les élargis à la porte, et les embrassait avec sensibilité. Tableau délicieux! ne vaux-tu pas bien le spectacle affreux de victimes innocentes et non entendues, qu'on traînait par centaines à l'échafaud?

PRÉCIS HISTORIQUE
SUR LA MAISON D'ARRÊT
DE LA RUE DE SÈVRES,

ET FAITS RELATIFS A LA RÉVOLUTION DU 9 THERMIDOR.

Dans le nombre considérable des maisons d'arrêt de Paris, où Robespierre avait fait renfermer les victimes qu'il dévouait à la mort, il y en avait une rue de Sèvres, qui paraissait dans l'origine avoir été moins marquée que les autres du signe de la destruction.

La section du Bonnet-Rouge qui avait fondé cet établissement, et qui des premières s'était arrogé l'autorité d'arrêter, non-seulement dans sa section, mais partout, sans aucun mandat d'arrêt des autorités supérieures, avait déjà commencé dès le 20 septembre 1793 (vieux style) à y amener une partie des personnes les plus riches de la section, auxquelles elle en réunit bientôt d'autres qui joignaient à cette qualité celle d'avoir occupé les premières places de la cour.

Cette section voyant que le comité de sûreté générale lui laissait tout pouvoir pour ses arrestations, et la chargeait même de celles que les autres sections négligeaient de faire, établit en conséquence une sorte de spéculation de finance assez lucrative, en prenant vers la fin de mars (vieux style), au lieu d'une petite maison où elle s'était déjà logée, une maison beaucoup plus vaste, dans laquelle elle louait à des détenus des appartemens, c'est-à-dire deux chambres jusqu'à 12 livres par jour; de manière que le total de cette location pouvait se monter jusqu'à 150,000 l. par an, quoiqu'il fût constant qu'elle n'était censée la louer que 2,400 liv.; c'est-à-dire qu'elle avait fait un bail à ce prix, mais qui n'a jamais été signé ni par le propriétaire ni par ses gens d'affaires.

Il est vrai que cette prison était, en apparence, moins prison que beaucoup d'autres; sa position à l'encoignure du boulevard, le jardin dans lequel on se promenait alors, donnait à la malheureuse société qui y était détenue une apparence de liberté, et annonçait que cette maison renfermait plutôt des gens voués à la haine, qu'à la mortelle vengeance du parti opprimant.

La plus grande partie des détenus était du nombre de ceux qui avaient ci-devant joui des honneurs et de toutes les aisances que procuraient les places qu'ils avaient occupées.

La patience et la résignation ont toujours habité cette maison, et ces deux vertus paraissaient s'accroître en proportion du plaisir cruel qu'éprouvaient ceux qui l'administraient, lorsqu'ils venaient enlever aux détenus quelques douceurs dont ils les avaient précédemment laissé jouir.

On supportait toutes ces privations sans le moindre murmure ; aux grossièretés et aux injures on ne répondait que par le silence ; en un mot, cette maison était un cloître où gémissaient des victimes dévorées par l'ennui.

La paix et la tranquillité qui régnaient dans ce lieu, semblaient en avoir repoussé la crainte sourde des jugemens iniques et cruels qui planaient sur les têtes des détenus des autres maisons d'arrêt.

Depuis plus de six mois, sur cent soixante malheureux qui y étaient renfermés, deux seuls prisonniers avaient été tirés de la maison pour être immolés, lorsque le 7 thermidor (25 juillet vieux style), à cinq heures du soir, tandis que chacun était dans sa chambre, ou paisiblement rassemblé dans celles de ses compagnons d'infortune, on entendit un bruit confus de voix dans la rue, qui annonçait quelque événement. Aussitôt on voit un chariot immense traîné par quatre chevaux ; quatre gendarmes se présentent à l'instant dans la cour suivis d'un huissier du tribunal révolutionnaire, qui semblait, par sa physionomie et sa stature, n'être destiné qu'à annoncer des choses sinistres. Cet homme farouche donne aussitôt l'ordre au concierge de sonner la cloche, pour que tout le monde au même instant se rassemble dans la cour ; chacun s'y rend en tremblant sur sa destinée ; quelques-uns cependant se flattaient encore qu'il était peut-être question de transférer des prisonniers dans une autre maison.

L'huissier prend alors la liste, et ayant dans sa main tous les actes d'accusation, ce qui faisait croire cette liste très-volumineuse, chacun attend dans un morne silence ce qu'il va prononcer; le concierge veut faire l'appel nominal de tous les détenus, et avait déjà commencé, lorsque l'huissier prend la liste, et fait lui-même l'appel.

Il nomme d'abord Grammont-Dorsan ; mais le nom mal lu ne laisse pas à douter, même à la malheureuse victime qui en était l'objet, que c'est d'Ossun qu'on appelle. Alors on commence à savoir que tous ceux qu'on allait nommer, étaient destinés à être conduits à la Conciergerie, et le lendemain au tribunal révolutionnaire, ou, ce qui est la même chose, à l'échafaud.

On continua d'appeler Kersaint (1), Maulevrier, Chimay (2), Narbonne-Pelet, Cécile Queuvrin, sa femme de chambre, sous le nom de femme de confiance, qui eut la présence d'esprit de dire à l'huissier qu'elle n'avait jamais que la première qualité; Raymond-Narbonne, nièce de la précédente, suit après. On les fait ranger sous la porte, et l'huissier

---

(1) Kersaint dit en descendant dans la cour : « Eh bien ! mes amis ; vous m'avez tant reproché de voir les choses en noir ; il me semble que cela n'est pas couleur de rose. »
(*Note de l'auteur.*)

(2) D'Armentières cria de sa fenêtre : « Me voilà, » avec cette sérénité qui ne l'avait jamais quitté un seul instant dans la prison, et comme si on l'eût appelé pour sa liberté.
(*Note de l'auteur.*)

établit une ligne de démarcation entre eux et les autres détenus. On leur permet à peine d'aller, accompagnés d'un porte-clefs, chercher un paquet nécessaire à leurs besoins de la nuit.

Raymond-Narbonne, joignant l'air d'une noble fierté à l'expression touchante de la sensibilité maternelle pour une fille de dix ans qu'elle avait avec elle, veut s'approcher de cet enfant, qu'elle sait bien qu'elle ne reverra plus; mais à peine lui laisse-t-on le temps de dire deux mots à la citoyenne ci-devant duchesse de Choiseul, pour la lui recommander; puis, retournant prendre sa place auprès de ses camarades de malheur, et s'adressant à l'une d'elles, qui demandait quelque chose à l'huissier : « Ne vous avilissez pas, lui dit-elle, à faire la moindre demande aux hommes de cette espèce. »

On appelle ensuite Clermont - Tonnerre (1), Crussol-d'Amboise, et l'évêque d'Agde (Saint-Simon), en affectant de prononcer avec dérision et satisfaction son ancien titre; on demande enfin le nommé Viot, sorti depuis six mois de la maison pour être transféré à Saint-Lazare, et dont cependant on ignorait la nouvelle demeure; erreur qui s'est commise plus de vingt fois dans cette maison, tant par la négligence extrême des commissaires

---

(1) Clermont-Tonnerre, âgé de plus de soixante-douze ans, s'avança d'un pas ferme, sans la moindre altération sur son visage, et comme s'il allait se rendre à quelques cérémonies où son rang l'eût appelé autrefois.

(*Note de l'auteur.*)

de section, que par la confusion qui régnait dans les bureaux du comité de sûreté générale (1).

Enfin la fatale liste est épuisée; après une heure d'effroi, où chacun avait en particulier pour supplice la certitude de la mort de ses camarades désignés, et la crainte de faire partie du convoi, l'huissier prononce que chacun peut se retirer. Cette espèce de bourreau vint ensuite passer les victimes en revue, et le compter à plusieurs reprises, jusqu'à ce qu'il fût bien sûr d'emmener avec lui les onze prisonniers désignés, qui furent à l'instant embarqués dans le fatal chariot, pour se rendre à la maison de la rue de la Bourbe, où l'on allait le compléter, et de-là le conduire à la Conciergerie.

Chacun alors rentre dans sa chambre, en gémissant autant sur le sort de ses camarades, que sur celui qui pouvait l'attendre en particulier.

On pouvait bien, en effet, regarder comme certain le sort des malheureux qu'on venait de voiturer, puisqu'un des quatre gendarmes eut la barbare franchise de dire à l'un des détenus, que le lendemain, à pareille heure, il n'en existerait pas un seul de ceux qu'il emmenait. Quelle audace dans

---

(1) Vers la fin de fructidor on vint pour apporter la liberté à un de nos camarades qui avait été exécuté vers la fin de floréal. Le porteur d'ordres s'annonça en disant qu'il venait rendre la liberté à un des meilleurs patriotes; que personne n'avait fourni plus de pièces que lui pour le prouver; et s'il l'avait connu particulièrement, il aurait pu ajouter que c'était le plus galant homme, le plus obligeant et le meilleur père, qui ne parlait jamais de ses enfans sans que les larmes aux yeux. (*Note de l'auteur.*)

le crime, puisqu'on ne prenait pas même la peine de le cacher à ceux qu'il était inutile de mettre dans la confidence!

Cependant l'espérance, qui ne nous abandonne jamais dans les momens les plus affreux, avait encore abusé plusieurs d'entre nous, jusqu'à croire que cette terrible visite serait la seule qu'on viendrait faire dans la maison; et comme il paraissait que les onze victimes étaient du nombre de celles que l'état passé et la fortune semblaient avoir désignées aux coryphées du système régnant, on se berça, pendant la funèbre nuit qui succéda à cette triste soirée, de l'idée qu'une pareille scène ne se renouvellerait pas, ou qu'au moins elle serait remise à des temps plus éloignés. Le lendemain, 8 thermidor, samedi 26 juillet (vieux style), au moment même où l'on égorgeait les victimes de la veille, on entend arriver avec grand bruit, entre cinq et six heures du soir, la fatale voiture, précédée d'une multitude immense avide de ces sortes de spectacles.

L'horreur que cette voiture inspira à ceux qui purent la voir de leurs fenêtres fut extrême; la terreur profonde qu'avait encore laissée l'événement de la veille, grossissait à leurs yeux le chariot de la mort, si bien qualifié par un des détenus du nom de la grande bière roulante. Elle parut à tout le monde le double de celle de la veille; elle était vide, et tout portait à croire qu'on venait la remplir par trente ou quarante prisonniers.

A l'instant la cloche de la mort sonne. Le concierge avait cependant demandé à l'huissier, vu l'état de faiblesse et de mauvaise santé où la scène de la veille avait laissé plusieurs femmes, qu'on s'en dispensât, et qu'on fît chercher dans leurs chambres ceux qui étaient désignés, ainsi que cela se pratiquait dans les autres prisons; mais le farouche huissier répondit : « Il le faut pour que cela serve d'exemple aux autres. »

On sonne donc; on ordonne à tous les détenus de se rendre dans la cour pour y attendre leur destinée; chacun descend en tremblant; on hésitait au bas des escaliers, craignant que chaque pas n'approchât du ruisseau qui faisait la ligne de démarcation entre la vie et la mort.

Les mères cherchaient dans le reste de leurs forces de quoi rassurer leurs enfans, trop faibles pour supporter un aussi affreux spectacle et une si terrible anxiété.

Dans ce moment de réunion, de craintes et de malheurs, il eût été difficile de distinguer les familles; tous étaient père, mère, enfans, frères et sœurs; tous se serraient, et chacun aidait à donner à son voisin un courage dont il avait besoin pour lui-même.

Aussitôt le plus profond silence est rompu par la voix de l'huissier qui prononce, de sa voix terrible, le nom de Maille qui, seule et sans appui, perce la foule désolée; elle s'avance avec l'oubli de soi-même et le seul souvenir de ses enfans qu'elle recommande aux infortunés qui l'entouraient. Près du fatal ruisseau, elle parle à l'huissier, et a la présence d'esprit de demander quelle est celle qui est désignée sur la liste; elle reconnaît alors que les noms de baptême et de fille ne sont pas les siens : à l'instant l'huissier, voyant son erreur, l'interroge sur la demeure de cette infortunée; mais son cœur voulant dans le premier instant mettre en défaut sa mémoire sur le sort de sa malheureuse belle-sœur, elle vit que ce serait en vain, et finit par dire qu'elle la croyait dans la maison de Saint-Lazare (1). Elle revient ensuite, avec cette contenance fière et noble qui ne l'avait pas quittée un instant, se rejoindre aux groupes de ses compagnons qui avaient à peine la force de jouir du bonheur qu'ils éprouvaient en la voyant échappée pour cette fois, et qui ne savaient pas encore si leurs noms n'allaient pas sortir de la bouche du crieur de la mort.

Enfin cet homme, après avoir contemplé une scène qui charmait son atrocité, et qui déchirait le cœur le plus froid et le plus insensible, prononce

---

(1) Ces deux femmes ont vu la mort de près, car celle qui était à Saint-Lazare fut conduite, le soir même 8 thermidor, à la Conciergerie, et le lendemain 9, dernier jour des boucheries, elle n'échappa à la mort que par l'état de convulsions auxquelles elle était sujette, et qui lui prirent d'une manière si violente au tribunal, que les juges crurent devoir remettre son interrogatoire. Mais heureusement, il n'y avait plus de lendemain pour le crime.

(*Note de l'auteur.*)

qu'on ne demandait plus personne dans la maison, et part avec la voiture, pour aller la remplir dans une autre maison d'arrêt.

Ceux qui avaient eu la force de résister à cette épouvantable épreuve, dès qu'ils commencèrent à respirer, s'empressèrent de porter des secours aux femmes qui étaient dans l'état le plus pitoyable.

La mort, pour cette fois, semblait avoir fait grâce à tous les prisonniers : c'était en effet le dernier jour de l'empire qu'elle exerçait depuis si long-temps sur tous les détenus. La Convention nationale luttait alors contre les scélérats qui avaient juré sa ruine, et les terrassait.

Elle connaissait toutes les trames qu'on ourdissait contre les citoyens qui étaient détenus, et qu'on se proposait d'envoyer successivement à l'échafaud; elle savait que le décret qui avait été rendu le 27 germinal contre tous les ex-nobles, pour les obliger de sortir de Paris et des villes frontières et maritimes, et de choisir une municipalité qui répondait en quelque façon d'eux comme un concierge répond de son prisonnier, n'avait été rendu que pour s'éviter la peine de les faire mettre tous à la fois dans des maisons d'arrêt, et les y tenir en dépôt pour les y aller chercher à mesure que ces maisons se videraient en passant par le tribunal révolutionnaire. La maison d'arrêt de la rue de Sèvres était bien une preuve de cette vérité, puisque deux jours après l'expédition des onze malheureuses victimes, on en amena sept de la même famille, qu'une section de Paris avait été chercher jusqu'auprès de Tonnerre. Parmi elles était une femme grosse de près de neuf mois que l'on mit dans un grenier à soixante-quinze marches de hauteur; depuis ce temps, il ne fut plus amené d'autres prisonniers que ceux qu'on appelait des gens du 9 thermidor.

Alors le sang cessa de couler, ou du moins on ne répandit plus que celui des monstres qui, depuis plusieurs mois, n'avaient cessé de s'abreuver de celui de l'innocent.

Il paraît certain que Robespierre aurait poussé les exécutions journalières du tribunal révolutionnaire jusqu'au nombre de cent par jour dans chaque salle de jugement; car on a su bien positivement, par des citoyens attachés à ce tribunal, que les ordres avaient été donnés pour construire dans les salles des amphithéâtres capables de contenir à la fois ce nombre d'accusés (1).

Malgré tous ces moyens infernaux, il est encore plus que probable qu'on avait formé le projet, et ce d'accord avec la commune de Paris, de se défaire dans un jour d'émeute que l'on aurait aisé-

---

(1) Les provinces imitaient et quelquefois surpassaient Paris : «On avait établi à Orange une commission si extraordinairement terrible, qu'elle était prête, au moment où le 9 thermidor arriva, à faire guillotiner douze mille victimes. Elles étaient déjà rassemblées dans les prisons, et des fosses étaient prêtes pour les ensevelir. » — Extrait d'une relation du député Isnard.

(*Note des édit.*)

ment excitée, et qui probablement aurait eu lieu la nuit du 9 au 10 thermidor, de tous les prisonniers; on avait récemment changé à cet effet presque tous les concierges des prisons, pour que ces instrumens du crime leur fussent totalement dévoués. Celui de la maison de la rue de Sèvres, la nuit du 9 au 10 thermidor, sous prétexte de faire la visite des lumières de la maison, qui y étaient défendues passé dix heures, était venu, entre dix et onze heures, dans une grande partie des chambres, en recommandant qu'on laissât les clefs aux portes, parce qu'il pourrait bien y venir deux ou trois fois dans la nuit. On observa qu'il ne fit cette visite que dans un des côtés de la maison, et qu'il ne s'arrêta que parce qu'on entendit, à minuit, une sonnette à la porte de la rue qui le fit descendre, et l'obligea sans doute de ne plus poursuivre son projet. Aussi une des premières choses qu'on lui entendit dire le 10 au matin, c'est que les choses étaient bougr..... changées; et ce mot énergique commença à répandre un rayon d'espoir dans l'esprit inquiet de tous les détenus qui sentaient qu'ils étaient dans une crise violente, sans savoir ni ce qui la produisait ni quelle issue elle pourrait avoir.

Nous étions en effet, dans ce moment, dans la plus profonde ignorance de tous les événemens. Non-seulement tous les journaux nous étaient interdits, mais même il était expressément défendu à tous les colporteurs de les annoncer à plus de deux cents toises de la maison : une femme seulement, dont la voix était aussi forte que sanguinaire, avait seule le privilége exclusif de nous crier, très-exactement et à différentes reprises, le nom des condamnés par le tribunal révolutionnaire, et, lorsqu'il n'y en avait que vingt, elle avait coutume de dire que le lendemain elle espérait bien en annoncer davantage.

Enfin, cette nuit du 9 au 10 thermidor nous annonçait de grands événemens, tant par la quantité énorme de patrouilles que nous voyions passer, que par la générale que nous entendions battre depuis dix heures du soir ; une grande partie des détenus, sentant la position affreuse dans laquelle ils pouvaient se trouver à chaque instant, il avait été convenu que plusieurs de ceux qui habitaient les remises veilleraient toute la nuit pour avertir les autres. La connaissance que nous avions acquise du caractère atroce du nouveau concierge qu'on nous avait donné depuis quinze jours, nous donnait à croire qu'il était propre à se livrer à toutes les cruautés qui lui seraient ordonnées. Aussi, quelques jours après l'exécution des chefs de ces horribles complots, on vint se saisir de lui, à neuf heures du soir, pour le conduire en prison : ce qui procura quelque soulagement aux détenus.

Ce concierge avait imaginé depuis quelque temps, de mettre des sentinelles, même le jour, dans la cour, pour la traverser diagonalement, avec injonction de rompre tous les groupes de trois ou quatre personnes qui, en se promenant, s'arrêtaient quelquefois un instant ; mais heureusement pour nous, il se trouva que le 10 thermidor, un jeune homme de bonne famille et fils d'un malheureux père très-riche qui venait d'être guillotiné depuis peu, prenant part à notre situation, ne put s'empêcher de nous faire part des bonnes nouvelles dont il sentait bien l'importance pour ceux qu'il était obligé de garder ; et tout en marchant il lâchait de temps à autre un mot sur Robespierre : ce qui nous apprit sa chute totale. Aussi deux jours après, le concierge furieux de voir que malgré sa vigilance extrême, nous étions instruits de ce qui se passait, imagina de supprimer les sentinelles de la cour et du jardin, pour mettre de gros chiens à la place.

Quand on rapproche toutes ces particularités d'autres faits antérieurs ; quand on se rappelle que la municipalité conspiratrice de Paris était venue sans aucun décret faire la visite pendant deux jours consécutifs, nuit et jour, de tous les effets, argent et argenterie des détenus ; que ces mêmes municipaux firent cette visite sans faire apparaître aucun ordre à cet effet ; quand on songe qu'ils poussèrent la recherche jusqu'à ôter tous moyens de défense, même des objets les plus minutieux tels que compas et de petits outils à faire des fleurs ; que le concierge vint même quelques jours avant le 9 thermidor enlever jusqu'aux mouchettes, quoique la chandelle fût permise, il en résulte qu'il est plus que probable que depuis long-temps on méditait un affreux projet contre les prisons, et qu'on voulait, non pas que les détenus n'attentassent point à leur vie, mais leur ôter jusqu'à la moindre défense contre tous ceux qui devaient être chargés d'y attenter.

Il est certain qu'on n'avait placé d'autres concierges dans les maisons d'arrêt, qu'afin qu'on fût sûr qu'ils se prêteraient au changement des écrous (1), et ceux de notre prison ont été notoirement dénaturés.

Ceux que la tyrannie avait dévoués à la mort étaient écroués sous la simple dénomination *arrêté par mesure de sûreté générale*. C'est ainsi qu'on enfermait les victimes qui, rassurées en quelque sorte sur le genre d'inculpations qui leur étaient faites, ne s'apercevaient du précipice que lorsqu'elles y étaient tombées.

---

(1) Le nouveau concierge a raconté à l'un des détenus qu'il était sorti de la prison de l'Abbaye pour n'avoir pas voulu se prêter au changement des écrous, les ayant toujours regardés comme un dépôt sacré. (*Note de l'auteur.*)

MADELONNETTES.

Les nombreuses arrestations des premiers jours de septembre 1793 (vieux style), encombrèrent tout-à-coup cette prison, et d'une maison de force en firent une maison d'arrêt. Au commencement de ce mois, les Madelonnettes comptaient peu de prisonniers ; ce qu'on appelle la paille logeait au troisième étage ; elle se composait de fabricateurs de faux assignats, de faussaires et de voleurs. Cette tourbe ayant voulu s'évader, on la fit descendre au rez-de-chaussée où on eut soin d'empêcher de nouvelles tentatives.

Les premiers suspects, qui étrennèrent cette maison, furent les citoyens des sections de la Montagne, du Contrat-Social, des Marchés, etc., au nombre de quinze et vingt par contingent de chaque section ; les citoyens de la Montagne furent placés dans le corridor du troisième, et jurèrent de ne point se séparer que d'après un ordre supérieur ; les sections qui vinrent ensuite furent confinées dans le local qu'occupaient les pailleux : c'étaient des chambres de cinq pieds carrés, de neuf de haut, donnant sur les derrières, ayant chacune deux fenêtres de six petits carreaux et ornées de grilles bien solides ;

dans chacune de ces chambres se trouvaient douze crèches accolées trois ensemble ; chaque crèche avait un pied et demi de large sur six pieds de long , et garnie d'une mauvaise paillasse toute chargée de vermine.

Le concierge de cette maison Vaubertrand fils , homme exact mais sensible , dont le caractère ne s'est jamais démenti pendant cent jours que je suis resté dans cette maison , cherchait toutes les occasions d'adoucir le sort des citoyens qui n'étaient que suspects. L'institution des crèches inventées pour avilir l'espèce humaine disparut par ses soins, et les objets de première nécessité furent distribués avec affabilité aux prisonniers.

La première nuit de notre arrivée il fallut coucher sur la paille ; le lendemain on nous donna des matelas, et quelques jours après nos chambres furent décorées de tablettes et de petits meubles très-commodes.

Les bois de lits tenant plus de place que des crèches , on n'en put placer que huit dans chaque chambre; chacun mit la main à l'œuvre, et en moins d'une heure les crèches furent démontées et les lits placés , ce qui réduisit les chambrées de douze qu'elles étaient, à huit citoyens.

Ces premiers jours de captivité peuvent être appelés avec vérité le siècle d'or. Nous étions tous sensibles à la perte de notre liberté ; mais n'ayant rien à nous reprocher, nous supportions cette privation avec la fermeté qui caractérise l'homme probe, le véritable républicain qui sait se soumettre aux lois. Hélas ! nous ne prévoyions pas les jours de douleur et de désespoir qui ont marqué depuis notre existence. On n'égorgeait pas encore, les boucheries n'étaient pas en permanence..... Mais n'anticipons pas sur les événemens.

Nous jouissions alors de la permission de voir nos femmes, nos parens, nos amis, qui venaient tous les jours nous apporter des consolations et de l'espérance.

Les commensaux de notre corridor étaient plusieurs artistes du Théâtre-Français, Boulainvilliers, de Crosne, le général Lanoue, Fleurieu (1); ils nous avaient précédés de quelques jours, et ils occupaient à deux des chambres de huit pieds carrés.

Cette maison qui ne devait contenir que deux cents personnes, en renferma bientôt de deux cent soixante-dix à deux cent quatre-vingts; cette augmentation resserra les prisonniers, et on couchait dans les corridors.

Ces corridors avaient cinquante pas de long. A l'une des extrémités, étaient des latrines infectes qui répandaient dans toute la maison une odeur tellement insupportable, qu'il était impossible de s'y promener, et l'on ne pouvait tenir les portes

---

(1) Fleurieu, ex-ministre de la marine. (*Note de l'auteur*.)

ouvertes sous peine de tomber en asphyxie. A l'autre extrémité était une petite fenêtre qui fournissait à elle seule un petit courant d'air insuffisant pour neutraliser le méphitisme des latrines. Aussi il survint une sorte d'épidémie qui aurait emporté beaucoup de monde, sans les secours et les soins infatigables de l'honnête et zélé Dupontet, médecin de la section de l'Homme-Armé. Nous aurons occasion par la suite de reparler de ce citoyen. Dupontet fit ouvrir toutes les portes et fenêtres à une certaine heure et pendant un temps déterminé, fit brûler du vinaigre, et prescrivit pour ordonnance de prendre de l'exercice avant de dîner et de rentrer. On exécutait régulièrement des marches et des évolutions que commandait le général Lanoue ou Saint-Prix, artiste du Théâtre-Français. De cette manière nous conjurions la maladie.

On remarquait dans ces évolutions, l'ex-lieutenant-civil Angrand-d'Alleray qui, quoique octogénaire, se tenait aussi droit que le plus vigoureux jeune homme. Aux exercices du soir il paraissait une bougie à la main, marchait au pas, et ne manquait point une évolution. De Crosne était aussi de la partie.

Malgré toutes ces précautions, la petite vérole se manifesta, et Sabran (1) en fut victime. Dupontet,

---

(1) Sabran, ancien colonel de cavalerie.

(*Note de l'auteur.*)

malgré tous ses soins, toutes ses veilles, et Seignelai (1) son infirmier, ne purent le sauver.

Lecamus de Laguibourgère (2) la prit de lui, et fut assez heureux pour en revenir. Heureux ! que dis-je ? ... Quelques jours après Laguibourgère fut supplicié.

Chaque fois qu'il entrait un administrateur de police, nous lui portions nos plaintes sur ce qu'il n'y avait pas d'infirmerie dans une maison où les prisonniers étaient amoncelés en aussi grand nombre : l'arrogant municipal faisait fort peu de cas de nos réclamations ; il promettait vaguement, rien ne s'exécutait. On demandait une cour, offrant de payer le supplément de garde que cette permission nécessiterait : on promit encore une fois, et la cour ne fut ouverte que le 18 frimaire, temps où il n'était plus possible de jouir de la promenade vu la rigueur de la saison.

Tous les agens de l'autorité étaient de glace pour nos maux. Arrivait-il quelqu'un d'entre eux, aussitôt il était entouré ; on lui faisait le tableau déchirant de l'affreuse situation de plusieurs détenus : l'agent de la tyrannie écoutait avec distraction, jouait l'homme affairé, lâchait quelques mots insignifians, disparaissait et laissait dans l'abattement

---

(1) Scignelai, marchand de vin, de la section de Grenelle.
(*Note de l'auteur.*)

(2) Lecamus de Laguibourgère, ancien conseiller au parlement de Paris.
(*Note de l'auteur.*)

des malheureux luttant contre la mort et le désespoir (1).

Le 8 octobre (vieux style), on nous annonça la visite des administrateurs de police, dont l'un était Marino, de la section de la Montagne, l'un des bourreaux de Lyon, connu de tous les prisonniers comme le plus hardi scélérat. Il arrive avec une grotesque dignité, une allure insolente, un habit sale, chapeau gras, écharpe pareille : on se précipite autour de lui ; on lui présente des mémoires ; on cherche à exciter sa sensibilité. L'antropophage administrateur donne à tout le monde des réponses évasives, et entre dans la chambre qui renfermait les citoyens de sa section. Il parcourt des yeux ses victimes (car c'était d'après ses dénonciations que ses co-sectionnaires avaient été arrêtés) ; il les contemple avec le souris du tigre, et les accable de grossièretés. Avec un pareil brigand, on ne pouvait pas parler de sa liberté ; on se contente de lui demander le jardin : « Patience, bons citoyens, répond le Néron écharpé, on établit de belles maisons d'arrêt, à Picpus, à Port-Libre, etc. Ceux qui auront le bonheur ou le malheur d'y aller, y trouveront des jardins où ils pourront se promener. » Puis un prisonnier s'évertua jus-

---

(1) Quand on leur remettait des mémoires (aux administrateurs), souvent ils prenaient l'écrit de bas en haut, et feignant de lire, « Cela n'est pas possible ; au reste je ferai mon rapport. » *Mémoire sur la maison des Anglaises.*

(*Note des édit.*)

qu'à se plaindre à Marino de sa détention qui n'était motivée que sur des suspicions très-légères ; son écrou portait : « Suspecté d'être suspect d'incivisme. » L'administrateur lui répondit froidement : « J'aimerais mieux être accusé d'avoir volé quatre chevaux, volé enfin ou assassiné, que d'être suspecté d'incivisme. »

Un grand hussard à larges moustaches logeait au premier ; il présenta humblement sa requête à Marino ; il l'appelait avec respect *Monsieur* : « Parle en républicain ; je tutoie tout le monde : point de *Monsieur*, mais *Citoyen*, et tutoie-moi. — Eh bien ! par la s.. nom d'un Dieu, fais-moi sortir d'ici et donne-moi la liberté. »

Il sortit le troisième jour : on avait besoin d'hommes à moustaches.

Marino termina la visite en nous annonçant, avec un visage rayonnant, l'arrêté de la commune qui nous défendait de communiquer au-dehors; l'ordre fut exécuté sur-le-champ.

Il fallut donc nous séparer de vous, maîtresses adorées, épouses vertueuses, amis trop chers ! On ne connut plus dans notre prison les douces étreintes de l'amour, les délicieuses émotions de la piété filiale, les tendres épanchemens de l'amitié; toutes les consolations nous furent enlevées. La farouche tyrannie avait prononcé ses arrêts, il ne restait à ses victimes qu'à obéir; cet ordre rigoureux paralysa en nous toute espèce de sentiment ; nous en fûmes anéantis. Le temps et la philosophie cicatrisèrent nos blessures, et nous reprîmes l'attitude d'hommes qui savaient supporter le malheur. L'espérance jetait quelques fleurs sur nos chaînes, l'amitié les allégea, les goûts sympathisèrent, et dès-lors se formèrent des liaisons que la mort seule détruira.

Des scènes épisodiques venaient quelquefois nous distraire des ennuis de notre captivité : le concierge Vaubertrand avait un fils âgé de quatre ans; cet enfant avait déjà toutes les vertus de ses parens; l'affabilité, la douceur et la sensibilité brillaient dans son jeune âge. Il venait souvent nous voir, et affectionnait particulièrement le citoyen Dazincourt, artiste du Théâtre-Français, qui le divertissait beaucoup, et le citoyen Coittant qui lui faisait, avec des cartes, de petits chats, des ânes, des chiens, des oiseaux, etc.

Le 11 octobre (vieux style), deux jeunes femmes qui ne connaissaient pas l'arrêté de la commune, fondirent en larmes à la porte de la prison, et faisaient les plus vives instances pour voir leurs maris. Une d'elles, trouvant sur son passage cet aimable enfant, le prit dans ses bras en le priant d'obtenir du gardien l'entrée de la prison qu'il lui avait refusée. L'enfant se jette aux genoux du gardien. « Je t'en prie, laisse entrer la citoyenne ; tu vois, je suis à tes genoux ! »

Rien n'émeut l'inflexible gardien; l'enfant supplie et n'obtient rien, les larmes coulent, le désespoir est dans les yeux des deux femmes sensibles; elles sont obligées de s'en retourner sans avoir rien obtenu.

La fille du citoyen Fleury, artiste du Théâtre-Français, enfant de quatre ans, aussi intéressant qu'on l'est à cet âge quand on réunit tout ce qui en fait le charme, se présente dans le dehors, et dit bonjour à son papa qu'elle aperçoit par la fenêtre; on l'arrache de sa vue, les pleurs de l'innocence ne peuvent toucher le stupide gendarme.

Malgré tous les dégoûts dont on cherchait à nous abreuver, nous jouissions cependant de la douceur de parler à nos proches par nos fenêtres; le son de leur voix était un bonheur pour nous; on nous en priva, et voici ce qui en fut cause : Un des gendarmes préposés à notre garde se conduisit grossièrement envers la femme d'un prisonnier; on dit même qu'il s'oublia jusqu'à se porter à des voies de fait. Une douzaine de femmes, à la langue déliée et aux gestes significatifs, qui étaient venues voir leurs maris, furent témoins de la scène; elles traitèrent le gendarme d'une manière assez verte; celui-ci alla porter ses plaintes à la commune, et les ordres furent donnés de ne plus parler par les croisées.

Séquestrés du monde entier, nous passions cependant quelquefois des momens assez agréables. Dans notre corridor, surtout celui du troisième, il s'était établi une amitié dont les nœuds se resserraient tous les jours par le malheur commun. La nouvelle d'un décret favorable, d'un succès, d'une victoire, nous rendait notre gaieté.

Les bons mots, les plaisanteries faisaient un peu de diversion à notre ennui (1). Dazincourt était

---

(1) Voici comment un détenu de Sainte-Pélagie raconte les distractions qu'on se procurait dans cette prison :

« Les prisonniers détenus au secret imaginèrent, pour charmer l'ennui dont ils étaient dévorés, de former entre eux une espèce de club dont ils avaient fixé la séance à huit heures du soir. Quoique les portes de chaque chambre fussent d'une épaisseur prodigieuse, on s'était néanmoins aperçu qu'il était possible de se faire entendre d'un bout du corridor à l'autre, en criant un peu haut. Le premier qui conçut l'idée bizarre de ce délassement fut Marino, membre de la commune du 10 août, et prorogé dans les fonctions municipales jusqu'au jour de son arrestation. A l'aide de cette invention, on s'instruisait réciproquement et avec ordre de tout ce qu'on avait appris des porte-clefs dans le courant de la journée; et pour n'être pas compris, dans le cas où l'on serait entendu de quelqu'un d'entre eux, ou des gendarmes qui étaient apostés sous les fenêtres, au lieu de dire : *J'ai appris telle chose*, on disait : *J'ai rêvé telle chose*.

Il fallait, pour être reçu membre de cette société, n'être ni faux témoin, ni fabricateur de faux assignats. Quand il arrivait un candidat (c'est ainsi qu'on nommait les prisonniers nouvellement arrivés), le président était chargé de lui demander, au nom de la société, son nom, sa qualité, sa demeure et le motif de son arrestation ; et quand il était bien reconnu qu'il ne s'était pas rendu coupable des délits qui emportaient l'exclusion, le président le proclamait membre de la société en ces termes : « Citoyen, les patriotes détenus dans ce corridor te jugent digne d'être leur frère et ami ; c'est le malheur et la bonne foi qui les unissent entre eux ; ils n'exigent de toi d'autres garans que ceux-là. Je t'envoie l'accolade fraternelle; » et la société, pour éviter le bruit du claquement des mains, criait en signe d'applaudissement : *Bon ! bon !* (*Note des édit.*)

toujours jovial : « N'est-il pas étonnant, disait-il, de me trouver ici? Qu'on y retienne des empereurs, des rois, des tyrans, des ducs et des marquis, cela se conçoit; mais que je me voie en leur compagnie, moi qui ne suis qu'un pauvre valet sans-culotte, oh! certes, il y a de l'injustice! »

Notre petit ange, Vaubertrand fils, nous donnait aussi des consolations. Voici la conversation qu'il eut un jour avec son aimable mère, femme aussi estimable que sensible, qui venait souvent examiner s'il ne nous manquait rien de ce que la loi nous accordait. Il y avait dans la maison un petit jardin où le concierge seul avait droit d'entrer. « Nous ne voyons personne dans le jardin, dit l'enfant; allons rendre visite à nos *pigeonniers* (c'était ainsi qu'il nous appelait). — Eh bien! mon fils, allons-y. — Maman, il faut leur ouvrir les portes; ils n'ont rien fait de mal; oh! je t'en assure, ils n'ont rien fait. — Mais, mon fils, tu veux donc me faire guillotiner? — Non, maman. — Mon ami, ce n'est pas moi qui ai les clefs, ce sont les gardiens. — Oh bien! si tu veux, je vais les amuser, et pendant ce temps tu les prendras, et nous leur ouvrirons les portes. » Ainsi s'exprimait ce charmant enfant.

Nous avions établi dans notre prison une police correctionnelle. C'était à ce tribunal qu'étaient traduits les dénonciateurs qui venaient grossir le nombre des prisonniers. On les recevait de manière à les guérir de la manie dénonciative, en cas qu'ils recouvrissent leur liberté.

Le 23 octobre (vieux style), le ci-devant chevalier de Bussey, américain, est reconnu par le citoyen Saint-Hilaire qu'il avait fait arrêter. « Quoi! dit Saint-Hilaire, coquin, scélérat, te voilà ici? il y a donc une justice humaine! Citoyens, cet homme est un monstre qui a employé des moyens infâmes pour me faire arrêter : c'est un espion. » Aussitôt on entoure le ci-devant chevalier qui pâlit, et qui cherche en vain une réponse pour justification. On insiste pour qu'il parle : toujours même silence. Les sarcasmes, les huées tombent sur lui; il bat en retraite dans une chambre où on ne veut pas le recevoir. L'indignation est prête à éclater, lorsqu'un gardien vient le chercher pour le mettre à la paille. Les pailleux, déjà instruits, ne veulent pas de sa compagnie, et le repoussent très-rudement. Enfin on le relègue provisoirement dans la loge du cochon, jusqu'à ce qu'on lui ait trouvé un autre gîte.

Pareille aventure, mais plus comique, arriva à Bénard, commissaire civil de la section de la Montagne, qui nous fut amené le 17 frimaire.

Les co-sectionnaires s'étaient réunis par chambrées autant qu'ils l'avaient pu. Au guichet, on demanda à Bénard : « De quelle section es-tu? — De la Montagne. — Monte au troisième, n° 12, tu trouveras là de bons enfans. » Ce n'était pas là tout-à-fait le compte du nouvel hôte qui, malheureusement, n'était pas connu très-avantageusement de ses co-sectionnaires. Arrivé au premier étage, il y reste, et prend langue avec les prisonniers. Ses réponses, aux demandes qu'on lui faisait, étaient obscures ou entortillées; on prit une idée peu favorable de sa personne. Pour éclaircir les faits on le fait accompagner par une députation, et on l'amène vers ses camarades. Il entre dans la chambre fort décontenancé, et donne le bonjour d'un air embarrassé. Un regard de mépris et d'indignation fut toute notre réponse.

La députation était restée à la porte; elle s'informe du moral de l'individu. On lui apprend que c'est un dénonciateur, un happe-chair et un voleur, car sa réputation l'avait devancé. Pour son malheur, il rencontre, au bout du corridor, le citoyen Roland qu'il avait fait arrêter au palais Égalité comme assassin de Lepelletier, et qui acheva de le faire connaître. On le conduit au premier étage avec un accompagnement de malédictions. Là, on ne veut pas le recevoir et on le rudoie. Un garde arrive et lui dit : « Monsieur, vous êtes trop honnête homme pour rester avec ces citoyens; suivez-moi, je vais vous loger. » Il le conduit à la paille. Un prisonnier officieux crie : *Au chat, au chat....* C'est le mot du guet qui avertit qu'on leur envoie un mauvais sujet. Descendu dans cet endroit, on le prie de raconter son affaire. Il répond qu'il est accusé d'avoir voulu voler des ornemens d'église et des galons de chasubles, des patènes, des vierges d'argent qui avaient effectivement été trouvés chez lui, mais qu'il n'y avait mis qu'en dépôt, comptant bien les rendre à qui il appartiendrait, et qu'enfin son affaire ne serait pas longue.

Notre homme se connaissait en orfévrerie depuis long-temps ; il avait été sacristain à la Madelaine, puis clerc à Saint-Roch, puis grenadier au bataillon du même nom, puis aboyeur de section, puis commissaire civil et des jeux, puis dénonciateur, puis happe-chair, et enfin voleur, faisant la pluie et le beau temps dans sa section. Ses nouveaux camarades le consolèrent, et lui dirent que, pour ne pas engendrer de mélancolie, il fallait s'amuser à de petits jeux.

On propose de jouer au tailleur; il accepte. Pour cet effet, on approche deux tables ; on met une couverture dessus, et un des pailleux y montant, et dans l'attitude d'un tailleur, fait ôter la redingote du nouvel hôte, et en prend la mesure ; puis, le faisant monter à sa place, il lui dit d'en faire autant. Pendant ce temps on avait fait de bonnes poignées de verges d'un balai tout neuf, et à un signal convenu, on le renverse, et on le fesse d'importance.

Un des fustigeurs va à la provision dans un des baquets à latrines, et souille la culotte du grenadier-sacristain. Le patient se trouve mal ; les pailleux le métamorphosent en Sancho-Pança qu'ils font voltiger sur la couverture. Pendant la cérémonie, on chantait en chœur les litanies ou bien *aperua bona*. Enfin l'ex-commissaire ouvre les yeux, il appelle le guichetier qui arrive et qui dit, avec sa grosse voix : « Citoyens (notez qu'il s'adressait à trente-cinq voleurs qu'on avait transférés de Bicêtre il y avait quelques jours), quand on vous amène un citoyen honnête, ce n'est pas pour le tracasser. Je vous prie d'être plus circonspects, autrement je vous renfermerai dans vos chambres.

A la voix du gardien, chacun avait soufflé sa chandelle et s'était retiré chez soi. La farce était jouée.

Comme le voltigeur se nettoyait le visage, Vaubertrand à qui le gardien venait de faire son rapport, arrive.

« Qu'est-ce que c'est ? » Il se bouche le nez. « Mon Dieu ! comme vous sentez mauvais ? — C'est.... C'est.... — Enfin, dit Vaubertrand, je vois, je sens ce que c'est ; je vais vous faire mettre dans une chambre à part ; » ce qui fut exécuté sur-le-champ. De cette manière, les citoyens de la section de la Montagne furent un peu vengés des atrocités de ce scélérat qui mettait dans sa section les citoyens aux prises les uns avec les autres, et s'enfuyait ensuite comme un lâche coquin. Depuis, le tribunal criminel du département l'a condamné à faire une séance de six heures sur le tabouret, et à douze ans de fers. *Amen*.

Quelques jours après la mésaventure de l'ex-commissaire, une scène d'un autre genre vint nous égayer. Un jeune homme ci-devant conseiller au parlement, était logé au second étage dans une chambre à huit personnes ; il voulut occuper celle de Saint-Prix, dans laquelle il vaquait une place par la sortie de Duval son commensal.

Il la disputait à un ci-devant procureur au parlement, Duchemin, homme aussi doux et honnête, que l'autre était altier et bouffi d'orgueil. Le concierge l'avait promise à Duchemin à qui elle appartenait par droit d'ancienneté. Après quelques contestations, le jeune conseiller lui dit: « Je suis étonné que vous éleviez des difficultés de vous à moi ; il ne devrait pas y en avoir.—Monsieur, lui répondit le procureur, si vous aviez mis plus d'honnêteté dans votre demande, j'aurais pu vous satisfaire ; mais ici nous sommes tous égaux, et je soutiendrai mes droits : c'est au concierge à décider entre nous deux ; » et de suite il lui tourna le dos. Le père du conseiller, Villiers de Montmartin, était là et dit au procureur : « Et à moi, Monsieur, me le disputerez-vous ? — Sans doute, répliqua Duchemin ; si c'eût été pour vous, votre âge aurait pu me faire transiger : mais c'est pour votre fils, aussi jeune que moi, et je ne céderai rien de mes prétentions qui sont fondées sur la justice et sur mon droit d'ancienneté. » En définitive la chambre lui resta. Dazincourt dit à ce sujet : « Je suis bien persuadé qu'il n'aurait pas demandé à être dans la mienne, si elle eût été vacante ; car il se serait sans doute refusé à demeurer avec un pauvre valet ; il aimait mieux partager la chambre d'un empereur (1). » Le jeune La-Tour-du-Pin-Gouvernet, âgé de treize ans, ayant été témoin de la dispute, dit : « Voilà comme sont tous ces nobles de robe! » Le citoyen Laborde de la section de la Montagne, lui répondit : « Va, va, tu as beau dire, ta noblesse est aussi bien f..... que la sienne. »

Un facétieux fit les deux couplets suivans qui furent affichés à la porte du corridor, et qui coururent toute la prison ; de sorte que le sobriquet, *de vous à moi*, resta au conseiller :

Air : *Du haut en bas.*

LE CONSEILLER.

De vous à moi,
Faites, Monsieur, la différence.
De vous à moi,
Dit le conseiller en émoi,
Je dois avoir la préférence ;
Eh ! songez donc à la distance
De vous à moi.

LE PROCUREUR.

De vous à moi,
Quelle est donc cette différence?
De vous à moi,
Soyez enfin de bonne foi ;
Égaux en droits par la naissance,
Je n'admets aucune distance
De vous à moi.

On devait transférer quatorze Anglais ; ce qui

---

(1) Saint-Prix remplit au théâtre les premiers rôles du tragique.
(*Note de l'auteur.*)

laissait des chambres vides : le même Villiers de Montmartin vint trouver Vaubertrand, qui pour lors était au troisième étage ; il lui dit qu'il avait un mot à lui communiquer. Le concierge lui répondit : « Citoyen, je vais dans ce moment chez le citoyen Boulainvilliers qui est malade. — Mais je n'ai, je vous assure, qu'un mot, un seul mot à vous dire. » Voyant que Vaubertrand continuait son chemin, et piqué de ce que celui-ci n'avait pas été à lui pour recevoir la requête qu'il lui présentait devant beaucoup de monde ; humilié même d'avoir eu l'air de supplier le concierge d'une maison d'arrêt, il cria en se redressant avec dignité : « Je vous attends chez moi. — Je vais y passer tout-à-l'heure, dit Vaubertrand ; » et comme il suivait de loin le conseiller : « Ah ! ah ! ajouta-t-il, toujours, toujours l'homme de 1788 ! »

Duchemin tomba malade assez dangereusement. Pendant tout le temps de sa maladie, il n'eut point d'autre garde-malade que Saint-Prix, son camarade de chambre, qui lui donnait bouillon, médecine, etc., et qui, après trois nuits de veilles, en sortit une fois avec les lèvres aussi noires que du charbon.

Le citoyen Boivin, marchand de vin, Porte-Bernard, était accusé d'avoir souffert la vente du numéraire dans sa maison ; il avait déjà été interrogé au tribunal révolutionnaire ; il allait y paraître une seconde fois pour être jugé. Un matin il est appelé ; il part. Nous n'étions pas sans inquiétude sur l'issue de son jugement. Enfin nous apprenons qu'il est acquitté.

Lui-même arrive sur les cinq heures du soir, et nous confirme cette heureuse nouvelle, et il ajoute : « J'ai été acquitté sous caution ; on m'a demandé mille écus ; ne les ayant pas, j'ai offert de souscrire un engagement beaucoup plus fort ; j'ai été refusé. Il me faut la somme demandée ; sinon je vais rester en prison jusqu'à ce que je l'aie trouvée. » Logette, négociant, rue de la Chanverrie, voyant son embarras lui dit : « Il ne vous manque que cela pour avoir votre liberté ? Voilà mille écus ; allez jouir de ce bien précieux. — Permettez au moins que je vous fasse mon billet. — Non : la parole d'un honnête homme me suffit. »

Les larmes de la reconnaissance sont la récompense du bienfaiteur ; ils s'embrassent, et Logette, pendant cette scène attendrissante, paraissait lui-même l'obligé.

Cependant la nouvelle s'était répandue dans la prison que Boivin devait garder prison jusqu'à ce qu'il eût trouvé mille écus pour sa caution. Elle parvint jusqu'à Vanhove l'aîné, qui faisait sa partie de piquet avec Fleury ; il tire son porte-feuille en s'écriant : « Que je suis heureux ! je puis faire sa somme. J'ai à peu près 4500 livres, 1500 me suffiront pour le temps que je compte rester en prison. Où est-il ? » Il court pour les lui offrir. Boivin était parti ; il apprend que Logette l'avait prévenu ; il se console de n'avoir pu obliger un frère, en pensant qu'il s'est trouvé dans la prison un homme que la fortune avait mis dans la position de venir au secours d'un malheureux.

Jadis les prisons étaient presque toujours l'école du crime ; la nôtre était devenue celle de la bienfaisance. Combien de fois l'honnête Dupontet n'a-t-il pas été éveiller la sensibilité des détenus, en leur présentant le tableau déchirant de l'infortune et des besoins de quelques-uns de nos camarades ; et je dois dire que ses démarches n'étaient pas infructueuses ; l'indigence était secourue et jamais humiliée !

Un jour un pailleux, recommandable par sa probité, est acquitté par le tribunal révolutionnaire. Le décret qui accorde une indemnité aux citoyens dont l'innocence a été reconnue, n'existait pas encore ; ce malheureux est absolument nu. Il avait vingt lieues de route à faire pour retourner chez lui. On fait une collecte ; il est aussitôt équipé de pied en cap ; on lui donne de quoi retourner dans ses foyers ; et comme le produit de la collecte avait été considérable, le surplus fut distribué aux autres pailleux qui, en reconnaissance, formèrent des vœux pour leurs bienfaiteurs.

Le temps n'adoucissait pas nos maux ; la tyrannie faisait une étude de les rendre plus accablans ; pour nous distraire nous faisions de la musique. On exécutait tant bien que mal des quatuors de Pleyel. Notre charmante concierge ne nous abandonnait pas, et assistait assez régulièrement à ces petits concerts. C'était la seule femme que nous voyions. Voici un couplet qui fera connaître cette aimable famille : il n'a pas été chanté.

Air : *Jeunes amans cueillez des fleurs.*

On voit l'amour et la bonté
En voyant le fils et la mère ;
De même on voit l'humanité
En voyant le fils et le père.
Oh ! mes amis, qu'on est heureux
De trouver en lui le bon frère,
L'ami sincère et généreux,
Qui souffre de notre misère !

Ce couplet donna l'idée de faire des bouts-rimés, sur les mêmes rimes ; voici ceux qui remportèrent le prix : ils sont de Reynal, de la section de la Montagne.

A LA CITOYENNE VAUBERTRAND.

Même air.

Dans ton sourire la . . . . *bonté*
Nous peint la plus tendre des . . . . *mères ;*
De ton époux . . . . *l'humanité*
Peint aussi le meilleur des. . . . . *pères.*
Chacun de nous serait . . . . *heureux*
Si la loi qui nous fit ses . . . . *frères,*
Voulait que ses soins . . . . *généreux*
Pussent adoucir nos . . . . *misères.*

Concierges du 10 thermidor, que ne peut-on en rimer autant en votre honneur !

Le 7 novembre (vieux style), Marino nous honora d'une seconde visite. Sa mission consistait à établir une sorte d'égalité dans la maison, de faire manger le riche avec le pauvre, le tout aux dépens du premier. Il voulait aussi que les prisonniers de la paille quittassent leurs affreuses demeures pour occuper des chambres; *et vice versâ*, il voulait que les suspects allassent prendre la place des pailleux. Heureusement ce projet n'eut pas lieu; on lui fit observer que la paille était presque entièrement composée de criminels, de voleurs, fabricateurs de faux assignats, et qu'il y aurait de l'inconvenance, malgré son grand système d'égalité, à favoriser des brigands, en déplaçant des citoyens qui n'étaient que suspects d'incivisme. Marino n'insista pas sur cet objet; mais il donna l'ordre d'organiser les tables communes. Puis il parcourut toute la maison, interrogea tous les individus sur leur fortune, et assigna aux personnes aisées des pauvres à nourrir.

Arrivé à la chambre de la Montagne, où étaient ses co-sectionnaires, ceux-ci voulurent l'entretenir des causes de leur détention; mais Marino sans les écouter, alla chercher de Crosne (il a été guillotiné dans une masse), l'amena dans cette chambre, et lui dit : « Tiens, mon fils, voilà les hommes de ma section, il faut que tu en aies soin; entends-tu bien? — Oui, citoyen. — Assis-toi là. — Oui, citoyen. » En le flattant sur la joue : « Ah! ça, tu payeras le fricot, entends-tu bien? — Oui, citoyen. — La chambre, les frais, le vin? — Oui, citoyen. — Tiens, voilà le président, en désignant Jousseran, il fera la carte de toute la dépense, entends-tu ? — Oui, citoyen. — Tu as de la fortune, ils n'en ont pas ; c'est à toi à payer, entends-tu ? — Oui, citoyen. — N'y manque pas. — Non, citoyen. — Et tu leur donneras le gigot à l'ail, les pommes-de-terre et la salade. — Oui, citoyen. »

Après ce colloque, il quitta de Crosne en lui donnant le petit soufflet sur la joue.

Sorti de cette chambre, il distribua des tables aux citoyens la Michaudière, Villemain et autres, et dit aux artistes du Théâtre-Français qu'il leur enverrait un fermier-général pour les nourrir, parce qu'il sentait le besoin qu'ils pouvaient en avoir. Il dit aussi à de Crosne et à Villemain, que sous le règne de l'égalité, ne devant pas y avoir de paille, il enverrait chercher leurs matelas ; il leur recommanda surtout, pour pièce fondamentale, le gigot à l'ail.

Marino était ce jour-là en belle humeur, et sa visite nous avait égayés. Il fallut de suite exécuter ses ordres ; tout s'arrangea à merveille : de Crosne s'offrit de bonne grâce ; mais la chambre de la Montagne qui, sans renfermer des citoyens très-fortunés, n'avait eu besoin jusqu'alors des secours de personne, car tout le monde était solidaire, déclara qu'elle était en état de se suffire à elle-même. De Crosne insista pour être utile aux moins aisés, et demanda si un bon curé que l'on avait accueilli dans cette chambre, n'éprouvait pas des privations sensibles. Ce curé s'était ouvert depuis quelques jours sur son peu de fortune à l'un des citoyens avec lesquels il vivait; ceux-ci s'étaient déjà fait un plaisir de l'obliger. De Crosne apprit d'eux que ce bon curé devait le loyer de sa chambre et partie de la nourriture qu'il faisait venir du dehors, et dès-lors il eut soin de délivrer le curé des inquiétudes qu'il aurait pu avoir sur ces deux articles.

On nous entretenait, depuis long-temps, d'une translation de prisonniers qui devait s'exécuter : elle eut lieu définitivement. On commença par nous enlever tous les curés parmi lesquels était celui de Saint-Roch. Il avait une fièvre brûlante, accompagnée d'un transport très-violent : son état ne toucha point les administrateurs de police qui le firent partir avec ses autres confrères. Nos adieux furent touchans; les larmes inondaient nos visages. Tous furent transférés à Bicêtre, et nous apprîmes, le lendemain, qu'ils avaient été réunis cinquante-six dans une même salle où ils avaient passé la nuit sur des chaises, et qu'il leur était impossible de se procurer rien du dehors, même en payant.

On amena, le 3 frimaire, le citoyen Blanchard, commissaire-général des guerres. Le premier besoin d'un prisonnier, nouvellement arrivé et qui se voit bien accueilli, est de raconter les causes de son arrestation; celui-ci, en nous faisant son récit, ne peut s'empêcher de verser des larmes de sang, en prononçant les noms de son épouse et de ses filles.

Philippine et Amélie, s'écriait-il, je ne vous verrai donc plus ! Son chien qu'il avait amené avec lui et qui l'avait suivi à l'armée et dans ses différens voyages, hurlait d'une manière douloureuse toutes les fois qu'il entendait prononcer ces noms chéris : ce spectacle nous déchirait l'ame.

Les défenseurs officieux étaient les seules personnes qui eussent le droit d'entrer dans la prison. Cahier, l'un d'eux, était dans ce qu'on appelait le foyer du troisième : il cherchait un prisonnier dont la défense lui avait été confiée; ses yeux se fixent sur un brave sans-culotte, le citoyen Grappin, qui, le 2 septembre 1792 (vieux style), l'avait arraché des bras des assassins, et lui avait sauvé la vie. Ils restent immobiles, se reconnaissent, les larmes s'échappent de leurs paupières, tous deux se précipitent, confondent leurs embrassemens, et restent plusieurs minutes dans cette attitude, sans proférer une parole ; ils la recouvrent et la perdent de nouveau dans de douces étreintes.

« Eh ! brave homme, s'écrie Cahier, pourquoi te trouvé-je ici ? » Grappin lui raconte les motifs de son arrestation.—Quelle injustice ! reprend Cahier ; dispose de moi, de ma fortune ; ma vie t'appartient, tu me l'as donnée une seconde fois ; sois tranquille, je ne dormirai pas que je n'aie obtenu ta liberté. »

Cette scène avait attendri tout le monde, chacun fondait en larmes.

Grappin, qui avait sauvé plus de soixante personnes à l'Abbaye, lors des massacres, ne recouvra sa liberté que par la révolution du 10 thermidor.

On parlait toujours de la translation générale des prisonniers ; le but de l'administration était de rendre cette maison à sa première institution, c'est-à-dire de n'en plus faire qu'une maison de force.

Nous nous préparions à une séparation douloureuse ; on nous promettait que dans notre nouveau séjour nous pourrions voir nos parens et nos amis, et que nous jouirions d'un air plus salubre : cette espérance diminuait les regrets que nous avions de quitter nos aimables concierges.

Cependant on saisissait tous les moyens de rendre nos chaînes plus pesantes, et on y parvenait aisément.

Le 5 frimaire, une femme apporta une paire de souliers à un des trente-cinq voleurs qui étaient à la paille : elle y avait caché une lime ; elle voulut remettre ces souliers par les barreaux de leurs chambres qui sont au rez-de-chaussée ; un des gardes s'y opposa, et voulut voir les souliers : la femme essaya de retirer la lime, mais elle le fit si maladroitement que l'on s'en aperçut. Le rapport de cette tentative fut aussitôt envoyé à la commune ; elle expédia un ordre portant défense à tous les prisonniers de se mettre à la fenêtre, ni de parler à personne.

Dans le commun malheur, tout le monde fraternisait. Ceux qui, jadis dans le monde, avaient joué les personnages les plus brillans, se trouvaient fort heureux de venir prendre leur café dans le passage d'un étroit corridor qui servait de chauffoir commun, modestement assis sur une mauvaise paillasse ou sur une pile de bûches.

Quand le petit ménage était fait, qu'on s'était seulement salué, en allant vider la fortune du pot de Champville (1), artiste du Théâtre-Français, et qu'on avait déjeuné, on voyait le ci-devant lieutenant de police, perruque bien poudrée, souliers bien cirés, chapeau sous le bras, se rendre chez les ci-devant ministres, La Tour-du-Pin, Saint-Priest, le frère de l'ex-ministre ; et puis chez Boulainvilliers ; puis enfin chez les ci-devant conseillers au Parlement.

De retour chez lui, venaient à leur tour, Boulainvilliers, La Tour-du-Pin, les ex-conseillers, en grande cérémonie, qui rendaient la visite : c'était là l'occupation de la matinée.

Le 27 frimaire, la translation tant annoncée s'exécuta, et cinquante-quatre prisonniers furent conduits des Madelonnettes à Port-Libre, rue de la Bourbe.

Nous nous croyions assez forts pour supporter avec résignation cette douloureuse translation. Ce moment fut terrible : le visage inondé de larmes, nous ne pouvions nous décider à nous quitter, nous

---

(1) Un jour que Boulainvilliers allait vider son pot de nuit, canne en main, parce qu'il était goutteux, Champville dit du plus grand sérieux : « Prenez garde, citoyens, voici la fortune du pot qui passe. » — Ceci est renouvelé de l'ex-marquis de Bièvre, l'homme le plus prodigieux du siècle pour les calembourgs.

(*Note de l'auteur.*)

nous embrassions, nous nous pressions mutuellement, et les sanglots s'échappaient avec peine de notre cœur oppressé. La même scène se passait dans tous les corridors, dans toutes les chambres; on se dit adieu comme pour l'éternité. Hélas ! combien de ces adieux furent éternels ! On promit de s'écrire, et aucun prisonnier ne négligea ce devoir sacré de l'amitié. Quand on fut sorti des guichets les yeux humides, on se tendait encore les bras..... Enfin, nous sommes partis.

LA MAIRIE, LA FORCE,
ET LE PLESSIS.

Échappé à tous les dangers qui ont menacé mes jours, je veux consacrer quelques veilles à écrire mes souvenirs, donner des larmes aux compagnons que l'échafaud m'a ravis, aux amis que j'ai perdus, et le témoignage de ma juste sensibilité à celle qui a tout fait pour moi, qui m'a constamment servi par ses soins, son zèle, sa tendre amitié, et qui seule a nourri dans mon cœur, pendant la durée de ma captivité, la patience inutile à la douleur, et l'espérance nécessaire au courage. A la lueur de ma lampe, je vais peindre tout ce que j'ai souffert dans la nuit des tombeaux. Je veux descendre encore dans ce séjour d'horreur.

Le 12 septembre 1793, j'apprends qu'une loi ordonne à tous les militaires, démissionnaires et autres, de quitter Paris et de s'en éloigner à vingt lieues. Je me rends au bureau de la guerre pour m'en assurer positivement, et savoir si ceux domiciliés sont compris dans la rigueur du décret. J'étais accompagné de cette amie tendre et bienfaisante qui était loin de prévoir le malheur qui me menaçait. Sans me douter du piége, je me présente sur la foi des traités : à peine avais-je pénétré dans cette caverne, qu'une foule de gendarmes m'entoure ; des suppôts de police, un essaim de commis bien insolens, à cheveux noirs et luisans, me parlent à la fois, me demandent qui je suis et ce que je veux. « Il est bien mis, c'est un conspirateur, disait l'un. — Il est grand, il paraît fier, c'est un suspect, » disait l'autre. On m'entraîne dans une écurie ; un moment après on me dépose dans un cachot.

En vain je réclame, j'invoque les lois, la justice, tout est sourd; des éclats de rire seuls se prolongent sous les voûtes. Je supplie un gendarme d'écouter mes raisons, de faire valoir mes motifs ; il est muet : j'interroge sa pitié ; il me répond que je l'importune, que nous sommes tous comme ça, qu'on ne peut pas écouter tout le monde, et qu'à mon tour je serai interrogé. Je le suppliai de me faire parler à l'amie qui m'accompagnait ; inutiles prières. Mon gendarme crut sûrement que je parlais une langue étrangère. Je ne pus le fléchir. C'est ainsi que je disparus de la société. Je supprimai donc des plaintes vaines, et j'attendais qu'on disposât de mon sort, quand tout-à-coup la porte s'ouvre, la lumière qui pénètre dans mon cachot me fait apercevoir que je ne suis pas seul, et que trois malheureux m'ont devancé dans cette obscure prison. On nous signifie de nous lever et de marcher : une voiture nous attendait ; des gendarmes à cheval nous escortent au comité de surveillance de la section du Mont-Blanc.

Les membres qui le composaient, tous jacobins

renforcés, ordonnèrent qu'on nous surveillât exactement, et qu'on ne nous laissât communiquer avec personne. Ils ajoutèrent que nous ne serions interrogés que le lendemain.

On aura peine à croire tous les genres de vexations et de cruauté qu'on nous fit essuyer. D'abord fouillés avec une indécence atroce, pas une partie de nos corps n'échappa à leurs recherches : les bijoux furent déclarés suspects et saisis. Ceux qui avaient de l'or étaient des agens de Cobourg, on les en dépouilla ; ceux qui avaient des assignats étaient des contre-révolutionnaires, on les leur prit. Ainsi déshabillés et volés, on nous prévint que nous pouvions nous coucher et attendre le lendemain.

Que cette nuit fut longue ! que les heures furent lentes ! Enfin le soleil parut, et nous ramena le jour et l'espérance ; j'aperçus par la fenêtre un jeune homme qui cherchait à découvrir les issues de ma demeure, et parlait à une sentinelle dont sans doute il fut rebuté, car il s'éloigna.

Les membres du comité s'assemblèrent à dix heures, et sur-le-champ nous fûmes introduits : le moins ignorant nous interpelle dans un mauvais jargon. Chacun exhibe sa carte, décline son nom, sa demeure, et demande raison d'une arrestation aussi arbitraire. L'aréopage révolutionnaire se regarde, délibère, et ordonne de nous conduire à la Mairie. Nous y arrivâmes à huit heures du soir, et, sans pouvoir être entendus, nous fûmes déposés dans une longue et étroite chambre où quatre-vingts malheureux attendaient leur sort. Ils vinrent au-devant de nous, et nous exhortèrent à la patience ; le président nous fit un petit discours, en nous engageant à contribuer selon nos facultés au soulagement de ceux de nos compagnons que l'infortune rendait plus à plaindre. Nous les aidâmes de grand cœur du peu qu'on nous avait laissé.

La Mairie était l'entrepôt général des personnes arrêtées sans motifs énoncés (1). On les laissait dans la gêne la plus dure, sans lit, sans chaises, sur de vieux matelas couverts de vermine. On les oubliait là huit jours; on les transférait ensuite dans une maison d'arrêt. Quand je quittai la Mairie, on ne m'aurait pu toucher sur aucune partie du corps sans m'écraser un insecte. Les administrateurs venaient quelquefois visiter les prisonniers, faisaient mille questions, n'écoutaient pas une réponse, recevaient cent mémoires, et ne répondaient à aucun. Une mauvaise nourriture

---

(1) L'auteur d'une brochure intitulée : *Crimes de Marat*, cite deux faits qui viennent à l'appui de cette assertion.

« On nous amena (à la Mairie) une jeune femme d'environ dix-huit ans, nommée Laborde, qu'on avait enlevée parce qu'elle avait refusé de dire ce qu'était devenu son mari, officier de paix : un sexagénaire respectable, qu'on nomma M. Broussin ; et un particulier d'environ quarante ans, trouvé porteur d'une petite canne à crosse semblable à celle de Colnot d'Angremont, décapité quelques jours auparavant; soupçonné en conséquence d'être un de ses complices.»

(*Note des édit.*)

nous était fournie aux dépens de l'administration; on mangeait en communauté. Tous les vagabonds arrêtés pendant la nuit augmentaient chaque jour notre société ; ils n'y demeuraient pas long-temps. Ceux qui avaient des ressources obtenaient quelques douceurs en payant largement un concierge avide; il prêtait même de l'argent à ceux qu'il jugeait pouvoir bien le lui rendre. Celui que j'ai connu a été guillotiné ; il aimait les assignats, et sa trop grande facilité à mettre de côté des sommes qui ne lui appartenaient pas, a causé sa perte : d'ailleurs il n'avait pas l'extérieur rebutant et les façons grossières des geôliers ses confrères ; il était complaisant, et souvent, en prenant un salaire plus fort que celui qui lui était dû, il donnait un bon conseil qu'il ne devait pas.

On avait établi à la Mairie une police fraternelle; les matelas étaient roulés le jour, la nuit chacun s'y jetait, quand il y avait place pour tous; dans le cas contraire, à de certaines heures, on se relevait pour faire reposer ceux qui avaient veillé, et qui attendaient sur des bancs une surface pour étendre leur corps.

J'ai passé huit jours à la Mairie; je fus transféré à la Force en vertu d'un ordre de police exécuté par deux gendarmes, les plus insignes coquins qui jamais aient porté l'habit bleu. Ils s'informèrent d'abord si j'avais de l'argent. D'autres ont été plus pressés, leur dis-je, et ne m'ont rien laissé. Ils me lièrent alors étroitement, et me traînèrent ainsi jusqu'au lieu de mon nouveau domicile, en m'assurant qu'incessamment je voyagerais en sens contraire. Il n'est pas de sots propos, de plates plaisanteries dont la gaieté de ces messieurs ne me régala.

J'arrivai à sept heures du soir à la Force ; les geôliers étaient à table, et ne crurent pas devoir se déranger pour un simple suspect. Qu'on le f..te à la Souricière, articula une voix forte. Il fallut aller à la Souricière.

La Souricière est un cachot obscur et incommode où l'on dépose les prisonniers jusqu'à leur comparution devant le concierge. On est là livré à ses tristes réflexions ; un baquet au milieu, un pot et de la paille aux deux coins ; voilà tout le mobilier. Un malheureux que j'y trouvai m'accueillit avec intérêt, me donna partie de sa litière. Il a été depuis guillotiné dans la prétendue conspiration des Carmes. Au bout de quelques heures on m'apporta du pain ; je me réclamai d'un détenu de ma connaissance arrivé de la veille, et comme moi parti de la Mairie ; j'observai que j'avais des ressources, que je paierais honnêtement l'humanité de ceux qui pourraient me procurer un lit et quelques alimens ; que depuis dix-huit jours ne m'étant pas déshabillé, j'avais besoin de repos. Le citoyen Valois, grand monsieur bien planté, ayant des façons tout-à-fait aimables, d'un ton vraiment imposant, me dit de le suivre ; je pris congé de mon compagnon, escorté de deux chiens monstrueux (1); je fléchis la tête sous dix portes de fer, et traversai ces cours fatales où tant de victimes innocentes avaient péri dans les massacres des 2 et 3 septembre.

On me signala, et je fus placé dans le département de la police; le chien de garde vint me flairer; dès-lors je fus sous sa responsabilité, et vainement j'aurais cherché à fuir. Je l'ai vu ramener par le poignet, et sans lui faire de mal, un prisonnier qui s'était caché, et qui s'était un moment soustrait à sa vigilance (2).

---

(1) « Les chiens jouaient un grand rôle dans ces prisons; cependant un fait que j'ai entendu souvent raconter prouvera que leur fidélité n'est pas à toute épreuve. Parmi ces chiens, il en est un distingué par sa taille, sa force et son intelligence. Ce cerbère se nomme *Ravage*. Il était chargé la nuit de la garde de la cour du préau.

» Des prisonniers avaient, pour s'échapper, fait un trou; rien ne s'opposait plus à leur dessein, sinon la vigilance de Ravage, et le bruit qu'il pouvait faire. Ravage se tait; mais le lendemain matin, on s'aperçoit qu'on lui avait attaché à la queue un assignat de cent sous avec un petit billet où étaient écrits ces mots : *On peut corrompre Ravage avec un assignat de cent sous et un paquet de pieds de mouton*. Ravage promenant et publiant ainsi son infamie, fut un peu décontenancé par les attroupemens qui se formèrent autour de lui, et les éclats de rire qui partaient de tous côtés. Il en fut quitte, dit-on, pour cette petite humiliation et quelques heures de cachot. » (*Extrait d'une relation sur la Conciergerie déjà citée.*) (*Note des édit.*)

(2) Un Bostonien avait été amené à la Force; on lui citait l'instinct de cet animal, et la certitude qu'il terrassait l'homme le plus fort. Le chien était monstrueux. Qu'on l'excite et qu'on me le lance, dit l'Américain. Ils prennent du champ; le chien, stimulé

La chambre neuve me fut offerte; cette désignation me prévint. Mais quelle fut ma surprise en voyant ce dégoûtant local! c'était cependant le moins affreux. Quatre murailles bien noires sur lesquelles l'ennui et la douleur gravèrent de sévères maximes, et l'ineptie barbouilla de dégoûtantes images; une fenêtre grillée et barrée; huit grabats; un baquet pour recevoir tous les besoins de la nuit, et une chaise pour le repos du jour. Six infortunés reposaient : le bruit de mon entrée, mon installation faite aux aboiemens de deux dogues, au cliquetis d'un trousseau de clefs, réveillèrent tout le monde. Ces malheureux étaient arrivés depuis peu, et cette demeure leur était aussi étrangère qu'à moi. Ils goûtaient un premier sommeil que je me reprochai de troubler. J'ai su par la suite combien il est affreux d'être réveillé quand le corps, affaissé par tous les genres de fatigues, se livre enfin à un sommeil nécessaire. Le lendemain je fis connaissance avec tous mes voisins de lit et de chambre. Francœur, ancien directeur de l'Opéra, par sa gaieté naturelle, l'honnêteté de ses manières,

---

par son maître, se précipite, saisit au collet le Bostonien qui, ferme sur ses pieds, résiste au premier choc, passe adroitement un doigt dans la gueule de l'animal, la lui sépare, et saisissant vigoureusement l'inférieure et la supérieure, allait déchirer la tête du chien, si son maître n'eût demandé grâce. La gueule séparée, l'animal perdit sa force et son mouvement; ses jambes s'allongèrent sans la moindre résistance.

(*Note de l'auteur.*)

attira bientôt ma confiance : il ignorait le motif de ses malheurs, je lui racontai le prétexte des miens. Son fils, sur nos frontières, garantissait notre liberté naissante; rien ne put protéger celle de son père.

Ne pouvant compter sur aucune espèce de justice, je cherchai à adoucir la rigueur de ma position. On pouvait encore écrire à ses parens et les voir. Le troisième jour de mon arrivée à la Force, ma sœur et mon amie vinrent me demander; timides et tremblantes, elles m'attendaient dans une cage de fer qui servait de parloir. Une voix de Stentor fait résonner mon nom; je m'élance et me trouve dans leurs bras. Un gros butor de porte-clefs était présent, il bâillait et s'étendit sur le seul banc : nous restâmes debout. Elles ne me dissimulèrent pas la peine qu'elles auraient à me faire obtenir justice; et se préparant à toute espèce de sacrifices, elles m'exhortèrent au courage.

La loi du 17 septembre venait de paraître; chaque jour amenait à la Force un grand nombre de personnes suspectes. Les brigands révolutionnaires peuplaient les prisons; leur armée ravageait les campagnes; le viol, le brigandage, l'assassinat étaient partout à l'ordre du jour. Le ci-devant duc de Villeroy, le plus nul des hommes et le plus circonspect, fut une des premières victimes; ses domestiques en pleurs l'accompagnèrent et ne le quittèrent que quand les verroux se furent tirés sur lui. Personne n'avait fait plus de dons à la nation : sommes immenses, chevaux, équipages, il avait tout offert à son pays! Ses gens avaient l'ordre de ne plus le servir, de faire exactement leur service dans la garde nationale; à ces conditions, ils étaient par lui nourris, logés et vêtus. Il était riche, il faisait le bien, il fut à l'échafaud. La famille Van-Deniver vint ensuite. Un vieillard respectable, banquier fameux par ses richesses et sa probité, périt avec ses deux fils. Un triste pressentiment de ses malheurs et de sa destinée occupait mes noires rêveries et souvent troublait mon sommeil; il couchait à côté de moi : vingt fois, dans l'horreur de mes songes, je l'ai vu sur l'échafaud; me réveillant agité, je le trouvais encore reposant, sans crainte et sans alarmes. Ils restèrent peu de temps à la Force, et suivirent à la mort la fameuse Du Barry.

Le fils Sombreuil arriva, escorté de trente gendarmes. Vingt ans, des maîtresses, le goût des plaisirs que la jeunesse entraîne, et l'éloignement politique des affaires que nécessite la dissipation et la chasse, n'ont pu le garantir du sort des conspirateurs. Une femme adorable et tendrement adorée venait le voir quelquefois; elle le trouva un jour dans un accès de fièvre affreux : à la hâte, elle dépouille les habits de son sexe, se couvre de ceux de son amant, s'attache au chevet de son lit, et lui prodigue ses soins. Elle y resta trois jours et trois nuits.

Achille Duchâtelet vint nous montrer sa belle figure, et ses jambes maltraitées par le sort des combats; à l'attaque de Gand, il avait perdu un mollet d'un coup de feu : il perdit la vie à l'infirmerie où il s'empoisonna.

Brochet de Saint-Prest, maître des requêtes, esprit fin et méchant; Custine fils, intéressant et instruit (1); Charost-Béthune, jeune écervelé, sans esprit et sans moyens; Gamache, phraseur insipide; Levis-Mirepoix, constituant; d'Espagnac, immoral abbé, grand calculateur; Gusman, espagnol, scélérat déterminé; Lamarelle père et fils; Bochart de Saron, grand astronome; Ménard de Chousy; Fleury; Duval de Beaumontel; de Bruges, constituant, se succédèrent rapidement dans les fers, et à la mort. Le baron de Trenck, cet aventurier célèbre, échappé des fers d'un roi, vint en chercher en France. En nous publiant ses folies, il fut témoin des nôtres : il est mort dans la prétendue conspiration de la maison Lazare où il fut transféré de la Force. Cinquante années de malheurs, et vingt-cinq de misère, n'ont pu garantir sa vieillesse d'une fin tragique. C'était d'ailleurs un fort mince personnage que ce baron fameux, sale, malhonnête, ignorant et menteur.

Adam Lux, remarquable par son caractère de député de la ville de Mayence, et son amour pour l'étonnante Charlotte Corday, vit venir la mort avec la tranquillité la plus stoïque; il causait avec nous sur le danger des passions et le défaut de jugement qui toujours entraîne au-delà du but une

---

1) Voyez les éclaircissemens (C).   (*Note des édit.*)

ame neuve et ardente, lorsqu'on l'appela pour lui remettre son acte d'accusation : il le lut avec sang-froid, et le mit dans sa poche en haussant les épaules. « Voilà mon arrêt de mort, nous dit-il. Ce tissu d'absurdités conduit à l'échafaud le représentant d'une ville qui m'envoyait pour se donner à vous. Je finis à vingt-huit ans une vie misérable! Mais dites à ceux qui vous parleront de moi, que si j'ai mérité la mort, ce n'est pas au milieu des Français que je devais la recevoir, et que j'en ai vu l'approche avec calme et mépris (1). » Il passa la nuit à écrire, et le matin déjeuna avec appétit, donna son manteau à un malheureux prisonnier, et partit pour le tribunal à neuf heures; à trois il n'était plus.

Vergniaud, l'homme le plus éloquent, et Valazé, le plus froidement déterminé, nous quittèrent pour aller à la Conciergerie. « Si on nous permet de parler,

---

(1) « Le mépris de la vie était aussi grand à la Force que partout ailleurs : c'est l'effet ordinaire des tyrannies; quand la vie est à charge, on cesse d'y être attaché. Lors de la fournée, connue sous le nom de *chemises rouges*, un détenu avait reçu son acte d'accusation, et attendait à tout moment les gendarmes pour être traduit au tribunal redoutable. Il était musicien, et se souvient tout-à-coup qu'un détenu de ses amis lui avait demandé une ariette. Aussisôt, il rentre dans sa chambre, il copie l'ariette, et revient à son ami : « Mon cher, lui dit-il, voilà ton affaire; la musique est bien, je viens de l'essayer sur ma flûte. Je suis fâché de ne pouvoir te procurer encore quelque autre morceau; demain je ne serai plus. » En effet, le lendemain il fut exécuté. » (*Extrait d'une Relation du député Blanqui, intitulée :* AGONIE DE DIX MOIS, *etc.*)

(*Note des édit.*)

nous nous reverrons, nous dirent-ils en partant ; sinon, adieu pour toujours. » On décréta que la conscience des jurés était suffisamment éclairée, ils périrent sans être entendus.

Le tableau sans cesse renaissant des malheureux qui arrivaient et de ceux qui nous quittaient, nous expliquait assez l'énigme de l'avenir. La mort était le mot. Linguet, sans cesse raisonnant, cessa d'être raisonnable : il attendait sa liberté promise, quand on lui annonça qu'il était destiné au tribunal. Kersaint, ne pouvant l'éviter, s'y préparait avec courage.

Nos jours s'écoulaient tristement vers le sombre avenir. Il fallait vaquer aux devoirs du ménage, faire nos lits, balayer, assister aux différens appels, obéir à ces féroces geôliers, sourire à leurs cruelles inepties, payer largement le plus léger de leurs services, et recevoir souvent leurs dégoûtantes accolades. Le soir, à l'heure de la retraite, chacun rentrait chez soi ; deux chiens, dont j'ai parlé plus haut, couraient les corridors pour presser les paresseux ; on faisait résonner les barreaux pour s'assurer d'eux. Comptés comme d'imbécilles moutons, trois portes de fer se fermaient jusqu'au lendemain matin (1).

---

(1) L'extrait suivant d'une Relation sur la Conciergerie donnera une idée de la manière dont les guichetiers traitaient les détenus :

« Pour juger jusqu'à quelle dégradation on peut réduire les hommes, il faudrait assister à la fermeture des portes et à l'appel

Le comité de salut public commençait à cimenter sa puissance; celui de sûreté générale fit rendre un décret par lequel aucun détenu ne pouvait plus voir ni ses parens ni ses amis. Tout prit un aspect de terreur; les guichetiers, retroussant leurs manches, armés de gros bâtons, se promenaient au milieu de nous, et rappelant les massacres dont ils avaient été témoins, ils semblaient présager ceux que l'on avait à craindre. La consternation devint générale; l'espérance s'éloigna, les émissaires du tyran parcouraient les prisons, et désignaient les victimes; la mort planait sur toutes les têtes; le plus coupable était celui qui avait le plus d'ennemis acharnés, ou contre lui le plus de fripons en crédit. Le nommé Caloq et son fils, dénoncés par le plus insigne scélérat, furent aussi des premières victimes.

Maillard, ce président sanguinaire du tribunal dressé dans les guichets de la Force, venait souvent reconnaître et compter ses victimes; il les suivait

---

nominal qui la précède. Figurez-vous trois ou quatre guichetiers ivres, avec une demi-douzaine de chiens en arrêt, tenant en main une liste incorrecte qu'ils ne peuvent lire. Ils appellent un nom; personne ne se reconnaît : ils jurent, tempêtent, menacent; ils appellent de nouveau : on s'explique, on les aide, on parvient enfin à comprendre qui ils ont voulu nommer. Ils font entrer en comptant le troupeau; ils se trompent : alors une colère toujours croissante; ils ordonnent de sortir; on sort, on rentre, on se trompe encore, et ce n'est quelquefois qu'après trois ou quatre épreuves que leur vue ouillée parvient enfin à s'assurer que le nombre est complet. »

(*Note des édit.*)

ordinairement jusqu'à l'échafaud, et, avec son collègue Héron, allait sur la place de la Révolution, voir tomber les têtes qu'ils avaient dévouées. Le greffe ne désemplissait plus ni jour ni nuit : à tout moment, il arrivait quelque infortuné. Je n'ai point oublié la vieillesse des deux Brancas, leurs vertus bienfaisantes; la résignation tranquille du vieux maréchal de Mouchy (1); les qualités heureuses des deux frères Sabatier, unis d'une amitié touchante et rare; l'opinion publique qui se prononçait en faveur du respectable Périgord; Villeminot, gendre du banquier Van Deniver, courant les comités pour servir son père; enfin Quartermen, Écossais, descendant d'une des quatre familles qui soutinrent glorieusement la constitution de leur pays, réduit à la misère, et qui vint vivre d'aumône dans les fers. De Cazeaux, président au parlement

---

(1) « Accusé d'avoir secouru de pauvres prêtres prétendus réfractaires, le maréchal de Mouchy fut arrêté et conduit d'abord à la Force..... Transféré peu de temps après avec son épouse au Luxembourg, ils furent tous deux l'objet du respect général de tous les autres détenus. Personne n'en parlait qu'avec une espèce de vénération. Cependant il devait périr; sa mort était conclue; le jour arriva. Ce fut quatre ou cinq jours avant qu'on fît, au Luxembourg, une levée d'environ cent soixante détenus. Lorsqu'on vint l'appeler pour aller à la Conciergerie, qui était comme le vestibule du tribunal, il pria celui qui lui annonçait qu'il fallait descendre au greffe, de ne pas faire beaucoup de bruit, afin que madame la maréchale ne s'aperçût point de son départ; elle avait été malade les jours précédens, et était dans les remèdes. « Il faut qu'elle vienne aussi, lui répondit-on; elle est sur la liste; je vais l'avertir de descendre. — Non, lui répondit le maréchal, puis-

de Bordeaux; quarante citoyens de la section du Muséum, artisans, ouvriers, généraux et soldats, tous vinrent habiter nos cachots. Les militaires destitués nous arrivaient en foule; leur sein couvert de cicatrices honorables, leur sang versé pour la patrie, ne purent les garantir de l'inquisition exercée par les représentans auprès des armées.

C'est alors que les soixante-treize députés sacrifiés aux vues ambitieuses des idoles du jour, vinrent augmenter le nombre des victimes de la tyrannie.

Plus notre position devenait affreuse, plus on redoublait de rigueur pour river nos chaînes et nous abreuver de douleur, plus nos parens, nos amis étaient ingénieux à nous procurer quelques consolations. Tendres écrits, sermens d'être fidèles, de secourir le malheur, de n'abandonner jamais la

---

qu'il faut qu'elle vienne, c'est moi qui l'avertirai.» Il va aussitôt dans sa chambre et lui dit : « Madame, il faut descendre, Dieu le veut, adorons ses desseins : vous êtes chrétienne; je pars avec vous, je ne vous quitterai point. »

« La nouvelle que M. de Mouchy allait au tribunal se répandit en peu de momens dans toutes les chambres; le reste du jour fut pour tous les prisonniers un temps de deuil. Des détenus s'éloignèrent des endroits d'où l'on pouvait les voir passer; ils ne se sentaient pas la force de soutenir l'attendrissant spectacle : les autres, au contraire, se tinrent en haie, mais dans le maintien que fait naître la réunion du double sentiment de la douleur et du respect. Un particulier éleva alors la voix et dit : Courage, M. le maréchal. Il répondit d'un ton ferme : A quinze ans, j'ai monté à l'assaut pour mon roi; à près de quatre-vingts ans, je monterai à l'échafaud pour mon Dieu! » (*Hist. des prisons.*) (*Note des édit.*)

nature et l'innocence, vous surpreniez la vigilance de nos féroces gardiens (1). Dans le pli d'un mouchoir, dans le bec d'un pigeon, dans l'ourlet d'une cravatte, vous nous portiez paroles d'amour, de tranquillité et d'espérance.

La cour où, pendant la triste durée des jours, nous pouvions respirer un peu d'air et beaucoup d'ennui, était séparée par un seul mur du département occupé par les femmes. Un égoût était la seule communication possible. C'est là que se rendait, tous les matins et chaque soir, le petit Foucaud, fils de la citoyenne Kolly, condamnée à mort et qui depuis a subi son jugement. Ce pieux enfant qui, à peine à son adolescence, connaissait déjà toutes les misères de la vie, s'agenouillait devant cet égoût infect, et, la bouche collée sur le trou, échangeait les sentimens de son cœur contre ceux de sa mère ! C'est là que son plus jeune frère, âgé de trois ans, le seul compagnon de ses derniers momens, beau comme l'amour, intéressant comme le malheur, venait lui dire : « Maman a moins pleuré cette nuit, un peu reposé et te souhaite le bon jour ; c'est Lolo qui t'aime bien, qui te dit cela. » Enfin c'est par cet égoût, que cette mal-

---

(1) La citoyenne Beau, concierge de la Force, a seule conservé ces formes d'humanité si désirables dans ceux préposés à la garde du malheur. Je doute que personne ait eu à s'en plaindre ; mais ses subalternes la surveillant, l'obligèrent quelquefois à des devoirs rigoureux.

(*Note de l'auteur.*)

heureuse mère, allant à la mort, lui remit sa longue chevelure comme le seul héritage qu'elle pouvait lui laisser, en l'exhortant à faire réclamer son corps, ainsi que la loi le lui permettait, pour le réunir aux mânes de son époux et de son ami qui périrent le même jour (1).

Mes amis parvinrent enfin à faire connaître toute l'injustice de ma détention : les portes de fer s'ouvrirent, les guichets se haussèrent, je recouvrai ma liberté. Je rentrai dans le monde. Tout était changé, les mœurs et le costume. Les carmagnoles, les bonnets rouges remplaçaient les habits, les chapeaux, comme le crime remplaçait la vertu, et la terreur le repos. Des insensés, au nom du peuple, couraient les rues couverts de chappes et d'aumusses. Les dépouilles de ses temples traînées dans la boue, ses tyrans en triomphe, ses représentans fidèles réduits à errer d'asiles en asiles, à craindre de reparaître et sous leurs toits domestiques et sur leurs chaises au sénat : tel était mon pays quand je sortis des cachots ! Hélas ! je ne sortis des portes de la mort, que pour rentrer bientôt dans le séjour de l'infortune. Mon destin était de vivre dans les prisons.

Une loi atroce venait d'être rendue ; elle forçait le citoyen paisible, l'étranger laborieux à fuir son toit domestique, et à chercher un abri dans des

---

(1) Les citoyens Kolly et Beauvoir, exécutés sur la place du Carrousel. (*Note de l'auteur.*)

campagnes hospitalières. Trente mille personnes quittèrent Paris, sans savoir où porter leurs incertitudes et leurs peines. Alors Robespierre était à l'apogée de sa gloire ; ses satrapes insolens n'attendaient que son signal, et se préparaient à lui élever un trône sur des monceaux de cadavres. Je pris une maison à Neuilly, et sans me faire illusion sur des craintes assez sages, j'attendais en paix un moment plus prospère, ou une fin que ne redoutent jamais la vertu et l'innocence.

Barrère proposa l'établissement d'une école martiale, et la plaine des Sablons fut choisie pour réunir cette jeunesse impétueuse et bouillante qui, arrivant de toutes parts à un centre d'instruction, devait un jour briller avec éclat dans la carrière des hasards et de la victoire. Ce voisinage me fit pressentir de fâcheux événemens. Couthon venait journellement se perdre dans les délices de Bagatelle. Robespierre, Saint-Just, Le..., Tachereau, voltigeaient aux environs de Passy, et la fin du jour ramenait toujours ces féroces tyrans. Neuilly réunissait un grand nombre de réfugiés qui, échappés aux recherches des brigands révolutionnaires, faisaient le bien avec modestie, et se conformaient habituellement à la présentation journalière qui se faisait devant la municipalité, conformément au décret du 8 floréal. Les officiers municipaux, magistrats ignorans et féroces, avaient à la fois à servir le parti dominant qui déjà envoyait ses émissaires, et le besoin du crime dont alors il fallait se parer. Cent quatorze individus, arrivés sur la foi des traités, sous la garantie même de la loi qui les chassait de leur domicile naturel, leur parurent des victimes assez éclatantes à offrir et assez faciles à sacrifier. Ils se concertèrent avec Le..., que le comité de salut public avait nommé représentant près des élèves de Mars. Une dénonciation bien artificieuse et bien astucieuse fut le résultat de leurs conciliabules. Cent quatorze individus, qui ne s'étaient jamais vus, connus ni rencontrés, furent censés avoir conspiré, avoir semé des libelles dans le camp, et voués à la mort par cette horde de scélérats. Labretêche, hussard dans les plaines de la Belgique et général dans celle des Sablons, très-infatué de sa nouvelle dignité, se chargea de porter au comité de sûreté générale le tissu horrible d'une fable absurde. Un ordre signé Vadier lui fut remis aussitôt. Chevaux écumans, aides-de-camp fringans arrivent en se pavanant à la municipalité : le maire se met à côté du général, commande des voitures; la force armée arrive, et cent quatorze individus, enfans et vieillards, sont plongés dans les fers. Entassés sur des chariots, sans bancs ni banquettes, on ramassa comme de timides agneaux qu'on presse vers la boucherie, tous ceux épars dans les villages qui entourent Neuilly ; les autres furent arrêtés en venant se faire écrire ; car la fin du jour ramenait toujours notre imbécille confiance devant ces perfides magistrats.

L'ordre du comité de sûreté générale portait de mettre en arrestation tous les ci-devant nobles et leurs domestiques, prévenus d'avoir jeté des libelles dans le camp de Mars, pour en soulever les élèves. C'est le 16 de messidor que cette mesure fut exécutée ; et chacun se rappelle que le camp ne devait commencer à se former que le 15 c'est-à-dire la veille; qu'à cette époque fort peu de jeunes gens étaient arrivés. Comment était-il donc possible que cent individus, qui jamais ne s'étaient connus ni réunis, pussent conspirer et chercher à séduire une armée dont les soldats couvraient encore les grandes routes? L'état-major seul était à son poste, et j'adjure ici tous ceux qui le composaient de déclarer si jamais ils ont aperçu même un seul réfugié de Neuilly aux environs de cette fatale plaine. Mais tous les prétextes étaient bons pour la tyrannie. Tous les âges de la vie, les deux sexes, une foule de citoyens qui n'étaient pas même désignés dans le mandat d'arrêt, furent enveloppés dans cette proscription.

Nous fûmes déposés dans le cimetière du temple de la Raison et dans le temple même. C'est sur des tombes, sur l'herbe jaune qui croît à l'ombre des cyprès, que, réunis par le malheur, nous apprîmes à nous connaître ; et le premier mot qui échappa à chacun de nous, fut l'expression pure et naïve de son étonnement et de son innocence. La mère craintive fixait ses enfans ; le sourire de la candeur répondait à ses alarmes. Un père, un époux, absorbés dans leur douleur, n'avaient pas le courage d'espérer, ayant eu la confiance de ne rien craindre. Hélas ! j'avais ma sœur près de moi sur la même fosse ; elle me rappelait qu'à la même source nous avions puisé la vie, et que sur le même échafaud peut-être, innocens et malheureux, nous allions la finir. Eh ! pouvions-nous nous faire illusion sur le sort qui nous attendait ? Issus d'une race proscrite, persécutée, ayant sous les yeux le spectacle sans cesse renaissant de milliers de victimes sacrifiées aux événemens, pouvions-nous douter que nous ne fussions destinés à périr sur un échafaud ? Les officiers municipaux et quelques adjoints arrivés de Paris, réunis en secret, délibéraient en commun : en vain voulûmes-nous faire entendre nos reclamations. On nous envoya, moitié à la Conciergerie, et le reste dans d'autres prisons.

On nous laissa cependant passer la nuit sur ces tombeaux, sans doute pour nous familiariser avec notre prochaine demeure. Comptés, enregistrés, les hommes d'un côté, les femmes de l'autre, nous répondîmes à un appel, et quand une voix faible et oppressée ne résonnait pas assez tôt à l'oreille du farouche commandant, l'épithète la plus dure et la plus injurieuse provoquait une réponse plus fortement articulée. Ainsi ce sous-chef de légion, qui depuis quelque temps laissait pousser pour ce grand jour ses hideuses moustaches, classait, nombrait des victimes qu'il connaissait pures et innocentes. Personne n'osait parler en notre faveur ; la terreur comprimait tellement les ames, que connus de tous les membres qui composaient les corps constitués, pas un n'eut assez de courage ou d'humanité pour faire son devoir et répondre à la bienveillance de celui qui venait nous chercher, muni des pouvoirs du comité de sûreté générale, qui offrait de laisser ceux (1) dont la municipalité répondrait. Quelques-uns insistèrent, provoquèrent l'examen le plus scrupuleux de leur conduite et de leurs papiers (2); les barbares gardaient un profond silence, se regardaient d'un air stupide et faisaient éloigner le citoyen assez audacieux pour leur dire en face qu'il était innocent. Les monstres nous avaient vendus; ils étaient impatiens de voir leur crime consommé et de nous livrer à ceux qui étaient venus nous prendre de la part des bourreaux (3).

---

(1) Un manufacturier de la commune de Neuilly observait au nommé Saunier, officier municipal, que son absence ferait souffrir les indigens du village qu'il occupait dans ses ateliers. « Sois bien tranquille, lui dit-on, c'est l'affaire de trois jours. » En effet, le troisième, nous fûmes au moment de paraître au tribunal.

(*Note de l'auteur.*)

(2) On avait arrêté le citoyen Royer, vieillard septuagénaire, qui était venu ce jour-là dîner chez un ami désigné dans le mandat d'arrêt. Il eut beau réclamer, montrer sa carte de Paris, son certificat de civisme ; il partagea notre sort.

(*Note de l'auteur.*)

(3) Trois jours après notre arrestation, les officiers municipaux de Neuilly faisaient une orgie révolutionnaire chez un traiteur en face de la Trésorerie nationale. Sur la fin du repas, le greffier de

Qu'elle est admirable cette Providence qui veille au destin des hommes ici-bas ! Chargés d'anathèmes, de proscriptions, atteints de tous les crimes contre-révolutionnaires, le 16 messidor, les officiers municipaux de Neuilly nous plongent au fond des prisons ; et le 10 fructidor, jour où la justice rendit hommage à l'innocence en nous donnant la liberté, les mêmes officiers municipaux nous délivrèrent des attestations honorables de civisme et de bonne conduite !

Il nous arrivait à chaque instant quelques victimes nouvelles : chacun exerçait ses haines, ses vengeances. L'artisan honnête, le marchand, le manœuvre, quittaient leurs ateliers, leurs comptoirs, leurs truelles, pour venir expier, dans la nuit des cachots, le malheur d'avoir vécu pendant l'anarchie de leurs ennemis en crédit (1).

---

la commune complimenta le maire sur le grand caractère qu'il avait déployé lors de l'arrestation des victimes par lui désignées ; il ajouta qu'il ne lui aurait jamais cru tant de fermeté ; que cet événement était d'autant plus heureux, que sans cela ils étaient perdus. Tant de vexations commises par ces tigres, avaient soulevé une partie des habitans de Neuilly et de la société populaire ; en provoquant une mesure générale contre les ci-devant, ils vinrent à leur but, et poussèrent dans le précipice leurs concitoyens malheureux. (*Note de l'auteur.*)

(1) Le nommé Brissy, qui depuis vingt ans habitait Neuilly, fut désigné par le ressentiment du maire ; il n'était pas porté sur la liste : absent de chez lui, on arrête sa femme qu'on arrache des bras de son enfant. On connaissait la tendresse de son époux *.

* « On a vu, dit l'auteur d'un Mémoire sur la terreur exercée à Blois, on a vu de ces scélérats forcer les citoyennes qu'ils conduisaient en

Enfin, après vingt heures de perplexité et de souffrance, quinze chariots vinrent nous prendre rangés de nouveau sur deux lignes; le commissaire prend la parole, et nous dit qu'il est d'usage, quand on arrête en masse, de payer les frais de la gendarmerie et le déplacement de ceux qui sont venus servir la chose publique en arrêtant leurs frères. La collecte fournit cinq cents livres, dont les gendarmes n'ont jamais entendu parler, mais dont les officiers municipaux et quelques membres du comité révolutionnaire se servirent pour payer un grand repas dans lequel ils se régalèrent copieusement : on y rit beaucoup à nos dépens; quelques heures après notre départ, le commissaire y revint.

Notre départ fut affreux; des enfans arrachés du sein de leur mère, et remis sans pitié aux premières mains qui s'offrirent; jetés sur des tombereaux sans banquettes, sans toile pour nous garantir à la fois du soleil brûlant et des outrages de la populace trompée : c'est ainsi qu'à travers les huées,

---

Celui-ci, de retour, apprend sa proscription et l'absence de sa femme; il vint réclamer sa liberté, et prendre des fers.

(*Note de l'auteur.*)

prison de les suivre pour assister à l'arrestation d'autres victimes. On a vu des gendarmes, ne trouvant point le mari, emmener l'épouse, et substituer ainsi, sur le mandat d'arrêt, le nom de l'une à celui de l'autre. La citoyenne Duchesne fut conduite chez la citoyenne Durosay; le citoyen Ferrand-Vaillant, contraint d'enlever la citoyenne Douaire; et nos sens se soulèvent encore de la méprise d'un vieillard respectable qui, nous voyant à son chevet, nous demandait la permission de s'habiller. »

(*Note des édit.*)

les menaces, les imprécations de la multitude, qu'un cortége aussi nombreux attirait sur notre passage, nous fûmes amenés à Paris. Nous entendions des gens apostés crier que nous étions des brigands de la Vendée qu'on allait fusiller au Champ-de-Mars.

Cependant l'aspect d'une foule d'enfans en bas âge, de jeunes femmes encore parées (1), de vieillards; une réunion qui offrait à la fois l'innocence et les grâces, paraissait au peuple curieux et surpris un enlèvement bien extraordinaire; et quoique Barrère eût fait pour nous peindre sous ces traits à la tribune de la Convention, en nous désignant comme des monstres, comme des bêtes fauves (2) dont on avait fait une battue (3), on avait peine à

---

(1) Jamais mortel n'a poussé la perfidie et la scélératesse aussi loin que ce chancelier de Robespierre. Ses amis les plus intimes ont été sacrifiés par lui; il a essayé sur les hommes le même pouvoir que les enfans exercent sur les oiseaux, dont ils font d'abord leur amusement, et qu'ils étouffent ensuite. Nous avions parmi nous une femme charmante, dont le malheur avait été de le connaître; on l'avait laissée chez elle dans la fièvre brûlante d'un premier accès de petite vérole : on fut la chercher le lendemain, jour où nous devions paraître au tribunal; mais avertie à temps, elle sut affronter tous les dangers de la maladie, pour éviter une mort certaine; elle se jeta dans un cabriolet, trompa la surveillance de ses gardes et prit la fuite. (*Note de l'auteur.*)

(2) Ayant été arrêtés à trois heures après midi, nous avons gardé long-temps les mêmes vêtemens sans pouvoir les changer.
(*Note de l'auteur.*)

(3) Le maire de Neuilly provoquait encore une seconde battue; c'est ainsi qu'il désignait la première arrestation. Il écrivait à Bo-

reconnaître des coupables sur des visages où régnaient le calme et la dignité. Nous arrivâmes à deux heures sur la place de la Révolution, sans que, pendant la route, nous eussions pu nous procurer un peu d'eau pour étancher la soif la plus dévorante : le soleil pesait à pic sur nos têtes. On nous arrêta devant le lieu des exécutions journalières, pour nous faire contempler à loisir les carreaux que tant de sang avait arrosés, et que le nôtre devait rougir encore. Cette barbare affectation de faire respirer les chevaux, n'obtint de nous que le sourire de l'indignation : je ne vis pas un visage s'altérer; et certes, sans faiblesse, on peut concevoir quelque émotion.

Nous continuâmes notre route par les quais; enfin, après vingt-quatre heures de douleurs et d'outrages, nous fûmes déposés dans la maison d'arrêt de l'Égalité, autrefois le collége du Plessis. Nous espérions trouver dans notre nouvelle demeure le repos et les égards que prescrit l'humanité. Hélas! nous nous trompions; nous n'y rencontrâmes que barbarie et férocité. Le geôlier de cette prison n'est qu'un premier bourreau : je le signale ici aux autorités chargées de poursuivre les scé-

---

nard, agent du comité de sûreté générale, le conjurant de lui indiquer le lieu où il avait déposé ses victimes, en l'engageant à venir continuer son premier travail, et enlever les importuns qui sollicitaient en faveur de l'innocence. Bonard a montré cette lettre à deux citoyens de Neuilly, et s'est engagé à la reproduire.

(*Note de l'auteur.*)

lérats et corriger les coquins. Jamais homme ne poussa si loin l'impudence et la cruauté! Fripon tant que durait le jour, le soir féroce, quand, au nom de Fouquier-Tinville, on venait lui demander les quarante victimes que journellement on envoyait à la mort. Tout lui était égal, l'un ou l'autre, le militaire ou le chanoine : selon lui, on devait s'expliquer au tribunal, et Dieu sait si jamais il en revint un seul de ceux que l'erreur y porta! Un petit messager de l'accusateur public, dont je regrette de ne pouvoir consigner ici le nom, affreux comme le cœur de son maître, venait tous les jours, avec une longue liste, enlever les victimes désignées; elles partaient dans des voitures couvertes, passaient la nuit à la Conciergerie ; à neuf heures du matin paraissaient devant les juges, à cinq au supplice. Une femme cependant parut au tribunal, et revint au milieu de nous.

La citoyenne d'Argouges n'eut jamais de frère ; on lui remit son acte d'accusation, portant qu'elle avait entretenu des correspondances avec son frère émigré. On la tourna dans tous les sens pour lui persuader qu'elle en avait un en Allemagne. « Hélas! dit-elle, je n'en eus jamais; la nature m'a refusé cette consolation.—Tu insultes à la majesté du peuple, lui répond Fouquier, ton frère est émigré, voilà sa propre lettre sous les yeux des juges : tu logeais avec lui, en tel endroit, telle rue, tel numéro.— Je n'occupai jamais les logemens qu'on me désigne. Une erreur va causer ma mort; je n'eus jamais de frère, et je recommande mon innocence à la vertu des citoyens qui m'écoutent. » Le peuple fit entendre un mouvement de pitié : on la renvoya. En la voyant revenir, chacun se précipite au-devant d'elle : c'était un phénomène. Sa femme de chambre, livrée à la douleur la plus amère depuis qu'on l'avait séparée de sa maîtresse, s'élança dans ses bras et faisait éclater sa joie.

Au moment de notre entrée au Plessis, les prisonniers respiraient dans la cour, ils sortaient de table. Tout-à-coup l'affreux signal de rentrer se fait entendre, les portes se ferment, la grille s'ouvre, et quinze tombereaux vomissent cent quatorze malheureux. La curiosité fixait tout le monde aux fenêtres (1); au travers de quinze cents barreaux, on voyait autant de figures livides et velues. On ne peut s'imaginer l'horreur de ce tableau. Chacun nous questionnait à la fois. « Oh! que nous vous plaignons, citoyens, nous disait-on! Cette maison

---

(1) « Nos voitures avaient attiré la curiosité des détenus. Plusieurs, sous divers prétextes, suivant l'usage d'alors, s'approchent du Greffe. Nous nous informons si l'on admettait des hommes dans cette maison de plaisance que nous ne croyions renfermer que des femmes. *L'on prend de tout*, nous répond-on sur-le-champ. Nous formons une pétition à monsieur Bertrand, le concierge, à l'effet d'être admis sous sa surveillance immédiate ; il se fait beaucoup prier. Qui l'aurait dit? prier pour être en prison ! » (Extrait d'une brochure sur la maison d'arrêt dite *des Anglaises*.)

(*Note des édit.*)

est affreuse; c'est ici que Fouquier rassemble ses victimes : soyez discrets, ne parlez à personne ; si vous avez de l'argent, des bijoux, cachez-les. On prend tout, on ne vous laisse que le désespoir. »

A peine descendus des chariots, on nous sépare : ce fut un coup terrible pour l'amitié et la tendresse; les familles divisées, les larmes coulèrent. On nous déposa à la *Souricière;* elle ne put suffire, on eut recours aux cachots. L'espace était si étroit, si court, qu'assis par terre nous ne pouvions y contenir ; il fallut donc rester debout. En vain demandâmes-nous des logemens, on n'avait garde de nous en donner. En arrivant au Plessis, il faut faire un petit séminaire de torture, et cela pour la plus grande fortune du concierge; dans la Souricière on vit à ses frais et dépens; cependant, du jour de votre entrée, l'administration de police paie trois livres par chaque individu pour la nourriture commune, où vous n'êtes souvent appelé que le troisième : cette friponnerie augmente considérablement le casuel de la geôle, qui d'ailleurs dîme sur toutes les fournitures faites par les autres fripons ses agens. Nous payâmes vingt-sept livres un canard et quatre bouteilles de vin.

A force d'instances, on nous permit de coucher dans la cour, pour du moins pouvoir nous étendre. La nuit précédente, nous l'avions passée sur l'herbe des tombeaux; nous passâmes celle-là sur les pavés pointus d'une cour bien sale, disputant la surface de nos corps à tous les verres cassés et le fumier que le concierge Haly laissait ramasser de toutes parts.

Pendant la terrible durée d'une nuit aussi longue, plusieurs traits méritent d'être connus : ils ont touché mon cœur, ils intéresseront le vôtre, hommes sensibles qui lirez cet écrit ; la plupart peut-être auront souffert autant que moi.

Un père avait auprès de lui un fils âgé de 14 ans ; cet enfant, plein de candeur et de grâces, succombant sous le poids de ses peines, avait enfin trouvé le sommeil, ce doux réparateur de nos misères. Il faisait froid, et il n'opposait à la fraîcheur de la nuit qu'une veste légère. Cet enfant se ramassait, se pelotonnait, se pressait contre son père. Celui-ci fixe cet être innocent ; une larme tombe de ses yeux, et sa redingote, dont il se dépouille à la hâte, couvre avec précaution les membres délicats de son fils qui reposa.

Un gendarme avait reçu d'une femme un médaillon et des cheveux. La crainte qu'on ne lui ravît des bijoux aussi chers à son cœur, la détermina à interroger la pitié d'un soldat, et à lui confier ces gages. A l'instant où nous sommes débarrassés d'une partie de nos avides surveillans que l'ivresse éloignait de l'attention ordinaire qu'ils donnent à tout ce qui se passe auprès d'eux, le gendarme se glisse doucement, radoucit sa voix rauque et dure, appelle la femme qui lui a remis un portrait précieux. Elle paraît, veut récompenser sa probité. « Non, madame, répond cet honnête citoyen, je trouve un plaisir trop pur à vous rendre en secret ce qui peut alléger vos peines, et je serais malheureux si je n'étais pas quelquefois utile à l'infortune; prenez, et je m'éloigne. » Le concierge faisait sa revue, découvre cet homme charitable, le rudoie, l'invective, croit apercevoir une conspiration et veut la dénoncer. Le gendarme réplique avec force; la querelle s'engage, les gardiens accourent, les chiens aboient; on entoure le gendarme qui, pour se dégager, tire son sabre; mais, bientôt assailli, il succombe, et le cachot fut son partage.

Les femmes furent les premières à passer au *rapiotage* (1). Cette expression technique a besoin de développement. A l'instant où l'on se propose de sortir un prisonnier de la souricière, et de le rendre à ses nouveaux compagnons, il est fouillé, volé; on ne lui laisse que son mouchoir. Boucles, couteaux, ciseaux, argent, assignats, or et bijoux, tout est pris; vous vous trouvez nu et dépouillé. Ce brigandage s'appelle *rapioter*. Les femmes offraient à la brutalité des geôliers tout ce qui pou-

---

(1) Est-il croyable qu'un gouvernement ait ordonné et souffert quinze mois de semblables horreurs! Une femme debout devant un coquin, déshabillée par lui, pour s'assurer si elle ne cache pas quelques assignats, ou ne dérobe pas quelques-uns de ses bijoux! Cet affreux brigandage a fait la fortune de ces monstres. Le misérable Haly repose dans les alcoves les plus voluptueuses, sous des lambris dorés, foule les tapis de Turquie, s'assoit sur le lampasse et répète sa sotte figure devant les glaces les plus belles.

(*Note de l'auteur.*)

vait éveiller leurs féroces désirs et leurs dégoûtans propos ; les plus jeunes furent déshabillées, fouillées ; la cupidité satisfaite, la lubricité s'éveilla, et ces infortunées, les yeux baissés, tremblantes, éplorées, devant ces bandits, ne pouvaient cacher à leurs yeux étonnés ce que la pudeur même dérobe à l'amour trop heureux ! La vertu alors était à l'ordre du jour, et la multitude célébrait l'Être suprême, Robespierre et la guillotine.

Le lendemain, les hommes passèrent aussi au rapiotage; on ne nous laissa que cent sous; l'excédent fut mis de côté. On nous installa dans des chambres déjà complètes. Un lit de sangle se place partout, nous dit-on. Les chaleurs étaient excessives ; les maladies pestilentielles, dont bientôt quelques personnes furent victimes, commençaient à joindre leurs ravages à celui des bourreaux.

Les fenêtres avaient été diminuées d'ouverture ; pour voir ou pour respirer, il fallait monter sur des chaises, encore travaillait-on à nous placer des abats-jours. Le Plessis, autrefois l'école de l'enfance, était alors celle du malheur et de la mort. La plupart des prisonniers y avaient passé cette première jeunesse qui ne connait que les peines légères de ses jeux contrariés, ou de ses goûts astreints. Dans cette même cour où ils avaient exercé une gaieté folâtre, compagne de nos premiers ans, ils attendaient un acte d'accusation. On ne descendait qu'à l'heure du repas ; trois heures de promenade, vingt et une de cachot. Voilà comme nos momens s'écoulaient, jusqu'à celui où tout s'arrête, où la folie et la sagesse, l'amour et l'espérance ne comptent plus de lendemain.— Le Plessis était la prison la plus dure de Paris; elle était administrée par Fouquier-Tinville, et immédiatement sous sa discipline; on était gouverné avec la plus sévère barbarie; on n'en sortait ordinairement que pour aller à la mort. Un de mes compagnons, d'un jugement froid et d'une conception ardente, que je consultais sur la manière de me faire rendre justice, me prit la main et me dit à l'oreille : « Nous sommes dans un tombeau; gardons-nous d'en soulever la pierre ; mais creusons dessous. » Ce prisonnier se sauva la nuit même; mais il fut ressaisi et plus resserré.

Nous n'avions pu encore reposer un instant; sous différens prétextes on nous refusait des draps. Le concierge, au fait du sort qui nous était préparé, nous regardait déjà avec ce mépris dont les hommes durs et sanguinaires honorent les derniers momens de la vertu malheureuse. La seconde nuit de notre arrivée, on nous réveilla tous à minuit; des voix sépulcrales se font entendre : « Tous les prisonniers de Neuilly au tribunal; allons! qu'on s'habille; point de paquets, ils n'en ont pas besoin, » criait-on dans les corridors ! Pères, enfans, amis et frères se réunissent, déplorent leur sort et se résignent à mourir. Peu d'heures leur sont comptées; ils sont innocens et l'échafaud se dresse. Les voitures n'arrivaient pas; quelle horrible attente! Des femmes faibles et timides s'affligeaient d'une position aussi douloureuse et si peu méritée. « Ah! laissez-moi tarir mes pleurs, nous disait une citoyenne, j'en dois l'hommage à la nature et à l'amour! J'appartiens encore à mes enfans, à mon époux! tout-à-l'heure je serai à moi, toute à l'honneur, et je saurai mourir! » Quelques-uns songeaient à réclamer la justice du peuple, à lui tracer le tableau de tous les crimes qu'on exerçait en son nom. La plupart, absorbés dans des réflexions sévères que présente le moment où l'on va cesser d'être, s'arrachaient à tous les sentimens qui alors se réunissent avec tant de charmes, pour arriver au néant sans regrets et sans faiblesse. Des enfans en bas âge, pressant leur mère, voulant se confondre, s'identifier, pour n'offrir qu'une vie en présentant trois têtes! Des malheureux écrivant leurs dernières volontés, et cherchant des hommes sensibles qui, à l'abri d'un pareil sort, pussent un jour remettre ces écrits à une amante adorée, à une mère respectée, à une épouse chérie!

Le jour parut, et avec lui un premier rayon d'espérance. Les voitures, commandées pour venir nous prendre, avaient été au Luxembourg, en avaient ramené quatre-vingts malheureux qui périrent. Le greffier avait fait sa liste sur celle de cette maison, qui d'ailleurs devait avoir lieu le lendemain. Cette erreur nous a sauvé la vie. Le comité de sûreté générale, craignant qu'un aussi grand nombre de malheureux, sacrifiés avec tant d'éclat, d'impudence et de précipitation, n'inspirât au peuple de la commisération et des remords, donna contre-ordre ; il fut décidé que nous serions assassinés dans les conjurations de prison. On nous annonça que nous pouvions être tranquilles, qu'il n'y avait plus de translation à craindre pour le moment. On nous donna des draps, et enfin nous reposâmes. Les furies lâchèrent leur proie.

La nourriture était détestable ; rien ne pouvait parvenir du dehors. Un mauvais vin nous était vendu fort cher : c'était le bénéfice des gardiens. A trois heures, on dressait au milieu de la cour une longue table mal fixée, on y rangeait cent assiettes malpropres, on la couvrait de trois plats dégoûtans. Il fallait déchirer la viande avec les doigts ; privés de couteaux, nos seuls meubles utiles étaient un pot, un couvert de buis, une coupe. Quand les ongles par leur longueur devenaient incommodes, le gardien vous prêtait des ciscaux, et ne vous quittait pas que cette toilette ne fût achevée. Un barbier venait tous les jours raser et friser ceux qui en avaient besoin. Le même bassin, le même savon, le même rasoir servaient aux galeux, aux teigneux, aux dartreux ; il en coûtait cinq sous.

Un malheureux perruquier, qui depuis un an courait les prisons, avait eu l'adresse de soustraire un rasoir au rapiotage des geôliers ; il s'en servait journellement pour ceux qui le payaient bien. Il avait une sentinelle pour le temps qu'il opérait ; son rasoir était sa fortune, et lui rapportait beaucoup. Il en avait refusé cent écus. Car malgré la vigilance des guichetiers, les assignats passaient dans les paquets de linges, dans les semelles des souliers, et je n'ose dire où, quand mademoiselle Beaulieu voulait bien s'en charger.

Il fallait vaquer aux devoirs du ménage, comme dans toutes les prisons, faire les lits, balayer, charrier les baquets, chercher l'eau. La fontaine était dans le bâtiment des femmes : c'était la corvée que chacun désirait. On pouvait, au passage, voir sa femme, ses enfans, sa sœur, s'étreindre douloureusement, et se recommander du courage.

Le concierge s'aperçut que l'eau était le prétexte de voyages fréquens dans le département des femmes; il défendit que personne, à l'avenir, fût chercher l'eau nécessaire; il fit former un aqueduc, pour nous la conduire. Ce cruel Haly ne savait qu'imaginer pour tourmenter et nuire. Son cousin, grand sommelier de la maison, insolent et fripon, faisait transférer à Bicêtre ceux qui trouvaient son vin mauvais ou trop faible. Le cuisinier avait le même pouvoir, employait la même ressource, quand on lui représentait que ses viandes étaient gâtées, couvertes de vermine; que le salé qu'il donnait n'était que de la chair de guillotinés (1).

Si la durée des jours était affreuse au Plessis; si fatigués du soleil brûlant qui pesait sur nos têtes,

---

(1) Haly appelait cela un plat de ci-devants, et riait aux éclats. Il est certain que la police d'alors ordonna cette horrible ressource.

(*Note de l'auteur*).

dans une cour étroite et pavée où trois heures de promenade nous réunissaient, nous désirions le soir pour faire place aux femmes, et respirer le vent frais qui annonce la nuit, alors un bruit terrible se faisait entendre : deux chariots, précédés d'un messager de mort, annonçaient que quarante de nous n'avaient plus que peu de momens à vivre. L'oiseau de proie criait quarante fois; autant de victimes se présentaient, nous disaient adieu, confiaient à notre mémoire leurs dernières paroles, à nos cœurs leurs derniers gages, pour être remis à leurs parens, à leurs amis. « Dites-leur du moins que nous sommes morts avec courage et en pensant à eux! » Telles étaient leurs dernières recommandations (1).

C'est par l'appareil des échafauds et de la mort,

---

(1) J'étais dernièrement dans une maison dont autrefois la maîtresse fut heureuse et opulente; un mauvais feu nous réunissait auprès d'un foyer mal échauffé, et plus mal éclairé encore. On annonce un étranger, un homme qui sort de la maison des Carmes où il est resté un an. « Un prisonnier qui long-temps partagea avec moi l'horreur d'une longue captivité, nous dit-il, et dont les soins généreux adoucirent ma misère, a confié à ma reconnaissance et à mon zèle, ces gages infortunés de son amour pour sa mère; je viens vous les remettre, citoyenne; un jour, je l'espère, je reviendrai acquitter ma dette particulière. » Cette malheureuse mère, à un souvenir si cher, pousse un cri, tombe. Une longue chevelure se déroule dans ses doigts; c'était celle de son fils! une lettre y était attachée; cet infortuné ignorait les motifs de son sort, et marchait au trépas! il la conjurait de partager avec ses sœurs les tristes dépouilles de sa jeunesse, et de parler quelquefois de lui dans leurs entretiens. (*Note de l'auteur.*)

que nous nous disposions au sommeil. Le même compagnon qui la veille était notre voisin, qui reposait à nos côtés, avec qui nous partagions nos frugales ressources, descendu dans la tombe, déchirait les entrailles d'un père ou d'une amante. Vingt quatre heures d'ennui et de désespoir, tel était l'avenir de tous les prisonniers du Plessis, quand ils avaient échappé à la translation du soir. Quelquefois même, le matin, on venait chercher ceux qu'on avait oubliés la veille.

On ne laissait jamais pénétrer les journaux à deux pas de la rue ; nous n'avions aucun commerce avec les vivans. Notre correspondance permise était la seule demande de linge ; aucune consolation ne passait le seuil de notre tombeau, on recopiait chez le concierge les billets que nous recevions, ou l'on en effaçait les lignes de tendresse que nous traçait l'amitié.

Quelques jours avant le 10 thermidor, trois personnages célèbres dans les conspirations de Saint-Lazare, des Carmes, du Luxembourg, vinrent au Plessis (1). On les devina bientôt, et chacun s'en méfia. Inutiles détours, précautions infructueuses! ces monstres parcouraient les chambres, demandaient les noms; les listes se formaient ; elles étaient à leur perfection, quand la Providence renversa le tyran et ouvrit les cachots. Ils ne purent dissimuler leur rage. Le sang de l'innocence allait

---

(1) Les nommés Joubert, Manini et Coquery. Voyez le Mémoire sur Saint-Lazare.   (*Note de l'auteur.*)

être respecté, les cachots s'ouvrir, pour rendre à la société des êtres intéressans qui depuis six mois étaient abandonnés de la nature entière. C'était une contre-révolution. Dans les premiers momens du 10 thermidor, ces scélérats, par leurs discours et leur conduite approuvés par le concierge, comprimaient encore la joie que nous ressentions d'un événement aussi mémorable. Mal instruits, craignant de nous livrer à d'infidèles rapports, nous cachions nos transports, et dissimulions notre espérance; l'opinion s'étant formée, notre allégresse éclata, leur insolence fut muette; ils devinrent rampans et nous prenaient à témoins de leur conduite et de leurs généreux procédés. L'arrogance de leurs discours avait un jour indigné quelques prisonniers peu endurans : ils demandèrent un commissaire de police pour faire leur plainte, recevoir leur dénonciation. Le commissaire vint, les témoins et déposans furent entendus; le surlendemain déposans et témoins furent renfermés à Bicêtre. C'était après le 10 thermidor.

Une aventure piquante nous donna la mesure de ces hommes. Ils étaient ivres, et se prirent de querelle; on les entoure, on les excite; à force d'aveux et de franchise, chacun veut terrasser son adversaire : il s'ensuit que tous ont dénoncé une foule de victimes innocentes, qu'ils ont été les agens et les dénonciateurs de ces prétendues conspirations des prisons; qu'ils ont abusé et joui de toutes les femmes qui ont voulu se soustraire à la mort, en se prostituant à leur lubricité; et malgré tant de sacrifices, la plupart ont été sacrifiées.

En dépit du service exact des gardiens, quelques journaux passaient. Quelquefois ils coûtaient fort cher. Ce que Feuillant vendait deux sous, nous l'achetions vingt-cinq livres. L'article du tribunal était toujours l'objet de notre sollicitude et de notre curiosité. Tous les jours soixante victimes, parmi lesquelles nous retrouvions nos infortunés compagnons!

Un colonel d'hussards, fils d'un marchand de draps de Besançon, jeune homme d'une belle figure, vigoureusement constitué, cinq pieds cinq pouces, œil noir, jambe nerveuse, nez aquilin, est appelé, le 6 thermidor, pour aller au tribunal. Il descend fièrement, prend gaiement congé de tout le monde, va chercher les officiers de son corps, avec lesquels on l'avait envoyé à Paris. Ne les trouvant pas auprès de la fatale charrette, il refuse d'y monter, assure que c'est une erreur, et que puisque ses camarades ne sont pas avertis, il ne peut pas être appelé. Un gendarme insiste, ce jeune homme le repousse vigoureusement; d'autres s'approchent, il les terrasse (1); il impose si fortement au reste, qu'on se décide à faire partir les voitures déjà pleines, et à ordonner qu'on le mît au cachot, en attendant qu'on vînt le recher-

---

(1) Il fut assez heureux pour trouver près de la charrette un long bâton ferré dont il se servit merveilleusement.

(*Note de l'auteur.*)

cher. Il y fut oublié trois jours; le 10 thermidor lui rendit la vie et la liberté.

Les administrateurs de police venaient journellement visiter la maison, se faire rendre compte de l'esprit qui y régnait, insultaient froidement aux malheureux prisonniers, et ne sortaient jamais sans ordonner un traitement plus barbare.

On se résignait tranquillement, et on attendait la fin de la décade, espérant que son successeur serait plus humain. Le successeur arrivait, mêmes formes, même individu, même bourreau.

Depuis mon entrée dans cette prison, je n'avais voulu informer de mon sort aucun de mes amis; craignant de les compromettre, j'endurais mes douloureuses privations et la plus affreuse indigence; enfin, je crus pouvoir m'adresser à un dont le patriotisme connu assurait l'existence, et dont les entours protégeaient le repos. Je me flattais qu'il volerait à mon secours, et que me devant quelque argent, il acquitterait à la fois une dette envers la reconnaissance et l'amitié. Je n'obtins qu'un refus.

La révolution a mis à découvert le côté faible des hommes; égoïstes, craintifs ou dissimulés, ils ont toujours marché de profil, recherchant les hommes en place, les sacrifiant à leur chute. Les femmes, au contraire, ont retrempé leurs ames dans le désordre commun; elles ont tout bravé pour donner consolation à l'infortune et asile à la proscription. J'ai vu une femme suivre à l'échafaud l'amant le plus tendrement aimé. Elle accompagna ses tristes dépouilles jusqu'au lieu où l'on devait les ensevelir. Là, elle flatte la cupidité du fossoyeur, si on veut lui remettre la tête qu'elle réclame. « Des yeux bleus où régnait l'amour, et que la mort vient d'éteindre, la plus belle chevelure blonde, les grâces de la jeunesse flétries par le malheur! voilà l'image de celui que je viens chercher; cent louis sont la récompense, c'est le prix que je mets à votre service. » La tête est promise. On vint en tremblant la prendre dans le suaire le plus beau. L'amour ne veut confier qu'à lui ses transports et ses projets; mais la nature ne peut partager son délire. Cette infortunée ne peut résister aux combats qu'elle éprouve : elle tombe au coin de la rue Saint-Florentin, et son dépôt et son secret paraissent aux yeux effrayés des voisins et des passans. Elle fut conduite au comité révolutionnaire de la section des Champs-Élysées.

Parmi les victimes qu'on venait journellement enlever au Plessis, la citoyenne Grimaldi, par son courage et sa noble fierté, fut celle qui nous laissa les plus douloureux souvenirs. Elle refusa de lire son acte d'accusation, pas la plus légère émotion n'altéra ses traits; elle distribua aux indigens, qu'elle soulageait habituellement, tout l'argent qui lui restait, embrassa sa femme de chambre, et se sépara de nous, comme après une longue route on quitte des compagnons de voyage dont la société nous fut utile et douce.

La citoyenne L..... C..... dormait auprès de ses enfans en bas âge, qu'on lui avait permis de garder auprès d'elle, quand à minuit les portes s'ouvrent avec fracas, et des voix sinistres font entendre son nom. Éperdue, elle prend pour un songe l'image de la mort qu'on lui présente, au milieu des intéressantes créatures qui lui doivent le jour. Elle s'élance de leurs bras, présente leurs grâces naïves comme l'emblème de son innocence, veut attendrir ses bourreaux par le spectacle séduisant d'une mère éplorée. « Aujourd'hui huit ans, leur dit-elle, je donnai la vie à ces jumeaux ; déjà votre rage a assassiné leur père ; vous ne voulez donc plus laisser sur cette terre sanglante que des scélérats et des orphelins, des cendres et des cabanes? » On l'enleva sans lui donner même le temps de s'habiller : elle ne revint pas.

Le tribunal acquittait parfois quelques pauvres étrangers ou quelques malheureux des faubourgs; ils revenaient triomphans chercher leur sac, s'enivrer avec les gardiens, et nous vanter l'équité des juges et des jurés.

La petite vérole avait atteint plusieurs personnes; en vain demandait-on au concierge un médecin, des soins et un hospice; tout était inutile. « Vous m'ennuyez, répondait-il, je n'ai pas le temps ; vous m'étourdissez, j'ai mille affaires, les administrateurs sont au greffe. » Ils y venaient en effet souvent boire le vin qu'on envoyait aux prisonniers (1). Ce petit Haly était plus despote dans son fauteuil, que l'empereur de Mogol sur son trône d'ivoire. Le jeune Carillon, au bout de trois jours de maladie, mourut sans secours dans les bras de son père; la citoyenne Déréo paya aussi le fatal tribut à l'humanité; la fièvre et la misère terminèrent ses jours. Une autre, atteinte de la même maladie, dans un premier accès, se précipita du haut des toits pour terminer plus tôt ses peines, et tomba à nos pieds morte et brisée. Un ancien capitaine de cavalerie, moribond sur son grabat, ne pouvant obtenir aucun soulagement, aucun remède, eut le courage de se traîner en chemise jusque dans la cour, pour essayer, par son aspect, la pitié du concierge; il en fut encore rebuté, jeté, dans cet état déplorable, sur un mauvais matelas, au fond d'un cachot où il mourut. Ce cadavre y était oublié, quand des prisonniers arrivant de Normandie furent amenés au Plessis; des femmes nourrissant leurs enfans furent mises dans cet horrible lieu, et parcourant leur sombre demeure, rencontrent ce corps inanimé; leur sang se glace, elles reculent épouvantées; l'intérieur de ce cachot n'offre plus qu'un sol jonché de malheureux!

---

(1) Haly arrêtait tout ce qui lui convenait : vins, pâtés, volailles, linges, etc. Il faisait démarquer sur-le-champ les chemises et les mouchoirs. Il en avait volé pour plus de 600 liv. au citoyen Bonnard, qui, l'ayant poursuivi depuis, en a obtenu un remboursement de 200 livres.

(*Note de l'auteur.*)

Le 8 thermidor, on vint demander le nommé Vermantois, chanoine de Chartres; personne ne parut, personne n'avait été chanoine. « Il me faut un chanoine, » répétait sans cesse l'envoyé de Fouquier. Enfin, après mille recherches, on découvre un particulier du nom de Courlet-Vermantois, mais autrefois militaire, fils d'un conseiller de Dijon. On lui remet l'acte d'accusation du chanoine : il n'eut jamais rien de commun avec aucune cathédrale ; n'importe, on l'emmène pour s'expliquer avec l'accusateur public ; il fut exécuté le lendemain.

Nous étions dans le plus morne abattement, quand le tocsin se fit entendre; la cloche funèbre faisait retentir ses sons redoublés. *Aux armes!* criait-on de toutes parts. On se rappelle les boucheries affreuses des 2 et 3 septembre. On convint de défendre sa vie, et de la vendre cher aux assassins. Nous ignorions absolument le prétexte des rassemblemens : depuis plusieurs jours les défenses étaient devenues plus rigoureuses; rien ne nous était parvenu du dehors, les commissaires même n'entraient plus. On avait élevé un mur transversal qui, coupant la cour en deux parties égales, laissait place pour les échafauds dans l'une, et pour les victimes dans l'autre. Ce projet avait été adopté par les comités de gouvernement qui, d'abord séparés par leurs prétentions et leurs craintes particulières, avaient été réunis pour ne s'occuper que d'un intérêt commun et marcher de concert à un but déterminé. Ce but n'était autre chose que le massacre des prisons, celui de la majeure partie des représentans du peuple, l'arrestation ou la fuite du reste. Les députés épargnés, ceux en mission, nécessairement se seraient réunis aux deux comités triomphans; et ce peu d'hommes se fussent emparés de l'autorité suprême.

Dans l'ignorance totale des mouvemens qui se faisaient entendre; abandonnés de nos gardiens que la frayeur avait éloignés, nous convînmes que la prudence règlerait nos mesures, mais que la valeur et le désespoir nous feraient raison des bourreaux. Il fut décidé qu'au premier signal de danger, nous nous armerions des bois de nos lits; que, réunis dans la cour, nous placerions au milieu de nous nos femmes, nos enfans; qu'un mur de matelas, porté par les hommes les plus forts, nous garantirait des premiers coups, et qu'ainsi nous chargerions les assassins. Le tocsin redoublait; les cris du peuple, les tambours, la traînée des canons, ajoutaient à la terreur que notre position inspirait. « Quel parti triomphera, que deviendront les prisonniers, et nos enfans seront-ils massacrés? Il faut nous défendre, périr avec courage! » Voilà quel fut l'entretien de toute la nuit.

Enfin le jour parut et ne fut jamais plus désiré; une proclamation nous annonça la victoire et le triomphe de la vertu. Nous fîmes éclater notre joie; on s'embrassait, comme, après un combat opiniâtre de rang en rang, on retrouve ses amis. Au maintien embarrassé des geôliers, à leurs nouvelles prévenances, nous aurions pu tout augurer; mais tant de piéges nous avaient été tendus, qu'il était encore prudent de taire ce qu'il eût été si doux d'avouer. Enfin la voix forte de Saint-Huruge retentit du fond de son cachot, et nous apprit que Robespierre, Lebas, Couthon et Saint-Just, mis hors la loi, devaient porter leur tête criminelle sur un échafaud déjà prêt. Sa fenêtre donnait sur quelques maisons du voisinage, dont les habitans montèrent sur les toits, et, par leurs signes, nous annoncèrent le succès des événemens, et ce que nous devions attendre d'un aussi beau jour.

C'était un étrange spectacle que celui de ces hommes sensibles, de ces femmes compatissantes qui, du haut des cheminées, des mansardes, des gouttières, nous envoyaient la consolation et l'espérance. Saint-Huruge ne garda plus de ménagement; il traita en prisonnier cruellement ulcéré tous les individus attachés à la faction qui venait de succomber, et qui nous arrivaient en foule.

Le 10 thermidor vit fléchir la rigoureuse sévérité des gardiens; on ouvrit nos chambres de bonne heure; tout le monde se précipita vers le département des femmes pour leur porter des nouvelles de paix, d'espérance et de bonheur.

Tout prit, à cette époque, un aspect différent. Le concierge flûta sa voix, sa femme miella la sienne. Tous les fripons se radoucirent; les secrets furent ouverts. Chaque représentant qui comptait un ami malheureux venait l'arracher aux horreurs du tombeau. Le premier qui sortit fut un nommé Lafond qui, pour ne pas avouer la retraite de son père, pourrissait au secret depuis six mois. En sortant, ses premiers regards se reposèrent sur une foule de jolies détenues qui furent au-devant de lui au cri redoublé de *vive la Convention!* Il promit de s'occuper de ses compagnons d'infortune, et obtint effectivement la liberté de plusieurs.

Rendu à l'espérance, je chantai l'amour. La romance suivante, que j'avais faite en me disposant à la mort, fit mon bonheur dans les premiers jours de ma nouvelle vie :

ROMANCE.

Air : *du vaudeville de l'officier de fortune*.

Un tendre amant, belle Clémence,
Du sort éprouve la rigueur;
Il porte chaîne de constance,
Et porte chaîne de malheur;
A son cœur douleur bien amère,
Et nuit et jour se fait sentir;
Car loin de toi tout est misère,
Quand près de toi tout fut plaisir.

Le souvenir de tendre amie,
Parfois allège sa douleur;
Penser doux momens de la vie,
C'est éloigner chagrin, malheur;
Songer toujours à sa maîtresse,
Se rappeler serment, soupir,
C'est le bonheur de la tendresse,
Que le malheur ne peut ravir.

> A grand combat perdre la vie,
> En défendant honneur, beauté,
> C'est beau trépas, digne d'envie ;
> Mieux vaut que perdre liberté.
> L'honneur apprit à son enfance
> Preux devoirs, aimer et souffrir ;
> Si tu lui gardes souvenance,
> Dame ! content il peut mourir.

Les hommes et les femmes se réunissaient à la promenade. Tout devint riant, aimable ; la toilette des hommes devint plus propre, celle des femmes plus recherchée. La sécurité remplaça la terreur. Le repos succéda aux alarmes, les vers aux pétitions. Les bons déjeuners se donnaient, se rendaient; tout le monde y prenait part. Le Plessis n'était plus qu'une maison immense réunissant une nombreuse famille.

Alors les jeunes gens s'aperçurent que Nathalie de la Borde, au maintien le plus décent, joignait la figure la plus enchanteresse. Le 10 thermidor, elle parut avec l'éclat de cette fleur timide qui, pour briller encore, ouvre son calice aux premiers rayons du jour. Les vers sont enfans du bonheur, ou la ressource du délire; je ne pus résister au plaisir de lui faire connaître qu'un malheureux, dont les peines avaient été grandes, ne commençait à s'en distraire qu'en apprenant à l'aimer. Je lui adressai les deux couplets suivans, au nom de mon amoureux compagnon. Ah! combien j'aurais désiré la rendre sensible, et l'intéresser au sort de mon ami !

COUPLETS.

Air : *Il pleut, il pleut, bergère.*

L'avenir se prépare,
Pour embellir nos jours.
Le passé se répare,
Rappelons les amours.
Échappé du naufrage,
Un malheureux Français
Offre au ciel un hommage,
Ses vœux à tes attraits.

Pardonne, Nathalie,
Son téméraire amour;
La rose fait envie
Au matin d'un beau jour.
Laisse l'indifférence
Au séjour du malheur :
Le bonheur ne commence
Qu'où finit la rigueur.

Sophie de Magny, à la tournure la plus belle, joignant l'œil le plus doux, s'entendit bientôt dire qu'elle était jolie. On remarquait la langueur touchante de la jeune Barbantane, et surtout l'amabilité de sa sœur, madame de Vassy. Aglaé de Bail lutinait tout le monde. Maurille, les mains dans un tablier, promenait une taille élégante. Depont, timide, paraissait avec le soir; les grâces sont compagnes; les deux Titon ne la quittaient jamais. Avec la nuit descendait la spirituelle et paresseuse Saint-Haon. La dernière veuve du dernier Buffon, oubliant ses peines, rêvait les plaisirs. Desmarets de Beaurains, belle, brune et malheureuse, se livrait à ses douloureux regrets. La bonne Montansier nous donnait des nouvelles, et quelques poissardes la bonne aventure. Je dois un tribut de respect et d'admiration à la ci-devant duchesse de Duras, bonne, douce, compatissante; elle a tout souffert, et souffre encore les privations nécessaires, les douleurs renaissantes enfantées par les malheurs et les chagrins. Sa vertu est au-dessus de tout éloge, et sa résignation de tout modèle.

Le Plessis n'était plus une prison; la porte était cependant toujours assiégée par une foule de personnes que souvent les sentinelles, par un petit reste de robespierrisme, rudoyaient cruellement, quand, au travers des guichets, ou même au-dessous, elles cherchaient à découvrir un parent, un ami, dont elles étaient privées depuis long-temps. J'ai vu les plus jolis visages braver la puanteur des égoûts, pour dire à un père, à un époux, combien ils étaient aimés, désirés dans leur famille, et les instruire des démarches qu'on faisait en leur faveur.

C'est à travers un de ces aquéducs pestilentiels que j'entendis un jour prononcer mon nom, et une voix douce et tremblante appeler mon ami. Je n'éprouvai de ma vie une sensation plus douce. Hélas! depuis ma captivité, j'étais abandonné de la nature entière. Cet ange tutélaire, amie sans faiblesse, bienfaisante sans intérêt, n'avait deviné mes malheurs que par mon silence, et croyant encore pouvoir les adoucir, accourait du fond de sa retraite. Elle reçut avec l'eau infecte que charriait l'égout, les larmes d'attendrissement et de reconnaissance que m'arrachaient ses bontés. Oh! jamais, non jamais je n'oublierai mon égout. Chaque jour y ramenait l'amitié, et c'est par lui que la consolation et l'espérance entrèrent dans mon cœur.

Les comités venaient d'être renouvelés; on pouvait sans effroi approcher du lieu de leurs séances et solliciter pour les malheureux. La voix de l'opprimé commençait à s'y faire entendre. Les oreilles farouches des anciens membres et commis se familiarisaient enfin avec les mots humanité et justice.

Alors les bons habitans de Neuilly que la terreur long-temps avait comprimés, se rappelèrent qu'on avait arraché à leur commune, à l'asile qu'ils avaient offert à la proscription, cent quatorze individus de tout sexe, de tout âge, de tout état; ils s'ingénièrent pour leur être utiles et les rendre à la liberté. Tous les habitans vinrent nous réclamer; les chariots et les brandons vinrent nous prendre; mais des formes, des lenteurs prolongèrent notre captivité; on voulut nous rendre justice avec précaution. On avait fait le mal avec tant de zèle! La municipalité fut interrogée, et un moment l'arbitre de notre liberté. Les officiers municipaux ne voulurent rien faire en notre faveur. Le seul agent national sut être honnête homme, et, suivi de deux membres du comité de surveillance, vint au comité de sûreté générale avouer notre innocence. Nous fûmes enfin rendus à la liberté.

Suite des anecdotes sur la maison d'arrêt du Plessis.

Cet ancien collége était devenu, pour ainsi dire, l'entrepôt général de la Conciergerie; on y versait, dans le temps du triumvirat, une multitude de victimes de tout âge et de tout sexe, que les cachots de la Conciergerie ne pouvaient contenir; et cependant, on faisait sortir tous les jours de cette dernière prison un grand nombre de victimes, pour les envoyer à la boucherie. Le Plessis était aussi le rendez-vous des accusés des départemens, qui y arrivaient en foule, de sorte que la maison ne fut plus assez grande pour contenir les personnes qu'on y faisait refluer : on fut obligé de percer les murs qui touchaient à l'ancien collége de Louis-le-Grand, et ces deux édifices ne formèrent plus qu'une seule et même bastille.

Les femmes habitaient les bâtimens du Plessis; elles étaient renfermées dans des greniers : on les apercevait à travers des lucarnes presqu'entièrement bouchées. On leur accordait une heure par jour pour respirer l'air dans la cour. C'était un spectacle déchirant de voir de jeunes personnes, intéressantes par leurs grâces et leur beauté, des enfans en bas âge, qui étaient élevés au milieu des larmes et du désespoir, et qui n'avaient pour toute nourriture que du pain et de l'eau; car souvent leurs mères infortunées n'étaient pas en état de se procurer quelques mets que vendait bien cher un avide traiteur.

Dans les bâtimens de l'ancien collége de Louis-le-Grand étaient les hommes; ceux qui sortaient de la Conciergerie bénissaient presque leur destinée, puisqu'au moins ils trouvaient dans leur nouvelle demeure un lit pour se reposer, et ils n'étaient pas entassés, comme dans l'autre maison, sur une paille pourrie que l'on renouvelait fort rarement.

Les portes du Plessis n'étaient point assiégées, comme celles de la Conciergerie, par une horde sanguinaire de femmes qui faisaient retentir aux oreilles des malheureux détenus le cri horrible, *à la guillotine*, et leur annonçaient, en vomissant les plus sales injures, le triste sort qui les attendait.

Toutes ces horreurs n'existaient pas dans cette prison; mais les agens de la tyrannie avaient su ménager aux prisonniers un autre genre de souffrances. En entrant, on les mettait dans une espèce de boyau, où ils restaient debout quelquefois dix heures entières, en attendant qu'il plût au guichetier de venir faire l'appel, et de les envoyer dans un endroit particulier où ils étaient préliminairement fouillés avant de communiquer avec les autres détenus. Cette opération ne se faisait que trois jours après l'entrée de chaque nouveau prisonnier. On procédait alors à une visite très-rigoureuse; les assignats excédant 50 livres étaient enlevés; couteau, fourchette, boucles, tout disparaissait. J'ai vu un pauvre sans-culotte posséder une cuiller de fer, qu'il n'aurait pas cédée pour un très-grand prix, et qu'il baisait avec attendrissement : c'était tout son trésor. Il avait eu l'art de la soustraire aux yeux de tous les argus. Il l'avait aplatie et avait eu la patience d'en faire un couteau bien tranchant, en l'aiguisant sur un pavé.

Une nuée de guichetiers circulaient perpétuellement dans la prison, pour épier les actions, les paroles, les regards et même la pensée des détenus. Ils n'avaient pas précisément l'aspect dur et farouche des guichetiers de la Conciergerie; c'étaient simplement d'anciens laquais qui n'étaient encore qu'à leur noviciat, et qui néanmoins avaient conservé la morgue et l'insolence des maîtres qu'ils avaient quittés.

Malheur à ceux dont la santé subissait des altérations; la maladie les dévorait. Peu ont pu échapper, et cependant on avait ordre de transférer les malades à l'hospice de l'Évêché; mais on aimait mieux laisser périr des malheureux que de les secourir. J'ai vu un officier de cavalerie qui demandait depuis trois jours à être transféré, et qui fut trouvé mort dans son lit sans avoir reçu la moindre visite.

On avait répandu dans le public que le Plessis ne renfermait que de grands conspirateurs et dévoués à une mort certaine; c'étaient pour la plupart d'intègres cultivateurs qui ne concevaient pas même l'idée d'une conspiration. On y comptait aussi des jeunes gens qui avaient fait leurs études dans ce collége sous le despotisme des prêtres, et qui, en sortant, étaient bien loin de penser qu'ils y reviendraient encore faire un cours de patience, sous un despotisme plus dur. Ils se rappelaient les plaisirs de leur enfance, et le jeu de balle, auquel ils s'étaient exercés autrefois, servait à tempérer l'ennui de leur captivité.

Les mesures de sûreté générale avaient été prises contre eux avec une sagacité admirable : ici des portes énormes, de pesans verroux ; plus loin des fenêtres surchargées de barreaux bien épais et croisés en tous sens, où le jour avait peine à pénétrer.

Toute communication extérieure était interdite; les papiers publics et les nouvelles étaient consignés au guichet. Cependant on parvint à avoir connaissance du décret qui déclarait que la France reconnaissait l'Être-Suprême et l'immortalité de l'ame. « On va donc aussi reconnaître la justice et l'humanité, se disait chaque prisonnier ; notre sort va changer; on va nous rendre une liberté si injustement ravie. Nous pourrons célébrer avec nos frères la fête qui se prépare ; nous pourrons encore les serrer dans nos bras, et ce jour sera le plus beau de notre vie. »

Erreur funeste ! la fête est célébrée, et les massacres, loin de diminuer, continuaient dans une progression croissante, jusqu'au jour où le supplice du tyran vint rendre encore une fois l'espérance à des captifs qui n'avaient d'autre perspective que l'échafaud.

Avant la révolution du 10 thermidor, personne ne se couchait sans être poursuivi par la crainte de recevoir pendant la nuit *son extrait mortuaire ;* c'était ainsi qu'on appelait l'acte d'accusation d'après lequel on paraissait le lendemain au tribunal.

Si par hasard quelques individus n'étaient pas frappés du glaive de la tyrannie, le saisissement que leur procurait la nouvelle d'une liberté inattendue, l'ennui (1) et le désespoir dont ils avaient été la proie, le mauvais air qu'ils avaient respiré, leur causaient quelquefois une maladie longue et cruelle contre laquelle venaient souvent échouer toutes les ressources de l'art.

---

(1) Un prisonnier de Sainte-Pélagie a exprimé, dans une pièce de vers qui n'est pas sans mérite, tout ce que l'ennui d'un tel séjour avait d'accablant. Voyez les éclaircissemens (D).

(*Note des édit.*)

VOYAGE

DE CENT TRENTE-DEUX NANTAIS

ENVOYÉS A PARIS PAR LE COMITÉ RÉVOLUTIONNAIRE
DE NANTES.

L'an deuxième de la république française, le 7 frimaire (27 novembre 1793, *vieux style*), nous sommes partis de la maison de l'Éperonnière, située à l'extrémité de la ville de Nantes, sur le chemin de Paris, au nombre de cent trente-deux, conduits par un détachement du onzième bataillon de Paris, que commandait le citoyen Boussart.

Réveillés dès cinq heures du matin, à sept heures rangés sur deux lignes dans la cour, on nous ordonna de remettre nos couteaux, ciseaux, rasoirs, etc., lesquels ne nous ont pas été restitués, et dont nous n'avons jamais connu les dépositaires. Le citoyen Bornier, qui est mort à Paris, et dont l'épouse s'est, de désespoir, jetée par une fenêtre dans la rue du Temple (1), réclama contre son envoi à Paris, et protesta qu'il n'était point inscrit sur la liste ; mais bien un nommé Borgnis, auquel on le substituait. Nous nous attendions si peu à

---

(1) Hôtel de l'Europe.

partir, que nous n'avions, la plupart, que des sabots. Il fut permis à chacun de nous de prendre une paire de souliers de munition. La consigne nous défendait de rentrer dans les chambres; ceux qui restaient nous jetèrent, par les fenêtres, nos couvertures : c'est tout ce que nous pûmes emporter; quelques-uns avaient eu la précaution de descendre leurs paquets. Toute communication, avant le départ, nous fut refusée; on repoussait nos femmes éplorées, nos parens consternés. Pour la première fois les tyrans furent, sans le vouloir, humains par l'excès même de leur barbarie : ils nous épargnèrent l'horreur des adieux ! Une épouse ne pouvant voir son mari, lui écrivit sur un chiffon, au dos d'un très-court mémoire de blanchissage : l'officier de garde porta le scrupule jusqu'à refuser de remettre ce billet, dans la crainte que les chiffres ne fussent des caractères secrets. Nous partîmes à midi; on nous avertit que quiconque s'écarterait d'un pas serait fusillé. Onze voitures avaient reçu le plus grand nombre des vieillards, des malades et infirmes ; à trois-quarts de lieue de Nantes, ceux qui avaient leurs paquets purent les déposer sur un chariot. Nous nous examinions les uns après les autres, notre surprise était extrême; nous ne nous connaissions point; nulles relations d'aucune espèce n'avaient existé entre nous. Nous arrivâmes à Oudon vers les neuf heures du soir, au milieu de l'obscurité la plus profonde, en marchant dans la boue, et n'ayant pris, depuis le matin, ni repos ni nourriture. A la descente d'Oudon, l'un de nous disparaît; il était également facile à tous les autres de s'échapper : le chemin était si mauvais et la nuit si noire, que soldats et citoyens tombaient pêle-mêle dans les fossés, et s'entraidaient à se relever. Tiger, l'un de nous, s'égara; une vieille femme lui offrit un asile sûr; il refusa cette offre, et se fit conduire à Oudon. On nous y avait logés dans l'église, sur de la paille. On nous distribua du vin, du pain très-noir et du lard rance, si mauvais, que les volontaires s'en servaient pour graisser leurs souliers. Plusieurs furent obligés de rester assis ou debout pendant toute la nuit; elle fut mauvaise pour tous : déjà nous avions plusieurs malades. Le citoyen Fleuriot, natif d'Oudon, passa la nuit couché sur la tombe de son père.

Le lendemain le rappel battit à cinq heures; nous partîmes à sept; à Ancenis, où nous ne fîmes que passer, des volontaires, trompés par des rapports mensongers, nous accablèrent d'injures violentes. A une demi-lieue de cette ville, nos plaintes nous obtinrent une halte de quelques minutes, pour dévorer les restes de notre repas de la veille. Quelques-uns étaient si fatigués qu'ils restaient en arrière, malgré la lenteur de la marche; à défaut de voitures, il fallut les monter sur des chevaux d'officiers. Notre entrée à Varades fut très-inquiétante. Nous y entendîmes des injures et des menaces encore plus fortes et plus multipliées qu'à Ancenis. On nous logea dans l'église, sur du foin mouillé; nous éprouvions l'extrême incommodité de ne pouvoir sortir qu'un à un pour satisfaire aux besoins les plus pressans : on nous donna du vin, du même pain qu'à Oudon, et du bœuf salé.

Le 9 frimaire, nous nous mîmes en route à huit heures (1). Nous devions coucher à Saint-Georges; mais nos conducteurs y furent informés que les brigands se disposaient à attaquer Angers, ce qui leur fit craindre d'être coupés dans leur route, et les détermina à la poursuivre. Après une halte d'une demi-heure, à deux cents pas au-delà du bourg, on nous distribua le reste des provisions de Varades, avec du vin blanc qui ne ressemblait pas mal à de l'eau de lessive. Il faisait un froid rigoureux; nous fûmes obligés d'allumer un feu d'épines sèches sur le grand chemin. Un grand nombre d'entre nous fut chargé sur des charrettes, et porté de la sorte à Angers où nous fûmes déposés au séminaire : il était dix heures du soir.

On en avait d'abord fait descendre plusieurs vis-à-vis l'ancienne cathédrale, déjà remplie de prisonniers. Comme la foule était très-grande pour les

---

(1) L'un d'entre nous dormait dans un confessionnal au moment où, sortis de l'église, nous allions nous remettre en route. Il fut éveillé par les menaces de Bologniel, membre du comité révolutionnaire de Nantes, et l'un de nos conducteurs. « Les b....., les f... gueux, disait-il, si j'en trouvais encore un ici, je lui abattrais la tête avec mon sabre. » Alors Bologniel était seul dans l'église avec quatre gardes nationaux. Notre compagnon d'infortune n'osa quitter son confessionnal; il ne sortit de l'église qu'après Bologniel, et, se mettant en route seul, il nous rejoignit peu après.

(*Note de l'auteur.*)

voir, les injurier et les menacer, la fuite eût été facile à quiconque en eût eu le dessein. Un habitant d'Angers se précipita sur l'un de nous, en le qualifiant de brigand, et voulut le frapper. Quatre volontaires s'opposèrent à sa violence. Nous devons déclarer que les braves Parisiens ont eu pour nous tous les égards que leur commandaient la justice et l'humanité. Persuadés que tant que la loi n'a pas frappé un citoyen, il est sous sa sauve-garde, ils proclamèrent qu'ils périraient tous plutôt que de laisser violer le dépôt qui leur était confié. Boussard, leur commandant, en fit la protestation en son nom et en celui de son bataillon (1). Lorsqu'au séminaire il eut fait l'appel nominal, qu'il nous eut tous comptés les uns après les autres, et vérifié qu'il n'en manquait aucun, hors celui dont il avait appris la fuite à Oudon, sa joie fut telle qu'il nous témoigna hautement que nous paraissions dignes de toute la confiance des républicains, puisque nous n'avions pas trahi la sienne, lorsque mille circonstances inévitables nous en avaient fourni l'occasion.

Le peu de vivres qui nous avait été distribué à Saint-Georges était consommé. Nous comptions sur une distribution nouvelle que nos fatigues

---

(1) C'est lui qui, ayant été témoin et présent à la séance du comité révolutionnaire de Nantes, raconta à plusieurs d'entre nous la manière dont s'était fait le triage des cent trente-deux Nantais envoyés sur la route de Paris.

(*Note de l'auteur.*)

nous rendaient indispensable. Notre espoir fut déçu. Le concierge fut seulement autorisé à nous vendre ce qu'il aurait; cela se réduisit à de mauvaise soupe, de plus mauvais vin, et quelques morceaux de lard, en si petite quantité, que le plus grand nombre n'y put avoir part. On nous accorda l'usage de toute la maison; nous couchâmes, les uns sur la paille, les autres sur des paillasses et matelas appartenant à des détenus que nous remplacions.

On parlait alors d'échanges de détenus entre les départemens. Nous crûmes que notre translation était le résultat de cette mesure, et que nous séjournerions à Angers (1). La maison était commode; nous pouvions, au travers de la double porte du porche, parler aux citoyens qui nous venaient voir. On nous permettait de faire venir du dehors des alimens; nous profitâmes de cette permission. Nos dîners étaient arrivés, nous nous mettions à table, avec un sentiment de joie, fondé sur notre bien-être relatif, et sur celui bien plus grand encore de notre parfaite innocence. Tout-à-coup une garde d'environ deux cents hommes entre dans la cour; on nous annonce notre départ pro-

---

(1) Quelques expressions du citoyen Boussard, lors de l'appel nominal fait à Angers, nous laissèrent beaucoup de doutes sur la réalité du voyage de Paris, et ces doutes furent accrus par une scène violente qui eut lieu au séminaire, en notre présence, entre Boussard et un membre du comité révolutionnaire d'Angers.

(*Note de l'auteur.*)

chain : mille inquiétudes se propagent (1). Nous mangeons à la hâte et nous faisons nos paquets. Nous descendons. Des gendarmes se présentent avec des pelotes de cordes sous le bras, et nous annoncent qu'elles nous sont destinées. A cette nouvelle, les larmes coulèrent des yeux de quelques-uns d'entre nous; ils avaient vu lier ainsi les scélérats et les assassins; ils étaient innocens, le désespoir les saisit. Aux demandes que nous fîmes, on répondit avec un mystère effrayant; sans doute quelques plaintes un peu vives leur échappèrent, car un gendarme tira son sabre, et tous les autres à son exemple; plusieurs volontaires, le fusil armé, sortirent de leurs rangs, et il serait arrivé quelque événement sinistre, si deux d'entre nous n'eussent apaisé les gendarmes en les avertissant qu'ils trouveraient dans les détenus la plus grande docilité. Ils se firent lier les premiers, et la chaîne fut en un instant formée : un gendarme pleurait.

Nous sortîmes. Les gendarmes, à notre tête, s'opposaient à ce qu'on nous invectivât, et écartaient les hommes violens. Nous parcourûmes plusieurs rues; on nous fit traverser la place de la Révolution. La manière dont nous étions conduits, et les horreurs commises par les brigands dont on

---

(1) Le bruit s'était répandu que les détenus que nous avions remplacés au séminaire avaient été fusillés et noyés au pont de Cé le même jour.

Note de l'auteur.

nous croyait complices, peuvent à peine excuser les menaces et les imprécations faites en ce lieu contre nous. On nous conduisait aux prisons ci-devant royales d'Angers.

Là, nous cessâmes d'être sous la surveillance de quatre citoyens (1), dont l'un était membre et les autres commissaires du comité révolutionnaire de Nantes. Ils étaient chargés de nous préparer des logemens et de pourvoir à notre subsistance. Ils connaissaient assez particulièrement plusieurs d'entre nous; aussi notre surprise fut quelquefois extrême. Naud, l'un d'eux, était dans la cour du séminaire, lorsqu'on nous lia de cordes. Il nous accompagna jusqu'aux prisons, et ses collègues s'étaient placés dans la rue pour nous voir passer. Nous rencontrâmes encore Naud entre les deux guichets où il nous fit défiler et compter en sa présence.

Nous étions dans la cour; il était cinq heures; c'était l'instant du crépuscule : nous gardions le plus profond silence, et notre stupéfaction ne peut se dépeindre. Nous remarquâmes le long de la muraille opposée au plan sur lequel nous étions rangés en espèce de demi-bataillon carré, des chemises, chapeaux, habits, etc., qu'un bruit vague, qui se répandit avec la rapidité de l'éclair, nous fit considérer à tous comme les dépouilles d'hommes qui venaient de cesser de vivre.

---

(1) Naud, Bologniel, Joly et Dardar.

Enfin on ouvrit une chapelle qui était vis-à-vis de nous; on nous y poussa jusqu'à ce qu'il ne fût plus possible d'y en faire entrer, et nous y étions pressés au point qu'il en fallut faire sortir plusieurs pour pouvoir fermer la porte. Cette chapelle avait douze pieds et demi de largeur sur vingt-quatre pieds de longueur : nous étions quatre-vingt-un; chacun avait par conséquent à sa disposition trois pieds six pouces de surface; nous étions obligés de nous tenir dans les positions les plus gênantes et les plus douloureuses. Quelques bottes de paille nous furent jetées; on nous avait enfermés sans vivres et sans lumière; nous avions par bonheur un briquet, de l'amadou et quelques paquets de petite bougie. Malgré la rigueur de la saison et l'ouverture de la fenêtre, nous étouffions de chaleur. On nous avait donné, pour nos besoins, un seul seau de grandeur ordinaire; il nous était presque inutile vu l'état d'immobilité auquel nous étions condamnés : cependant quelques-uns furent forcés de s'en servir; mais comme les besoins n'étaient pas circonscrits au voisinage du seau, on le demanda à l'autre extrémité de la chapelle : on le faisait passer de main en main par-dessus les têtes, et nul ne pouvant agir librement, il fut versé, inonda cinq à six personnes, et remplit d'infection toute la chapelle. Nous ne pouvions croire qu'on dût nous faire passer la nuit dans une situation si pénible. Nous attendions à chaque instant notre translation dans un local moins malsain et plus étendu. Nous nous trompions : qu'on juge de ce que nous avons souffert pendant cette nuit! La porte ne fut ouverte qu'à huit heures et demie du matin ; on la referma aussitôt.

Alors nous apprîmes que le citoyen Boussard avait été arrêté par le comité révolutionnaire d'Angers, pour avoir, disait-on, mis trop de chaleur dans un débat qui nous concernait. On disait encore qu'il avait rendu de nous le meilleur compte ; qu'il avait assuré que nous n'étions pas tels qu'on nous désignait, et même que, témoin de la manière dont le triage des détenus s'était fait à Nantes, principalement fondé sur le caprice, la vengeance, les haines personnelles, la passion et l'arbitraire le plus effroyable, il avait pensé et déclaré qu'il ne croyait pas possible que rien de sinistre arrivât à des hommes qui s'étaient comportés comme nous sur la route.

A notre sortie de la chapelle, les premiers objets qui frappèrent nos regards furent un égout infect qui traversait, à découvert, la cour dans sa largeur, et un énorme tas de fumier composé d'excrémens humains et de pailles pourries, qui occupait au moins le huitième de sa surface; enfin un puits qui chaque soir était épuisé, dont l'eau, fort mauvaise, était la seule boisson légale des prisonniers, et où plusieurs de ceux-ci s'étaient noyés de désespoir.

Nous avions pour co-habitans des hommes con-

damnés aux fers, des scélérats, des brigands (1).
Au moment où tous les prisonniers sortaient de
leurs cachots, contraints, à défaut de latrines, de
satisfaire dans la cour à leurs besoins, forcés de
vider les seaux sur ce tas de fumier qui n'exhalait
déjà que trop de miasmes pestilentiels; obligés de
brûler de la paille humide pour faire bouillir l'eau
que ces misérables appelaient leur soupe, il en
résultait une telle infection, que l'homme de la
santé la plus robuste en était affecté. Peu de jours
avant notre départ, deux officiers municipaux,
chargés de vérifier si notre situation était aussi
affreuse que nous l'avions exposée, se bouchèrent
le nez dès l'entrée de la cour, et n'auraient pu
pousser plus loin leur visite, si nous ne leur avions
donné du vinaigre des quatre voleurs. Nous les
vîmes répandre des larmes.

Après midi on nous distribua du pain qui n'était
pas mangeable. Il résulta de notre communication
avec la geôle, que nous apprîmes l'arrivée de cinq
autres détenus Nantais (2), et la répartition du
reste de notre troupe dans deux cachots de l'inté-

---

(1) Au bout de vingt-quatre heures, nous fûmes couverts de leur vermine. (*Note de l'auteur.*)

(2) Il semblait que le nombre de cent trente-deux eût, pour le comité révolutionnaire, un attrait singulier. Il avait l'ordre de relâcher cinq d'entre nous, on ne sait par quel motif; car il n'y en avait d'autres, pour les mettre en liberté, que la corruption et l'arbitraire. Il s'empressa d'en faire partir cinq autres, qui ne furent pas peu surpris de cette étrange substitution.
(*Note de l'auteur.*)

rieur. Nous fûmes touchés d'un trait d'amitié fraternelle (1). Devay jeune, célibataire et infirme, avait comparu à l'appel qui s'était fait lors de notre départ, et s'était ainsi dévoué pour son frère aîné, père de sept enfans en bas âge, et l'unique soutien de toute la famille. Celui-ci est mort à Paris après sept jours d'agonie, et l'autre resta long-temps parmi nous. Il semble cependant qu'un acte aussi généreux lui méritait un meilleur sort.

Lorsqu'on sut que la geôle pouvait contenir d'autres prisonniers, douze demandèrent à y être admis; sept autres voulurent aussi changer de local. On leur ouvrit un cachot voisin de la chapelle, dont l'air était si épais, que l'un de nous, que la faiblesse de sa vue oblige à se servir de lunettes, les vit, en un instant, se couvrir d'une vapeur fétide. Telle était pourtant la cruelle situation de ceux qui occupaient la chapelle, que seize d'entre eux préférèrent aller s'enfouir dans ce cachot. Il était si malsain, que la moitié des infortunés qui y ont résidé sont morts; l'autre moitié a été très-dangereusement malade. La situation des détenus, dans l'intérieur, n'était guère moins fâcheuse; à quatre heures du soir nous étions renfermés dans nos cachots qui ne s'ouvraient qu'à huit et dix heures du matin : c'est le régime que l'on nous a fait suivre pendant les dix-neuf jours

---

(1) On a vu un trait du même genre cité page 255.

(*Note des édit.*)

de notre résidence à Angers ; seulement le nombre des prisonniers de la chapelle fut réduit successivement à quarante-trois. Jusqu'au matin du troisième jour nous éprouvâmes une gêne insupportable qui ne cessa qu'à la prière de ceux qui habitaient la geôle; c'était d'être forcés de rester dans la cour. Nous n'avions alors d'autre abri qu'un chauffoir au premier étage, propre à peine à contenir vingt-cinq personnes, et où en affluaient plus de cent cinquante, pour acheter le mauvais vin que le geôlier faisait vendre ; et au niveau de la cour, une espèce de porche de six pieds de largeur dans l'angle duquel était le guichet, et qui servait de dépôt aux cadavres. Le nombre de ces cadavres était chaque jour de quatre, de cinq ou de six. Plusieurs fois ceux qui occupaient l'intérieur n'ont pu sortir de leur cachot sans en enjamber quelqu'un ; nous en avions tous les matins le déchirant spectacle. Un jour même, nous devons le dire, nous avons vu déposer sur trois cadavres un misérable qui n'avait pas encore exhalé le dernier soupir. Souvent des hommes qui se traînaient sur le fumier pour leurs besoins, y sont tombés morts. Un des nôtres (1), qui couchait sur l'autel de la chapelle, à côté de son père, tomba dans les convulsions de l'agonie sur le pain de ses voisins qui

---

(1) Castellan fils, âgé de dix-neuf à vingt ans, après une agonie de quinze jours, s'éteignit sous les yeux de son père, sans avoir reçu aucune espèce de secours.

(*Note de l'auteur.*)

dînaient en ce moment, et mourut sous leurs yeux l'instant d'après. Un acte de bienfaisance n'est pas un titre; nous ne devons ni ne pouvons nous féliciter du don que nous nous empressâmes de faire à un prisonnier qui se précipita dans le puits pour en retirer un malheureux qui venait de s'y jeter dans un accès de fièvre chaude; mais on peut observer que tel était le malheur de notre destinée, que nous n'avions sous les yeux que des objets d'horreur.

Déjà nous commencions à être dévorés par la vermine.

Lorsqu'après l'ordre du geôlier ou de son guichetier, nous tardions quelques secondes à rentrer dans nos cachots, nous étions menacés d'être mis aux fers dans un cachot plus horrible encore, et que fermait une triple porte.

Un jour de pluie le tas de fumier fut tellement lavé, qu'un grand nombre de ruisseaux se forma depuis cette masse jusqu'à l'égoût, et c'étaient des excrémens humains qu'on voyait ruisseler ainsi; l'air s'épaissit, se chargea de miasmes pestilentiels; le lendemain nos lèvres étaient coupées, nos gencives saignaient; nous avions le visage pâle, enflé et couvert de pustules. Toutes les variations de la saison nous étaient également préjudiciables : la chaleur et la pluie rendaient l'air infect; le froid rigoureux, qui seul nous convenait, avait cet inconvénient que, contraints de tenir, pendant la nuit, notre fenêtre ouverte, il nous fallait ou suffoquer de chaleur ou beaucoup souffrir du froid.

Dans les temps humides les murs de la chapelle et des cachots dégouttaient d'eau. Nous fûmes tous attaqués de rhumes violens ou de douleurs rhumatismales. Trente-cinq compagnons de nos misères sont morts probablement des suites de cet affreux séjour, et plusieurs y ont contracté des infirmités pour le reste de leur vie.

Nous n'avons pu nous louer que d'une chose, nous avions la liberté de faire venir du dehors des vivres.

Le 13 frimaire, au matin, la générale battit, et le canon ne tarda pas à se faire entendre. Les brigands attaquaient Angers (1). Dès la veille nous avions rédigé une pétition, afin d'obtenir de l'humanité et de la justice une autre habitation; mais des rebelles menaçaient la patrie, nous ne devions plus nous occuper que du soin de la défendre. Nous rédigeons à la hâte une pétition nouvelle pour demander des armes : nous engagions notre parole de républicains de rentrer en prison aussitôt après le combat. Cette pétition portée à la municipalité, y fut lue avec intérêt, mais on n'y fit pas droit : les jeunes gens surtout en furent au désespoir; tous avaient porté les armes contre les rebelles, et plusieurs s'étaient trouvés à dix-neuf et vingt actions. Cette pétition, présentée à l'instant où l'on parlait

---

(1) Une des principales attaques se faisait près de la prison. Les balles et la mitraille pleuvaient dans la cour où nous étions réunis : les boulets passaient sans relâche au-dessus de nos têtes.

(*Note de l'auteur.*)

de rendre la ville, et pendant le feu le plus vif, était notre arrêt de mort si les brigands eussent été vainqueurs. Le lendemain l'attaque continue, et nous réitérons nos offres. Des brigands détenus se flattaient d'une prochaine reddition de la ville, blasphémaient la république, et menaçaient de dénoncer les républicains. Nous vouâmes à l'infamie quiconque aurait la lâcheté d'abjurer cette république à laquelle nous n'avions pas cessé un seul instant d'être fidèles, et quiconque n'aurait pas le courage de se dénoncer lui-même aux brigands. Le 18 frimaire nous fîmes une collecte; et quoique presque tous ruinés par les brigands, nous prîmes sur notre nécessaire 2,400 livres que nous adressâmes au comité révolutionnaire pour le soulagement des blessés.

Notre position ne changeait pas; par une suite nécessaire des maux qu'elle nous avait causés, plusieurs des nôtres, dangereusement malades, étaient à l'infirmerie, si l'on peut appeler de ce nom un cachot, un repaire enfumé, qui contenait six mauvais grabats, dans chacun desquels les malades étaient entassés par trois sans distinction de maladies, manquant de tout, ne pouvant se procurer rien, et ne recevant la visite d'aucun officier de santé. Ce n'était même qu'avec la plus grande difficulté, qu'un médecin et un chirurgien, nos compagnons d'infortune, et aux soins desquels nous devons le salut d'un grand nombre d'entre nous, pouvaient se procurer, pendant le jour, la facilité de les aller voir. Un vieillard était attaqué de la goutte; il fallait lui poser les vésicatoires : à la demande qui en fut faite, on répondit : « S'il en a besoin, qu'il les aille chercher. » Durant nos dix-neuf jours de station à Angers, quatre Nantais sont morts, entre autres Charette-Boisfoucauld, âgé de 73 ans, dont on avait affecté de mettre le nom en tête de notre liste, sans doute afin que sa conformité avec celui de l'infâme Charette nous fît regarder comme des scélérats de la Vendée, et attirât sur nous l'indignation des républicains (1). On a du moins fait courir ce bruit parmi nous; et comme nous avions plus de motifs de concevoir des craintes, nous avons dû être plus crédules.

Le 21 frimaire, quatre de nos compagnons ont été rappelés à Nantes; celui qui avait disparu à Oudon devait l'être aussi; pour le punir de son évasion, il a fait avec nous le voyage : il a été traduit au tribunal révolutionnaire. Cet événement faillit nous coûter à tous la vie; car on nous a assuré qu'il y avait ordre de nous fusiller tous si un seul manquait (2).

---

(1) Déplorable aveuglement qui fait que des hommes si cruellement persécutés par une faction, se livrent encore, contre d'autres que leurs persécuteurs, à toute la violence, à tous les emportemens de l'esprit de parti! (*Note des édit.*)

(2) Le 26 frimaire, nous vîmes un jeune homme sortir d'un cachot souterrain : il luttait contre le trépas; il chancelle, il tombe.... Des guichetiers l'enlèvent, le traînent par les pieds, et le jettent sur un tas de cadavres, retirés de leurs cachots, ensevelis dans

Deux jours avant notre départ, le guichetier étant remonté à la geôle, après avoir fait la couchée, annonça à quelques-uns d'entre nous, avec un air de mystère propre à inspirer les plus vives alarmes, qu'il venait de recevoir l'ordre de ne pas se coucher, parce que, dans la nuit, on devait venir chercher quarante prisonniers. On lui demande s'il sait la destination de ces prisonniers; il répond que non, d'une manière à augmenter les craintes sur notre sort. Cette confidence, faite d'abord à deux ou trois, et prise par eux pour un avertissement salutaire, ne tarda pas à être connue de plusieurs autres. Les inquiétudes augmentèrent, et l'extrême agitation de ceux qui étaient du secret, tourmentait prodigieusement ceux qui ne le savaient pas; lorsque ce même guichetier, interprétant sa nouvelle, fit naître un peu de calme. Néanmoins comme son interprétation était peu satisfaisante, on convint de surveiller les mouvemens de la nuit. Un de nous fut mis en sentinelle, et la garde fut continuée jusqu'à ce qu'environ une heure du matin, on entendit le geôlier dire à son guichetier de s'aller coucher, que ce ne serait pas pour cette nuit. Cette annonce prolongea nos inquiétudes et nos précautions pendant les deux nuits

---

une serpillière et déposés au bas de l'escalier. En vain cherchâmes-nous à surprendre un mouvement d'humanité dans les garçons de la geôle; ils refusèrent de transporter l'infortuné mourant à l'infirmerie. Une heure s'écoula, et il acheva son agonie sur un lit de cadavres ! (*Note de l'auteur.*)

suivantes. Enfin le 28 frimaire, à dix heures du soir, s'ouvre la porte de nos cachots. Qu'on juge de l'effroi de ceux qui étaient instruits du projet d'enlèvement de quarante prisonniers! Mais leur frayeur ne fut pas de longue durée. On nous annonça que nous partirions le lendemain à cinq heures et qu'il fallait nous tenir prêts.

L'avant-veille, un officier de santé était venu prendre des renseignemens sur chacun de nous, probablement pour déterminer le nombre de ceux qui pouvaient être transférés à pied. Plus de soixante déclarèrent des infirmités très-graves; cependant, au moment du départ, il ne se trouva qu'un cabriolet à trois places et un fourgon destiné à recevoir les effets, qui en fut presque rempli, et sur lequel la pitié fit jeter les moins capables de faire la route. On ne pouvait voir sans attendrissement des vieillards, des goutteux, des infirmes, des convalescens, emprunter le bras des gendarmes pour se soutenir. Le vieux Pilorgerie surtout, blessé dangereusement par une chute sur une bouteille brisée, au fond de l'escalier le plus noir, et dont la plaie, s'ouvrant au plus léger mouvement, le mettait à chaque instant en péril de la vie qu'il a perdue depuis, fut arraché de son lit, amené presque nu, le bras en écharpe et la culotte sur les talons. La pitié que manifestèrent quelques hommes sensibles, attirés par curiosité, détermina à le faire rester, ainsi que onze autres dangereusement malades. Cinq l'étaient accidentellement; trois jours après ils sont venus nous rejoindre à Saumur. Nous partîmes liés de cordes six à six. Toutes les portes d'Angers étaient fermées, hors une. On nous fit traverser presque toute la ville; nous ne savons si cette traversée était nécessaire, mais une ou deux fois, sans la fermeté des militaires qui nous accompagnaient, elle nous eût été fatale. Nous arrivâmes, au milieu des cris et des menaces, à l'extrémité du faubourg que l'approche des brigands avait fait incendier dans presque toute sa longueur. Alors le commandant (1) nous permit de nous débarrasser de nos cordes, et mit en réquisition deux charrettes que le hasard fit rencontrer sur le chemin, et dans lesquelles il nous permit de monter.

On avait dit, dans les prisons, que les détenus d'Angers, que nous avions remplacés au séminaire, avaient été conduits au Pont-de-Cé, et qu'une attaque imprévue de la part des brigands les avait fait fusiller. A peine fûmes-nous en route, qu'une inquiétude générale se répandit; nous redoutions un accident semblable, malgré notre innocence. La manière dont nous avions été traités, les qualifications que le comité révolutionnaire de Nantes nous avait données sur la liste remise à Boussart,

---

(1) Nous regrettons de ne pouvoir faire connaître son nom. Originaire de Mayence, il avait été fait officier, depuis la révolution, dans le régiment ci-devant Royal-Comtois, dont un petit détachement de trente à quarante hommes nous servit d'escorte jusqu'à Saumur. (*Note de l'auteur.*)

de complices des brigands de la Vendée, étaient bien propres à inspirer cette terreur. Ce ne fut qu'après avoir dépassé le chemin qui conduit au Pont-de-Cé, et lorsque les généreuses attentions des républicains qui nous escortaient nous eurent rassurés, que nous nous livrâmes au plaisir inexprimable de respirer un air pur dont nous étions altérés.

Il était quatre heures et demie; nous étions arrivés à Saint-Mathurin où nous devions passer la nuit. On nous fit entrer dans l'église; on nous y apporta trois gigots, deux ragoûts de mouton, du pain et du vin. Nous faisions ce repas, lorsque le commandant de la place vint nous visiter; il reconnaît l'un de nous qui lui avait rendu plusieurs services, et qu'il savait être un excellent républicain. Il apprend par-là qui nous sommes, ou quels nous pouvons être. Il déclare que quinze cents hommes qui sont attendus sous un quart-d'heure, ne nous permettent pas de rester en ce lieu, et qu'il faut que nous partions. Le bruit est soudain répandu qu'au même endroit, dans une semblable rencontre, des prisonniers, escortés par le même officier qui nous conduisait, ont été fusillés, et qu'on prend des précautions pour nous épargner ce malheur; qu'on va ranger la troupe en bataille à l'autre extrémité du bourg, afin que nous puissions partir sans qu'elle nous voie. Nous nous commandons tous le plus profond silence; la plus grande obscurité régnait dans l'église: les uns cherchaient un asile, d'autres examinaient par où l'on pouvait fuir; ceux-ci attendaient, sans agitation, ce qui serait décidé de leur sort. Cependant le tambour battait, la troupe défilait : on ne tarda pas à ordonner notre départ, et l'on nous fit payer trois cent soixante-six livres pour la dépense que nous avions faite.

Nous entrâmes aux Rosiers à neuf heures du soir; notre lassitude était extrême; plusieurs se dispersèrent dans la ville, et logèrent chez des citoyens, sans qu'on sût où ils résidaient. La masse fut placée dans une auberge où l'on ne put disposer que de trois chambres; le reste de ceux qui ne purent les occuper, s'alla coucher dans une écurie; c'était, après la nuit passée au séminaire d'Angers, la meilleure couchée que nous eussions faite depuis notre départ de Nantes. Une chose nous fit bien sentir le péril où nous nous étions trouvés : l'officier municipal qui avait pourvu à notre logement, s'étonna de nous voir encore en vie, et nous assura que nous devions être fusillés au Pont-de-Cé. Malgré ces bruits, nos conducteurs avaient en nous une telle confiance, qu'ils nous laissèrent jouir de la plus grande liberté; nous avions tous les moyens possibles de nous évader; aucun n'en conçut même l'idée, puisque le lendemain, au premier coup de baguette, nous nous trouvâmes tous au lieu du rassemblement.

C'est assurément une circonstance remarquable qu'on nous ait fait partir d'Angers, sans nous compter, sans faire d'appel nominal, sans liste qui constatât notre nombre, seulement avec quarante hommes d'escorte; qu'on nous ait avertis précipitamment à 10 heures du soir, et qu'on ait choisi un jour où l'on ne pouvait pas ignorer que nous serions croisés sur la route par quinze cents hommes justement ennemis des scélérats, aux crimes desquels la calomnie se plaisait à nous associer. Nous ne voulons asseoir sur cet assemblage de circonstances aucunes conjectures; mais il nous était permis alors de tout craindre et de tout croire : aussi devons-nous penser que nous n'avons pas couru, à Saint-Mathurin, un danger imaginaire.

Le lendemain, nous partîmes pour Saumur (1). Nous trouvâmes, presqu'à l'entrée du faubourg, un détachement du deuxième bataillon du 109ᵉ régiment, qui s'est si éminemment distingué dans la guerre de la Vendée, et dont plusieurs fois les Nantais ont partagé les glorieux travaux. Il crut d'abord que nous étions des brigands; mais il fut bientôt désabusé. Nous entrons dans le faubourg; voici les premiers mots que nous entendîmes : « Il faut les faire passer sous les fenêtres du général, car il veut tout voir, et de-là nous les conduirons à la Place de la Guillotine..... » C'était le comman-

---

(1) Il paraît que nous n'étions pas attendus à Saumur, puisque le commandant, ayant pris les devans, fut annoncer notre arrivée, et demander un renfort pour notre escorte.

(*Note de l'auteur.*)

dant du détachement qui les proférait. Cependant il nous a protégés avec cette vigueur qui caractérise le républicain. Il est impossible d'exprimer les imprécations, les cris de fureur, les menaces qui s'élevaient à chaque pas contre nous: soldats et citoyens semblaient se disputer à qui sèmerait parmi nous le plus d'horreur et d'épouvante (1). A la première barrière, un second détachement de cent hommes était sous les armes, et renforça les deux autres. Plus nous avancions, plus les clameurs de-

---

(1) C'est ainsi que la multitude, abusée par de perfides suggestions, se livrait partout à l'emportement d'une férocité sauvage. *Un détenu de Brive* raconte la scène suivante :

« On détruisait ce jour-là à Limoges les bustes des saints, leurs reliquaires et tous les ornemens du culte aboli, qu'on portait grotesquement en farandole. Ce jour-là était aussi choisi pour l'exécution d'un prêtre réfractaire. La cohorte de Tulle et la cavalerie de Limoges promenèrent dans toutes les rues les charrettes où étaient les détenus voyageurs, aux acclamations du peuple, qui, excité par leur présence, criait : *Au gibier de la guillotine ! Il faut les guillotiner tous !* Après leur avoir fait parcourir tous les carrefours de la ville, on les plaça à la bouche du canon qu'on paraissait vouloir tirer sur eux, et vis-à-vis l'échafaud de la guillotine. Quand l'expédition du malheureux prêtre fut faite, tandis que son sang jaillissait à leurs yeux, le bourreau tourna ses regards vers eux, demanda du secours pour expédier tant de monde, et par quelle charrette il commencerait (il y en avait cinq). Il s'élève un bruit confus parmi lequel on entend distinctement qu'il faut que la guillotine aille son train ; mais le bourdonnement s'étant apaisé peu à peu, et la foule n'étant plus si agitée, on fait filer au milieu d'elle les charrettes qu'on conduit à la maison d'arrêt où nos infortunés furent déposés. »

(*Note des édit.*)

venaient terribles; des sabres furent tirés : l'énergie des officiers et des militaires sut tout contenir. Enfin, nous arrivons sous les fenêtres du général; nous y reçûmes une consolation bien douce, et dont nos cœurs avaient grand besoin. Un commandant de bataillon, curieux de nous voir, s'était mis en haie. Nous défilons; il reconnaît des hommes honnêtes qui ont été ses compagnons d'armes, ardens révolutionnaires dès le principe de la révolution, implacables ennemis des brigands dès les premiers mouvemens de la Vendée; il s'étonne, il s'écrie : « Où donc désormais chercher des patriotes? »

La curiosité du général étant satisfaite, nous retournons sur nos pas, et l'on nous fait marcher du côté de la prison. Nous avions à peine passé une ou deux rues, que nous rencontrâmes cinq hommes condamnés au dernier supplice, et deux desquels on y conduisait. Nous étions forcés de les suivre au pas le plus lent, comme d'infâmes rebelles qui devaient subir une semblable destinée : il est impossible d'exprimer ce que nous avions senti, ce que nous sentions encore (1)......

En entrant dans la prison, le geôlier demanda à

---

(1) Un vieillard, mort depuis à Paris, fut tellement affecté des cris et des menaces qui retentissaient à nos oreilles, qu'il se laissa tomber du haut de son chariot sur le pavé, et qu'on le releva presque privé de connaissance.

(*Note de l'auteur.*)

l'officier qui nous conduisait, la liste de nos noms. L'officier répondit qu'il n'en avait point ; qu'on ne lui en avait point donné ; qu'on l'avait chargé de nous conduire, et qu'il nous remettait à Saumur comme il nous avait pris à Angers. Alors un de nos camarades dresse lui-même la liste de nos noms, et l'espèce de querelle qui s'était élevée entre le geôlier et le commandant fut bientôt terminée.

Après plusieurs heures d'attente dans la cour de la prison, on nous fit entrer dans l'intérieur ; quelques-uns furent placés dans des greniers, d'autres dans l'infirmerie ; le plus grand nombre, dans deux petites chambres qu'ils remplissaient absolument. Quelques jours auparavant, dans ces mêmes chambres, étaient entassés et mouraient les uns sur les autres, des brigands. On nous a dit qu'il en résultait une infection telle, qu'on n'y pouvait entrer sans s'exposer à périr : c'était au point que, le troisième jour, lorsque le besoin de purifier l'air nous contraignit d'allumer du feu, celui qui l'allumait fut trois fois repoussé par l'odeur dont les balayures seules avaient infecté la cheminée.

On nous donna de la paille pour couvrir une litière de vermine.

Nous étions si serrés, notre position était si pénible, qu'il nous serait impossible de la représenter, même sous les plus hideuses couleurs. L'un de nous se met en quête, pressé par quelque besoin. La nuit était sombre, il cherche dans la cour ; en tâtonnant le long des murailles, il trouve un vide, un enfoncement, il entre....... c'était une remise, il heurte, il tombe...... c'était sur des cadavres, les uns nus, les autres couverts de haillons encore empreints de pourriture ! Il respire la peste........ Pénétré d'horreur, il se retire, et vient nous apprendre que le lendemain nous aurons sous les yeux cet affreux spectacle. La cour qui séparait la remise de nos deux chambres, n'avait que dix-huit pieds de largeur.

Il y avait trois puits dans la maison : on nous avertit de ne pas boire de l'eau d'un de ces puits ; elle était mortelle ; les cadavres qu'on y avait jetés l'infectaient.

Plusieurs officiers de l'état-major nous visitèrent, ils furent révoltés à la vue de la remise ; ils en firent enlever les cadavres qui déjà tombaient en dissolution. Un autre local fut marqué pour les recevoir à l'avenir. Les paroles de ces braves républicains ne furent pas moins consolantes que leur procédé avait été salutaire.

L'avant-veille de notre départ de Saumur, nous eûmes sous les yeux le triste spectacle de trente-six individus liés et garrottés, qui restèrent dans la cour depuis la pointe du jour jusqu'à dix heures du matin, et qui durent être fusillés le jour même, à une demi-lieue de la ville.

L'exécuteur, étant un jour à la geôle avec plusieurs de nos camarades, s'informa de notre nombre, et nous regardant déjà comme une proie assurée : « Savez-vous bien, dit-il, que je suis capable de vous expédier tous en moins d'une heure ? » Tout ce que nous voyions, tout ce que nous entendions, semait dans nos cœurs l'épouvante et l'horreur.

Après cinq jours de résidence dans les affreuses prisons de Saumur, le citoyen Follio, adjudant de la place, qui vint nous annoncer notre départ, se servit de ces paroles remarquables : *Réjouissez-vous, mes amis ; demain vous partez pour Paris*. C'est ici que s'ouvre encore un vaste champ aux conjectures : plusieurs fois nous avions cherché à deviner les motifs de notre séjour à Saumur. Ce n'était pas assurément pour nous reposer de nos fatigues, puisque nous venions d'Angers, où nous avions séjourné dix-neuf jours entiers; puisqu'à Saumur on nous avait déposés dans un local où nous respirions la contagion, et où plusieurs d'entre nous ont contracté des maladies qui les ont conduits au tombeau ; puisque enfin, sans avoir égard à nos fatigues, à notre exténuement, à nos déplorables misères, on nous a conduits tout d'un trait à Paris, où dix-neuf de nos compagnons d'infortune ont encore perdu la vie..... Si l'ordre de nous traduire à Paris avait existé lors de notre arrivée à Saumur, pourquoi nous y a-t-on laissé séjourner jusqu'à l'arrivée d'un courrier qu'on avait expédié pour Nantes ? Nous ne chercherons point à approfondir davantage les accidens de notre

voyage, ni quel fut d'abord son but réel (1).
. Le commandant temporaire de Saumur vint aussi nous prévenir que nous partirions le lendemain pour Paris; que nous ne devions plus concevoir aucune inquiétude; qu'il était arrivé un événement sinistre à un convoi de détenus dont plusieurs d'entre eux avaient été victimes; mais que nous n'aurions point à craindre un semblable événement; que nous serions escortés par un bon détachement, et qu'il marcherait lui-même à notre tête jusqu'à la sortie de la ville.

L'officier de gendarmerie, qui devait nous conduire, commença par jurer qu'il ferait fusiller le premier qui s'écarterait d'un pouce. Il fut mis en réquisition un nombre de charrettes et de chariots tel que presque aucun de nous ne fut forcé d'aller à pied. La municipalité fit défense de nous invectiver à notre passage. Un des principaux officiers nous accompagna jusqu'aux barrières, afin de protéger notre sortie. Nous fîmes tranquillement

---

(1) Le comité révolutionnaire de Nantes fut traduit à Paris, à la conciergerie, et jugé. Avant cette glorieuse époque, le citoyen Phelippes, ex-président des tribunaux criminel et révolutionnaire du département de la Loire-Inférieure, entendit, le 14 frimaire, sept jours après notre départ de Nantes, Goulin et autres membres du comité s'exprimer sur notre compte, comme si nous n'existions déjà plus. Une citoyenne s'étant rendue à la municipalité pour y demander quelques pièces justificatives pour l'un de nous, il lui fut répondu : « Vous prenez un soin désormais inutile ; ce sont des hommes qu'on a sacrifiés ; ils ne sont plus. » — Enfin il paraît constant que le comité avait signé et expédié l'ordre de nous faire fusiller. *(Note de l'auteur.)*

notre route jusqu'à la Chapelle-Blanche où nous couchâmes sur la paille, dans un grenier à blé. Un malade s'y procura un matelas pour dix-huit francs. Le commandant, ayant requis de la paille, on protesta qu'il n'y en avait point; il ne s'en trouva que lorsque chacun de nous eut consenti à la payer.

A Langeais, la municipalité nous fit un accueil favorable. Elle nous logea dans une maison particulière; nous eûmes la faculté de louer des matelas. Le maire donna tous ceux qu'il avait chez lui. Il apporta lui-même sa soupe aux malades; nous écrivîmes sur une des cheminées de la maison : *Les Nantais reconnaissans aux habitans de Langeais.*

Auprès du pont de Tours s'élevèrent des clameurs non moins violentes qu'à Saumur; heureusement nous n'entrâmes point dans la ville. On nous parqua dans une auberge dont le propriétaire était mort depuis trois jours, et sur les effets duquel le scellé était apposé. Les chambres ne suffisant pas à la moitié de nous, quoique nous occupassions toute leur superficie, il fallut bien que l'autre moitié couchât dans l'écurie. On alluma dans la cour un grand feu; nous étions fatigués, nous avions plusieurs malades; nos santés commençaient à s'altérer; nous comptions sur un séjour, il nous fut refusé. Dès le matin l'on nous mit en route. Nos malades ne purent obtenir d'être déposés à l'hôpital.

Nous couchâmes à Amboise dans la chapelle du Bout-des-Ponts. Elle était dépavée; l'air en était putride. Nous comptions n'y être que par entrepôt. Il y avait des auberges; on pouvait nous y loger; mais on nous apporta de la paille; les débris de l'autel et les statues brisées nous servirent d'oreillers. Pour purifier l'air, quelques-uns s'avisèrent d'allumer du feu. Le remède fut pire que le mal, et pendant plus de trois heures nous fûmes presque étouffés par une fumée épaisse que nous n'avions pas de moyens de dissiper.

A Tours nous avions changé d'escorte. On n'imagine pas à quel point nos nouveaux guides, les vétérans de Mayence, étaient prévenus contre nous. Ils nous le témoignèrent à la première vue, et s'attendaient bien qu'on n'avait pas donné inutilement, à chacun d'eux, trois paquets de cartouches. Mais ils ne tardèrent pas à reconnaître l'injustice de leurs préventions. Plusieurs nous manifestèrent leur douleur des sentimens qu'ils avaient eus, et nous déclarèrent qu'ils croyaient être destinés à nous fusiller. Ils nous invitèrent à ne rien craindre, et nous promirent leur appui contre quiconque aurait la cruelle injustice de nous outrager.

Deux officiers municipaux de Blois vinrent au-devant de nous, lors de notre entrée en cette ville. Leur présence fit cesser les injures et les menaces dont nous ne manquions jamais d'être assaillis; nous fûmes logés à la maison des ex-Carmélites;

nous reçûmes à Blois des paroles de consolation; nous y trouvâmes de l'humanité; nous y vîmes des républicains sensibles à nos malheurs.

Nous devons observer que, d'un bout à l'autre de la route, les autorités constituées n'ont été averties de notre arrivée prochaine qu'un quart-d'heure à l'avance; que quelquefois même elles ne l'ont apprise qu'en nous voyant.

Nous eûmes le bonheur de laisser à Blois nos malades : ils étaient quatre; deux sont morts (1). Nous partîmes au milieu des clameurs, escortés par la réquisition de Mers.

Nous fûmes bien reçus à Beaugency; on nous répartit dans trois auberges; deux par lit ou par matelas. C'était le premier repas que nous faisions à table, et la première nuit que nous passions entre des draps.

Aucun de nous ne s'était déshabillé depuis trente-quatre jours. Nous avions été conduits de cachots en cachots, d'églises en églises, d'écuries en écuries, couchant toujours sur de la paille souvent pourrie.

Nous étions accablés de fatigue quand nous arrivâmes à Orléans. Depuis notre départ de Saumur, nous avions fait chaque jour, sans disconti-

---

(1) Nous avons appris avec un sentiment de reconnaissance que les commissaires de la municipalité ont prodigué tous les soins possibles à ces infortunées victimes, et qu'ils ont eu constamment pour elles tous les égards dus au malheur, et à des hommes que la loi n'a pas encore reconnus coupables.

(*Note de l'auteur.*)

nuer, six, sept, huit, et même neuf lieues. Ceux qui étaient montés sur des chariots ne souffraient pas moins que les piétons. Nous avions encore plusieurs malades; nous demandions un séjour; l'humanité et la justice le réclamaient. Les trois agens nationaux, après s'être bien informés de notre qualité, étaient d'avis qu'on nous l'accordât; le commandant de notre escorte s'y refusa opiniâtrément.

Un des deux malades que nous laissâmes à Orléans y mourut. Nous ne pouvons que nous louer du traitement que nous avons reçu dans cette ville.

Il n'en est pas ainsi d'Arthenay. On nous logea dans des écuries fétides, sur une litière qui n'était autre chose que du fumier. Les consignes les plus sévères nous interdirent d'abord l'entrée de la maison et toute communication extérieure. Le froid était excessif, et l'on nous défendit d'allumer du feu dans la cour; mais, ce qui est vraiment étrange, nous avions faim, il nous était défendu de faire du feu, et l'on nous apporta de la viande crue. On nous donna à peine moitié de la paille qui devait nous être distribuée. Nous nous plaignîmes, mais l'aubergiste, qui était un notable, nous menaça du cachot; ce ne fut qu'avec beaucoup de peine que nous obtînmes qu'il nous vendît de la paille. Sur le soir cependant, quelques malades et infirmes purent pénétrer dans la maison, et se procurèrent des lits moyennant dix livres :

le très-grand nombre ne sortit pas des écuries.

Nous devions encore loger dans des écuries à Angerville; on nous avait destiné celles de l'auberge que tenait le procureur de la commune; mais elles étaient plus mal-saines encore que celles d'Arthenay, et d'ailleurs étant ouvertes de toutes parts, il eût fallu tripler la garde. Cela fit changer les premières dispositions; mais les dernières furent si mal prises que, quoiqu'on nous eût mis dans deux auberges, cinq ou six ne purent esquiver l'écurie, malgré leurs réclamations. Le froid était vif; nous allumons, dans la cheminée d'une des chambres, un assez petit fagot; l'aubergiste entre, dit que nous voulons incendier sa maison; il éteint le feu, enlève le bois, nous accable d'injures, et finit par menacer de nous assommer à coups de bâton. Il semblait que presque tous les lieux de notre passage dussent être signalés par quelque déplaisir nouveau (1).

---

(1) L'espoir trompé est ce qu'il y a de plus douloureux dans une position si cruelle. Dans un voyage de trente-un citoyens du département du Var, transférés à Paris, nous lisons ce qui suit : « Nous arrivons à Brutus-le-Magnanime, ci-devant Pierre-le-Moutier. Sur une des portes de la ville, on lit ces mots : *Ici on respecte le malheur, on honore la vieillesse, et on accorde l'hospitalité à l'indigence.*

» Voici enfin, nous disions-nous l'un à l'autre, voici un lieu de rafraîchissement et de repos. Nous avions en effet avec nous des vieillards, plusieurs indigens, et nous étions tous malheureux. La Providence semblait avoir placé pour nous sur cette route un hospice miséricordieux. Nous oublions alors un instant les fatigues

Étampes nous consola d'Augerville ; nous y fûmes traités comme à Beaugency. Le maire et le commandant de la garde nationale nous visitèrent, et voulurent bien nous donner quelques marques d'intérêt.

Il est impossible d'être plus mal logés et plus audacieusement pillés que nous le fûmes à Arpajon. Nous jugeons inutile d'observer que tous les aubergistes nous écorchèrent ; mais l'hôte d'Arpajon passa les bornes. Au lieu de paille, il nous donna des paillasses détestables pour chacune desquelles il exigea dix livres ; il demanda un prix proportionné pour son souper qui n'était pas moins détestable que ses paillasses. Cela provenait de ce que les autorités constituées n'étaient pas instruites à temps de notre passage sur leur territoire ; on nous jetait à discrétion au premier

---

de trente jours de marche et d'incarcération, dans l'espoir d'être chez un peuple ami de l'humanité : douce illusion qui fut de peu de durée.

» En effet, pendant que nous nous livrions à ces idées consolantes, nous nous trouvons en face de la maison de justice. Un vieux janissaire se présente ; il nous passe un à un dans une cour étroite bordée de cachots encore plus étroits, pourris d'ordures, infestés de vermine. Il fallut des instances, des supplications pour obtenir la douceur de coucher dans la cour, sur le pavé, à l'injure de l'air, et sous la garde encore de deux gendarmes. — Ciel! nous écrions-nous, c'est donc là cette terre hospitalière qui nous était promise? Est-ce donc ainsi, citoyens de Brutus-le-Magnanime, que vous honorez le malheur? A quoi bon graver sur la pierre de belles maximes, si elles ne sont pas plus profondément gravées dans vos cœurs? »

(*Note des édit.*)

venu. Nous nous plaignîmes; le commandant menaça ceux qui se plaignaient de les garrotter s'ils ne payaient pas.

Enfin, le 16 nivôse, vers quatre heures du soir, nous arrivâmes à Paris. Nous y avions été précédés par la même erreur qui nous accompagnait sur la route; on nous annonçait comme des rebelles de la Vendée; on disait que nous étions l'état-major de l'armée catholique.

Le lendemain de notre arrivée, tout Paris retentit de la nouvelle que cent dix brigands, venus de Nantes, allaient être fusillés dans la plaine des Sablons; les journaux l'annoncèrent; les colporteurs crièrent nos noms dans les rues, et le peuple trompé se porta sur les Champs-Élysées pour nous voir défiler.

Chargés de cette inculpation, il n'est pas étonnant qu'on nous ait placés, à la Mairie, dans un ci-devant grenier; le pavé y était chargé de deux pouces de poussière de plâtre, dont l'aspiration n'a pas peu contribué aux maladies qui nous ont si cruellement affectés. Le concierge nous fit payer *pour cinquante francs de pots-de-chambre* qu'il ne nous fournit point.

Le 18 nivôse, nous fûmes transférés à la Conciergerie où nous habitions, pour la plupart, les cachots de la tour de Montgommery : nos malades remplissaient l'infirmerie.

Depuis le 26 nivôse, nous fûmes successivement

transférés dans des maisons de santé ou de détention.

Cependant l'opinion publique fut bientôt éclairée. Le peuple revint des fâcheuses impressions qu'on avait voulu lui donner. C'est alors que, songeant aux dangers que nous avions courus sur la route, nous nous rappelâmes avec un sentiment de joie et de consolation ces paroles du citoyen Follio, adjudant de la place de Saumur : « Réjouissez-vous, mes amis, vous partez demain pour Paris. » Nous avions souvent trouvé de la bienveillance sur la route : ce n'est qu'à Paris que nous trouvâmes l'humanité.

Nous étions partis de Nantes au nombre de cent trente-deux, nous n'arrivâmes à Paris que quatre-vingt-dix-sept. Nous attendîmes de la justice des représentans du peuple notre liberté dont nous n'avions jamais cessé d'être dignes, et dont les actes, si étrangement arbitraires du comité de Nantes, nous privèrent si long-temps. Notre attente n'a point été trompée.

P. S. Les Nantais sont restés détenus rue Charonne, faubourg Antoine, au Petit-Bercy, à la Folie-Renaud et dans d'autres maisons érigées en bastilles, jusqu'au 6 thermidor, époque remarquable à laquelle ils furent réunis maison de l'Égalité, ci-devant collége du Plessis, rue Jacques.

Vainement, pendant six mois, demandèrent-ils d'être mis en jugement; vainement plusieurs d'entre eux publièrent-ils des mémoires justificatifs;

vainement l'opinion publique s'était-elle favorablement prononcée sur eux..... Le comité révolutionnaire de Nantes avait besoin d'éloigner la révélation de ses attentats contre la république.

On n'ignore pas que ce comité s'était couvert de tous les crimes ; qu'il exerça des concussions horribles ; qu'il taxa la vie et la liberté des citoyens (1) ; qu'il commit des actes caractérisés par le plus effroyable arbitraire ; et l'on a dû croire que puisque nous étions les premières victimes des fureurs contre-révolutionnaires du comité, il n'avait pu nous réserver un meilleur sort que celui de tant de personnes de tout sexe et de tout âge, qu'il a fait noyer sans jugement, et dont la Loire épouvantée a vomi les cadavres dans l'Océan (2).

---

(1) Quelques jours avant le départ des Nantais pour Paris, Naud, d'abord négociant, bientôt banqueroutier, ensuite commissaire bienveillant du comité, se rendit à la maison d'arrêt de l'Éperonnière, fit appeler dans le jardin sept à huit d'entre nous, et là, en présence de l'officier du poste et d'un capitaine des grenadiers de la légion nantaise, il leur parla en ces termes : « C'est maintenant ici la guerre des gueux contre ceux qui ont quelque chose. Je vous conseille de vous exécuter. Faites des sacrifices ; le temps presse.... Il est question d'un voyage de Paris ; et d'ailleurs l'aventure des quatre-vingt-dix prêtres qui viennent d'être noyés est un motif suffisant pour vous déterminer promptement. »

Nos camarades surent braver la mort, plutôt que de consentir à racheter leur liberté ou leur vie par une lâcheté ; et, jusque dans les fers, ils montrèrent un orgueil républicain.

(*Note de l'auteur.*)

(2) « A Nantes, quatre-vingt-dix prêtres étaient dans le cas de

Il s'est trouvé un homme ferme, courageux, qui, se dévouant pour sa patrie, n'a pas craint d'attaquer le comité révolutionnaire, et de le poursuivre légalement dans les fonctions d'accusateur public qu'il remplissait alors. Trop d'affreuses vérités allaient être révélées.... Il fut bientôt dénoncé lui-même par les scélérats qu'il poursuivait, et traduit au tribunal révolutionnaire, lié et garrotté comme un conspirateur et avec un conspirateur.

Cependant arriva l'époque où le crêpe funèbre qui couvrait la ville de Nantes fut déchiré. Le sang arbitrairement répandu criait vengeance; le deuil de mille familles désolées était l'éloquent monument de mille crimes. La voix publique accusait le comité révolutionnaire. Les citoyens Bourbotte et Bô, représentans du peuple, firent incarcérer les membres qui le composaient, et quelques-uns de leurs agens, exécrables complices de tous leurs forfaits; ils publièrent une proclamation vigoureuse dans laquelle ils invitèrent les citoyens de Nantes à porter à la municipalité leurs plaintes et leurs déclarations contre le comité. Le citoyen Bô rendit à la liberté

---

l'exportation; ils sont conduits dans un bateau à trappe ou à coulisse; ils partent, ils arrivent à la hauteur de Paimbeuf; on les dépouille; on leur lie les mains derrière le dos; la trappe s'ouvre; ils sont engloutis. Un homme, dont on vantait la sensibilité, appelait en riant cet assassinat une *déportation verticale.* » (*Les noyades de Carrier.*)

Voyez dans les Éclaircissemens (E), des détails touchans et douloureux sur ces exécutions d'une barbarie si inconcevable.

(*Note des édit.*)

les innocentes victimes qui existaient encore. Les agens, les partisans du tyran Robespierre osèrent calomnier ce représentant du peuple; tous les républicains le bénirent, et il a laissé à Nantes un souvenir qui ne mourra jamais.

Pendant sa mission bienfaisante les Nantais semblèrent renaître au bonheur et à la liberté. Les déclarations se multiplièrent en un instant : elles contenaient de terribles, d'utiles révélations; elles furent recueillies, et le comité fut enfin traduit au tribunal révolutionnaire de Paris....

Paris, maison Égalité, ci-devant collége du Plessis, le 30 thermidor, an II*e* de la république française, une et indivisible.

Signé, entre autres, par les citoyens :

J.-M. Dorvo, A. Peccot fils, Martin, dit Duradier, Issotier, Amable Pouchet, Théodore Geslin, Villenave, Sébastien Pineau, Henri la Thoison, J.-M. Sotin, marin, etc., etc.

DÉTAILS INTÉRESSANS

Pour servir de suite à la relation du voyage des cent trente-deux Nantais.

Le jugement des quatre-vingt-quatorze Nantais qui furent acquittés au tribunal révolutionnaire de Paris, ce déplorable reste de cent trente-deux victimes, attira l'attention de toute la France. Les cœurs sensibles, qui viennent de lire avec attendrissement la relation de leur voyage et de leurs souffrances, ne verront pas sans intérêt le détail des maux qu'il était réservé à l'un d'entre eux d'éprouver en particulier (le citoyen Desbouchauds).

Ce jeune homme fut un des premiers qui, en juillet 1789, servit dans le corps des volontaires, et ensuite dans la garde nationale. Son zèle et son exactitude lui méritèrent, en tous temps, l'estime de ses chefs. Ce fut surtout à l'époque où les brigands, dits Vendéens, s'approchèrent de Nantes, qu'il déploya son courage et sa haine contre les ennemis de la liberté. Il se trouva à dix-neuf combats contre eux. Le désir de contribuer de tout son pouvoir à leur destruction lui fit négliger ses propres intérêts, et l'amour de la patrie l'emporta sur toute autre considération.

Quatre mois avant son arrestation, il était à la

veille de s'embarquer sur le corsaire *la Didon*, de vingt-deux canons, en qualité de lieutenant-capitaine de prise; il en avait reçu les avances; mais les vents empêchant le navire de mettre à la voile, il profita de cette circonstance pour se joindre aux républicains qui partirent dans l'intention d'aller chasser les brigands de la petite ville Machecoul dont ils s'étaient emparés. Il se trouva à sept combats dans cette seule expédition, et partagea la gloire que ses frères d'armes acquirent. Il revint à Nantes, malade, et sa santé dépérissait tous les jours.

Le corsaire sur lequel il devait monter, partit dans ces circonstances, et il fut obligé de remettre les avances qu'il avait reçues (1).

Qui n'aurait cru qu'après tant de preuves de patriotisme, tant de fatigues, il aurait pu se reposer, et jouir de l'estime de tous ses concitoyens? Ce fut à cette glorieuse époque, au contraire, que devait commencer un concours d'infortunes, d'autant plus cruel qu'il n'était pas mérité, et qu'il devint l'ouvrage d'une noire ingratitude.

Le 5 frimaire, an II° de la république, à neuf heures et demie du soir, Desbouchauds sortait d'un café, avec un nommé Lucas, son perruquier, à qui il avait fait prendre quelques verres de li-

---

(1) Le corsaire eut le bonheur de faire une riche prise; en sorte que le citoyen qui avait remplacé Desbouchauds eut pour sa part une somme assez considérable.

(*Note de l'auteur.*)

queur. Comme ils demeuraient l'un auprès de l'autre, ils s'en retournaient ensemble en se tenant sous le bras.

A quelques pas du corps-de-garde ci-devant appelé Mirabeau, l'ami Lucas lui proposa d'y entrer pour souhaiter le bon soir au commandant du poste. Il n'en fit nulle difficulté; et à peine était-il dans ce corps-de-garde, que Lucas, qui lui avait toujours donné des marques d'amitié, changea de ton, et ordonna à l'officier du poste de l'arrêter, en se disant commissaire révolutionnaire, mais sans motiver son ordre, d'après lequel cependant Desbouchauds fut mis au *violon*. Une citoyenne, qui s'intéressait à son sort, instruite de sa détention, vint inutilement le réclamer; et le commissaire Lucas qui, sans doute pour des raisons secrètes, était acharné sur sa proie, défendit qu'on la laissât parler au prisonnier, et s'écria : « Le scélérat ne couchera plus avec elle. » Deux heures après, il le fit conduire au corps-de-garde d'Aiguillon où il resta jusqu'à deux heures de l'après-midi du lendemain, que Lucas vint encore, accompagné de deux hommes de garde, pour le faire transférer à la maison de l'Éperonnière; il le fit monter en voiture, et pendant la route il ne cessa de l'accabler d'injures. Le jour suivant, sans avoir subi aucun interrogatoire, sans pouvoir se douter du motif de sa détention, il fit partie des cent trente-deux victimes envoyées à Paris par le comité révolutionnaire.

La santé de Desbouchauds, déjà altérée quand il partit de Nantes, s'affaiblit à tel point, qu'il fut mis à Angers à l'infirmerie ; enfin il succomba, et on fut obligé de le laisser à Blois avec trois autres malades.

Il était dans un tel état d'anéantissement, que deux d'entre eux moururent à ses côtés sans qu'il en eût connaissance.

Après trente-quatre jours de souffrances, il arriva à Paris, et fut déposé à la Conciergerie où il resta neuf jours dans un état pénible et douloureux. Il s'en fallait de beaucoup qu'il fût rétabli ; son séjour dans un hôpital lui avait fait contracter une nouvelle maladie qui exigeait des soins. Il demandait à être transféré dans un hospice ; on le lui faisait espérer, et c'est à Bicêtre qu'il fut conduit. Là, il fut mis dans une salle nommée Belle-Vue, et confondu avec une foule de scélérats, de brigands et d'assassins.

Il passa six semaines dans cet affreux repaire ; il possédait cent francs ; cette somme modique, qui pouvait lui être très-utile, lui fut volée ; et lorsqu'il voulut la réclamer et faire entendre ses justes plaintes, il fut maltraité, battu.

En sortant de ce lieu, il fut mis dans un autre, toujours dans la même maison où il manqua d'être assassiné. Enfin, le malheur qui le poursuivait fit que, par une erreur de nom, il fut mis aux galbanons, cachot souterrain où il a langui oublié de l'univers entier. C'est en vain qu'il voulut écrire, solliciter; ses lettres ne parvenaient point, ou elles ne produisaient aucun effet. Il serait mort de désespoir dans cet exécrable cachot, si le sentiment intime de son innocence ne l'eût soutenu. Ce ne fut qu'au bout de six mois, le 13 fructidor, qu'il en fut tiré pour être interrogé à la Conciergerie : on ne savait ce qu'il était devenu; on l'avait cherché pendant deux jours entiers dans les différentes maisons d'arrêt. C'est alors seulement qu'il apprit qu'il était accusé d'aristocratie, sans que cette vaine allégation fût soutenue d'aucune preuve. Il fut ensuite transféré à la maison d'arrêt Égalité, ci-devant collége du Plessis ; et quoique toujours prisonnier, son sort lui parut si différent de celui auquel il venait d'échapper, il en éprouva un tel saisissement de joie, que, pendant deux jours, il ne put ni boire, ni manger, ni se livrer au sommeil.

Enfin, acquitté par le tribunal, ainsi que ses compagnons, Desbouchauds n'exista que pour regretter tout ce qui lui était cher. Il avait trois frères : l'un d'eux, parti de Nantes, en 1791, en qualité d'adjudant-major du bataillon nantais, a été tué au Cap-Français; les deux autres, qui combattaient dans la Vendée, furent immolés de la main du scélérat Charette, après qu'il eut fait tous ses efforts pour les attirer dans son parti (1). Un

---

(1) La patrie reconnaissante a cru devoir inscrire au Panthéon le nom de Jean-Baptiste Desbouchauds, son frère aîné.

(*Note de l'auteur.*)

beau-frère, nommé Guilbaud, commandant de la garde nationale de Machecoul, est aussi mort en combattant les rebelles, et six autres de ses parens ont subi le même sort.

Il est aisé de voir, par ce qu'on vient de lire, combien peu était fondé ce reproche d'aristocratie qui occasiona l'incarcération et les horribles souffrances de Desbouchauds, et de se convaincre par-là que les prétendus agens révolutionnaires, qui affectaient un patriotisme si outré, étaient les véritables ennemis de la révolution, puisqu'ils cherchaient à priver la ville de Nantes de ses plus zélés défenseurs, et de ceux dont le courage avait été plus d'une fois fatal aux brigands.

Pour achever de donner une idée de la manière dont on traitait les malheureux prisonniers nantais, nous allons rapporter un fait oublié dans leur relation.

A Beaugency, deux des prisonniers avaient ému la compassion des gendarmes qui les conduisaient; ces derniers avaient un lit dans leur chambre, dont ils permirent à ces infortunés de profiter. Cette action déplut à celui qui commandait l'escorte. A minuit, il les fait relever de ce lit hospitalier, en choisit un qu'il fait garrotter comme un scélérat; il fait charger un fusil et donne l'ordre de tirer sur ce misérable. Celui qu'il avait chargé de le fusiller, plus humain, ne se presse pas; le brave Nantais ne se trouble point, et lui dit froidement : « J'attends, tire. » Soit que ce courage inspirât quelque estime au monstre, soit que la voix du remords se fît entendre à son cœur, il rétracta son ordre ; mais incapable de sentir l'effet de la vertu, il dit au prisonnier : « Si tu n'étais pas coupable, tu ne désirerais pas la mort. »

LES HORREURS
DES PRISONS D'ARRAS,

ou

LES CRIMES DE JOSEPH LEBON ET DE SES AGENS (1).

Verrouillés dans les prisons de la commune d'Arras, nous avons été successivement témoins de l'enlèvement des victimes destinées aux massacres dont Joseph Lebon se faisait une fête, et qui lui tenaient lieu de partie de plaisir.

Si nous avons échappé à l'instrument de la mort, suspendu pendant quatre mois sur nos têtes, nous ne le devons qu'au réveil vengeur de la Convention nationale sur la conduite d'un de ses perfides mandataires : il n'est aucun de nous qui ne doive son salut à la connaissance qu'elle a acquise de nos dangers.

La loi du 17 septembre 1793, vieux style, avait eu pour objet d'éclairer les administrateurs sur les cas où ils pourraient employer les mesures rigoureuses de sûreté générale; en un mot, les arresta-

---

(1) Publiés par les citoyens Poirier et Mongey.
(*Note de l'auteur.*)

tions. Elle déterminait également la formalité, qui, dans ces cas, devait être suivie.

L'article 4 de cette loi voulait que les membres du comité de surveillance ne pussent ordonner l'arrestation d'aucun individu sans être au nombre de sept et à la majorité absolue des voix.

Cette forme supposait donc que personne ne serait arrêté par ordre du comité sans une délibération *ad hoc*, et qui fût motivée sur un des cas exprimés par cette loi; il était à présumer que les autres autorités seraient jalouses pour leur propre justification, et par respect pour cette même loi, de ne jamais attenter à la liberté d'un citoyen sans se conformer à ces dispositions.

Toutes avaient eu le temps de la méditer, puisque la première époque des arrestations, qui répandit l'effroi dans l'ame des citoyens de cette ville, date du 17 octobre suivant; et qu'elle s'est perpétuée sans relâche pendant l'espace de sept à huit mois.

On aura peine à croire que sur deux à trois mille individus, il n'en est pas un vis-à-vis duquel ces formalités aient été observées, et qu'ainsi tous aient perdu leur liberté au mépris de cette même loi qui était leur sauvegarde.

En effet, l'un est arrêté parce qu'il a, dit-on, l'aristocratie gravée dans le cœur; un autre, parce qu'elle est peinte sur sa figure; celui-ci, sous le prétexte d'une destitution supposée et démentie par des actes publics; celui-là, comme suspect, sans autre dénonciation; un autre sur l'observation d'un seul membre; un autre, parce que son père, son frère, ou un autre de ses parens étant déjà en arrestation, il convient aussi qu'il y soit; d'autres enfin, et c'est le plus grand nombre, sans aucun motif, sans aucune délibération ou procès-verbaux, et sans aucune cause connue, soit de la part du comité de surveillance, soit de celle des autres autorités.

Il en est même que l'on croyait libres chez eux, quoique depuis un an ils fussent dans les fers.

On cessera d'en être étonné, lorsqu'on saura qu'il n'était, pour ainsi dire, aucun membre des administrations diverses qui ne se crût en droit de faire enlever de sa propre autorité, de son propre mouvement, et sans le concours des administrations dont il était, tel ou tel citoyen qui lui déplaisait.

Le comité de surveillance s'était aperçu de cet abus, et avait pris des résolutions qui semblaient devoir garantir les citoyens de cette atteinte à la liberté; mais cette résolution, quoique de juste obligation et quoiqu'amenée par la conviction intime du civisme des citoyens incarcérés, n'eut de stabilité que pendant quelques jours, et fut après cela totalement oubliée.

A l'égard des femmes, les mêmes vexations se pratiquaient, et l'immoralité de ceux qui se les permettaient, ainsi que la vertu de celles qu'ils attaquaient, en étaient souvent la seule cause. Leur perversité n'en permettait pas l'aveu, et conséquemment, à l'égard de celles-ci, il n'existait aucun acte qui désignât le motif de leur arrestation.

Nous n'entendons pas dire que les administrateurs quelconques fussent tous coupables; il en est, sans doute, qui n'ont eu ni pu avoir d'autre alternative que celle du morne silence, ou celle de se voir enveloppés dans la même proscription que nous.

Mais les pervers qu'il est permis de désigner d'après la voix publique, sont notamment les Daillet, Carlier, Cobrière, Duponchel, Darthé, Lefetz, etc., et tant d'autres monstres que Joseph Lebon avait associés à ses crimes.

Par une espèce de raffinement, les barbares divisaient l'exécution des nombreuses arrestations qu'ils avaient préméditées, et affectaient dans leurs mesures tyranniques une espèce de lenteur qui n'était que plus funeste pour ceux qu'ils devaient sacrifier. Ils publiaient à l'avance que tels et tels seraient arrêtés; mais qu'il en était un plus grand nombre qu'ils gardaient *in petto*.

Par ce moyen, ceux dénommés gardaient leur domicile au milieu des alarmes et des pleurs de leur famille; ceux qui ne l'étaient pas, gardaient pareillement leurs foyers, dans l'espérance qu'en ne se montrant pas, ils éviteraient la réclusion.

Déjà la ville cessait d'être reconnaissable, eu égard à l'activité dont elle avait joui sous les premières administrations révolutionnaires; déjà les rues étaient désertes, et le petit nombre des habitans qu'on y rencontrait semblaient étrangers les uns aux autres, et ne s'entrevoyaient respectivement qu'avec l'œil de la méfiance et de l'abattement.

Ces premières inquiétudes n'étaient que le prélude des autres chagrins que leur préparaient les atrocités qu'on ourdissait dans l'ombre du mystère.

Les mois d'octobre et de novembre (vieux style), ainsi écoulés, une nouvelle aurore semblait naître sur la ville d'Arras, et devoir y ramener le calme et la justice.

Laurent, digne représentant du peuple français, aussi sévère qu'équitable, ne fut pas sans s'apercevoir que la plupart des détentions n'avaient d'autres principes que le jeu des passions individuelles, sous le masque du faux patriotisme.

Autant qu'il fut en son pouvoir, il écouta les justes réclamations des uns et des autres, et d'après les renseignemens qu'il se procura, un grand nombre dut à son équité éclairée le triomphe de son innocence et le retour à la liberté.

Si l'on imaginait que ceux qui avaient été assez heureux pour faire proscrire ces actes arbitraires n'avaient plus rien à redouter, puisqu'un représentant avait irrévocablement statué sur leur sort, on se tromperait ; car peu de jours s'écoulèrent sans qu'ils se soient vus exposés de nouveau aux fureurs des meneurs, ci-dessus désignés, de la commune d'Arras.

Ceux-ci cherchèrent à persuader qu'on avait surpris la religion du représentant Laurent ; qu'étranger à cette ville, il ne pouvait connaître ses habitans. Ils profitèrent du moment où le service des armées exigeait sa présence, pour rendre sans effet les actes de sa justice et réincarcérer ceux qu'il avait jugés dignes de leur liberté.

Prévoyant le danger auquel ils s'exposaient en dégradant l'autorité de la représentation nationale, par la substitution de la leur, et en sens inverse, ils se flattèrent de couvrir l'odieux de leur conduite en concertant avec Joseph Lebon (1) les moyens de consommer leur persévérante inimitié.

Joseph Lebon avait été momentanément envoyé en mission à Arras, pour dissiper un rassemblement de prétendus patriotes qui s'y étaient rendus pour y établir une ligue, sous le titre de société populaire centrale des trois départemens du Nord, de la Somme et du Pas-de-Calais.

On profita de cette mission pour demander qu'il fût spécialement chargé de tout ce qui pouvait être relatif à la commune d'Arras.

On calomnia peut-être Laurent, dans la vue de s'attacher un homme qui, quoique de la même ville que celle qui a vu naître le traître Robespierre, était déjà un de ses esclaves ; et sans doute ce fut par l'ascendant de celui-ci que cette demande fut accordée par l'un des comités de la Convention.

---

(1) Ex-prêtre ; depuis la révolution, il se qualifiait de *prêtre de l'Éternel*. (*Note de l'auteur.*)

Pour disposer les réincarcérations projetées de ceux élargis par Laurent, voici la manière dont on s'y prit :

Le premier janvier 1794 (vieux style), Lebon fit convoquer la société populaire d'Arras ; il y parut accompagné d'une clique infernale composée, pour la plupart, d'ex-moines ; il se permit d'annoncer que la plupart des membres de cette société ne méritaient pas d'y conserver leurs places ; qu'ils n'avaient ni assez de caractère, ni assez d'énergie pour remplir envers la patrie les services qu'elle avait droit d'exiger de leur sévérité ;

S'en faisant aussitôt représenter le tableau, il ouvrit le champ à des dénonciations stimulées dont il se rendit seul le juge, pour de suite en rayer tous ceux dont les sentimens notoires n'auraient pu s'allier avec ses projets liberticides.

C'est ainsi qu'il désorganisa et refondit la société populaire d'Arras, pour ne la recomposer que de ceux qu'il se persuadait devoir être constamment à sa seule dévotion.

Les choses ainsi disposées, il établit un prétendu scrutin épuratoire sur les citoyens mis en liberté par le représentant Laurent, d'après une liste préparée à cet effet. Là se levait tantôt un ex-capucin, tantôt un ex-oratorien, tantôt un ex-génovéfain, tantôt un ex-bénédictin, tantôt un ex-valet, en définitif, un cureur de puits, etc., etc. Chacun plaçait son mot, chacun donnait son épithète ; et c'était de leur part autant d'arrêts de proscription, autant d'insultes et de contraventions à la justice du représentant Laurent.

On décida, dans cette même séance, qu'à l'avenir on ne pourrait mettre en liberté aucuns des citoyens incarcérés et à incarcérer, sans l'approbation de Lebon.

On poussa l'impudence jusqu'à menacer d'emprisonner tout le comité de surveillance, si, dans les vingt-quatre heures, il ne réintégrait dans les maisons d'arrêt ceux qui en étaient sortis.

Ce comité, présidé pour lors par un homme qui craignait pour lui-même, Gascon de nom et d'effet, marchand d'or et d'argent, condescendit à l'ordre impératif, non de la société, mais de ceux qui en avaient usurpé le nom.

En vingt-quatre heures de temps, depuis le grenier jusqu'à la cave, toutes les prisons regorgèrent de victimes.

On perdit de vue les tourmens que les citoyens élargis de l'Abbatiale avaient endurés (1). On oublia qu'on avait déjà tout disposé pour les réduire à la vie commune, et qu'on avait imprimé et distribué avec profusion un règlement atroce.

---

(1) Un jour, sous prétexte de fouiller les paniers qu'on enferma dans une chambre où étaient plusieurs émissaires, leur dîner fut retardé jusqu'à près de trois heures.

Une autre fois, dans la nuit, la malveillance força l'un d'eux, avec trois hommes, le sabre nu, à traverser les chambres et à répandre le trouble et l'effroi, sans respecter le sommeil des détenus et les égards dûs au sexe.

(*Note de l'auteur.*)

On se plaignit de se voir entassés les uns sur les autres; on sollicita, tant pour la salubrité des détenus, que pour celle même des habitans de la ville, d'être moins foulés, mais ce fut en vain. On nous flagorna toujours par de fausses promesses.

Ainsi s'écoulèrent plusieurs décades, toujours bornés à ces vaines consolations, toujours vivant dans l'espoir d'une sortie très-prochaine.

Faciles à persuader, n'imaginant point que des hommes parvenus aux administrations pussent être aussi corrompus et aussi traîtres qu'ils l'étaient, nous nous adressions à eux avec une aveugle crédulité.

Ils abusèrent astucieusement de notre bonne foi; nous ne dirons pas tous, car le citoyen Effroy est à excepter de ce nombre; qu'il reçoive ici le tribut de la reconnaissance, non pas d'un seul malheureux, mais de milliers d'infortunés qui ont gémi dans les différentes prisons de cette ville! Nous espérons avoir encore occasion de le rappeler à nos concitoyens; homme vraiment vertueux, vraiment patriote, qu'il est doux pour toi de n'avoir jamais paru au milieu de nous que pour y porter des consolations (1)! A l'exception, disons-nous, de cet être bienfaisant, tous s'étudiaient pour aggraver nos malheurs (2).

---

(1) Cet honnête citoyen venait tout exprès pour autoriser la visite de nos parens et amis. (*Note de l'auteur.*)

(2) Témoin 1° le nommé Lefebvre, ex-commis, personnage violent au-delà de toute expression; ne vomissant que des paroles obscènes, se conduisant envers les femmes d'une manière révol-

A cette époque, on nous insinua que Joseph Lebon, qui parcourait les départemens, allait revenir; qu'il débuterait par refondre les autorités constituées; qu'on s'occuperait des détenus, et que l'épuration s'en ferait à la société populaire.

Enfin le moment d'y comparaître arriva; nous l'avions attendu jusqu'alors avec tranquillité, parce que nous le regardions comme le signal de la justice, parce qu'effectivement on nous l'indiquait comme le jour réservé au triomphe de l'innocence.

Mais l'appareil imposant qu'on mit à venir nous prendre ne tarda pas à nous dessiller les yeux.

Une compagnie de chasseurs et de gardes nationaux, annoncée par le son de la trompette et le bruit de la caisse, s'arrêtèrent vers les deux heures aux portes de l'Abbatiale.

Là, ils firent halte, chargèrent leurs armes et entrèrent tout-à-coup dans notre prison.

En vain essaierons-nous de tracer ici tout ce que nous fit ressentir une entrée aussi effrayante; tout ce qu'on se rappelle, c'est qu'on vit des femmes

---

tante, se permettant de parcourir toutes les chambres, et lorsqu'il rencontrait une personne de son goût, il ne rougissait pas de lui dire : « Eh bien la telle! quand coucherons-nous ensemble?.... épouse-moi, et tu sortiras.

2°. Le blanchisseur Demaux, bouffi d'une autorité sans bornes, fit conduire aux Orphelines, dans un galetas rempli d'hommes, une Anglaise qui, jusqu'alors, avait toujours logé seule, d'après les mœurs de son pays. Il la délogea pour la placer avec nombre d'Anglais, malgré sa répugnance notoire d'exécuter ses ordres, etc., etc., etc. (*Note de l'auteur.*)

tomber en défaillance, des filles se jeter dans les bras de leurs mères éplorées, des pères, des époux éperdus au point de ne pouvoir donner des secours à ce qu'ils avaient de plus cher, n'en recevant eux-mêmes que des citoyens qui étaient sans aucuns parens détenus avec eux, et qui, émus par une scène aussi affligeante, ne pouvaient que se rendre faiblement utiles, quoique n'épargnant aucuns des soins qui dépendaient d'eux.

C'est ainsi que les meneurs, au milieu des baïonnettes, firent l'appel nominal des hommes, et les placèrent pour les conduire partiellement, sous escorte, au club.

Là, on les rangea dans une salle particulière, les appelant alternativement et les faisant placer sur un siége de bois élevé à la hauteur de dix pieds, pour être mieux exposés à la risée des malveillans, et être plus en butte aux dénonciations de toute espèce; en le disposant uniquement pour cet objet, on l'avait nommé le *redoutable fauteuil*.

Alors tous les insatiables de crimes, de meurtres et d'horreurs, cramponnés à la table de notre fameux Joseph, se levèrent tour à tour, et s'exhalèrent en propos injurieux (1).

Aux uns, ils firent un crime d'avoir de l'esprit; aux autres, d'avoir des talens et des connaissances; à la plupart, d'avoir des mœurs et des principes.

---

(1) Les suites nous ont confirmés dans l'idée que cette scène n'avait été forgée que pour fasciner davantage les yeux du peuple, et l'indisposer en général contre tous les détenus. (*Note de l'auteur.*)

Quelques-uns cependant obtinrent leur élargissement, et deux spécialement attendrirent tellement leurs concitoyens, que sur-le-champ on les rendit à la liberté (1).

Aux ex-prêtres, on leur tint toutes sortes de propos; il y en eut qui, en avouant qu'ils n'avaient été que des imposteurs, des charlatans et des scélérats, parurent à ce seul titre mériter leur liberté. Mais ce ne fut pas le plus grand nombre; un d'eux, entre autres, ne fut élargi que parce qu'il brûla à la chandelle ses lettres de prêtrise, en témoignage de son athéisme (2).

Cette expédition dura environ trois heures, après lesquelles on nous reconduisit au lieu de notre détention, de la même manière qu'on nous en avait tirés, c'est-à-dire couverts d'opprobre.

Arrivés là, nos premiers soins furent d'annoncer aux femmes ce que nous avions éprouvé, et de les résigner au courage.

Nous les vîmes aussi partir, à leur tour; elles furent escortées comme nous l'avions été nous-mêmes, et subirent les mêmes humiliations.

---

(1) Ce furent les citoyens Stoupi et Lallart-Delbuquière cadet; mais replongés peu de temps après dans les fers.
(*Note de l'auteur.*)

(2) Si d'indignes ministres ont alors affligé la religion, un nombre immense de pieux ecclésiastiques l'ont honorée par leurs vertus et prouvée par leur mort. On a vu dans les Mémoires sur septembre, avec quel courage ils subirent le martyre. La relation qui va suivre atteste la constance qu'ils opposèrent aux maux de la captivité.
(*Note des édit.*)

Car les familiers de notre Lebon, qui semblaient avoir épuisé sur nous toutes leurs fureurs, prirent envers elles le ton amer de la raillerie, en leur prodiguant toutes les fadeurs dérisoires; ils préparèrent à l'avance les prétextes qui, par la suite, ont servi de base pour déterminer le meurtre de plusieurs de ces citoyennes (1).

---

(1) L'auteur de l'Histoire des prisons complète par les traits suivans le hideux tableau de cette barbarie de Lebon ou des siens envers un sexe sans défense :

« Une femme, nommée Duvigue, se promenait pour raison de santé sur les remparts d'Arras avec sa fille. Elles lisaient: c'était le roman de Clarisse Harlove. Lebon les aperçoit; il tire d'abord un coup de pistolet pour les effrayer. Il s'approche d'elles, demande à la mère de lui donner le livre qu'elle lit; la fille dit qu'il n'a rien de suspect; Lebon lui lance un coup de poing et la renverse. Il fouille ensuite dans le porte-feuille de ces deux femmes; n'y ayant rien trouvé de suspect, il force la fille à se déshabiller, afin de faire des recherches plus exactes. Après l'avoir mise dans l'état le plus indécent, il dégrade son caractère au point de conduire lui-même ces femmes en prison. Comme elles étaient sans reproche, il fut obligé de les relâcher le lendemain.

» Une jeune fille qui ne connaissait pas Joseph Lebon le rencontre. Il lui demande où elle va? « Qu'est-ce que cela vous fait? lui répond-elle. » Le proconsul est indigné qu'on lui parle avec si peu de respect; la jeune fille, son père, sa mère, ses frères furent incarcérés le lendemain; tous furent condamnés à mort et exécutés.

» Il fit exposer publiquement une jeune fille de dix-sept ans pour n'avoir pas dansé avec les patriotes; elle était alors en prison.

» Il publia un arrêté portant défense aux femmes et aux filles, sous peine d'incarcération, de se parer le dimanche. Il arrêta en même temps que l'on raserait les maisons des officiers municipaux qui ne tiendraient pas la main à l'exécution de sa volonté. »

(*Note des édit.*)

A celles qui réunissaient à la jeunesse le sourire des grâces et la candeur de l'innocence, ils leur faisaient un crime de n'avoir pas fréquenté ces bals dont le désordre qui y régnait écartait tout ce qui avait des mœurs; à celles plus avancées en âge, qui n'y avaient assisté que par crainte, ils leur reprochaient d'y avoir occupé la place des patriotes; à celles, en un mot, qui étaient parvenues à l'âge du repos, ils les inculpaient de même, en les blâmant encore d'être gangrenées du poison de leurs anciennes habitudes.

Voilà ce que ces infortunées nous apprirent, lorsqu'elles vinrent se réunir à nous, fondant en larmes.

Pour nous laisser respirer un peu, on parut nous oublier quelques jours, c'est-à-dire pendant tout le temps que Lebon fut occupé à faire alternativement les mêmes opérations pour les autres prisons de la ville, et à reprendre ensuite ceux des prisonniers qui, par maladie ou autrement, n'avaient pas encore comparu au club.

Après avoir ainsi passé en revue une foule de personnes, il prit encore fantaisie à Joseph de vouloir y rassembler toutes les ex-religieuses qui habitaient la ville. Il leur enjoignit, sous les peines les plus graves, de se rendre à ses conciliabules. Là, il leur tint un langage obscène et inconnu jusqu'alors à des êtres dont la simplicité de mœurs était le plus bel ornement. Il leur fit des promesses, des menaces; il finit par envoyer celles qui ne prêtèrent pas le serment dans la maison de l'Abbatiale. Alors quelques affidés de Lebon s'emparèrent de chacune d'elles, et la garde, à leur exemple, les traîna ignominieusement dans notre lieu de réclusion.

Ces misérables ont, sans doute, cru les punir en les envoyant parmi nous ; qu'ils se sont trompés !...... A peine y furent-elles rendues, qu'on s'empressa, à l'envi les uns des autres, de les secourir et de leur donner des consolations (1).

Le lendemain, il survint des ordres plus rigoureux; on défendit l'entrée du jardin ; on afficha un règlement digne du tartufe qui l'a rédigé, et qui, depuis, en a éprouvé avec nous toute la dureté.

En conséquence de ce règlement, approuvé par l'exterminateur de notre déplorable ville, les hommes furent séparés des femmes; toutes les communications furent interdites.

Un obscur horloger venait à tout instant insulter à nos malheurs; il arrêta les papiers publics, défendit toute communication à l'extérieur, et chaque fois qu'il paraissait, sa sinistre figure nous présageait de nouveaux chagrins (2).

Ce fut encore ce même ouvrier qui vint installer les directeurs; il nous obligea de leur exhiber

---

(1) Aux Orphelines, neuf hospitalières de Bourbourg n'eurent dans leurs grabats d'autres litières que de la paille pendant tout l'hiver.

(2) Ce fourbe, nommé Gilles, pour anticiper sur le ravage de nos maisons, nous insinuait de faire venir au plutôt ce que nous pou-

les billets que nous écrivions pour avoir les choses nécessaires à la vie : il nous assujettit à laisser visiter nos papiers et tout ce qu'on nous apportait; enfin, on nous intima la défense d'écrire, celle même de recevoir à manger : c'est sûrement ce qu'on aura peine à croire.

On commençait ainsi par gradation à nous faire boire le calice amer de la douleur : nous l'avons épuisé jusqu'à la lie!....

Quelques jours se passèrent dans le resserrement d'une plus étroite captivité, tandis que toutes les autorités constituées méditaient les moyens d'aggraver nos maux et d'indiquer les jours où ils exécuteraient leurs abominables projets.

Ils n'arrivèrent que trop tôt, ces jours de deuil et de douleur!

Le 8 février 1794 (vieux style), vers les trois heures de l'après-dîner, nous entendîmes le son répété de la trompette et le bruit de la caisse; nous ne savions à quoi en attribuer la cause, lorsque, tout-à-coup, nous fûmes surpris d'apprendre qu'une troupe de chasseurs et de gardes nationaux étaient aux portes de notre prison.

Vers les cinq heures du soir, nous entendîmes des évolutions militaires en face de la maison, les

---

vions avoir de provisions; il nous rendit ses dupes. C'est ce qui fut cause de la capture considérable qu'on a faite dans toutes les prisons; on eut grand soin de la divulguer avec affectation pour animer le peuple plus facilement contre nous, et l'amener à leur exécrable but. (*Note de l'auteur.*)

portes s'ouvrirent, et on commanda à la troupe de charger ses armes.

Des affidés de Lebon présidaient cet appareil militaire; nous étions tous dans nos chambres, regardant d'un œil inquiet ces préparatifs effrayans. Nous vîmes cette horde se concerter à la muette, et tout-à-coup on nous intima cet ordre terrible : Que les hommes passent d'un côté et les femmes de l'autre!.... Alors la troupe se divisa en deux pelotons, l'un pour garder les hommes, et l'autre pour empêcher les femmes de les approcher.

Envisageant ce moment comme notre dernière heure, nous ne pensions qu'à rassembler toutes nos forces pour terminer avec courage une vie intacte et irréprochable.

Telle était notre affreuse position, lorsqu'un apôtre d'une religion anti-sociale, nommé Lefetz, ex-moine, aussi hypocrite que scélérat, s'avançant vers les hommes, en fit venir un, le fouilla, retourna ses poches et s'empara de tous ses papiers, et en fit de même aux autres. Ce brigand poussa la duplicité au point de rendre les porte-feuilles, en disant qu'il n'en voulait pas à notre bourse.

Autant en faisait le nommé Cavrois, marchand drapier, entre les deux places, assisté du fameux Carreau, brasseur. Ils visitaient les femmes avec une indécence qui n'a pas d'exemple, et les dévalisèrent au gré de leurs caprices (1).

---

(1) « Lors de ces fouilles à l'Abbatiale, on poussa la barbarie

Cette fouille ayant duré environ trois heures, fut suivie d'autres excès.

Lefetz, cet homme qui, comme ses semblables, n'aurait jamais dû sortir de l'état de mépris et d'abjection où la révolution l'a concentré (1), obligea tout le monde de rester dans les cours, s'empara de toutes les issues, y posa des gardes et leur tint ce langage : « Sentinelles !.... si un de ces b...... avance pour entrer, f..tez-lui la baïonnette au travers du ventre.»

Nos dignes frères d'armes, qui jusqu'alors n'avaient pu se refuser d'obéir aux ordres qu'on leur avait donnés, furent indignés d'une telle rigueur, et n'eurent garde de l'exécuter. Ils mêlèrent leurs larmes avec les nôtres; ils s'offrirent même à venger les cruautés qu'on nous faisait endurer. Notre soin fut de les apaiser et de les engager à n'en rien faire. Aussi depuis, nous avons remarqué que jamais ces mêmes frères d'armes n'ont reparu à l'Abbatiale.

Le but de cet ordre féroce n'avait pour objet que d'exercer d'autres fouilles dans les chambres,

---

jusqu'au point de priver les femmes dont les enfans étaient à la mamelle des linges et vêtemens nécessaires à ces innocens.

Pendant plus de six semaines, les commissaires Demaux et Gilles eurent l'indignité de les laisser dans cet état de dénuement, de leur refuser même les linges qu'une propreté indispensable exige en certains temps. » (*Extrait d'un autre Mémoire sur Arras.*)

(*Note des édit.*)

(1) Extrait du rapport du représentant Thureau, sur les prêtres, à la séance du 17 messidor an III. (*Note de l'auteur.*)

et d'en enlever le vin et les autres provisions qui s'y trouvaient.

Pendant tout ce temps, nous restâmes dans la cour au nombre de trois cents personnes, sans autres siéges pour nous asseoir que les marches du perron.

Cette visite intérieure se prolongea jusqu'au lendemain sept heures du matin, que ces ivrognes se retirèrent gorgés des vins et des vivres qu'ils avaient raflés. Tandis que, d'un côté, une femme demandait un pain; qu'une autre n'avait d'autres ressources pour rappeler ses forces épuisées, que celles de quelques essences; ces scélérats s'étaient retirés dans la chambre des citoyennes Grandval, s'y chauffaient à l'aise, et y consommaient les vivres que plusieurs de nous avaient réservés pour le souper.

Le lendemain, à pareille heure, même marche militaire, même commandement, même entrée, même ordre contre les détenus.

Lefetz, toujours à la tête, fit avancer un des hommes, lui demanda ses boucles, sa montre, son porte-feuille, son numéraire; il les fouilla tous, les dépouilla successivement et ne leur laissa d'autres vêtemens que ceux qu'ils portaient.

On mit tous ces objets dans des paniers à bras; on n'y attacha qu'une mauvaise bande de papier, ainsi que sur les porte-feuilles; on se contenta de faire semblant de tenir des notes qui ne portaient aucune description des objets enlevés.

On en fit de même aux femmes, et ce nouveau

Cartouche, après avoir tout disposé comme il l'avait fait la veille pour la dépouille intérieure, fatigué des débauches qui avaient accompagné ses premières dilapidations, ne pouvant passer une seconde nuit, chargea les nommés Carreau et Cavrois d'enlever le reste de nos dépouilles.

A l'exemple de leur général, ceux-ci prirent tous nos effets, disposèrent en Mandrins d'une partie de notre avoir, déchirèrent le peu de livres d'histoire et autres dont on nous permettait l'usage, et apposèrent le scellé sur tout ce qui fermait à clef. Quant à nos vivres, ils furent perdus pour nous.

Nos représentations, pour qu'il nous fût permis d'emporter avec nous un faible nécessaire, ne reçurent d'autres réponses que la vaine promesse de nous rendre à chacun six chemises, six mouchoirs et six paires de bas (1).

Cette scène dura jusqu'au lendemain matin, et les détenus furent de nouveau exposés à l'intempérie de la saison.

A peine nous avait-on spoliés, qu'on se porta à l'Hôtel-Dieu où journellement on reléguait tous

---

(1) On assure que les captures faites dans les maisons de l'Abbatiale, des Orphelines, des Baudets, des Capucins, du Vivier, du Rivage et de Saint-Vaast, montèrent à 6000 livres. Toutes ces maisons, à l'exception de celle de Saint-Vaast, qui est la plus éloignée, pouvaient être chacune foudroyée par une batterie de canons tournés contre elles.

(*Note de l'auteur.*)

ceux qui étaient soumis aux arrêtés des traîtres Saint-Just et L....

Là, sans doute, parce qu'on pouvait soustraire les femmes à la vue des hommes, on les outragea d'une manière plus atroce que partout ailleurs.

On s'attacha particulièrement aux jeunes personnes qu'on mit presque à nu. Une d'elles, dont le père et l'oncle ont péri sur l'échafaud, fut distinguée à raison du traitement affreux qu'elle essuya de la part des mauvais sujets employés par Carreau.

Ces abominables ne se contentèrent pas d'insulter à la pudeur de cette jeune citoyenne et de la mettre hors d'elle-même; elle n'échappa qu'avec peine à leur brutalité; ils ne la rappelèrent que pour glisser des mains criminelles sous le linge qu'elle portait, eu égard à son temps périodique : ils en retirèrent un anneau qu'elle conservait comme le gage de ce qu'elle avait de plus cher. Scélérats!... Vous qui vantiez sans cesse la vertu de votre parent Robespierre, c'était donc ainsi que vous la mettiez en pratique (1)!....

Ces brigands, qui suaient le crime, parcouraient jour et nuit les maisons d'arrêt. Coup sur coup ils venaient nous accabler; on eût dit qu'ils préparaient déjà les supplices auxquels nous n'avons échappé que parce qu'enfin la Convention nationale a été

---

(1) Voyez dans les Éclaircissemens (F) quelques détails nouveaux sur ces scandaleuses visites.

(*Note des édit.*)

éclairée sur les atrocités qu'on se permettait, à son insu, dans la ville d'Arras.

Ames généreuses, qui jusqu'ici n'avez pu contenir votre indignation sur le tableau que nous venons de crayonner, ne croyez pas avoir tout aperçu, votre sensibilité doit se préparer encore à d'autres gémissemens!

A peine étions-nous revenus à nous-mêmes de cette dernière scène, que tout-à-coup s'ouvrent les portes de l'Abbatiale. On y voit entrer pêle-mêle volontaires et commissaires, suivis d'une foule de voitures et de porteurs : la caisse bat; les militaires se rangent en bataille; les geôliers enjoignent seulement aux hommes de descendre sur-le-champ. Les femmes éperdues paraissent de toutes parts aux fenêtres, et nous crient, d'une voix entrecoupée, que déjà on leur a signifié l'ordre de faire leur paquet, et qu'on leur donne une demi-heure pour être rendues à la Providence.

En vain elles nous appellent pour les aider dans leur déménagement; en vain elles demandent à faire leurs derniers adieux à leur père, à leur époux, à leurs enfans; on les repousse en notre présence avec la baïonnette (1).

___

(1) A cette époque, F. Dubois, dépeint d'après nature dans la feuille intitulée la *Sentinelle du Nord*, qui, jusqu'alors, avait passé pour le coryphée des administrateurs, se trouvait en arrestation avec toute sa famille. Il sanglotait seul dans un coin; un de nous ne put s'empêcher de l'aborder et de lui faire ce reproche: « Va, pleure, hypocrite, il est bien temps, lorsque tu as toi-même forgé une partie de nos malheurs. » (*Note de l'auteur.*)

Pour comble d'effroi, au milieu de ce désolant spectacle, arrivent de la ville plusieurs femmes éplorées, mises en arrestation par ordre du tyran, et qui, croyant se jeter dans les bras de leurs maris pour y trouver des consolations, cherchant d'un œil inquiet à les distinguer dans la foule, sont impitoyablement repoussées et de suite conduites à la Providence (1).

A la Providence! ce vil repaire de toutes les prostituées, maison destinée depuis long-temps à n'y renfermer que des folles et des personnes rejetées par la loi du sein de la société.

Là, on les entassa les unes sur les autres, au nombre de cinq cents (local qui pouvait à peine en contenir trois cents); là, on les confia à la direction de trois mégères exercées, de toutes manières, à servir les caprices de Lebon et de ses infâmes coopérateurs. Il les appelait, dit-on, ses toupies (2).

---

(1) Nous avons rejeté dans les Éclaircissemens (G) un morceau, assez étendu et plein d'intérêt, où sont décrites les souffrances de ces malheureuses victimes.

(*Note des édit.*)

(2) Pour avoir une idée de ces furies, il faut connaître ce que nous ont rapporté deux Dunkerquois, nos camarades. Le 24 thermidor, après un an de détention, et avoir présenté sept à huit pétitions pendant cinq mois à toutes les autorités pour obtenir la remise de leurs effets, ils leur furent enfin remis. Pour cela ils eurent besoin de prendre une citoyenne à la Providence. Le savonneur Demaux les y conduisit ; en entrant, ils virent des com-

Encore tout étourdis de ce qui venait de se passer, cherchant à nous rapprocher pour nous donner des consolations et consolider notre courage presque abattu, nous voyons un homme pâle et défiguré, traverser les cours; nous entendons des hurlemens affreux et des cris redoublés : « Ma femme, ma pauvre femme! mes enfans, mes chers enfans!..... Les scélérats, ils les ont enlevés!...... Ils vont les massacrer!...... Oui, je n'ai plus rien au monde; j'ai tout perdu.... ma femme, mes enfans, je veux mourir!.... »

On vole au secours de cet infortuné (le citoyen Clément); il renverse, dans son premier moment de désespoir, tous ceux qui l'approchent, frappe tous ceux qui tentent de l'aborder, et veut se donner la mort. Aussitôt les charitables médecins, qui partageaient notre sort, volèrent à son secours.

Les cris lugubres de ce père désespéré parviennent jusqu'aux oreilles d'un commissaire qui se promenait dans le jardin.

Les médecins lui dirent qu'avec un peu de patience, cela se calmerait; que c'était une crise occasionée par la vive douleur que ressentait

---

missaires prenant des libertés sur ces harpies sous les yeux mêmes de nombre de victimes que la curiosité avait attirées dans la cour.

C'est encore au vertueux Effroi, qui ne s'est jamais démenti, que ces deux citoyens doivent la remise de leurs effets.

(*Note de l'auteur.*)

Clement; mais cet inhumain commissaire (Gille) n'en fit qu'à sa tête, prit trois hommes de garde, enleva notre pauvre Clément et le plongea dans un cachot de la prison des Baudets, maison désignée pour tous ceux qui étaient voués sans retour à la mort.

Alors le malade, voyant la garde, reprit ses sens, déploya un courage héroïque, traversa les cours, nous fit ses adieux, et dit : « Mes amis, je suis heureux, je vais à la guillotine, et dans un quart-d'heure mes maux seront finis... » Il croyait qu'on lui accorderait au moins la grâce qu'il demandait, qui était celle de périr tout de suite : mais cet infortuné vint nous joindre quelque temps après à l'Hôtel-Dieu où il éprouva encore des persécutions particulières.

Le portier, qui semblait jouir délicieusement toutes les fois qu'on nous vexait, ne put contenir ses larmes sur la situation douloureuse de ce citoyen, et pour la première fois, il parut enfin s'apitoyer sur notre sort.

Un autre, de la commune d'Amiens, fut tellement affecté de ce qui venait de se passer, qu'il en perdit connaissance, et ce ne fut que le lendemain matin que nous eûmes de lui quelques signes d'existence.

Ainsi se termina la journée employée au déplacement des femmes.

Plusieurs d'entre nous étaient dans la cour, lorsque tout-à-coup le furibond Lefetz s'étant annoncé par le son extraordinaire de la sonnette, paraît et défend de laisser entrer et sortir aucune chose, pas même de comestibles, en disant, « que du pain et de l'eau étaient bons pour ces b.... là. » Le portier lui observa qu'il n'y avait ni pain ni eau dans la maison. Cette circonstance ne put le faire désister de l'ordre qu'il venait de prescrire.

Cependant, vers le midi, un des directeurs en informa le district. On révoqua l'ordre de rien laisser entrer, mais on conserva celui de ne rien laisser sortir. Chaque jour nous recevions une bouteille pleine de vin, que nous ne pouvions renvoyer vide; et les flacons, qui se vendaient alors vingt sous, se trouvèrent, à notre départ de l'Abbatiale, appartenir aux portiers.

Quoique nous eussions descendu nos meubles, on nous laissa jusqu'au soir dans l'attente fatigante de notre départ. Pendant trois jours consécutifs nous fîmes la même opération, et ce ne fut qu'au bout du sixième jour, vers les six heures du soir, que nous nous rendîmes à l'Hôtel-Dieu, sous l'escorte d'une garde nombreuse et au son du tambour.

Là, nous rejoignîmes les citoyens détenus en vertu des arrêtés tyranniques de Saint-Just et L..... Leur premier soin fut de nous demander si nous avions été dévalisés comme eux; au cas contraire, ils nous engageaient à tout cacher. Nous leur fîmes part des vexations exercées à notre égard, qu'ils trouvèrent de point en point conformes à celles qu'ils avaient endurées.

Les jours suivans vinrent successivement les détenus des autres prisons, qui aussi avaient subi les mêmes outrages.

Ceux des Orphelins nous ont rapporté qu'on les fit ranger dans la cour plusieurs fois malgré la pluie, au milieu d'une garde imposante : Carreau et Voisin, qui avaient eu la commission de les dépouiller, furent chargés de leur translation. L'effronté Carreau, enhardi par ses impunités, osa les menacer, à plusieurs reprises, de casser son bâton sur les reins du premier mâtin qui s'écarterait de son rang. La plupart d'entre eux, qui étaient des citoyens du département du Nord, restèrent long-temps dénués de tout; ils ne se soutinrent qu'à l'aide de leurs compagnons d'infortune.

Vainement ils réclamèrent : on leur insinua qu'ils pouvaient écrire chez eux et y demander des secours. Ils écrivaient et plaçaient leurs lettres dans une boîte qui se portait à la municipalité chaque jour, et d'où elles étaient censées extraites pour suivre leur destination. Aucune d'elles ne parvenait; cette rigueur se maintint à leur égard pendant plus de quatre mois; il est aisé de juger, d'après cela, combien ils ont eu à souffrir, et à quelles cruelles inquiétudes on livrait en même temps leurs familles éplorées.

Alors redoublèrent les arrestations de toute espèce au mépris de la loi. Lebon fait arrêter toutes les femmes dont les maris étaient déjà incarcérés, et tous les maris dont il n'y avait que les femmes de détenues. Chaque nouveau venu était le plus souvent mis au secret, en attendant que Carreau ou autres de son espèce, vinssent les dépouiller (1). Nous tâchions de lui faire entendre qu'on allait tout lui enlever, et nous n'y parvenions que très-difficilement (2).

Un jour, étant venus à bout d'en avertir deux échappés au secret, nous leur conseillâmes de renvoyer chez eux tout ce qu'ils pouvaient avoir ; ils eurent beaucoup de peine à suivre nos conseils, sur le fondement que les autorités constituées venaient de les assurer positivement qu'on n'avait pris que des bagues aristocratiques à quelques muscadins et muscadines des prisons. Cependant on vint les dévaliser : d'après cela, qu'on réfléchisse !.....

---

(1) On leur enlevait tout sans en dresser procès-verbal.

(*Note de l'auteur.*)

(2) Ce Carreau, en 1789, un jour qu'il était mort ivre, rencontra une patrouille, l'attaqua avec un de ses camarades, et en blessa le chef ; il fut emprisonné, et n'évita la mort que par la protection de son cousin germain, d'exécrable mémoire, Maximilien Robespierre, alors député à l'Assemblée constituante. Ce même Carreau, toutes les fois qu'il venait, affectait de parler de couper des têtes ; aujourd'hui il disait que quarante d'entre nous devaient y passer ; le lendemain, il venait se promener dans les cours, et grossissait le nombre. Nous étions alors plus de deux cent cinquante.

(*Note de l'auteur.*)

Nous fûmes empêchés de prévenir un autre citoyen qui ne fut incarcéré que pour avoir bravé tous les dangers, afin de venir au secours d'un beau-frère sur le point de périr. Cobrière, qui était chargé de l'arrêter, l'engagea de prendre son porte-feuille, sa montre et tout ce qu'il pouvait avoir de précieux. A peine était-il entré qu'il lui enleva généralement tout sans le constater, et depuis lors, il resta dépourvu, même du nécessaire.

Pour nous faire plus ardemment désirer le séjour de l'Hôtel-Dieu, on nous l'avait dépeint comme un asile commode, et par-dessus tout encore, on nous avait vanté l'avantage que nous aurions d'y voir nos femmes et nos enfans, reclus à la Providence, dont la maison faisait face en partie à nos murs, et distante d'une portée de fusil.

Les premiers jours, on nous laissa approcher des fenêtres qui donnaient de ce côté; bientôt après on en défendit l'accès; on les fit toutes boucher, excepté celles jugées nécessaires au renouvellement de l'air.

Il était tellement défendu d'en approcher, que si on y trouvait un prisonnier, de suite nos geôliers appelaient la garde, mettaient le malheureux qui s'était laissé surprendre au secret (1). On nous a assuré

---

(1) Ce secret était une cave profonde et humide, dans laquelle on restait pendant vingt-quatre heures.

A la Providence, c'était de petites cazemates étroites où l'on pouvait à peine se remuer, dans lesquelles on déposait les cadavres. Souvent il arrivait que ces cadavres se vidaient; on n'avait

depuis, que les femmes, à la Providence, étaient traitées encore plus durement.

Ce fut alors qu'à travers les fenêtres du grenier, nous avons été témoins d'une scène entre Joseph Lebon et deux citoyennes que nous n'avons pu connaître : les ayant vues assises sur le rempart, dans un endroit où, suivant ce frénétique, elles ne devaient pas être, il tira son sabre, les en frappa, et aidé de son Don-Quichotte, Lefetz, il les arrêta et les conduisit à la Providence.

Pour justifier ce que nous avons avancé sur l'inconséquence des arrestations, il suffit de citer encore quelques exemples (1).

L'un fut arrêté par Carlier, parce qu'il rencontra le soir sur son passage un notaire qui périt par la suite; l'autre fut emprisonné, parce qu'un dindon était tombé dans son puits. Il fit appeler, pour retirer cet animal, un nommé Lentillette; cet homme trouva, en retirant ce dindon, un petit bras de cheminée argenté, valant au plus vingt-cinq sous, en fit son rapport, et c'en fut assez pour, sur-le-

---

pas la précaution de nettoyer les ordures qu'ils déposaient, et c'était dans ce lieu infâme que les mégères de la Providence exerçaient leurs vengeances, y enfermaient, de leur autorité privée, celles qu'elles avaient prises en grippe.

(*Note de l'auteur.*)

(1) Tout prétexte est bon pour la haine. Une arrestation faite à Brives, et qu'on peut voir dans les Éclaircissemens (H), porte le même caractère d'inconséquence et d'animosité brutale.

(*Note des édit.*)

champ, faire prononcer l'arrestation de cet officier public, et mériter aussitôt au curcur de puits, très-connu à Arras, d'être nommé membre du comité de surveillance. Une citoyenne fut incarcérée parce qu'elle rencontra malheureusement Lebon, en apportant à manger à son frère détenu. Ceux-là pour avoir donné quelques pièces de monnaie à une indigente qui demandait l'aumône, furent sequestrés comme contre-révolutionnaires. Un autre fut saisi au collet par Duponchel, maire à Arras, en passant sur le pont de la citadelle, pour aller voir des prisonniers de guerre nouvellement arrivés. Plusieurs autres vinrent nous joindre, parce qu'ils se trouvaient, par hasard, chez des particuliers qu'on avait ordonné d'arrêter, ainsi que tous ceux qui se trouvaient dans leur maison.

Après avoir ainsi incarcéré, sans quartier, hommes et femmes, il restait encore dans la maison des détenus, leurs enfans et leurs personnes de confiance : ils ne furent pas plus épargnés que nous-mêmes (1).

Nous vîmes arriver de toutes parts des enfans depuis l'âge de cinq ans; et pour les soustraire à l'autorité paternelle, on leur envoyait de temps

---

(1) Quand des émissaires venaient pour enlever nos enfans et nos personnes de confiance, ils commençaient par les expulser de nos demeures, leur donnant à contre-cœur les effets dont ils pouvaient avoir besoin, et ce n'était qu'après leur sortie qu'ils apposaient les scellés, hors de la présence des personnes intéressées.

(*Note de l'auteur.*)

en temps des commissaires qui leur tenaient un langage immoral; de sorte que quelques-uns d'eux devinrent par la suite le fléau le plus redoutable de notre prison.

En même temps nous apprîmes par ceux qui arrivaient successivement, que nos personnes de confiance étaient toutes incarcérées à l'Abbatiale, qu'on les avait livrées à toutes sortes d'inquisitions, tant pour découvrir nos effets précieux, que pour les engager à de faux témoignages; ce ne fut que trois semaines après qu'elles recouvrèrent difficilement leur liberté (1).

Toutes ces précautions furent inutiles; la plupart, fidèles à leur conscience, restèrent inébranlables : il y en eut même qui accompagnèrent jusqu'à la boucherie leurs maîtres infortunés!...

Cependant, on ne nous perdait pas de vue. Lefetz, soit ivresse, soit folie, passant un jour de décadi du côté de notre prison, s'ingéra de venir en personne réitérer la défense qu'il avait faite de nous apporter à manger, sous le spécieux prétexte que des chaudières placées dans l'intention de réduire les détenus à une vie commune, devaient être mises en œuvre; mais il n'avait aucun aliment à fournir pour la nourriture de trois cent cinquante

---

(1) On nous a certifié que Lebon, pour se ménager l'esprit des familles de ces bons citoyens, leur accorda la liberté et leur fit payer une rétribution de vingt-deux sous, jusqu'à ce qu'ils trouvassent à se placer ailleurs.

(*Note de l'auteur.*)

personnes, ni la faculté d'y pourvoir (1). Il fallut donc que la municipalité, sur la motion du respectable Effroi, l'un de ses membres, qui avait la surveillance de quelques maisons d'arrêt, interposât son autorité pour faire proscrire un ordre aussi barbare.

Le nombre des prisonniers, à l'Hôtel-Dieu, joint à ceux qu'on se proposait encore d'y entasser, fit connaître que ce local était insuffisant.

En conséquence, un satellite de l'abominable Lebon vint prendre les noms de ceux qui avaient plus de soixante ans, et des détenus moribonds, pour les transférer aux ci-devant Capucins.

Ces malheureux, qui croyaient trouver dans ce nouvel asile moins de rigueur que dans celui qu'ils durent abandonner à la voix de l'autorité, nous retracèrent encore un spectacle qui, jusque-là, nous était inconnu.

A peine les exécuteurs de cette nouvelle trame eurent-ils déterminé ce déplacement, qu'ils l'exécutèrent avec une dureté dont ils se faisaient un mérite aux yeux du trop puissant Lebon.

Difficilement nous les décidâmes à faire venir des fiacres, dans lesquels nous plaçâmes ces vieillards respectables sous tous les rapports (2).

---

(1) Hé! comment l'aurait-il fait, quand les fermiers et autres pourvoyeurs, à l'exemple des voyageurs, se détournaient et craignaient d'aborder cette ville de désolation! (*Note de l'auteur.*)

(2) C'étaient les citoyens Blin, l'oncle, âgé de 82 ans; Lallart père, de 80 ans; Dambrine-Desquerchin, de 76; Lavieville, de 75;

Le citoyen Asselin, attaqué depuis plusieurs jours d'une fièvre putride et maligne, et que nos médecins, Ansart et Toursel, braves gens dont nous avons déjà parlé, regardaient comme agonisans, fut tourmenté comme les autres et transporté sans pitié aux ci-devant Capucins, et resta jusqu'au soir du même jour sans recevoir son lit. Le lendemain ce bon citoyen expira.

Le citoyen Mayoult, refusant de nous quitter parce qu'il était perclus de tous ses membres et qu'il abandonnait un soutien dans son jeune fils, fut accablé des imprécations les plus atroces. On lui fit toutes sortes de menaces, et l'après-dîner, malgré une pluie d'orage, on le transporta avec ses matelas sur une charrette de brouetteur. Il traversa ainsi une partie de la ville, garanti seulement de l'eau par un parapluie (1).

Tous ne restèrent dans leur nouvelle retraite que trois ou quatre jours; il y en eut même qui n'y ont jamais reçu leurs lits, et dont on peut conséquemment se figurer l'horrible situation.

Lafontaine, de 74; Dambrine, de 74 Crépieux, de 71; Marcadey, de 68; Lecomté, de 66; Stoupy, de 61; Mayoult, de 60; Asselin, de 60; Blin père, de 58; Gosse, de 48; Prévost-Devailly, de 44; Candelier, de 43; Lallart fils, de 58; Blin fils, de 51; les frères Arrachat, de 18 et 17 ans. Au nombre de 20 personnes.

(*Note de l'auteur.*)

(1) Ce respectable citoyen a long-temps ignoré que son épouse, deux de ses filles et sa cuisinière ont aussi succombé sous le poids des vengeances sanguinaires de l'horrible Lebon, au grand regret de leurs concitoyens. (*Note de l'auteur.*)

On les ramena nuitamment à l'Hôtel-Dieu, et de la même manière qu'ils l'avaient quitté. On choisit sans doute les ténèbres pour cette exécution; car la première translation avait révolté tous nos concitoyens.

Vers les onze heures du soir, ils arrivèrent à petit bruit du côté de l'endroit indiqué sous le nom d'hôpital. Sans respect pour l'âge et les infirmités de quelques-uns d'entre eux, on les déposa dans un endroit humide où il n'existait aucune cheminée, et sur la pierre. On ne donna à ces malheureux, qui étaient transis de froid, d'autres restaurans qu'une cruche d'eau.

Quant à nous, retirés, comme d'usage, depuis huit heures, dans nos chambres ou greniers, écartés de ce soi-disant hôpital dont on nous avait interdit toute communication, nous étions bien éloignés de soupçonner de pareilles atrocités.... Ah! si nous avions pu nous imaginer que ces citoyens étaient aussi maltraités, nous eussions demandé de voler à leur secours, nous les eussions à l'instant réchauffés et placés commodément pour le reste de la nuit (1).

Ce ne fut que le lendemain que nous apprîmes leur retour. Alors chacun de nous s'empressa de les assister, de préparer les tisanes, de monter

---

(1) Trois d'entre eux, qui sont les citoyens Desguerchin, Bon-Lallart et Gosse, moururent dans la même décade, sans doute du peu de ménagement qu'on eut à leur égard.

(*Note de l'auteur.*)

leurs lits et de balayer leur emplacement infecté par les latrines qui dégorgeaient. On ne les quitta que lorsqu'ils purent se passer de secours.

Au milieu de tant d'horreurs, on cherchait encore à nous bercer d'espérances illusoires. Les mêmes émissaires vinrent nous demander, pour la quatrième ou cinquième fois, nos noms, âges, qualités, et les motifs de nos arrestations, nous insinuant que cette opération tendait à accélérer notre sortie; mais le résultat n'en fut pas plus heureux (1).

Pour prouver que ces inquisitions avaient un tout autre but, nous dirons que c'est de ce moment que commencèrent les exécutions.

C'était toujours vers les quatre heures que se présentait Tacquet cadet, huissier du tribunal révolutionnaire, habillé en couleur, coiffé d'un bonnet de police brodé; il venait chercher les victimes qu'on devait immoler le jour même ou le lendemain.

Alors on faisait appeler clandestinement les directeurs; on les voyait parcourir les cours et les bâtimens, cherchant avec un œil farouche les personnes désignées. Chacun tremblait pour soi; on

---

(1) Nous avions grandement tort de nous nourrir d'espoir; car l'intrigant Lefebvre, déjà noté ailleurs, chargé de ce travail, se trouvant un jour environné de huit à dix d'entre nous, nous engagea à empoisonner une partie de nos camarades, à les couper par morceaux, à les jeter dans les commodités, nous répondant sur sa tête, qu'il ne pouvait rien nous arriver.

(*Note de l'auteur.*)

avertissait la victime qu'on venait enlever, en ces termes : « Prends ton chapeau, viens, on te demande en bas. »

L'huissier, choisi pour consommer ces fatales extractions, semblait avoir été modelé tout exprès pour un ministère aussi odieux. Son œil hagard fixait d'avance ses proies et enviait les derniers restes de leur existence. Et en effet avant de les amener au tribunal, il commençait par s'emparer de tous les objets précieux qu'elles pouvaient avoir, soit en bijoux, numéraire ou billets monnoyés. Sa physionomie rébarbative était telle, qu'il serait difficile de la peindre et d'en trouver sur la surface de la terre une plus propre à terrifier les esprits les plus calmes et les plus courageux. Sa seule présence imprimait plus que la mort elle-même ; son ton sépulcral et cadavéreux paraissait être le cri funèbre de ces fantômes horribles que nous retrace la fable, lorsqu'elle nous peint les crimes des ministres subalternes des enfers.

Les premiers appelés furent Souchez, Coutonet, tous deux ex-nobles, et Berlette : ce dernier avait été acquitté. Probablement ce jugement déplut à Lebon, puisque le lendemain il fut traduit de nouveau et condamné à la mort, ainsi que les deux premiers l'avaient été la veille.

Il n'est pas le seul qui, ayant été acquitté, ait été rappelé de nouveau en jugement, soit le jour même, soit le lendemain, et toujours à la réquisition tyrannique de Lebon.

Nous ne nous permettrons aucune réflexion sur ces scélératesses.

Après un intervalle de peu de jours, on exerça la même et fatale cérémonie envers sept ex-nobles, qui avaient figuré aux états d'Artois. On affecta, lors de leur enlèvement, d'en faire l'appel nominal par leur ancienne qualification, savoir : Delaunoy, Daix, Dewasseras, le sergent d'Hennecourt, Debaulincourt, Coupigny et Thieulaine.

Malgré les infirmités de plusieurs d'entre eux, qui depuis long-temps traînaient une frêle existence à l'infirmerie, et qui à peine pouvaient se traîner, on les arracha de leur lit pour les faire conduire inhumainement, sous l'escorte d'une garde nombreuse, de la maison de l'Hôtel-Dieu en la prison des Baudets.

Ce ne fut pas assez de leur avoir refusé, au moins aux plus infirmes, des voitures pour ce trajet, qui est cependant celui d'une extrémité de la ville à l'autre, ils eurent la barbarie de ne pas permettre le transport de leurs lits, et de les réduire à coucher dans un cachot sur la paille.

Comme si on eût résolu de leur faire souffrir mille morts avant celle qu'on leur préparait, on les y laissa quelques jours, au bout desquels on les mit en jugement, et on ne le fit enfin que parce qu'ils avaient signé, en 1788, lors de l'assemblée des notables, conséquemment avant la révolution, une protestation contre tout ce qui pourrait être fait au préjudice des priviléges de la ci-devant province d'Artois. On excepta de cette condamnation Coupigny l'aîné, par la raison qu'il fut constaté qu'étant alors à Paris, il n'avait eu aucune part à cette protestation. Thieulaine échappa également.

Le jour même, Blanquart, homme de loi, qui avait rédigé cette protestation, fut enlevé de la même manière, et paya de sa tête la part qu'il eut, comme conseil, à cette rédaction.

Dans la même décade, on vint appeler Gamonet Blin l'aîné, Leroy-d'Hurtebise et Lacomté, à l'occasion d'une liste que la veuve Bataille avait tenue de tous ceux qui lui donnaient des aumônes; et l'un d'eux comme ayant assisté à la cérémonie d'un mariage consacré par un prêtre constitutionnel dans la maison de la veuve Bataille. Dix-sept femmes furent extraites de la Providence ou de leur domicile, pour la même affaire.

Par un raffinement qui semblait devoir être un préjugé certain de leur acquittement, au lieu de les faire conduire à la prison des Baudets, on les ramena, contre l'usage, dans leur maison d'arrêt, et le lendemain on vint les reprendre pour les mener au tribunal, et de-là à la mort.

La précipitation de cette prétendue procédure fut telle, que plusieurs de ces vingt victimes furent immolées, sans interrogatoire préalable, sans être entendues, et ce parce qu'elles se trouvaient inscrites sur une liste de charité, comme ayant donné trois livres. Telle fut entre autres, la citoyenne

Toursel, femme d'un médecin, délaissant neuf enfans en bas âge.

Nous avons appris, depuis notre sortie, qu'on exerça encore sur leurs cadavres des infamies dont les peuples les plus barbares n'ont jamais eu d'exemples (1).

Comment apprenions-nous le triste sort de ces victimes ? Uniquement par l'enlèvement de leurs effets, sans aucun inventaire sans aucun ordre quelconque.

Le lendemain ou surlendemain, le citoyen Corbeau, qui avait été commis aux ci-devant états, vint dans les greniers, se jeta dans nos bras, nous fit ses adieux et partit, en se recommandant à notre souvenir. Cet homme, bien convaincu que vainement il exposerait sa juste défense, dit à ses juges : « Je sais que vous avez résolu ma mort ; je m'y suis résigné, et je n'ai rien à répondre qu'à l'Être-Suprême, qui, plus que vous, connaît le fond de mon ame, et qui vengera ma mort et celle de tous les innocens dont vous avez tramé la perte. »

Un citoyen nommé Delettres, arpenteur à Arras, fut mandé, peu de temps après, comme supposé

---

(1) Le soir de cette exécution, les directrices de la Providence s'emparèrent du vin et des liqueurs de ces dix-sept malheureuses. Elles s'enivrèrent et dansèrent une partie de la nuit. Elles renouvelaient ces orgies, toutes les fois qu'il y avait des exécutions semblables.

Pour annoncer ces jours de deuil, la directrice en chef s'exprimait ainsi : « Aujourd'hui je crache une guillotine. »

(*Note de l'auteur.*)

avoir acquis une église pour compte d'émigrés : il avait d'abord été au district; il nous dit à son retour : « Mes amis, quelque bons patriotes que vous soyez, vous avez un traître parmi vous, qui révèle tout ce que vous dites, et qui le déguise sous les traits les plus odieux; c'est d'après ce qu'il s'est permis à mon égard, qu'on va me sacrifier. Puissiez-vous n'être pas victimes de ce perfide!... » Le lendemain il nous fut enlevé, et subit, comme il l'avait prévu, la peine de mort.

Chaque jour était marqué par de semblables enlèvemens, et l'après-midi était attendu avec l'effroi de la mort, jusqu'à ce qu'enfin l'heure, la plus ordinairement fixée pour ces tristes extractions, fût passée. Alors, en gémissant sur le sort de ceux que la vengeance avait jusque-là choisis, on se disait : « Voilà donc enfin encore un jour de retard pour nous!.... »

On ne finirait pas s'il fallait rappeler les sinistres événemens de chaque journée.

On ne peut passer sous silence celui-ci : Un jour de décadi (1), l'huissier vint demander les citoyens Marchandise, Boitel, Griffon, Wigna et Lacroix.

Marchandise était dans sa chambre; il dit aux directeurs : « Je suis à vous, à l'instant; permettez-moi seulement d'aller aux commodités. »

Prévoyant qu'il ne pouvait être appelé que par l'infâme émissaire du tribunal, il va en effet vers

---

(1) Jour de la fête de la Bienfaisance.

les aisances, dont la position lui parut la plus propre à favoriser son évasion. Il escalada les murs, tomba dans un jardin et gagna la rue par la maison attenante.

Les cris, poussés par une citoyenne qui se trouvait dans ce jardin, avertirent qu'un prisonnier s'était évadé, et firent mettre à sa poursuite nombre de personnes de la ville, et notamment de la garde soldée par Joseph Lebon. La nouvelle s'en répandit sur-le-champ dans la maison. Les directeurs, sous-directeurs, portiers et autres guichetiers, couraient, se précipitaient hors de notre prison pour recouvrer leur proie. La maison se trouvant sans gardiens, il eût été facile aux quatre autres de profiter de ce moment de désordre avec plus de succès, et à plus forte raison, si les prisonniers, au nombre de passé trois cents, eussent conçu le projet de recouvrer par la fuite leur liberté.

Mais chacun, fort de son innocence, resta tranquille, même les quatre qui, déjà remis entre les mains de l'huissier de la mort, ne pouvaient se déguiser le sort qui les attendait. Un silence morne, un calme douloureux, eu égard à la position cruelle de ceux qui venaient d'être appelés, et qui, au surplus, n'était autre que cette tranquillité d'ame qui est le partage inséparable de l'innocence, furent les seuls sentimens que l'on témoigna dans cette circonstance.

Au contraire, chez l'huissier et les autres satellites, le crime se manifestait, et il était tel, que lorsque déjà on avait la certitude que Marchandise avait été rattrapé, on compta jusqu'à cinq ou six fois les quatre autres victimes par différens appels, qui, décélant le grand intérêt de les rassembler, annonçaient de plus en plus qu'ils étaient condamnés dès avant l'instruction de leur affaire (1).

Cependant, ces exécutions journalières commencèrent à fatiguer, même la portion du peuple soudoyée; l'effusion du sang semblait cesser d'avoir à ses yeux quelque attrait. Le théâtre de ses assassinats devenait désert, nonobstant les efforts de toute espèce de l'infâme Lebon pour y attirer la foule et même l'y contraindre.

Il ne se déguisait pas que la continuation de ses forfaits en ce lieu pourrait y exciter, tôt ou tard, une révolte générale dont il deviendrait la première victime.

Pour écarter cet orage, il alla établir à Cambrai un nouveau tribunal; il y fit élever un instrument de mort permanent, parcourut lui-même les campagnes des environs de Bapaume à la tête d'un détachement de hussards, pour y faire arrêter, sous ses propres yeux, indistinctement tous les fermiers qui n'avaient pas été autrefois à sa messe, ou à qui

---

(1) On cite sur Joseph Lebon le trait le plus fort peut-être en barbarie ancienne et moderne. Il fit laisser un malheureux sous le couteau de la guillotine pendant plus de dix minutes, jusqu'à ce qu'on lui eût lu les détails d'une victoire que nos armées venaient de remporter.

(*Note de l'édit. de l'histoire des prisons.*)

il en voulait, par des motifs qui n'étaient pas plus sérieux. Il les soumit de suite au tribunal de sang qu'il venait d'y créer, et qu'il n'avait composé, soit en juges, soit en jurés, que d'hommes dévoués à ses vengeances. Il choisit la nuit pour faire enlever des prisons d'Arras ceux qu'il savait justement défendus par l'opinion publique à laquelle il ne se flattait plus de faire illusion. Il ne s'occupa enfin que de ces projets meurtriers, pour donner de l'activité à son nouveau et trop sanguinaire tribunal.

Nous terminerons la justification de ce que nous venons d'avancer, par le récit du fait suivant.

Jean-François Payen, âgé de 36 ans, fermier à Neuville-la-Liberté (1) où Lebon avait été curé, l'un de nos compagnons d'infortune, dont le civisme était notoire et n'avait rien perdu de son énergie durant sa détention, et à qui cet ex-curé n'en voulait que parce qu'il avait répugné de se lier avec lui, nous fut enlevé vers les onze heures et demie du soir, le 6 messidor, dans un grenier, au milieu de cinquante personnes, pour être aussitôt lié, garrotté, chargé de fers et conduit à Cambrai.

Nous avons su que l'ordre, en prescrivant ces

---

(1) Neuville-le-Roi. C'est ainsi que Collot-d'Herbois fit donner à Lyon le nom de Commune-Affranchie, et qu'un autre voulait faire appeler Marseille, Commune-sans-Nom.

(*Note des édit.*)

atrocités, portait qu'il y serait rendu à huit heures du soir.

Jusque-là il n'avait eu la communication d'aucun acte d'accusation, sans doute dans la vue de lui ôter tous moyens de défense : on le mena droit au tribunal révolutionnaire, où, à peine présenté, il entendit son arrêt fatal, et fut de suite exécuté; car, à dix heures du matin il n'existait plus. On assure que vers le midi du même jour, Lebon partit pour Paris.

Grâce à la justice de la Convention nationale, ce fut la dernière victime que nous eûmes à pleurer.

Cependant nos inquiétudes mortelles n'étaient pas encore calmées, puisque onze autres infortunés furent également extraits des prisons d'Arras le surlendemain, et conduits à Cambrai la veille du même jour, million de fois heureux, où les tribunaux de sang, tant d'Arras que de Cambrai, furent suspendus.

Dans l'intervalle que nous venons de parcourir, il ne faut pas croire que le tribunal d'Arras fût resté oisif; la soif du sang dévorait trop constamment l'ame de Lebon, pour qu'il ne désignât pas, de jour à autre, quelque victime; et, comme il suffisait presque toujours d'y être traduit, pour être assuré d'une mort inévitable, quelque innocent qu'on fût, nombre d'assassinats eurent aussi leur cours, jusqu'au moment de ladite suspension, tellement qu'on y compte, dans l'espace de quatre mois, quatre cents condamnations à mort; le dirons-nous? dans une commune qui a été reconnue, à trois époques différentes, avoir bien mérité de la patrie, et conséquemment l'avoir toujours bien servie.

On nous assure que, dans le laps d'environ six semaines, le tribunal de Cambrai a moissonné au-delà de cent cinquante citoyens.

La stupeur profonde, dans laquelle nous n'avons cessé d'être plongés, ne nous a pas permis d'entrer en détail sur chacune des victimes qui ont succombé, encore moins de les classer dans un ordre exact.

Elle était telle, que personne de nous n'eût osé tenir la moindre note; car nos actions, nos paroles n'y étaient seulement pas surveillées, par le seul dessein de nous nuire, mais on voulait encore deviner nos pensées les plus secrètes, et s'en faire même un prétexte de dénonciation contre nous.

Nous n'avons donc pu prendre d'autre guide que celui de nos souvenirs, et d'une mémoire affaiblie par les scènes douloureuses que chaque jour nous offrait.

Si nous allons parler de quelques vexations particulières, c'est moins dans la vue d'apitoyer sur notre sort, que dans l'intention d'exciter une juste horreur sur les abus qu'on se permettait.

Les communications les plus importantes, soit au besoin de nos affaires, soit à l'intérêt sensible que nous avions de connaître la situation des personnes qui nous étaient les plus chères, nous étaient interdites depuis long-temps, au mépris de la loi du 17 septembre 1793 (vieux style), et avec plus de rigueur qu'on n'en avait observé à la Bastille dans les temps les plus tyranniques.

Croirait-on cependant que la sévérité de nos surveillans de toute espèce renchérissait à fur et mesure que les dispositions de la Convention nationale se prononçaient plus favorablement à notre égard, ou que les événemens devenaient plus importans au bonheur de la France?

En voici la preuve.

Lors de la suspension des tribunaux, nous fûmes plus de quinze jours sans pouvoir en pénétrer le mystère, à raison des grandes fouilles qui se faisaient, soit dans nos paniers, soit dans le manger qu'on y trouvait.

Le jour de la nouvelle qui nous apprit la conjuration de Robespierre, Couthon, Saint-Just et Lebas, et leur supplice, que nous arriva-t-il?

Gille et Lemaire, commissaires aux prisons, se rendent à l'Hôtel-Dieu vers les dix heures du matin; ont, avec les directeurs, sous-directeurs et autres guichetiers, une conférence secrète, après laquelle ils parcourent la maison, et font boucher, en leur présence, toutes les fenêtres qui facilitaient la vue sur quelques maisons de la ville, et qui cependant étaient nécessaires à la salubrité de notre prison.

Cette précaution ne leur parut pas suffisante ; ils vinrent ce même jour, contre leur ordinaire, présider à la visite des paniers et de chacun des plats qui s'y trouvaient, n'osant pas s'en rapporter, sur cette perquisition, à ceux qui cependant n'étaient que trop dévoués à leurs ordres inhumains.

Nous le demandons : quel pouvait être leur intérêt à nous cacher le triomphe de la Convention nationale sur les infâmes traîtres qu'elle a punis ?...... Étaient-ils donc leurs complices pour nous envier ainsi la satisfaction de partager à cette occasion l'allégresse de tous les bons Français ?........ Ils nous connaissaient donc pour de vrais patriotes, puisqu'ils prévoyaient la joie que nous en eussions ressentie, et que nous en avons éprouvée dès l'instant que nous en fûmes instruits.

Nos geôliers ne tenaient pas à notre égard une conduite moins odieuse (1).

---

(1) Lebon, ce monstre sanguinaire, toujours heureux et recherché dans ses choix, nous avait donné pour directeur en chef, un sonneur pour les morts !.... un ci-devant bedeau, et par-dessus tout, un savetier de son style (expression noble du pays).

Nous serions injustes, si nous ne faisions pas connaître la conduite vertueuse, humaine et généreuse de la citoyenne Marie-Joseph Chevalier, femme de Duquesne, notre sous-directeur ; sans se démentir un seul instant sur les devoirs pénibles imposés à son mari, sans les enfreindre, sans y mettre d'autre intérêt que celui d'obliger les malheureux, il n'est aucun prisonnier, abso-

Dans les plus grandes chaleurs, ils nous défendaient de prendre de l'eau au seul puits qui en fournissait de la bonne. Ils nous obligeaient de venir le matin, depuis huit heures jusqu'à neuf, remplir nos cruches, et la plupart n'en avaient pas jusqu'au lendemain à la même heure.

Nous avons appris qu'à la Providence le puits resta trois jours sans corde, et que pendant tout ce temps on fut obligé d'apporter de l'eau du dehors; et que, lorsqu'on en demandait dans les maisons voisines, on en refusait par cela seul que c'était pour les détenus, et qu'on craignait que Lebon n'en eût connaissance.

Quand on nous apportait, dans les temps de la plus grande disette, nos portions qui étaient à peine suffisantes, et que nous partagions avec les indigens et les citoyens qui ne pouvaient en avoir de chez eux, parce qu'on avait chassé et molesté leurs personnes de confiance, nos portiers les entamaient encore (1).

A la Providence, les furies qui singeaient nos cerbères, les surpassaient au point que vers les der-

---

lument aucun, à qui elle n'ait rendu service ; plusieurs même doivent à ses soins, à ses égards, à son économie et à son désintéressement rare, leur existence. (*Note de l'auteur.*)

(1) Pour ce faire, ils avaient établi une double porte ; sous peine d'être mis au secret, il nous était sévèrement défendu de ne recevoir nos paniers des mains de ces gens qu'à la distance tout au plus de dix à douze pieds de cette double porte.

(*Note de l'auteur.*)

niers temps de notre détention, on donna la consigne au corps-de-garde de surveiller les directrices et portiers.

Enfin nous étions nommés tour à tour de corvée pour nettoyer la maison, les cours, les lieux d'aisance et autres cloaques; et les directeurs qui commandaient, venaient jouir, avec le sourire de l'insulte, ou par des propos scandaleux, de l'état d'abjection auquel ils nous réduisaient.

Déjà nous avons fait connaître que dans nos retraites nous y étions environnés d'espions; ce n'était pas assez. Nos gardiens avaient également le même rôle à jouer. Il suffisait qu'ils pussent nous rencontrer avec tel ou tel individu, pour qu'ils se permissent de nous placer sur des listes de proscription, qui se concertaient criminellement entre eux et les commissaires, dont, pour surcroît de malheur, le choix avait infecté nos prisons.

Nous n'osons pas donner ce dernier fait comme certain; il est possible que ces listes n'aient été demandées qu'à l'occasion des renseignemens que les commissaires puisaient contre nous dans les sources les plus impures, et qu'elles ne fussent données par lesdits gardiens qu'au seul titre d'obéissance; nous nous plaisons à le croire ainsi d'après l'anecdote que nous rappellerons en dernière analyse.

Plusieurs de ces listes de proscription avaient déjà servi à traîner à la boucherie nombre d'innocens; mais il en était une qui comprenait quatre-vingt-sept citoyens de la maison de l'Hôtel-Dieu, et dont le tour était d'y passer dans la même décade que les tribunaux d'Arras et Cambrai furent suspendus.

Quoi qu'il en soit, les vexations dont nous avons rendu compte avaient aussi pour but le projet affreux de renouveler dans nos réclusions les horribles journées des 2 et 3 septembre 1792.

A force de rigueur, on se flattait d'aliéner nos esprits et d'y exciter quelque soulèvement; mais il n'y avait parmi nous que des citoyens tranquilles, qui, forts de leur innocence, espéraient constamment que le jour de la justice luirait sur eux.

Notre patience dérangea le calcul de nos persécuteurs; ils affectaient de faire courir, de temps à autre, le faux bruit que nous étions en insurrection.

C'est d'après cette calomnie qu'ils se présentèrent nuitamment à l'Hôtel-Dieu, à la tête d'un détachement nombreux, et qu'ils s'annonçaient au directeur comme venant à son secours, dans l'intention de le venger de notre révolte.

Celui-ci répondit que jamais il n'avait eu la moindre occasion d'être inquiet; que tous les prisonniers étaient couchés et endormis, et que lui seul coucherait au milieu de nous sans l'ombre de la plus légère crainte.

Sur les doutes qu'on lui manifesta, il les engagea

à entrer à petit bruit, et à se placer dans les diverses cours.

L'espérance d'entendre quelque mouvement ou quelque bruit fit accéder les meneurs de cette troupe à la proposition.

Le détachement entra à la sourdine; chacun prêta l'oreille la plus attentive, et n'entendit rien.

Les soldats citoyens ne purent s'empêcher de s'écrier qu'on les trompait indignement, et, à la prière du directeur, on se retira dans le silence.

Ce n'est que long-temps après que nous avons eu connaissance de cet événement.

Si cependant le hasard eût rendu quelqu'un de nous incommodé, et eût excité les secours de ses compagnons, il n'en eût pas fallu davantage pour diriger les armes de nos concitoyens contre nous.

RELATION

DE CE QU'ONT SOUFFERT POUR LA RELIGION LES PRÊTRES FRANÇAIS INSERMENTÉS, DÉPORTÉS EN 1794 DANS LA RADE DE L'ILE D'AIX, PRÈS ROCHEFORT.

Partis au mois de février 1794 de notre département, au nombre de quarante, sur des chariots couverts, escortés par la garde nationale et la gendarmerie, nous arrivâmes après huit jours de marche à Rochefort, après avoir été tantôt bien, tantôt mal accueillis sur notre passage; souvent hués et menacés; quelquefois reçus seulement avec indifférence; couchant parfois dans des hôtelleries, gardés à vue; parfois aussi dans des prisons ou des maisons de force; passant la nuit sur de simples matelas étendus sur le plancher; là, sur de la paille infecte et pleine de vermine.

Ce fut justement le surlendemain de la quinquagésime que nous mîmes pied à terre à Rochefort, à nuit close. On nous renferma sur-le-champ aux Capucins, dans le ci-devant réfectoire de ces religieux, avec une quinzaine de forçats ou galériens qui s'empressèrent aussitôt de fraterniser avec nous; en quoi, certes, ils pensaient user d'une grande générosité à notre égard, car il n'y en avait pas un qui ne se crût cent fois plus honnête homme que nous.

Mais ce local étant trop resserré pour contenir un aussi grand nombre de détenus avec tous leurs effets et les lits des galériens, on détacha dix d'entre nous pour aller loger à Saint-Maurice, autre maison d'arrêt fort éloignée. Dès ce moment nous ne communiquâmes plus avec eux, jusqu'à l'époque où nous nous rejoignîmes pour aller pourrir ensemble sur les vaisseaux. On peut penser si cette séparation de nos chers et respectables confrères, avec qui jusque-là tout nous avait été commun, fut sensible à nos cœurs déjà attristés de tout ce qu'ils voyaient, et si nous eussions volontiers échangé nos quinze galériens pour dix confesseurs de la foi. Nous n'osâmes pas cependant faire la moindre représentation. En effet, la suite nous apprit combien elle eût été inutile, peut-être même dangereuse.

On ne nous parla, ce premier soir, de rien absolument : on ne nous dit, ni pour combien de temps nous étions là, ni comment nous y subsisterions, ni de quelle manière nous y passerions la nuit, etc... On nous livra parfaitement à nous-mêmes et à nos réflexions, sans paille, sans feu, sans lumière : je ne sais même si on nous donna du pain et de l'eau. Tout ce que je me rappelle très-bien, c'est que ce fut là la seule nourriture que la nation nous fournit jusqu'à notre départ pour les vaisseaux, qui fut différé d'environ cinq semaines. Il nous fut libre, à la vérité, pendant tout ce temps, de nous procurer, à nos frais, quelques subsistances ; mais le moyen que trois pauvres femmes d'artisans, les seules avec qui on nous permît de communiquer, à travers un petit guichet fort étroit, pussent donner à manger à plus de quarante détenus, dont la plupart, c'est-à-dire les prêtres déportés, observaient strictement la loi de l'abstinence ? car outre que les alimens maigres et le bois étaient d'une cherté horrible, ils étaient encore devenus, par un effet de la réquisition en faveur des troupes, d'une extrême rareté : en sorte que nos pourvoyeuses qui achetaient du jour au jour, n'ayant pas les facultés nécessaires pour faire de plus amples provisions, pouvaient à peine se procurer quelques fèves de marais ou quelques pommes de terre, pour le plus petit nombre d'entre nous, et quelquefois ne pouvaient les apprêter à défaut de bois; d'où il arrivait que nous étions souvent incertains à midi ou midi et demi, qui était l'heure à laquelle nous rompions le jeûne, si nous aurions autre chose à dîner que notre pain mal cuit et grossier, et notre eau de puits.

Nous étions cependant mieux nourris encore que couchés. Nous reposâmes pendant plusieurs nuits comme nous pûmes, les uns sur la table à manger, ou sur les banquettes qui étaient autour de ce lieu, si improprement nommé *réfectoire ;* les autres sur le plancher nu, ayant nos porte-manteaux pour oreillers. Enfin, cependant, on nous donna quelques matelas et quelques couvertures, le tout sans draps, cela s'entend, en petite quantité, relativement à notre nombre, et d'une malpropreté à faire peur (1). C'est là que nous couchâmes deux à deux, trois à trois, au pied des lits des galériens; car ces honnêtes gens avaient chacun un lit, comme il était juste, tandis que nous couchions à plate terre.

Mais c'était là la moindre de nos peines. Ce qui nous en causait davantage, c'était de recueillir toute la vermine dont ils étaient infectés; c'était d'entendre leurs juremens, d'être témoins de leur irréligion, de leur fureur pour le jeu, de leurs rixes sanglantes; d'avoir toujours à nous défier d'eux, lorsque nous voulions prier ou parler librement entre nous; de n'oser presque ouvrir nos valises devant eux, crainte d'exciter leur cupidité qui se peignait sensiblement dans leurs yeux avides, chaque fois que nous faisions l'inspection de nos effets; c'était enfin d'avoir à vivre habituellement et familièrement avec des hommes qui tous,

---

(1) Je couchais, moi troisième, sur un de ces matelas nationaux, dont la vue seule faisait mal au cœur. On demandera peut-être comment trois hommes, dont deux étaient assez puissans, pouvaient trouver place sur un même matelas? Plût au ciel que nous en eussions eu un entre quatre dans la suite! Nous avions placé celui-ci en travers, et nous couchions dans la largeur, d'après l'avis d'un forçat qui nous fit observer, très-judicieusement, qu'il importait peu que nos jambes portassent à terre, pourvu que nos reins reposassent sur quelque chose de moins dur.

(*Note de l'aut.*)

à les croire sur leur propre parole, étaient de *petits saints*, pendant qu'au dire de leurs camarades, ils n'étaient pas moins que des voleurs ou des assassins (1). En effet les nouvelles lois, toutes favorables qu'elles étaient à tous les criminels de l'ancien régime, n'avaient pu absoudre ceux-ci. Délivrés de la chaîne, ils étaient condamnés à la déportation.

Ce qui nous affligeait encore, c'était la désolante incertitude de notre sort dans laquelle on affectait de nous laisser; c'était de voir s'accroître chaque jour dans un local si borné, le nombre de nos compagnons d'infortune, sans pouvoir conjecturer où se terminerait enfin cette progression effrayante (2); c'était le défaut si pénible d'air, et le défaut non moins pénible d'exercice qui s'ensuivait nécessairement de cette augmentation jour-

---

(1) Nous ne saurions douter que quelques-uns au moins de ces aimables commensaux, ne méritassent la première de ces qualifications; car il se commit plusieurs vols dans cette prison durant notre séjour : un, entre autres, très-considérable. Le bon de l'affaire, c'est qu'on nous fit la grâce de le mettre sur notre compte, et qu'on nous en punit même très-rigoureusement, comme on le verra plus bas. (*Note de l'auteur.*)

(2) On avait d'abord jugé que nous ne pouvions pas habiter plus de quarante-cinq dans cette enceinte. On acheva par y renfermer au-delà de soixante détenus, autant que je puis me le rappeler; et remarquez que dans ce nombre il y avait, outre les susdits forçats de galère, des patriotes déterminés, accusés (assurément bien à tort) d'incivisme, des prêtres jureurs et des juifs.
(*Note de l'auteur.*)

nalière (1); c'était de nous voir perpétuellement le jouet des graves commissaires des autorités constituées, qui venaient régulièrement deux ou trois fois la semaine singer l'humanité et s'apitoyer en apparence sur notre sort, et qui trouvaient toujours parmi nous quelque dupe, quelquefois même des imprudens, quoiqu'ils missent toutes nos requêtes au néant, et ne répondissent jamais à une seule des pétitions qu'eux-mêmes nous avaient suggérées.

Une autre peine non moins sensible, ce fut de nous voir, contre toutes les lois, indignement fouillés, dépouillés, détroussés, comme sur un grand chemin, par une bande de Mandrins municipaux et de Cartouches en écharpe. Voici comment la chose se passa. C'était peu de jours avant que nous partissions pour les vaisseaux. On tramait depuis long-temps sans doute ce grand brigandage; mais on voulait, je ne sais trop pourquoi, un

---

(1) Comment se promener dans une petite salle encombrée par une quinzaine de lits, et par tout notre bagage? Si on voulait essayer de le faire dans le seul passage étroit que laissaient tous ces effets, outre qu'on se coudoyait mutuellement à chaque instant, on était aussitôt suffoqué par la poussière. A la vérité, nous avions vue sur un assez beau jardin du couvent; mais l'entrée nous en était interdite; et combien cette privation nous était-elle pénible, surtout quand nous voyions les autres détenus, qui habitaient la même maison, s'y promener librement, quoiqu'aux yeux des patriotes, ils fussent si coupables, qu'on venait, de temps à autre, en enlever quelqu'un pour le conduire à l'échafaud!

(*Note de l'auteur.*)

prétexte pour l'exécuter. Un laïque renfermé avec nous, le fournit sans s'en douter. On lui avait volé sous son chevet, pendant la nuit, une somme considérable, comme je l'ai dit plus haut dans la note troisième. Il eut l'imprudence de solliciter auprès des autorités constituées une perquisition qui ne devait avoir aucun bon effet pour lui, et ne pouvait qu'attirer beaucoup de désagrémens à tous les détenus. La municipalité, enchantée d'avoir trouvé le prétexte qu'elle cherchait depuis long-temps, se transporte aussitôt aux Capucins. On nous annonce la fouille la plus sévère et la plus scrupuleuse. Dieu sait si on nous tint parole! On commença par nous, car les soupçons devaient tomber sur nous bien plus naturellement que sur les galériens. En conséquence on nous fit passer, l'un après l'autre, chargés de tous nos effets, dans une salle voisine où siégeaient gravement de soi-disant magistrats plus habiles, certes, à faire un coup de main qu'à manier la parole, et à décadenasser une valise qu'à composer une harangue (1). Heu-

---

(1) Qu'on juge de l'étendue de leurs connaissances par le trait suivant! J'avais mis en lieu de sûreté, en quittant notre salle, pour aller me faire fouiller, tous mes livres de piété, et en particulier une petite *Imitation de Jésus*, bien pliée dans un paquet de petites raves; car tels étaient les expédiens ridicules, ce semble, mais indispensables, auxquels il nous fallait avoir recours, pour prévenir d'horribles profanations. Je n'avais pas cru toutefois qu'il fût nécessaire de prendre la même précaution pour les livres purement profanes. J'avais entre autres dans ma valise les *Colloques d'Érasme*, dont j'aime singulièrement l'élégante latinité, quoique

reux ceux qui purent soustraire à leur patriotique avidité et à leur rapacité sacrilége, quelques objets de religion, quelques effets précieux, ou quelque peu d'assignats et de numéraire! ils nous volèrent, au nom de la nation, tout ce qu'ils

---

moderne. On fait mine de vouloir me confisquer ce livret : je représente que ce sont les *Colloques d'Érasme;* et toutefois craignant que nos érudits et dévots magistrats ne les prissent pour les *Colloques du Calvaire* ou pour quelque autre ouvrage ascétique, j'ouvre le livre (car je supposais charitablement qu'il y en avait quelqu'un qui savait lire) et je leur montre le titre en gros caractères : *Colloquia Erasmi.* Je fis une bévue. C'était du latin : il n'en fallut pas davantage pour rendre l'ouvrage suspect ; car, comme on peut bien penser, le latin était pour ces gens-là de l'arabe, du syro-chaldaïque. Un livre latin ne pouvait être qu'un livre de dévotion. C'eût été l'*Éloge de la Folie* du même Érasme, ou l'*Art d'aimer* d'Ovide, qu'ils l'eussent qualifié un livre de dévotion. — Mais, Messieurs, de grâce!..... Ce sont les Colloques d'Érasme, vous dis-je. — Et que savons-nous ce que c'est que ton Érasme! Était-ce un bon patriote ? — Hélas ! je l'ignore. Tout ce que je sais, c'est que c'était un Hollandais, et qu'il y a plus de deux siècles qu'il est mort. Tout ce que je sais, c'est que son livre est très-bien écrit, et qu'il est devenu un livre classique. — Un livre classique ! jamais nous n'avons fait de classes. Je n'avais pas besoin qu'ils me l'apprissent. — Mais enfin, Messieurs, poursuivis-je, c'est un livre étranger à la religion, un livre purement profane... J'eus beau faire : ce n'était ni l'*Hymne des Marseillais*, ni le *Père Duchêne* : il fallut faire le sacrifice de mon pauvre Érasme, et qui pis est, celui d'un petit *Atlas portatif*, que je regrettai encore davantage, et où ils ne comprirent rien à coup sûr; mais ils en prirent sans doute les cartes géographiques pour des signes contre-révolutionnaires, ou bien il entrait dans leur plan de nous ôter tout ce qui pouvait tant soit peu adoucir nos peines, et nous faire oublier un instant nos souffrances.

Je vins pourtant à bout de soustraire à ces profanes un objet re

purent en ce genre, et ne firent pas même grâce à nos manteaux. Je ne parle pas de leurs promesses mensongères de nous rendre nos effets, de leurs menaces effrayantes pour nous extorquer ceux qu'ils ne pouvaient découvrir, ni de leurs railleries sacriléges et de leurs horribles blasphêmes, cent fois plus affligeans pour nous que leurs menaces.... Cette divertissante opération dura depuis onze heures du matin jusque vers huit ou neuf heures du soir. Alors nos maîtres escrocs allèrent, uniquement pour la forme, faire une courte apparition

---

ligieux auquel j'attachais une toute autre importance qu'à des livres de pur amusement. C'était une boîte de saintes huiles, qui nous a été d'une grande ressource sur les vaisseaux, et a procur à un grand nombre de mes confrères la douce consolation de recevoir l'onction des mourans. Cette boîte était d'étain, faite en forme de cassolette. Je m'avisai, pour donner le change à nos impies furets, de leur faire accroire, sans compromettre la vérité, qu'effectivement c'en était une. Après avoir couvert en dedans l'huile sainte d'une petite plaque qui bouchait parfaitement, je couvris cette plaque qui laissait un espace vide, d'une légère couche de savon blanc, sur laquelle je répandis quatre à cinq gouttes d'eau de senteur. Pour le coup, nos hommes aux cent yeux y furent pris. *Qu'as-tu là?* me dit le premier, entre les mains de qui tomba cette précieuse boîte, au sortir de ma poche; car on nous les faisait vider fort exactement. *Sentez*, lui répondis-je. Là-dessus il l'ouvre, se la porte au nez, et la pose sur le bureau, croyant effectivement que c'était une cassolette. Je la croyais sauve et me réjouissais déjà. Point du tout : un second s'en empare, et la flaire pareillement, en disant : *Qu'a-t-il là?*..... Très-heureusement il y fut pris aussi, et la posa de même; mais cette fois je la saisis, et n'attendis pas qu'un troisième y mît le nez. Vraisemblablement, je n'y eusse plus mis la main.

(Note de l'auteur.)

dans la salle que nous venions de vider, feignant seulement d'interroger les forçats et autres détenus, et s'abstenant au reste de toucher à rien de ce qui leur appartenait. Ils employèrent moins de temps à cette prétendue visite, qu'ils n'en avaient mis à détrousser un seul d'entre nous, tant ils étaient peu jaloux de découvrir les véritables auteurs du vol et de recouvrer les assignats volés ! En effet, c'était si peu leur but, qu'ils ne nous interrogeaient pas même, à mesure que nous passions en revue devant eux, si nous avions pris des assignats, ils savaient bien qu'il n'en était rien ; mais uniquement si nous avions pour notre compte de l'or, de l'argent, des assignats ou des montres, etc. Je me trompe pourtant : ils prenaient le véritable moyen de retrouver la somme volée, supposé que nous en fussions détenteurs, en nous enlevant exactement tout ce que nous avions. Il est clair, en effet, qu'elle ne pouvait manquer de se trouver dans la somme totale.... Mais ne sont-ce pas de dignes protecteurs de la fortune d'autrui, que ceux qui volent pour leur propre compte, et des gens bien propres à faire restituer trois ou quatre cents livres dérobées en secret, que ceux qui en escroquent publiquement et patemment vingt-cinq ou trente mille ?

Mais ce qui plus qu'aucun mauvais traitement nous perça le cœur et nous navra l'ame, ce fut de nous voir enlever nos bréviaires et nos livres de piété, notre dernière ressource et notre unique consolation dans nos peines. Cet enlèvement précéda de beaucoup la fouille dont je viens de parler. Une après-midi nous entendons crier les énormes verroux de la porte de notre prison, et aussitôt nous voyons entrer, accompagné de soldats ayant la baïonnette au bout du fusil, je ne sais quel estafier, qui d'un ton d'empereur romain, et avec un geste et des paroles menaçantes, nous demande tous nos livres de piété sans exception, et à l'instant saisit le bréviaire d'un de nous, qui, au moment même, récitait tranquillement l'office divin, retiré dans un coin.

Saisi, épouvanté, chacun s'empresse, quoiqu'à regret, d'obéir à cet ordre arbitraire et tyrannique. Nous voilà donc privés en un instant de cette précieuse collection de livres ascétiques, de livres de prières, de livres élémentaires de religion, que chacun s'était faite avec tant de soin, et sur laquelle reposaient tant de projets de zèle pour notre propre sanctification et pour la sanctification des Barbares auxquels nous comptions porter le flambeau de la foi sur les côtes d'Afrique. Qu'on juge combien ce coup nous fut sensible, et combien nous nous trouvâmes délaissés, j'ai presque dit découragés, en nous voyant enlever, sans espoir de la recouvrer, la plus chère de nos possessions, pour la conservation de laquelle nous eussions volontiers donné une partie de notre sang (1)! Mais ce n'é-

---

(1) Heureusement, je réussis à soustraire, sans être aperçu, tous mes livres de piété, et en particulier un bréviaire complet

tait point en Afrique que le Seigneur nous voulait ; il se plaisait à déconcerter nos projets en apparence les plus louables, et il nous disposait insensiblement par le sacrifice forcé de tout ce qui était hors de nous, à lui faire volontairement celui de notre propre vie.

Chacun de nous y était déjà tout déterminé. Il n'en est pas moins vrai que notre état, aux yeux de la nature, était très à plaindre. Nous le sentions plus vivement chaque jour ; chaque jour nous désirions voir changer notre sort ; et puisqu'il était décidé que nous devions aller en Afrique : « Que ne nous exporte-t-on promptement, disions-nous chaque jour ? Ou nous connaissons bien mal les hommes, ou les Barbares d'Afrique seront moins barbares que les prétendus Français au milieu desquels nous vivons.

---

que j'allai cacher dans une petite pièce attenante à notre prison où l'on allait pour toute autre chose que pour cacher les livres. Ce précieux bréviaire, le seul que nous eûmes entre trente prêtres, jusqu'à l'arrivée de quelques confrères d'un autre département, nous fut singulièrement utile. C'était à qui l'aurait : je pouvais à peine m'en servir. Et de quelles précautions ne fallait-il pas user pour cela ! Il fallait le réciter en cachette, le plus souvent derrière les rideaux, peu amples, d'un petit lit à baldaquin, appartenant à un détenu, M. de Saint-A..... de Saintes, laïque à la vérité, mais bon, honnête, et surtout plein de religion, dont nous regrettâmes singulièrement la société, lorsque nous partîmes pour les vaisseaux. Nous feignions d'aller reposer sous les rideaux de son lit, lorsque nous voulions lire ou prier, crainte d'être aperçus par les forçats qui eussent infailliblement provoqué une nouvelle visite par leurs dénonciations. *(Note de l'auteur.)*

Mais hélas? nous ne savions ce que nous demandions. Ce n'était là proprement que le commencement de nos maux et un faible échantillon des peines de tout genre que nous étions à la veille d'essuyer. Nous aurions dû les pressentir, si nous avions été moins aveuglés par le désir d'un changement quelconque, d'après la manière brusque et inhumaine dont on nous fit passer sur le vaisseau qui devait servir de tombeau au plus grand nombre d'entre nous.

Vers onze heures et demie du matin, ou midi (c'était en carême, et nous n'avions point encore rompu le jeûne), on nous avertit tout-à-coup qu'il faut partir sur-le-champ; et sans nous donner presque un instant pour rassembler nos petits effets, on nous fait sortir, les uns à la file des autres, nos paquets et porte-manteaux sur le dos. Après nous avoir rangés sur deux lignes, la garde nationale nous conduisit précipitamment à travers une grande partie de la ville et au milieu des huées accoutumées (1), à l'extrémité du port. Le trajet était

---

(1) Les citations que nous ferons entre guillemets seront extraites d'un second Mémoire sur les souffrances des déportés; en voici un morceau très-dramatique et analogue à ce passage.

« Les ecclésiastiques du département de l'Allier, au nombre de quatre-vingts, à la tête desquels était M. Imbert, ex-jésuite et vicaire apostolique du diocèse de Moulins, arrivèrent à Limoges. En y arrivant, ils trouvèrent aux portes de la ville une multitude immense que la curiosité avait rassemblée pour considérer un spectacle d'un genre nouveau. C'était une grande quantité d'ânes et de boucs couverts d'habits sacerdotaux, qui s'avançaient en formant

long et pénible. Nous étions à jeun; nous avions perdu durant notre détention l'habitude de marcher; nous n'avions jamais eu celle de porter un poids aussi considérable. La plupart de nous étaient hors d'haleine et près de succomber sous le faix. Mais le moyen de se soulager? il eût fallu faire le sacrifice de ses effets (1). Car si nous voulions prier

---

une longue file, et un énorme cochon revêtu d'ornemens pontificaux qui fermait la marche. Une mitre fixée sur la tête de ce dernier animal portait cette inscription : *Le Pape*. Celui qui présidait à cette fête irréligieuse dont il était l'inventeur, fit arrêter les charrettes qui voituraient les ecclésiastiques, ordonna à ces hommes vénérables de descendre, et les mit deux à deux en rang avec les animaux. La procession sacrilége entra ainsi dans la ville. Quand elle fut parvenue à la place principale, on la rangea en cercle autour de l'échafaud sur lequel était établi l'instrument de mort appelé guillotine. Alors, le cercle s'ouvrit pour donner passage à la gendarmerie qui amenait un prêtre non-assermenté que le tribunal révolutionnaire de la ville venait de condamner à périr par ce genre de supplice. L'exécution se fit aussitôt. Le bourreau montra ensuite au peuple la tête qu'il venait d'abattre, et dit : *Les scélérats que vous voyez ici méritent d'être traités comme celui que je viens d'exécuter : par lequel voulez-vous que je commence?* Le peuple s'écria : *Par celui que tu voudras.* Cependant, après que la multitude eut savouré le plaisir de les effrayer par l'apparence d'une mort prochaine, on les conduisit en prison pour y passer la nuit. Ainsi se termina cette journée qui leur semblait devoir être la dernière de leur voyage et de leur vie. Le jeu cruel qu'on se permit à leur égard se borna à la dérision et à la terreur. » (*Note des édit.*)

(1) Je fus sur le point de faire celui des miens, car j'étais excédé de fatigue. Heureusement, je trouvai un jeune homme, ou plus humain, ou plus avide de gain que les autres. Je laissai, tout en courant, tomber mon porte-manteau sur ses épaules, et à l'ins-

quelque artisan ou porte-faix de s'en charger pour un prix convenu ; outre qu'il ne s'en trouvait pas sur notre passage un assez grand nombre, et que la plupart nous refusaient de mauvaise grâce, on ne nous donnait pas même le temps de nous décharger. Voulions-nous seulement nous soulager tant soit peu, en plaçant autrement nos paquets sur notre dos, on nous criait avec brutalité d'*avancer*, *d'avancer*; que nous troublions les rangs et retardions la marche. Il fallait donc poursuivre, au risque de tomber sous le faix comme des bêtes de charge.

Enfin cependant nous arrivâmes, harassés et haletans, à l'extrémité du port de Rochefort ; et après nous y avoir fait attendre fort long-temps, au grand air, tantôt les matelots, tantôt la garde nationale qui devait nous escorter, on nous embarqua sur une goélette qui nous conduisit, à quelque distance de-là, sur le vaisseau *les deux Associés*.

Ce fut là que nous eûmes tout le loisir de regretter notre prison de Rochefort et de revenir des flatteuses espérances dont nous nous étions bercés

---

tant il disparut, quoique je l'eusse instamment prié de ne pas s'éloigner de moi. On peut juger si je fus inquiet ! Je ne connaissais point cet homme. Je n'avais aucun moyen de réclamation, s'il eût voulu s'approprier mes effets, les seuls effets que j'eusse pour aller, selon notre opinion, aux côtes d'Afrique. Il pouvait facilement, et sans courir aucun risque, me jouer ce tour cruel : mais il fut honnête et fidèle : je le trouvai au port où il m'avait devancé. Il me rendit exactement tous mes effets, et je tâchai de me montrer reconnaissant.

(*Note de l'auteur.*)

jusqu'alors (1). Dès ce moment nous fûmes, selon l'énergique et religieuse expression d'un d'entre nous, *les plus malheureux des hommes et les plus heureux des chrétiens*. Qu'on s'imagine tous les genres de peines et de souffrances physiques et morales qui peuvent assaillir des êtres raisonnables et religieux (à part les remords), et l'on se formera de nos maux une idée aussi approchante qu'il est possible de l'avoir, quand on ne les a pas éprouvés.

Je mets au premier rang, parmi nos peines morales, celle de ne pouvoir librement, je ne dis pas exercer notre culte, mais au moins adresser ouvertement quelques prières à l'auteur de notre être; nous prosterner en sa présence, nous munir du signe consolant du chrétien; de n'oser remuer les lèvres, crainte de nous attirer de terribles menaces, ou d'occasioner d'horribles blasphèmes; de n'avoir aucun livre qui pût nous porter à Dieu, aucune image pieuse, aucun objet ou signe extérieur de religion : et cela, au milieu des hommes les plus impies, les plus pervers, les plus gangrenés de toutes sortes de vices, qu'il y eut jamais. Dans un affaiblissement de raison causé par le défaut de tout exercice et par l'excès des souffrances, nous n'avons pu nous soutenir pendant plus d'un an, au milieu des peines de tout genre qui nous acca-

---

(1) Voyez Éclaircissemens (L), des détails intéressans sur l'accueil fait aux déportés au moment de leur embarcation.

(*Note des édit.*)

blaient, qu'en nous ressouvenant que *c'est ici la patience et la foi des saints* (Apoc. 13, 10); qu'en *jetant les yeux sur Jésus, l'auteur et le rémunérateur de la foi* (Héb. 12); qu'en recourant à sa grâce toute-puissante; qu'en nous rappelant de temps à autre les grands motifs de religion qui déterminèrent notre premier sacrifice, et en entrevoyant sa future récompense.

Mais combien ce précieux reste de foi ne pouvait-il pas facilement s'éteindre dans nos cœurs, environnés, comme nous l'étions, de gens qui n'avaient ni foi ni loi (1), qui paraissaient ne savoir pas même pourquoi ils étaient au monde, et affectaient de ne croire à rien, à rien absolument, si ce n'est peut-être à l'existence de Dieu; de gens qui n'avaient que des blasphêmes et d'horribles imprécations à la bouche, et dont le jurement favori que les plus petits mousses, aussi bien que les plus vieux matelots, faisaient retentir mille fois le

---

(1) Du moment que je mis le pied sur ce malheureux vaisseau, je connus, par le trait suivant, dans quelle impie Babylone la Providence avait permis que je fusse jeté. Comme on nous faisait descendre un à un dans l'intérieur du bâtiment, et qu'on nous fouillait auparavant, pour nous enlever nos cannes, couteaux, ciseaux, et tous autres meubles semblables, de crainte, sans doute, que nous n'en usassions pour assassiner l'équipage, de même que tous les instrumens et objets de religion, de peur que nous ne le *fanatisassions;* on prit dans la valise d'un vénérable chartreux, un peu trop confiant, qui me précédait immédiatement, un magnifique Christ d'ivoire. A cette heureuse découverte, je laisse à penser quelle joie atroce !.... Quelles sacriléges raille-

26*

jour à nos oreilles, était le *nom* sacré du Dieu trois fois saint; de gens, en un mot, qui étaient de vrais idolâtres, ne reconnaissaient dans la pratique d'autre divinité que la patrie; n'ayant aucun vestige de culte, si ce n'est que deux fois le jour, avant le repas, ils se rassemblaient pour chanter en commun (et avec quel enthousiasme sacrilége!) cet hymne patriotique si connu sous le nom d'*hymne des Marseillais*, qu'ils osaient bien qualifier *de prière;* car c'est ainsi que tous l'appelaient, sans paraître se douter qu'on pût en faire d'autre; et ils l'avaient effectivement substitué, pour effacer jusqu'aux moindres traces du christianisme, à l'ancienne formule de prières chrétiennes qui se faisaient régulièrement sur les vaisseaux avant la révolution!

Ce n'était pas une moindre peine pour nous, d'habiter et d'avoir toutes choses communes avec des gens de principes aussi diamétralement opposés

---

ries, et quels abominables blasphèmes!.... Figurez-vous une meute de chiens enragés : c'est l'expression de l'Écriture Sainte, quand elle peint prophétiquement les impies qui mirent à mort celui dont ce Christ était l'image. *Circumdederunt me canes multi, concilium malignantium obsedit me.* Ps. 21, 17. Aussitôt un officier, digne émule de ces anciens déicides, prenant son sabre d'une main, et de l'autre, appuyant le Christ sur un billot, d'un coup de son arme lui fait sauter la tête, croyant sans doute se débarrasser de la Divinité, parce qu'il détruisait l'image de l'Homme-Dieu. Aussitôt ces forcenés se mirent à crier, en levant le chapeau, comme à la vue d'une exécution sanglante : *Vive la nation! Vive la république!* Hélas! de quoi le chrétien apostat n'est-il pas capable?

(*Note de l'auteur.*)

aux nôtres, que l'étaient les prêtres jureurs, en très-grand nombre, les prêtres intrus, apostats, traditeurs et même mariés, qui étaient parmi nous, le plus souvent sans que nous les connussions (1),

---

(1) On demandera peut-être pourquoi ces prêtres infidèles avaient été déportés, puisqu'ils avaient eu la coupable faiblesse de se prêter à tout ce qu'on exigeait d'eux? La réponse est facile : c'est qu'ils avaient commis dans leurs départemens quelque acte d'incivisme, ou qu'on les en avait faussement accusés. On serait encore étonné de ce qu'ils ne changeaient pas, du moment où ils se voyaient déportés, si on ne savait ce que c'est que le cœur de l'homme; que son orgueil le porte à persister dans ses fausses démarches; qu'un abîme conduit à un autre abîme : et ce que je dis n'est pas contraire à ce que j'ai vu; savoir, que ces malheureux, si obstinés dans le mal et si follement intrépides, tandis qu'ils conservaient une lueur d'espérance d'échapper à la mort, changeaient bien de langage, et devenaient tout-à-fait souples et traitables, dès qu'ils se voyaient attaqués de la maladie. Il n'était pas nécessaire alors de les exhorter à se rétracter, ils nous prévenaient assez...... Mais que penser de ces conversions si tardives que produit presque toujours une crainte servile, non un amour de préférence pour Dieu, et qu'accompagne trop souvent le secret désespoir du pardon? Dieu seul le sait...... Ce qu'il y a de certain, c'est que l'impie Antiochus, lui aussi, reconnut et confessa ses crimes à la mort, et cependant, que disent de lui les livres saints? *Orabat hic scelestus Dominum, à quo non esset misericordiam consecuturus :* Ce méchant homme demandait au Seigneur un pardon qu'il ne devait pas obtenir. *Qui habet aures audiendi, audiat......* Ces rétractations si arriérées de nos prêtres constitutionnels, lesquelles étaient, selon l'expression d'un père de l'Église (S. Basile), le fruit d'un accès de fièvre, me rappellent un excellent passage de Montaigne, qui est, à la vérité, dirigé principalement contre les athées, mais qui peut s'appliquer à tous ces protées, si communs de nos jours, qui changent d'opinions religieuses comme d'habit, et dont la créance est toujours, comme de raison, subordonnée à leur intérêt ou à leurs autres passions. « S'ils sont *assez fous*, ils

et qui faisaient bassement leur cour aux officiers à nos dépens; je veux dire en nous dénonçant, dans l'espoir d'être mis en liberté ou d'éprouver quelque adoucissement à leur sort; sans parler de nos pro-

---

» ne sont pas *assez forts* pour l'avoir planté (l'athéisme) en leur
» conscience. Ils ne laisseront pas de joindre leurs mains vers le
» ciel, si vous leur attachez un bon coup d'épée en la poitrine,
» et quand *la crainte* ou *la maladie* aura abattu cette licencieuse
» ferveur d'humeur, ils ne laisseront pas de revenir et de se laisser
» tout discrètement manier aux créances publiques..... Hommes
» bien misérables et écervelés, *qui tâchent d'être pires qu'ils ne*
» *peuvent.....* » Il avait dit auparavant : « Voyez l'horrible impru-
» dence de quoi nous pelotons les raisons divines, et combien irré-
» gulièrement nous les avons rejetées et reprises, *selon que la for-*
» *tune nous a changé de place en ces orages publics !.....* Nous som-
» mes chrétiens à même titre que nous sommes Périgourdins ou
» Allemands.... *Quelle foi doit-ce être que la lâcheté et la faiblesse*
» *de cœur plantent en nous et établissent ?* Plaisante foi qui ne
» croit ce qu'elle croit que pour n'avoir pas le courage de le dé-
» croire !.... Si nous tenions à Dieu par l'entremise d'une foi vive,
» si nous avions un pied et un fondement divin, *les occasions hu-*
» *maines n'auraient pas la force de nous ébranler.* Notre fort ne
» serait pas pour se rendre à une si faible batterie. L'amour de la
» nouveauté, *la contrainte*, *la fortune d'un parti* n'auraient pas
» la force de secouer et altérer notre créance..... C'est affaire aux
» religions mortelles et humaines d'être reçues par une humaine
» conduite. »

Je n'ai pu résister à la tentation de citer ces divers passages qu'on peut voir tout au long, livre II des Essais, chap. 12. Je souhaite que les personnes que ces paroles regardent, fassent leur profit de cette courte et verte semonce d'un homme de génie, qui n'était rien moins qu'un dévot. Il est bien humiliant pour tous ceux qui, dans ces derniers temps, ont eu la lâcheté de trahir leur religion, de recevoir des leçons de constance et de fermeté dans la foi, de Montaigne.

(Note de l'auteur.)

pres confrères qui étaient ou imprudens, ou indiscrets, ou trop crédules, et qui souvent nous compromettaient mal-adroitement, sans en avoir l'intention.

Je ne fais pas mention des autres espions de tout genre, mousses, soldats, matelots, officiers même, au milieu desquels nous vivions et que nous trouvions à nos côtés au moment où nous y pensions le moins; sans qu'il fût possible, à moins d'être continuellement en vedette, de les apercevoir au milieu d'une foule immense d'hommes extrêmement pressés et serrés, dont la plupart ne se connaissaient pas. Malheur à qui ne s'observait pas assez! Le moindre mot, le plus petit geste, étaient relevés; le propos le plus innocent était dénaturé, empoisonné. Combien de nous n'ont pas été mis aux fers pour de pareils discours, proférés sans mauvaise intention, et faussement exagérés ou malignement interprétés! Ce fut à un de ces rapports mensongers qu'un des nôtres dut la mort violente qu'on lui fit souffrir : voici comment le fait se passa.

C'était un dimanche matin; il faisait un temps obscur et affreux, de la pluie, un grand vent. L'air de nos officiers était sombre, leur regard farouche : tout contribuait à nous donner du noir et à porter la tristesse jusqu'au fond de nos ames. Nous savions qu'un de nos confrères était aux fers pour quelque propos imprudent; nous n'étions pas cependant inquiets, cela arrivait si fréquemment!...

Un peu après dîner, on nous donne ordre de descendre, sans doute parce que nous encombrions le pont et gênions les passages. A peine la moitié des prêtres déportés étaient-ils descendus dans le cachot, qu'on ordonne à ceux qui ne l'étaient pas encore de rester, sans dire ni aux uns ni aux autres la cause de ces divers ordres. J'étais descendu des premiers, et j'attendais tranquillement à ma place le résultat du mouvement extraordinaire qui se faisait dans le vaisseau. Je logeais justement au-dessous de la partie du bâtiment qui était affectée à l'équipage (1). A travers les murmures que faisaient dans notre cachot environ deux cents hommes qui parlaient tous à la fois, débitant chacun leurs conjectures, j'entendais très-distinctement, au-dessus de ma tête, un bruit peu commun d'armes à feu qu'on remuait, qu'on paraissait charger. Je ne sais quel secret pressentiment du sort qui attendait notre malheureux confrère me glaçait l'ame. Je voulus le communiquer

---

(1) « Pour séparer les déportés des gens de l'équipage, sur un autre vaisseau, on avait fait, avec des planches, une cloison sur le pont. Aux deux extrémités de cette cloison on avait ménagé deux portes basses et étroites. A chacune de ces portes, en dedans de la partie du pont destinée aux ecclésiastiques, on tenait toujours en faction un soldat armé d'un fusil garni de sa baïonnette, d'un sabre et d'une double paire de pistolets. Dans la longueur de la cloison on avait pratiqué six ouvertures par où passaient autant de bouches de canon, et ces canons étaient chargés à mitraille, et pointés sur l'emplacement réservé aux prêtres. »

Note des édit.

à mes plus proches voisins; ils se moquèrent de moi. Leur sécurité me rassura un peu. Je me bornai à croire qu'on infligerait à R.... une punition moindre, à la vérité, que la mort, mais toutefois pire que les fers. Comme je réfléchissais là-dessus, cherchant à deviner quel pourrait être ce châtiment, nous entendîmes tout-à-coup partir de l'autre extrémité du bâtiment, sur le pont, un bruit pareil à celui d'un coup de canon ou de plusieurs coups de mousquets partis à la fois. Ceux de mes confrères, qui étaient le plus confians, commencèrent alors à craindre pour l'infortuné R...., et moi je ne doutai plus du tout qu'il n'eût péri.... En effet, un moment après arrive mon plus proche voisin qui était resté sur le pont. *Priez Dieu pour l'infortuné R....,* nous dit-il tout hors de lui-même : *il n'est plus, on vient de le fusiller sous mes yeux.* A ces mots je laisse à penser la consternation et le morne silence qui se répandirent en un moment parmi nous. Je ne crois pas avoir passé de ma vie un aussi terrible quart-d'heure. Je bénirai, le reste de mes jours, la divine Providence de n'avoir pas permis que je fusse témoin de cette horrible exécution. J'en appris les principales circonstances par le rapport de ceux de mes confrères qui y avaient assisté.

Un malheureux de l'équipage, je ne sais quel, avait accusé l'infortuné R.... d'avoir dit : *Cet équipage n'est pas si redoutable; si nous étions seulement deux cents hommes comme moi, nous pour-*

rions bien en venir à bout. Le propos avait-il été réellement tenu? Je l'ignore. Mais quand il l'eût été, il est bien évident qu'il ne méritait pas la mort. Il était imprudent sans doute, supposé qu'on ne l'eût pas exagéré; mais fait-on périr un homme pour un propos imprudent? Outre que les lois qu'on nous avait lues, lors de notre arrivée au vaisseau, ne statuaient la peine de mort, même pour le fait de révolte, qu'en cas de récidive, le propos dénoncé n'exprimait que la possibilité de réussir dans une révolte, si on eût eu le dessein de la tenter, et nullement ce dessein. Et en effet, nos idées et nos projets, si nous en formions quelques-uns, étaient bien loin de-là, et R.... en particulier était peut-être l'homme le moins entreprenant qu'il y eût parmi nous. Quoi qu'il en soit, sur ce propos réel ou supposé, on le met provisoirement aux fers, on assemble le jury militaire; et sans confronter l'accusé avec son dénonciateur, sans lui donner la liberté de se défendre, sans le faire même comparaître, on le condamne à mort. Aussitôt on va lui annoncer sa sentence, ne lui donnant que trois quarts-d'heure pour découvrir les prétendus complices de sa prétendue révolte. Il lui eût été impossible de le faire. Aussi déclara-t-il d'abord, et persista-t-il, au bout des trois quarts-d'heure, à affirmer qu'il n'avait pas de complices, et que jamais il n'avait songé à se révolter; il avoua qu'il avait tenu un propos imprudent; il en demanda pardon; il sollicita sa grâce, protestant que, si on la lui accordait, il serait plus circonspect à l'avenir : tout fut inutile. Alors il se retrancha à demander qu'on lui permît au moins de se confesser : on eut la barbarie de le lui refuser. On le traîne donc au supplice à travers ses frères épouvantés, avec défense à ceux-ci, sous peine de mort, de demander grâce pour lui. Arrivé sur le pont, au lieu de l'exécution, on le fait mettre à genoux, on l'attache à un poteau, le visage tourné contre ses bourreaux qui le couchaient en joue presqu'à bout touchant; on ne prend pas même la précaution que prescrit en pareil cas l'humanité, de lui bander les yeux; et après un intervalle assez long, pour lui faire savourer toutes les horreurs d'un pareil trépas, on lui fait sauter le crâne de vingt balles parties à la fois.

Sa mort fut des plus édifiantes, et telle qu'on avait lieu de l'attendre d'un confesseur de la foi. Il déploya dans cet instant critique, et soutint jusqu'au dernier moment un caractère courageux et bien prononcé que peu de personnes lui avaient connu jusqu'alors. Il fit surtout paraître de profonds sentimens de religion. Il nous demanda pardon de la mauvaise édification qu'il pouvait nous avoir donnée; il assura qu'il pardonnait à ceux qui le faisaient périr injustement; il reçut le coup de la mort en protestant de son innocence.

Cet horrible assassinat d'un de nos confrères, le fruit, comme on voit, d'une maligne dénonciation, fut à la vérité la plus criante des injustices que nous éprouvâmes; mais ce ne fut pas à beaucoup près la seule. Avions-nous quelque discussion avec les matelots ou tous les autres individus de l'équipage? quelque évident que fût notre droit, nous étions assurés qu'on nous donnerait le tort. Voulions-nous faire quelque représentation? quelque juste et raisonnable qu'elle fût, nous savions d'avance que non-seulement elle ne serait pas accueillie favorablement; mais encore qu'elle nous attirerait les épithètes flétrissantes de brouillons, de séditieux, etc., et que loin d'alléger nos maux, elle ne ferait que les aggraver et rendre nos chaînes plus pesantes (1). Aussi, devenus sages à nos dépens, prîmes-nous enfin le parti de ne plus faire aucune sorte de demande ni de représentation quel-

―――――――

(1) Voici un fait, entre autres, qui le prouve : Quelques-uns de nos confrères eurent l'idée de présenter, je ne sais trop quelle pétition, au district de Rochefort. Ils en font part au capitaine qui non-seulement le leur permet, mais les y engage, et leur suggère même le fond de la pétition. Dès qu'elle est rédigée, ils la font signer par un prêtre de chaque département, autorisé par ses confrères à le faire en leur nom; et aussitôt ils la portent au capitaine, afin qu'il en prenne lecture et la fasse partir. Mais quel est leur étonnement! Le capitaine entre en fureur, prétendant qu'on le compromet en faisant des pétitions, et ordonne qu'on mette aux fers tous les signataires qui étaient, je crois, au nombre de quatorze. Cet ordre inique est exécuté sur-le-champ, et nos quatorze pétitionnaires sont enferrés à la file les uns des autres. Ceci, comme on pense, fit tomber tout à plat la mode des pétitions, et rendit manchot beaucoup de monde. Personne ne sut plus signer.

Note de l'auteur.

conque. C'était le plus prudent sans doute; mais combien n'est pas pénible pour des cœurs droits et honnêtes, ce déni perpétuel de justice, cette obstination invincible de la part de ceux de qui on dépend, à ne vouloir rien écouter, à se refuser aux demandes les plus raisonnables, les plus évidemment suggérées par un pressant besoin! J'avoue que rien ne m'a tant révolté que ce long tissu d'injustices, ou plutôt que cette injustice inique et continue, durant les cinq et six premiers mois de notre captivité; et qu'il ne fallait rien de moins que les grands motifs du pardon des injures, que propose le christianisme, pour ne pas invoquer la justice divine contre nos persécuteurs, et ne pas dire au Seigneur comme David, mais dans des sentimens moins parfaits que les siens : *Traitez-les selon leurs œuvres et selon la malice de leurs desseins. Rendez-leur selon les œuvres de leurs mains ; rendez-leur ce qu'ils méritent. Ps.* 27, 4.

Et quelle plus grande injustice encore, quelle plus affreuse vexation que ces fouilles fréquentes auxquelles nous étions exposés! Nous en avons subi de la part de nos avides geôliers au moins six ou sept, tant partielles que générales, durant l'espace de dix mois; et quelques-unes d'une sévérité et avec des circonstances si humiliantes, si alarmantes pour la pudeur, qu'elle souffre même de s'en retracer le souvenir. Les voleurs de Rochefort étaient novices dans l'art de dévaliser les gens, au prix de ceux-ci. Leur brutale cupidité ne respectait rien; et les plus riches prises (1), loin de la satisfaire, ne faisaient que l'enflammer et l'irriter de plus en plus. Ce n'était jamais fini avec eux, tant qu'ils soupçonnaient à quelqu'un de nous le moindre meuble de prix ou la plus petite somme d'argent. Une fouille, quelque exacte qu'elle fût, nous en présageait toujours une autre peu éloignée; et si nous avions eu le bonheur, à force d'adresse et au risque des plus sévères punitions, de dérober à la connaissance des inquisiteurs quelque livre de piété ou quelque objet de dévotion, le moindre assignat ou quelque peu de numéraire, c'était à recommencer quelques semaines après. Nouvelles inquiétudes à avoir, nouveaux expédiens à imaginer, nouveaux dangers à courir, et le plus souvent inutilement; en sorte que la plupart aimaient mieux s'exécuter de bonne grâce et sacrifier, dès les premières fois, tout ce que la religion même leur rendait le plus cher, que d'être toujours dans des transes mortelles et de lutter perpétuellement contre l'opiniâtre avidité de ces insatiables sangsues (2).

Ajoutez que tous les moyens leur étaient bons,

---

(1) Ils en firent certainement de telles; car, sur près de quatre cents que nous étions, presque tous avaient porté de leur pays de riches trousseaux et des sommes considérables. Or, très-peu avaient été dévalisés, comme nous, à Rochefort. (*Note de l'aut.*)

(2) « M. Leclerc, curé dans le diocèse de Saint-Brieux, avait sauvé du pillage un mouchoir des Indes, dont un coin était noué et renfermait 25 louis. Au moment où il allait se rhabiller, un matelot aperçoit le mouchoir et l'arrache en disant : *Ah! scélérat!*

pourvu qu'ils parvinssent à leurs fins. Voici quelques faits qui en sont la preuve complète. Peu de jours après notre arrivée (nous étions encore pleins de confiance), on nous fait espérer que nous allons prochainement lever l'ancre et partir pour notre destination. En conséquence on nous avertit de ne prendre, et ce dans nos sacs de nuit, que ce qui nous est strictement nécessaire pour le voyage qu'on suppose devoir durer environ trois semaines ou un mois : deux ou trois chemises, un seul habit, ainsi du reste; et de mettre ce que nous avions de plus précieux dans nos valises, qu'on rassemblera, nous dit-on, dans un magasin pour vous les remettre dès que vous en aurez besoin. Aussitôt dit, aussitôt fait. Chacun de nous s'empresse de s'habiller en voyageur, de faire pour sa route un mince paquet, et de renfermer dans son portemanteau ses meilleurs effets. Mais combien fûmes-nous honteux et surpris, quand deux ou trois jours après nous vîmes embarquer à la fois tous ces portemanteaux que l'on conduisait à Rochefort! onques depuis nous ne les vîmes.

Cependant nos honnêtes geôliers n'ayant pas

---

tu oses faire tort à la nation de ce mouchoir! L'ayant dénoué, il trouve l'or caché dans le nœud, et porte le tout au capitaine. Celui-ci fait sur-le-champ mettre aux fers le respectable ecclésiastique, comme coupable d'avoir voulu voler la nation. M. Leclerc, encore nu, passa vingt-quatre heures enchaîné sur le pont du vaisseau. » (*Extrait d'un Mémoire sur les prêtres déportés.*)

(*Note des éd.*)

trouvé dans ces valises ce qui leur tenait le plus au cœur, je veux dire nos bourses et nos porte-feuilles, que la plupart avaient eu la précaution de garder sur eux, s'avisèrent bientôt d'un nouvel expédient pour enlever cette riche proie qui leur avait échappé contre leur attente. Ils répandent de nouveau parmi nous, et font répandre sous main par les gens de l'équipage, que nous allons partir sous peu de jours pour les côtes d'Afrique ; en conséquence, que chacun de nous ait à faire l'emplette des objets qui lui sont nécessaires pour le voyage..... Mais, comme il ne nous était pas libre d'aller à Rochefort faire nos affaires nous-mêmes, ils s'offrent généreusement de nous faire toutes les emplettes dont nous pourrions avoir besoin, toutefois en avançant les fonds, comme cela est juste; car, à les entendre, nous pouvions parfaitement nous en rapporter à leur probité. En conséquence ils ouvrent un grand registre des objets que nous voulons acheter, et des sommes que nous déposons pour cet effet. Combien ne sont pas crédules des ames droites et honnêtes que préoccupe d'ailleurs un désir véhément! La plupart d'entre nous donnèrent encore cette fois dans le panneau. Nous déposâmes des sommes considérables ; on nous fit signer nos diverses demandes avec grand appareil ; mais ce fut tout : on ne nous fit aucune emplette, et l'on garda notre argent. Aussi ne devions-nous pas partir pour l'Afrique, mais pour un bien plus grand voyage; et ces gens, qui le savaient bien, prétendaient recueillir d'avance notre succession, se réservant à part eux de la faire vaquer sous peu.

Nous n'en fûmes pourtant pas quittes pour cette escroquerie ; car j'ai souvent remarqué que la méchanceté et l'effronterie de ces gens-là allaient toujours croissant. Un trait de coquinerie ou de tyrannie, qu'ils avaient fait, les enhardissait à en faire le lendemain un plus criant encore ; et cela est dans la nature du cœur humain. Personne ne devient extrême tout d'un coup, a dit depuis longtemps un père de l'Église qui le connaissait bien : *Nemo fit de repente summus.*

Peu de temps donc après cette grande friponnerie, nos avares officiers, alléchés par le succès, et nous soupçonnant encore quelque argent, firent, d'autorité, une fouille générale où nos poches ne furent non plus épargnées que nos sacs de nuit ; ce qui leur valut des sommes considérables.

Mais quelques-uns de nos confrères n'étant arrivés au vaisseau que postérieurement à cette visite, et n'ayant pu, j'ignore pour quelle raison, être spoliés au moment où ils abordaient, comme c'était l'usage pour les nouveaux venus, ils crurent, et nous crûmes comme eux, qu'ils l'échapperaient. En effet, communiquant avec nous, rien ne leur était si facile que de nous donner en dépôt leurs effets les plus précieux, au cas qu'on voulût revenir sur ce qui était fait, et qu'on annonçât une fouille particulle de leurs valises. Je crois même que quelques-uns avaient déjà pris cette sage précaution. Mais nos officiers étaient trop habiles pour ne pas parer à cet inconvénient. Voici comment ils s'y prirent. Nous étions consternés de l'arrivée de ces compagnons d'infortune, qui achevaient d'encombrer le pont et d'intercepter l'air de notre cachot où nous ne pouvions déjà plus respirer ni nous retourner. Que font nos gens? Attentifs à profiter de tout, ils feignent de s'appitoyer sur notre sort, et publient que les prêtres nouvellement arrivés aient à monter sur le pont avec tous leurs effets, parce qu'on va les envoyer sur un autre vaisseau, attendu qu'il n'y a pas de place pour eux dans celui-ci. Pleins de joie, nous prenons congé de ces nouveaux hôtes qui n'avaient pas moins de satisfaction de nous quitter, que nous de les voir partir. Mais cette satisfaction des uns et des autres fut de courte durée. A peine nos confrères furent-ils montés sur le pont, qu'on les fouilla comme on n'avait encore fouillé aucun de nous. Nous les vîmes, au bout de quelques heures, revenir honteux et consternés, prendre tristement leurs places dont nous avions déjà disposé pour nous mettre un peu au large. Qu'on juge de la tristesse des uns et des autres.

Quant à nos coupe-jarrets, ils ne faisaient que railler, avec un sourire moqueur, de ces infâmes brigandages. Ils appelèrent ce dernier trait de coquinerie une *ruse de guerre*. C'était en effet une terrible guerre que celle qu'ils nous faisaient chaque jour. Je doute que les barbares en fassent une aussi cruelle à leurs plus mortels ennemis. Et remarquez qu'eux seuls avaient la force en main.

Au reste, ce genre de vexation, qu'on ne s'imagine pas que nous ne l'ayons éprouvé que dans les premiers temps de notre captivité et du vivant de celui qui donnait le branle à toutes les atrocités qui se commettaient d'une extrémité de la France à l'autre : non, six ou sept mois encore après l'exécution de ce monstre, dans un temps où il s'était déjà fait dans l'esprit public un changement en bien qu'on n'eût osé espérer, et où l'on nous annonçait de toutes parts notre liberté comme prochaine, nous subîmes la fouille et la visite la plus rigoureuse que nous eussions éprouvée. Nous n'avions pas lieu de nous y attendre à cette époque : en conséquence chacun avait tâché de réparer ses pertes du mieux qu'il avait pu, et s'était fait un petit trousseau des effets laissés par nos confrères morts, pour se défendre des rigueurs de l'hiver qui approchait. Mais ce fut sans fruit, du moins pour nous. Il se trouva, par le fait, que nous n'avions travaillé que pour les matelots du *Washington*, vaisseau sur lequel on nous transféra pour lors (1). Je dis pour les matelots ; car cette fois ce ne fut plus

---

(1) Il faut rendre justice au capitaine des *Deux-Associés* et à son lieutenant. Ils ne nous eussent pas traité de la sorte; ils avaient un peu suivi l'impulsion générale, et commençaient dès-lors à montrer quelque humanité à ceux de nos confrères qui étaient restés sur leur bord. Il m'est doux, après avoir dit sans

seulement des officiers, ou soi-disant tels, qui firent la noble fonction de détrousser des prêtres ; mais d'avides et de durs matelots, entre les mains desquels les officiers nous livrèrent, et qui croyaient sans doute avoir des pirates en leur disposition, à en juger par la manière indigne dont ils nous dépouillèrent sans aucun respect pour la décence

---

ménagement ce qui est à leur charge, de pouvoir leur rendre un témoignage moins désavantageux.

J'en dois toutefois un bien plus honorable au capitaine de l'*Indien* : nous fûmes en dépôt sur le bord de cet honnête homme pendant plusieurs mois, et pendant tout ce temps, nous n'eûmes qu'à nous féliciter d'avoir été confiés à sa garde. On ne pouvait désirer plus d'humanité, plus d'affabilité jointes à un sens plus droit. Il alla jusqu'à verser des larmes lorsque nous le quittâmes. Un vieux marin verser des larmes!..... Sur des prêtres!..... *O portentum!* Aussi ce brave homme avait-il de la religion : ce qui est un autre prodige non moins surprenant dans un marin.

Mais le capitaine du *Washington!* Oh! il fut intraitable presque jusqu'à la fin : je crus qu'il mourrait impénitent. Il y avait cependant quelque lueur d'espérance pour sa conversion, justement au moment où nous le quittâmes. C'est ce même capitaine qui, peu auparavant, avait enlevé d'un seul coup de filet, dans l'île *Citoyenne* où l'on avait déposé les malades, comme je le dirai plus bas, une quantité très-considérable d'habits des prêtres qui y étaient morts en grand nombre. Les infirmiers, nos confrères, les avaient exposés au grand air, et les destinaient à ceux d'entre nous qui, relevant de maladie, se trouvaient presque sans vêtemens à l'entrée de la saison rigoureuse : mais le capitaine du *Washington* les prévint. Un beau matin il aborde à l'île avec quelques gens de son équipage, et fait enlever, comme d'un coup de baguette, tous ces effets. De quel droit? Je l'ignore, puisque la plupart d'entre nous n'étaient pas encore sous sa férule; mais qui ne sait l'axiôme rebattu du bon La Fontaine? *La raison du plus fort*, etc.

(*Note de l'auteur.*

Ils prenaient sans façon parmi nos effets tout ce qui était à leur gré, linge, habits, chaussure, tandis que les officiers, comme pensant plus noblement, se contentaient de faire la chasse aux assignats (1).

---

(1) Ce fut en cette occasion que, malgré toute la perspicacité de ces argus, je parvins à sauver de leurs griffes un exemplaire précieux du *Nouveau-Testament*, le seul livre pieux que j'eusse conservé à travers mille dangers. Nous venions d'aborder et nous étions sur le pont, dans la partie affectée à l'équipage. On fouillait quelques-uns de mes confrères que j'avais laissé passer les premiers, selon ma méthode ordinaire. Un des premiers matelots, à qui je m'adressai, ne sachant où satisfaire à un besoin naturel, après m'avoir refusé plusieurs fois, prit enfin le parti, vaincu par mes instances, de me conduire à l'endroit destiné à cet effet, dans la partie du vaisseau que nous devions habiter, et où étaient déjà un grand nombre des nôtres qui avaient subi la visite, à la charge toutefois qu'il me garderait à vue. Il ne me garda pourtant pas si bien que parfois il ne détournât les yeux de dessus moi, s'amusant à converser avec quelques-uns de mes confrères. Je m'en aperçus, et je n'eus garde de laisser échapper une occasion si favorable de cacher, entre autres objets, mon Nouveau-Testament dans un petit enfoncement que laissait, en dehors du vaisseau, une poutre rentrante. J'allai me faire fouiller, et, à mon retour, je trouvai le précieux dépôt à l'endroit où je l'avais laissé.

Je tentai cependant, avant d'aller me faire visiter, une autre ruse qui ne me réussit pas moins heureusement; mais ce ne fut pas sans que j'éprouvasse quelque frayeur. Encouragé par ce premier succès, je voulus encore soustraire une petite croix d'argent remplie de reliques, que je répugnais presque également à jeter à la mer ou à laisser profaner par ces impies. J'étais revenu sur le pont du côté de l'équipage. Je saisis un moment où tous, mousses, matelots, sentinelles même, s'amusaient à regarder une chaloupe qu'un vent impétueux repoussait de notre vaisseau chaque fois que les matelots étaient sur le point d'aborder. Je promène mes regards pour découvrir si quelqu'un me voit, et croyant n'être aperçu de personne, je glisse ma croix par une espèce de sabord

Encore si le peu d'effets de première nécessité que nous laissaient ces brigandages périodiques eût été à l'abri des voleurs subalternes !…. Mais les

---

pratiqué dans la cloison qui séparait l'équipage des prêtres déportés, espérant qu'elle tomberait entre les mains de quelqu'un de mes confrères qui me la rendrait sans difficulté. Il y eut à la vérité un mousse qui me vit; mais il ne sut pas quel était l'objet que j'avais prétendu cacher. Il cherche aussitôt à s'en assurer; il tourne et retourne autour du sabord; il cherche, il examine au-dessus, en dessous du canon; il n'aperçoit rien. Je le vois alors s'aboucher avec un matelot auquel il montre l'endroit, en lui demandant sans doute conseil. Ce n'est pas tout : il s'approche de moi, m'examine attentivement, et à plusieurs reprises, depuis les pieds jusqu'à la tête, cherchant vraisemblablement à retenir mes traits et mon costume; et de ce pas, il va droit à la chambre où se faisait la visite de nos effets. Je ne doutai pas un instant qu'il n'allât me dénoncer, et que je ne fusse, sinon fusillé, tout au moins mis aux fers pour plusieurs jours. Cette perspective, comme on peut se l'imaginer, ne m'amusait guère. Toutefois je pris mon parti. Après avoir fait mon sacrifice à Dieu, j'allai prier un de mes confrères, qui attendait son tour pour être fouillé, assis sur un petit banc près la caverne aux voleurs, de ne point passer sitôt, et de me laisser entrer brusquement avant lui et à sa place, quand ce serait à lui à passer. Je voulais par-là donner le change au mousse dénonciateur qui avait sans doute observé que je n'étais pas encore en rang. Je fis plus ; quand le moment fut arrivé, je changeai subitement de costume en un coin, et je me glissai à la hâte dans le salon où l'on inventoriait si habilement nos effets. Je ne sais pas si cette ruse me servit, ou si j'avais faussement soupçonné le mousse. Quoi qu'il en soit, on ne m'accusa d'avoir soustrait aucun effet. Si je fus fouillé, questionné, visité dans toutes les règles, Dieu le sait! Mais enfin j'en fus quitte pour cela et pour quelques transes assez vives. Ma croix à reliques, que je conservai en dépit de nos impies iconoclastes, me fit bientôt oublier ce moment de terreur.

(*Note de l'auteur.*)

gens de l'équipage imitaient leurs chefs à merveille, et à ce titre ils avaient tous des dispositions admirables pour devenir à leur tour chefs de bande. On peut dire que le vol était perpétuellement à l'ordre du jour sur notre vaisseau ; et je doute que saint Paul pût, avec plus de fondement que nous, mettre ce genre d'épreuve au rang des peines dont il fait une si longue énumération dans la seconde épître aux Corinthiens : *Periculis latronum*. Ce n'étaient pas seulement les *cambusiers* ou dépensiers qui s'engraissaient de notre substance, en rognant arbitrairement nos minces rations, comme je le dirai plus bas ; ce n'étaient pas seulement ceux qui, dans les derniers temps, nous vendaient quelques comestibles, qui nous rançonnaient d'importance ; ceux à qui, dans des momens de trouble et de frayeur, nous avions confié quelque dépôt précieux, qui le niaient effrontément ou n'en rendaient que la moindre partie ; c'étaient encore tous les gens de l'équipage, grands et petits, qui étaient perpétuellement aux aguets pour grossir leurs trousseaux aux dépens des nôtres. S'il nous arrivait par mégarde de laisser quelque habit à l'écart, ou de perdre d'un instant de l'œil le linge que nous avions tendu aux cordages, après l'avoir lavé, il disparaissait en moins de rien, et c'était toujours le vent qui était accusé par les voleurs : le vent l'avait détaché, le vent l'avait emporté, le vent avait tout fait ; c'était toujours le vent qui avait tort, même alors qu'il ne soufflait pas. Il faisait beau, certes, d'accuser le vent, car il ne pouvait répondre. Je ne sais si c'était lui aussi qui enlevait adroitement la morue des vases où nous la faisions macérer pendant la nuit. Ce qu'il y a de certain, c'est que souvent nous ne l'y trouvions plus ou nous la trouvions considérablement diminuée, quand au matin nous voulions la retirer de l'eau pour la faire cuire. Ceci alla au point que le capitaine lui-même n'y sut d'autre remède que de faire couvrir et fermer à clef ces bacs à morue. En un mot c'était une merveilleuse école de détachement que notre vaisseau. Il fallait y être fait à tout, comme l'apôtre saint Paul; on n'y apprenait pas seulement à supporter la privation d'une foule de choses nécessaires, ce semble, à la vie; mais encore à ne tenir à aucune de celles qu'on croyait posséder. Est-il, je le demande, quelque chose de plus pénible à la nature que cet état habituel de défiance trop bien fondée, de ceux au milieu desquels on est forcé de vivre, et cette nécessité d'être toujours sur ses gardes et comme en sentinelle, pour ne pas se voir enlever jusqu'à son dernier vêtement ou le faible soutien de sa languissante vie ?

A tant de peines morales, ajoutez-en une qui est si sensible pour les ames tant soit peu élevées, et que la religion la plus profonde toute seule peut leur rendre supportable, l'humiliation. Je ne parle pas seulement de celle qu'il y avait pour des hommes qui avaient joui d'une certaine aisance, à manquer généralement de tout, comme je viens de le dire; à se voir vêtus de haillons, couverts de crasse et rongés de plus de vermine que les mendians les plus délaissés; mais je parle principalement de celle que nous faisaient éprouver les ordres impérieux d'insolens subalternes, qui d'un seul coup de filet faisaient mouvoir au gré de leur caprice quatre cents prêtres comme un seul homme; les injurieux propos de grossiers matelots qu'il fallait dévorer sans mot dire; les invectives des derniers mousserots qu'il fallait faire semblant de ne pas entendre; et surtout la mauvaise humeur, les caprices, la hauteur d'anciens rameurs ou canotiers, travestis en officiers, qui insultaient quelquefois à nos maux par leurs piquantes railleries; qui après s'être fait demander les dégoûtans haillons d'un confrère mort, ou une mauvaise cuiller de bois, aussi souvent et avec autant d'instances qu'on eût autrefois sollicité un régiment ou une abbaye, nous les jetaient dédaigneusement du haut de la cloison qui les séparait de nous, et traitaient même d'orgueilleux ceux qui ne briguaient pas de pareilles faveurs : car tel était l'état extrême d'opprobre et d'abjection extérieure où l'on nous avait réduits. Qui de nous alors eût pu ne pas se rappeler ces paroles du roi-prophète, qui peignaient si bien notre état, en même temps qu'elles en faisaient la consolation, en nous rappelant les humiliations bien plus grandes encore de l'Homme-Dieu : *Et moi, je suis un ver de terre et non un homme : je suis l'opprobre des hommes et l'objet du mépris de mon peuple* (Ps. 21, 7); et ces autres encore de saint Paul : *Nous sommes devenus comme les ordures du monde, comme les balayures que tout le monde rejette* (I. Cor. 4, 13).

Ajoutez encore l'état habituel et forcé de désœuvrement où nous vivions; cette pénible inaction et cette sorte d'engourdissement de l'ame qui, n'ayant rien qui pût alimenter son activité et renouveler ses idées, était forcée de retomber douloureusement sur elle-même et sur tout ce qu'elle souffrait. Pas le moindre livre, de quelque nature qu'il fût, qui pût durant un quart-d'heure nous faire oublier nos peines et charmer nos ennuis (1); pas même la moindre possibilité de se recueillir un instant pour réfléchir au milieu d'un murmure, pour ne pas dire d'un tintamarre et d'un vacarme continuels; au milieu d'une cohue où l'on était coudoyé, froissé, foulé à tous les instants. Quel supplice pour des hommes accoutumés, pour la plu-

---

(1) Je parle de la presque totalité de mes confrères ; car quand, parmi nous, il se fût trouvé vingt volumes de toute espèce d'ouvrages (et je ne crois pas qu'ils s'y trouvassent), qu'était-ce que vingt volumes pour occuper près de quatre cents prêtres pendant une aussi longue captivité ? Ma proposition n'en est donc pas moins vraie pour le plus grand nombre d'entre nous, quoiqu'il soit vrai de dire qu'il y ait toujours eu quelqu'un des nôtres qui a eu le talent de conserver ou de se procurer quelque livre. Par exemple, j'avoue qu'en mon particulier je n'en manquai jamais tant que la maladie ne m'ôta pas la faculté de lire.

(*Note de l'auteur.*)

part, à méditer, et pour qui le besoin de nourrir leur esprit de réflexions et de lectures, n'est guère moins impérieux que celui de boire et de manger!

De ce défaut d'exercice de toutes nos facultés intellectuelles, s'ensuivait une sorte d'abrutissement involontaire qui était, à mon avis, ce qu'il y avait de plus humiliant et de plus déplorable à tous égards dans notre état. Nous étions insensiblement devenus tout corps. Nous vivions au jour la journée, presque uniquement occupés, comme les sauvages errans dans les forêts, à pourvoir aux besoins physiques et à nous défendre, comme nous le pouvions, contre le froid, la faim, la maladie et les insectes rongeurs qui nous dévoraient (1).

---

(1) On ne se fait pas d'idée d'un pareil état, à moins qu'on ne l'ait éprouvé. Cela est si vrai qu'à notre retour dans le sein de nos familles, nos parens, nos amis, toutes les personnes de notre connaissance, quoique très-sensibles aux maux que nous venions d'éprouver, quoique très-convaincus qu'ils avaient été extrêmes, ne paraissaient pourtant pas se douter seulement de cet anéantissement total dont nous ne commencions qu'à sortir. On nous parlait de la même manière et des mêmes objets qu'avant notre déportation, comme si nos idées eussent été les mêmes, ou plutôt comme si nous n'eussions pas été totalement dépourvus d'idées. Je ne manifestais pas ce que je pensais; mais je ne pouvais comprendre que l'on s'adressât à moi, comme autrefois, pour me demander des avis touchant la perfection, comme si j'eusse été capable d'en donner; pour recevoir le sacrement de pénitence, comme s'il n'eût pas été très-possible que j'eusse oublié la formule d'absolution. Rien assurément n'eût été moins surprenant, puisque tel de mes confrères avait oublié jusqu'à l'oraison dominicale. J'avoue que ceux, en très-petit nombre, qui ont été exempts des maladies qui ont moissonné la plupart d'entre

Encore si nous eussions vu un terme certain, quoique éloigné, à nos maux ! mais nous n'y en découvrions d'autre que la mort. Sans aucune relation avec le reste des hommes, ignorant absolument ce qui se passait en Europe, nous ne savions ni si nos

---

nous, n'ont pas peut-être éprouvé à ce point le dépérissement total de leur être. Quant à moi, je puis affirmer qu'au moment où j'écris ceci, il n'y a guère que trois à quatre mois (et j'ai obtenu ma liberté depuis près d'un an) que j'ai repris le plein usage de ma raison, et recouvré le libre exercice de toutes mes facultés. Encore me semble-t-il parfois que je suis comme un homme à demi-éveillé qui sort d'un long et pénible rêve. Je suis tenté de me frotter les yeux, et de me demander si tout ce que je vois n'est pas un nouveau songe, de même que je doutais, pendant ma captivité, si tout ce qui m'arrivait était réel; s'il était bien vrai, par exemple, que je fusse sur un vaisseau, environné de morts et de mourans, et sérieusement occupé à détruire la vermine qui se multipliait d'un jour à l'autre dans mes habits, à lessiver mon linge ou à broyer la gourgane ?

Me sera-t-il permis, à cette occasion, de faire une réflexion qui pourra peut-être piquer une certaine classe de lecteurs ? C'est quelque chose de singulièrement intéressant pour un observateur, pour un philosophe, que cette espèce de résurrection morale d'un homme long-temps privé de l'usage de toutes ses facultés physiques et intellectuelles, et qui vient à les recouvrer presque subitement. On croit renaître. C'est une sorte de métamorphose qui tient du prodige, ou, si l'on veut, de nouvelle création, j'ai presque dit d'apothéose. Combien toutes les idées sont-elles plus nettes et plus distinctes, les sensations plus vives et plus agréables, les sentimens plus profonds, toutes les opérations de l'âme plus parfaites et mieux senties ! Avec quels délices méditais-je sur ma couche douloureuse quelques-uns des sublimes psaumes de David, lorsque, commençant à reprendre le sommeil, à la suite d'une insomnie absolue de près d'un mois, je me réveillais dans la nuit, après quelques heures de repos, et me rappelais ces paroles

parens et nos amis vivaient encore (1), ni si la
moitié de la France n'était pas ensevelie sous les

---

touchantes que ce grand roi adressait à Dieu : *Je me souviens de
vous sur mon lit, et je passe les veilles de la nuit à penser à vous,
parce que vous avez été mon protecteur* (Ps. 62, 7). *Je me levais au
milieu de la nuit pour vous rendre gloire sur les jugemens qui regardent la justice dont vous êtes l'auteur* (Ps. 118, 62). *Durant la
nuit, élevez vos mains vers le sanctuaire, et bénissez le Seigneur*
(Ps. 153, 2). C'est que dans cet heureux état, tout est neuf pour
vous, tout est jouissance. Tel un jeune homme dont les facultés se
développeraient tout-à-coup, ou tel un vieillard, long-temps infirme et perclus, qui recouvrerait subitement l'usage de ses membres et la première vigueur du jeune âge. Oh! que n'éprouvera
donc pas notre ame au moment où, dégagée de ce limon grossier
qui l'appesantit, elle passera, sans état intermédiaire, à une
meilleure vie!..... Que n'éprouvera-t-elle pas, surtout, au moment où elle reprendra ce corps, mais tout renouvelé comme celui de l'aigle : *Ut aquilæ* (Ps. 102, 5), tout rajeuni et comme
spiritualisé !.... Grand Dieu! que les motifs que nous offre notre
religion pour nous animer à la vertu, sont nobles et puissans; que
ses dogmes sont doux et consolans! heureux, religion sainte, le
mortel qui te croit d'une foi ferme et inébranlable! Plus heureux
celui qui te pratique avec une fidélité constante et inviolable!
Beati qui audiunt et custodiunt ! (Luc. 11, 28.)

(*Note de l'auteur.*)

(1) Je dis *encore*; car quoiqu'il n'y eût pas très-long-temps que
nous les avions quittés, il nous semblait qu'il y eût des siècles.
Ajoutez qu'ayant vu mourir tant d'hommes à nos côtés, nous ne
pouvions concevoir qu'il n'en eût pas été de la sorte partout. Je ne
revenais pas de mon étonnement, à mon retour des vaisseaux,
quand je voyais pleins de vie des vieillards que je croyais depuis
long-temps réduits en poussière; quand je trouvais toutes choses
à peu près dans le même état où je les avais laissées en partant,
tandis qu'autour de moi il s'était fait tant de changemens, et que
j'avais vu si souvent la scène se renouveler.

(*Note de l'auteur.*)

ruines de l'autre moitié (1), ni même enquel mois, en quelle année nous étions. Nous étions au pied de la lettre, selon l'expression du psalmiste, *comme ceux qui dorment dans les sépulcres* (Ps. 87, 6), sans aucun espoir de recouvrer jamais notre liberté, si ce n'est par le moyen de cette secourable libératrice qui soustrait à jamais les malheureux aux fers des tyrans. Nous fûmes dupes à la vérité, pendant les deux premiers mois, des espérances trompeuses qu'on nous donnait, que nous allions partir pour l'Afrique; mais enfin l'expérience nous détrompa. Nous vîmes clairement qu'on nous jouait, et que c'était un parti pris de nous laisser nous consumer peu à peu dans ce malheureux égout. En effet nous périssions chaque jour en très-grand nombre, à peu près comme ces insectes ailés qu'on voit, aux approches de l'hiver, tomber dans nos appartemens sans chaleur et sans vie. Qui eût osé, dans cet état de choses, se flatter de revoir jamais ses foyers (2)? Peut-on se figurer une plus doulou-

(1) Convenons pourtant de la vérité. On ne manquait pas de nous apprendre les avantages que la république remportait sur ses ennemis ; et quand les patriotes avaient eu quelque succès, on avait grand soin de nous lire à haute voix et d'un ton emphatique, le bulletin de la Convention. Par exemple, on n'eut garde de nous laisser ignorer la prise de Fontarabie ; mais de pareilles nouvelles ne nous donnaient guère lieu d'espérer notre liberté, et l'on s'imagine bien que nous les écoutions au moins avec indifférence.   (*Note de l'auteur.*)

(2) *Ego dixi : In dimidio dierum meorum vadam ad portas inferi.... Non aspiciam hominem ultrà et habitatorem quietis.* Is. 38, 10, 11   (*Note de l'auteur.*)

reuse existence que la nôtre? elle était pire cent fois que la mort. Aussi ai-je vu plusieurs de mes confrères désirer celle-ci avec une sorte d'impatience, et déclarer hautement que, s'ils n'eussent été retenus par le frein salutaire de la religion, ils se fussent jetés à la mer pour terminer dans les flots leurs maux avec leur vie. On ne sera pas surpris de trouver, même dans des confesseurs de la foi, ce sentiment si naturel au cœur humain malheureux, et certainement très-excusable lorsqu'il est subordonné à la volonté divine (1), quand on saura les maux physiques de tout genre qui achevaient de mettre le comble aux peines morales dont on vient de voir une esquisse imparfaite.

Saint Paul disait aux premiers chrétiens pour leur apprendre à retrancher à la fois tous les besoins factices : *Habentes alimenta et quibus tegamur, his contenti simus* (I. Tim. 6, 8), « Ayant des alimens et des vêtemens, ne désirons rien davantage. » En effet, pour le rapide trajet, ou plutôt pour la courte apparition que nous faisons en ce monde, que faut-il de plus à l'homme vraiment raisonnable, et surtout à l'homme solidement chrétien ?

---

(1) Témoin le saint homme Job (Cap. 7, v. 1, 5). Témoin le prophète Élie (3 reg. 19, 4). Témoin le grand apôtre lui-même, qui nous apprend que ses maux allèrent au point de lui rendre la vie à charge. *Suprà modum gravati sumus.... Ita ut tæderet etiam vivere* (2 ad Corinth. cap. 1, v. 8).

(*Note de l'auteur.*)

Et qu'eussions-nous désiré au-delà? Hélas! en consentant à nous laisser exporter en un barbare et lointain pays, plutôt que d'être infidèles à notre religion, n'avions-nous pas renoncé à tous les agrémens et aux moindres douceurs de la vie? Mais qui eût cru que cette première destination n'ayant pas été remplie, nous manquerions au sein de notre propre patrie, non-seulement de ces aises et de ces commodités, mais encore de tous les objets de première et de stricte nécessité!

On a déjà vu que, peu de jours après notre arrivée, on nous avait enlevé d'un seul coup presque tout notre linge et nos vêtemens, et que cependant les matelots, enchérissant sur les officiers, se permettaient encore de fureter parfois dans nos sacs de nuit, et de glaner après leurs maîtres. Le peu d'effets qui échappèrent à tant de mains spoliatrices suffit, pendant quelques mois, à des hommes qui ne tenaient à rien. Mais enfin, après un certain temps, ces habits et ce linge que nous ne quittions ni jour ni nuit, s'usèrent; car le Seigneur ne renouvela pas en notre faveur le miracle qu'il avait fait autrefois en faveur de son peuple dans le désert (1). Au bout de quelques mois, nous nous

---

(1) *Vestimentum tuum quo operiebaris nequaquam vetustate defecit.... En quadragesimus annus est.* (C'est le Seigneur qui parle à son peuple.) Deuter. 8, 4 et cap. 29, v. 5. *Adduxit vos quadraginta annis per desertum; non sunt attrita vestimenta vestra, nec calceamenta pedum vestrorum vetustate consumpta sunt.*

(*Note de l'auteur.*)

trouvâmes uniquement revêtus de linge et d'habits si usés, si étrangement malpropres, si infectés de vermine (1), si imprégnés de miasmes fétides, et

---

(1) (Je préviens charitablement les lecteurs muscadins, comme aussi les femmes délicates, à qui la vue d'une araignée fait soulever le cœur, si la révolution ne les a pas corrigées de ces minauderies ridicules, de ne pas lire la note qui suit.) On n'a pas d'idée de l'inconcevable quantité de poux qui nous dévoraient le jour et la nuit. Plusieurs de nous périrent, sans qu'on pût assigner d'autre cause de leur mort que celle-ci; soit que ces insectes, qu'ils ne purent réussir à extirper, pompassent la partie la plus pure de leur sang (et en effet on les voyait pâles et exténués comme des hommes à qui on aurait fait coup sur coup d'abondantes saignées); soit que, pour apaiser les intolérables démangeaisons qu'ils leur causaient, ils se déchirassent le corps au point d'y occasioner des plaies qui, dans la suite, sont devenues mortelles.

Notre grande occupation, dès que nous étions libres de monter sur le pont, et dans l'intervalle des repas, était de donner la chasse à ces ennemis du corps humain. Eh quelle difficulté n'y éprouvions-nous pas? Il fallait, en se dépouillant, s'exposer l'hiver à un froid glacial capable de causer la mort; outre que, dans le principe, on nous avait assigné pour cette guerre avilissante un champ de bataille très-circonscrit, où ces perfides ennemis, qui ne se tenaient pas pour vaincus s'ils n'étaient véritablement morts, avaient le courage de se relever après leur chute, et d'escalader invisiblement les jambes de ceux qui croyaient de bonne foi fouler aux pieds leurs cadavres.

Un de mes grands chagrins, lorsque je me vis privé d'une vieille montre de cuivre qu'on me confisqua comme si elle eût été d'or fin, fut de ne pouvoir m'assurer combien de temps je donnais par jour à ce noble exercice de tuer des poux, surtout pendant le séjour que je fis à l'hôpital de mer durant ma convalescence. Je demeurais sur le pont le plus qu'il m'était possible, uniquement occupé à débarrasser mes vêtemens de cette odieuse vermine; mais s'il m'arrivait parfois de redescendre auprès de cette foule de lazares expirans qui étaient au fond de la chaloupe, pour confesser l'un,

la plupart si déguenillés, s'il m'est permis d'employer cette expression ignoble, que les plus pauvres d'entre les pauvres qui vont mendiant de porte en porte, eussent dédaigné de les ramasser. Nous eûmes beau les laver (1), nous eûmes beau les coudre, les sarcir, les rapiécer, tant qu'il nous resta le moindre lambeau de vieille étoffe, ou un brin de fil, de quelque couleur qu'il fût, il vint un temps où ils ne purent plus nous garantir suffisamment des injures de l'air.

---

animer l'autre, faire la recommandation de l'ame à celui-ci, fermer les yeux à celui-là, je remontais couvert de plus de poux qu'auparavant. Je fus obligé de me mettre en petite veste, quelque peu décent que fût ce costume, pour rendre à mes confrères ces devoirs de charité.

Enfin que dirai-je de plus? Quelques femmes charitables de Saintes, qui, lors de notre arrivée dans cette bienfaisante cité, eurent le courage de lessiver (gratuitement) notre linge, comparaient la vermine qui resta au fond du cuvier, après la première opération faite, au riz qui s'amoncèle au fond du vase, où on le lave avant de le faire crever.

Ces détails, je l'avoue, sont repoussans au suprême degré; mais il faut bien que le lecteur ait le courage d'apprendre ce que les confesseurs de la foi ont eu le courage de supporter. Combien est-il plus pénible d'endurer de pareilles épreuves, que d'en lire le récit!.... Je le demande maintenant : le saint homme Job pouvait-il dire avec plus de raison que nous, aux vers et à la pourriture : *Pater meus es, mater mea et soror mea?* « Vous êtes mon père, vous êtes ma mère et ma sœur. » C. 17. 14. (*Note de l'auteur.*)

(1) Toujours sans savon, cela s'entend, à l'eau froide et à l'eau de mer, qui, outre qu'elle occasione des démangeaisons à la peau et ne sèche jamais parfaitement, n'a pas une propriété détersive.

(*Note de l'auteur.*)

Et ce fut cependant avec de pareils vêtemens qu'il fallut, au sortir de longues maladies qui nous avaient exténués, essuyer les rigueurs d'un des plus cruels hivers qu'il y ait eu de mémoire d'homme, et cela sans jamais voir de feu, ni même de lumière (1); qu'il fallait prendre nos repas sur le pont, exposés au grand air et aux frimats; passer les nuits dans l'intérieur du bâtiment à la vérité, mais cependant dans un emplacement ouvert à tous les vents, sans matelas, sans paille même pour nous servir de lit; et la plupart sans autre couverture qu'une voile de navire que le capitaine des *Associés* nous fit donner par charité. Qu'on s'imagine, si on le peut, ce que nous dûmes souffrir, puisque, dans le reste de la France, avec la ressource des meilleurs vêtemens et des appartemens

---

(1) Cela est vrai au pied de la lettre, de ceux de nos confrères qui restèrent au Washington, après notre translation sur ce navire, et même de la plupart de ceux qui étaient restés ou revenus aux Associés. Quant à moi, on me ramena sur ce dernier vaisseau au commencement de l'hiver, pour cause de maladie. Or, il y avait, à la vérité, dans la partie que nous habitions, deux cheminées prétendues; l'une pour la cuisine du capitaine, et l'autre pour celle des matelots; mais il fallait être bien ingambe et bien adroit pour en approcher, et surtout d'un caractère bien humble et bien aguerri aux mauvais complimens pour tenter de s'y chauffer; sans parler des accidens multipliés auxquels on s'exposait en voulant y demeurer seulement quelques minutes, et surtout de la fumée intolérable qu'il fallait se résoudre à humer, au risque d'étouffer. Il est vrai qu'on était exposé à ce dernier inconvénient, soit qu'on voulût se chauffer ou non.

(*Note de l'auteur.*)

les plus chauds, avec tous les secours de l'art et de la nature, on avait encore tant de peines à se défendre des rigueurs excessives du froid!

Aussi un grand nombre de ceux d'entre nous qui avaient échappé aux chaleurs pestilentielles de l'été, au défaut d'air et à toutes les maladies qui avaient fait parmi nous de si cruels ravages, ne purent-ils résister à cette dernière épreuve. Tout ce qui restait parmi nous de gens âgés, rhumatistes, cacochymes, etc., fut moissonné par l'hiver de 1795. Les autres contractèrent des maladies dont ils se ressentiront vraisemblablement le reste de leurs jours.

Convenons cependant que cette nouvelle mortalité fut en partie l'effet de la petite quantité et surtout de la mauvaise qualité des alimens qu'on nous donnait. Or, tout le monde sait que le biscuit et les salaisons sont extrêmement échauffans, et qu'ils engendrent le scorbut. Ajoutez que nous manquions souvent d'eau douce pour éteindre le feu qui dévorait nos entrailles, et que nous n'avions d'ordinaire, pour étancher notre soif, qu'un peu de vin de Saintonge, très-gros et très-chargé, qui eût eu besoin d'être long-temps attendu. Nos confrères du *Washington* furent trois semaines au moins sans pouvoir se procurer une goutte d'eau douce, même pour y faire baigner le porc salé et la morue, en sorte qu'ils étaient réduits à la triste alternative ou de périr de faim ou de soutenir leur triste vie avec des alimens qui, en paraissant l'entretenir pour le moment, la minaient sourdement et leur préparaient une mort prochaine.

Mais si ces inconvéniens étaient l'effet inévitable des monceaux énormes de glaces au milieu desquels nos vaisseaux étaient comme bloqués, en sorte qu'il était impossible de se servir des chaloupes et d'aller faire provision d'eau douce, ce n'est pas à cette même raison qu'il faut attribuer l'insuffisante quantité d'alimens qu'on nous a donnés durant tout le temps de notre détention.

On sera surpris sans doute que nous nous plaignions de l'insuffisance des alimens, quand on saura que nous avons eu pendant plus de six mois une quantité raisonnable de vin et une livre et demie de pain chaque jour, sans compter les autres comestibles qu'on nous donnait en sus. Nous-mêmes nous fûmes long-temps à ne pouvoir résoudre ce problème, et à ne concevoir pas d'où pouvait provenir le murmure habituel de nos estomacs; mais l'expérience, plus forte que tous les raisonnemens, et plus décisive que toutes les spéculations creuses des économistes, nous convainquait à notre préjudice de l'insuffisance de nos alimens. Nous enragions de faim (1), nous maigrissions et dépérissions

---

(1) L'expression n'est pas trop forte. Combien de fois nous est-il arrivé, dans les premiers temps de notre détention où les cœurs de nos geôliers n'étaient pas encore achevés de pétrifier, d'aller en foule à la dépense après le repas, demander par grâce un morceau de pain? Le dépensier, touché de compassion, se laissait parfois fléchir; mais tous ne pouvant avoir part aux distributions peu

à vue d'œil : pouvions-nous douter que nos subsistances ne fussent trop modiques? Qu'on y ré-

abondantes qu'il faisait, c'était à qui allongerait davantage le bras, et happerait le premier le triste aliment que chacun dévorait des yeux. Des hommes faits qui s'estiment et se respectent mutuellement! des prêtres!.... s'arracher, pour ainsi dire, le pain des mains!.... Ne fallait-il pas que le besoin fût extrême?

Voici pourtant quelque chose de pire. J'ai vu de mes propres yeux un de mes confrères demander avec instance quelques morceaux de pain, restes méprisés de la table du capitaine, qu'on se disposait à donner aux pourceaux. Sur le refus du mousse qui les portait, je l'ai vu, sitôt que cet enfant eut disparu, les retirer précipitamment du bac de ces animaux, imbibés d'eau de vaisselle et d'autres immondices, pour en faire sa nourriture. Indigné du procédé du mousse, je pris sur moi (c'était long-temps après la mort de Robespierre, et nous commencions à hausser la voix), je pris sur moi de représenter au capitaine qu'il était révoltant pour l'humanité, que l'on donnât du pain aux animaux, tandis que des hommes en manquaient. Cette vérité était atterrante : elle frappa l'officier. Étourdi du coup : *Ton observation*, me dit-il, *paraît assez juste*, et il me fit raconter le fait ; mais bientôt revenu à lui, il se ravisa et crut se tirer d'embarras, en me répliquant que ce pain appartenait incontestablement à ceux qui le faisaient donner aux pourceaux, et qu'ainsi c'étaient eux-mêmes qui étaient censés en faire usage, puisqu'ils devaient un jour manger la chair de ces animaux. Ce fut toute la réponse que j'en eus. Elle était sans réplique : je n'insistai pas. On continua à donner du pain aux cochons du capitaine, et les prêtres déportés furent réduits, comme ci-devant, à leur envier cette nourriture : *Porci manducabant, hi vero cupiebant implere ventrem suum.* (Luc 15, 16.)

On lit bien dans l'Évangile que Lazare désirait se rassasier des restes de la table du mauvais riche, et que personne ne s'empressait de les lui donner : *Nemo dabat illi.* (Luc 16, 21.) Mais il n'est écrit, je crois, nulle part, qu'on les lui refusât impitoyablement pour les donner de préférence aux pourceaux. Ce trait était réservé aux Français régénérés du dix-huitième siècle.   (*Note de l'auteur.*)

fléchisse en effet. Pour des hommes qui respirent journellement l'air singulièrement appétissant de la mer; pour des hommes qui ont le feu dans le sang, qui relèvent presque tous de maladie, qui sont couverts d'insectes rongeurs qui les épuisent, et qui ne peuvent se procurer aucun autre comestible à prix d'argent; qu'est-ce qu'une livre et demie d'un pain grossier, matériel, plein de balle et très-peu nourrissant (1)? Un homme ne prend-il communément qu'une livre et demie, ou même deux livres de nourriture par jour? Qu'on en fasse l'expérience; je ne crains pas d'avancer qu'il ne consomme pas journellement moins de trois ou quatre livres pesant de tous alimens solides, sans faire mention des liquides. Quand nous avions mis de côté ce qu'il nous fallait de pain pour la soupe (qu'on nous donnait aux *Associés* deux fois le jour,

---

(1) Très-souvent on nous donnait du biscuit en place de pain. Notre ration était au plus de six onces par repas. Encore était-il quelquefois moisi ou vermoulu. Mais indépendamment de cet inconvénient, quel pain que du biscuit, quand il faut en manger plusieurs jours de suite, à tous ses repas, et le joindre avec d'autres alimens! Figurez-vous la croûte du pain le plus cuit qu'on aurait fait sécher de nouveau au four, au point d'avoir besoin d'être brisée et concassée. C'était pitié de voir nos pauvres vieillards dépourvus de dents et dévorés par la faim, ronger, comme ils pouvaient, avec des gencives amollies par le scorbut, et tout ensanglantées, cet insalubre et pénible aliment; car nous avions parmi nous, contre l'esprit et contre la lettre même de la loi, des vieillards dans toute la force du terme, des vieillards de soixante-dix, de soixante-quinze et même de quatre-vingts ans.

(*Note de l'auteur.*)

et une fois seulement au *Washington*), à peine nous en restait-il quelque peu pour joindre aux autres alimens qu'on nous servait, et qui était un bien faible supplément. C'étaient le plus souvent quelques *gourganes* ou fèves de marais de la petite espèce, bouillies tout uniment dans l'eau destinée à faire la soupe; et qui, outre qu'elles donnaient chacune asile à une famille entière de charansons (1), n'étaient jamais cuites, à raison de leur vétusté qui les mettait à l'épreuve du feu le plus âpre. A la seule inspection, on ne pouvait bonnement leur donner moins de quinze à vingt ans, si toutefois elles ne dataient pas d'aussi loin que plusieurs de ceux qui en faisaient leur nourriture.

On nous en servait régulièrement tous les soirs : c'était toujours notre souper, avec le bouillon où elles nageaient. Souvent aussi elles faisaient notre dîner (2). J'ignore où l'on avait pu s'en procurer

---

(1) On ne pouvait pas dire de ces insectes ce que Virgile a dit des Troyens, après qu'ils eurent fait naufrage : *apparent rari nantes*. Bien loin de là, le bouillon en était noir. C'était proprement la soupe aux charansons. Oh! l'excellente soupe que la soupe aux charansons ! (*Note de l'auteur.*)

(2) Les premiers jours, nous ne pouvions supporter le goût de cet aliment insipide et grossier. La plupart le jetaient à la mer. Mais quel mets n'assaisonne pas une faim extrême? Après quelques mois, nous dévorions les gourganes comme si elles eussent été un manger exquis. Nous ne nous plaignions que de la petite quantité: *Quæ prius nolebat tangere anima mea, nunc præ angustia cibi mei sunt.* Job. 6, 7.

(*Note de l'auteur.*)

une si prodigieuse quantité. Les jours où l'on daignait nous exempter d'en manger au repas du matin, on nous donnait de la morue ou de la viande. Mais quelle viande et quelle morue! de la viande à moitié cuite, en si petite quantité, et d'une si mauvaise qualité, qu'il fallait être aussi fortement aiguillonnés par la faim que nous l'étions pour oser nous y attaquer (1). De la morue presque point détrempée, retirée de la chaudière long-temps avant le repas, et par conséquent froide et dure; outre que le vinaigre dans lequel elle baignait achevait de la rendre coriace, en resserrant ses chairs chanvreuses, et que la très-petite quantité d'huile qu'on répandait dessus, seulement pour la forme et par simagrée, n'était pas capable de la ramollir.

Ajoutez à ces mets, déjà si peu ragoûtans, l'incommodité avec laquelle nous prenions nos repas. Nous mangions d'ordinaire de dix en dix, toujours debout, au grand air quelque temps qu'il fît, les pieds

---

(1) On devait donner à chacun de nous demi-livre de viande, et en effet, assez ordinairement, on nous donnait ce poids; car les cambusiers spéculaient moins sur la viande que sur le vin. Mais par le fait, nous n'avions pas un demi-quarteron de viande à manger sur cette ration. Car on affectait de former les portions des déportés d'os décharnés et des parties de l'animal qui répugnent le plus au goût, telles que la rate, les mâchoires, etc. C'était là ce qu'on appelait nous donner exactement notre ration, tandis que, sous nos yeux, les gens de l'équipage enlevaient tout ce qu'il y avait de bonne viande. En général, ils étaient infiniment mieux traités que nous en toute occasion; mais surtout dans la distribution des comestibles.

(*Note de l'auteur.*)

constamment dans l'eau, la neige ou la boue, comme en tous les autres instans de la journée (1), tellement serrés, pressés et coudoyés par nos voisins, que nous avions une peine infinie à aborder la gamelle, et quand nous pouvions réussir à y happer, comme à la volée, une cuillerée de soupe, il y avait dix à parier contre un que, dans le trajet, la meilleure partie se répandrait sur nos habits (2). De plus, nous ne savions où placer nos tristes alimens, car on ne s'imagine pas sans doute qu'on nous donnât aucune sorte de table ou de banc pour y établir au moins notre gamelle. Non ; c'était à qui s'emparerait les premiers de quelque vieux coffre de matelot ou de quelque gros cable ployé en spirale pour en faire sa table à manger. Les mieux partagés étaient ceux qui pouvaient se procurer un tonneau ou une barrique, quelque étroite qu'elle

---

(1) Avoir toujours les pieds mouillés, surtout en hiver, était un de nos grands tourmens, et cependant un de ceux que nous pouvions le moins éviter. C'est qu'outre que, dans le mauvais temps, il pleut ou il neige sur le pont des vaisseaux, comme en plein champ, on le lave assez régulièrement tous les matins, comme on laverait un pavé. L'eau de mer est la cire de ces sortes de parquets. (*Note de l'auteur.*)

(2) Qu'eût donc dit Boileau, s'il eût eu à peindre de pareils repas? Car enfin les convives dont il parle dans les vers suivans, étaient fort au large au prix de nous.

. . . . Notre troupe serrée
Tenait à peine autour d'une table carrée,
Où chacun, malgré soi l'un sur l'autre porté,
Faisait un tour à gauche, et mangeait de côté.

(*Note de l'auteur.*)

fût, autour de laquelle chacun se rangeait comme il pouvait, sauf à se faire tendre de main en main son petit morceau de pain ou sa mince ration de vieille vache.

Mais comment couper ce pain et cette viande revêche? Nous n'y savions d'autre moyen que de les déchirer à belles dents, car nous n'avions qu'un petit chétif couteau à manche de bois, entre dix ; et il n'était pas possible que tous en usassent à la fois. Or, les derniers eussent eu le temps de digérer quatre fois leur maigre portion avant d'avoir ce précieux instrument en leur disposition.

Quant aux vases et assiettes, nous en étions totalement dépourvus, à moins que quelques-uns de nous n'eussent conservé, comme par miracle, quelque boîte à savonnette ou quelque plat à barbe de fer blanc, lesquels, indépendamment de leur usage naturel, servaient encore de soupière, au cas que nous voulussions faire la soupe séparément; d'assiette pour recevoir notre triste pitance; d'aiguière à contenir un peu d'eau douce ; et à quelques-uns de vase à laver du menu linge, ou même quelque chose de pis.

Ces incommodités cependant, quelque grandes qu'elles fussent, n'étaient rien comparées à la malpropreté avec laquelle il nous fallait manger. Oh! c'est là ce qu'il n'est pas facile de donner à connaître. Outre que notre prétendu cuisinier (1) était incon-

---

(1) *Coc* en style de mer, du mot latin *coquus*, cuisinier.

(*Note de l'auteur.*)

testablement le plus sale et le plus dégoûtant goujat qu'il y eût vraisemblablement dans toutes les armées des puissances belligérantes ; nous touchions nos alimens avec des mains nécessairement malpropres; nous les placions, immédiatement et sans aucun linge, en des lieux pleins d'immondices ; nous mangions le plus souvent dans le même endroit où un quart-d'heure auparavant nous avions épouillé nos habits ou pansé nos plaies ; et il le fallait bien, puisqu'il n'y avait pas d'autre place; nous mangions tous (j'entends tous ceux d'une même table) dans le même plat ou gamelle de bois, toujours lavée à l'eau froide, et souvent nullement lavée à défaut d'eau. Aussi les jeunes gens mangeaient-ils avec les vieillards les moins scrupuleux sur l'article de la propreté, les sains avec les malades, les scorbutiques avec ceux qui n'étaient pas encore atteints de cette maladie qui, comme on sait, se manifeste le plus souvent aux gencives qu'elle rend extrêmement pâles et livides. En un mot c'était à faire bondir le cœur, et il fallait être devenus insensibles à tout pour se résoudre, malgré le tourment de la faim, à manger autre chose que du pain.

Nous mangions donc, ou plutôt nous dévorions tout ce qu'on nous servait, quelque dégoûtant et mal apprêté qu'il fût, et encore gémissions-nous de la petite quantité ! En effet, c'était peu en soi; c'était peu surtout vu les travaux que nous avions à supporter. Car il ne faut pas s'imaginer que nous demeurassions toujours oisifs et les bras croisés. Non, notre esprit seul était dans une inaction perpétuelle. Quant à nos travaux corporels, pris en eux-mêmes à la vérité, ils n'étaient pas toujours bien pénibles. Ils eussent même été légers pour des hommes sains et suffisamment pourvus des choses nécessaires à la vie; ils eussent pu faire une heureuse diversion à nos maux et entretenir notre santé, s'ils eussent été libres et d'une nature moins désagréable. Mais pour des hommes faibles, languissans, qui ne respiraient qu'à demi, quoi de plus triste à la fois et de plus fatigant, sans parler du soin de rapiécer nos vêtemens et de laver notre linge avec de l'eau puisée, à force de bras, à plus de trente pieds de profondeur; sans faire mention de ces fréquens *branle-bas* qui nous excédaient (1), et des services que nous rendions, moitié de gré,

---

(1) On appelle *branle-bas* en terme de marine un bouleversement et un remue-ménage général, qui consiste à déplacer subitement et à transporter en un lieu désigné tous les effets des passagers pour leur faire prendre l'air. On nous faisait souvent faire ce petit manège, sous prétexte de santé, surtout l'hiver, où cela était beaucoup plus pénible, et n'était plus nécessaire, l'air étant par lui-même assez vif et assez pur, et notre cachot étant devenu désert. Quand ce jeu plaisait aux officiers, il fallait, à un signal donné, déménager sur-le-champ, et pour cet effet ramasser à tâtons, dans notre obscure prison, nos effets souvent confondus avec ceux de nos voisins, et les placer pêle-mêle sur le pont déjà si embarrassé, où nous ne pouvions presque leur trouver de place, et où ils couraient risque d'être égarés, foulés aux pieds, couverts de boue. Rien de si pénible et de si fatigant que cet exercice, vu que personne absolument n'en était exempt, pas plus les infirmes

moitié de force, aux matelots (1); quoi de plus triste, dis-je, et de plus fatigant que d'aller souvent, par bandes, dans nos hôpitaux de mer, respirer un air impur et pestilentiel, manier, nettoyer, transporter d'une place à l'autre des hommes qui étaient plus qu'à demi cadavres, laver leur linge infect et imprégné d'une odeur de mort, secouer les innombrables insectes qui usurpaient le prochain héritage des vers (2); que d'aller plus

---

et les convalescens que les autres. Aussi s'appelait-il le *branle-bas général*, et était-il toujours annoncé d'une voix de tonnerre, par quelqu'un des stentors de l'équipage. (*Note de l'auteur.*)

(1) Ils consistaient à laver le pont, tirer au cabestan, emmagasiner des vivres, et surtout hisser des tonneaux d'eau douce. Dans les premiers temps où l'on n'avait pas encore franchi toutes bornes à notre égard, le capitaine nous avait déclaré positivement que nous n'étions tenus à aucune de ces corvées. Peu après, on nous engagea, par forme d'invitation, à y prendre part, et bientôt ces invitations devinrent des ordres sévères, s'il faut en juger par les reproches, les menaces même qu'on nous faisait quand nous refusions de nous y rendre. C'étaient des travaux volontaires à peu près comme le service de beaucoup de soldats de la patrie, ou, si l'on veut, comme le dernier emprunt qu'a fait le gouvernement. (*Note de l'auteur.*)

(2) Il y avait parmi nous des infirmiers d'office, qui étaient nommés *ad hoc* par les officiers du vaisseau, ou qui avaient la générosité de courir de leur plein gré à une mort certaine pour soulager leurs frères mourans. C'était incontestablement l'état le plus dur, le plus fatigant et le plus désagréable, sous tous les rapports, qu'on puisse imaginer. Les infirmiers étaient surchargés, écrasés au pied de la lettre, et pour prix de tant de peines ils n'avaient que la mort à attendre. Aussi presque tous ont-ils péri victimes et martyrs de leur héroïque charité; mais outre ces infirmiers en titre, on envoyait souvent aux hôpitaux huit à dix prêtres, comme

souvent encore charroyer à près de demi-lieue, et inhumer à six pieds en terre les cadavres de leurs nombreux confrères, en attendant que sous peu de jours on leur rendît à eux-mêmes un semblable office de charité; que de nettoyer une fois, deux fois, chaque matin, et cela dans l'attitude la plus pénible et avec un travail forcé (1), notre obscur et puant cachot; que d'en enlever, à force de bras, les lourds baquets qui recélaient toutes les ordures de la nuit; et après avoir, au risque de leur vie, escaladé de glissantes échelles, d'aller, à travers mille et mille faux pas, au milieu de cables, de mâts souvent couverts de verglas, décharger eux-mêmes, à l'extrémité du vaisseau, ces immondices dans la mer!

Excédés de travaux, mourans de faim, à demi-nus, accablés de mauvais traitemens, en butte à

---

auxiliaires, pour soulager les premiers, et faire conjointement avec eux les pénibles et dégoûtantes fonctions dont je parle ici.

(*Note de l'auteur.*)

(1) En effet, il ne s'agissait pas seulement de balayer le plancher de cet horrible séjour; il fallait encore, avec des instrumens de fer exprès, en racler, gratter et regratter les planches jusqu'à ce qu'elles revinssent à peu près au même point où elles étaient au sortir de dessous le rabot des constructeurs, et qu'on aperçût la couleur naturelle du bois; et souvent, quand on croyait avoir achevé sa pénible tâche, il fallait recommencer sur nouveaux frais, il fallait racler, gratter et regratter de plus belle. Cela dépendait des caprices du matelot qui présidait à cet ouvrage.

(*Note de l'auteur.*)

mille dangers (1), ayant la mort sans cesse devant les yeux et pour ainsi dire à nos côtés, sous mille formes diverses, tels étions-nous durant le jour. Et toutefois ces maux n'étaient rien, comparés à ceux de la nuit. Oui, nos journées pouvaient être regardées seulement comme exemptes d'agrémens et de plaisirs, relativement aux nuits pleines d'angoisses que nous avions à passer. Mon ame éprouve un serrement douloureux, au seul souvenir que je suis obligé de me retracer de ces nuits cruelles pour les peindre.

Figurez-vous d'abord un obscur et ténébreux cachot de cinq pieds et de trois ou quatre pouces

---

(1) Danger d'être dénoncés et punis sans sujet au moment où nous nous y attendions le moins; danger de contracter des maladies dont on ne réchappait presque jamais; danger de périr dans les divers voyages que nous avons faits le long des côtes de la Charente : une fois entre autres nous fûmes sur le point de nous briser contre un vaisseau à l'ancre, et nos matelots pâlirent comme des criminels à qui on vient de lire leur sentence; danger de nous estropier au milieu des agrès de toutes sortes qui encombraient le pont, et gênaient extrêmement les passages; danger de nous noyer dans les flots de la mer où j'ai vu tomber au moins deux de mes confrères; enfin danger de nous tuer, en nous précipitant dans les cales très-souvent ouvertes sous les échelles, le long desquelles nous étions obligés de monter et de descendre, en nous croisant et nous heurtant vingt fois le jour. Je ne saurais dire combien de mes confrères j'ai vu tomber de la sorte, sur des tonneaux ou des monceaux de bois entassés dans ces malheureuses cales. On les retirait de-là le plus souvent moulus, évanouis, expirans; et dans peu ils allaient servir d'engrais aux sables arides de l'île d'Aix.

(*Note de l'auteur.*)

de haut dans sa plus grande élévation (1), garni dans tout son pourtour, à peu près à hauteur d'appui, de placets ayant dans leur largeur la longueur d'un homme de taille moyenne, c'est-à-dire cinq pieds et deux ou trois pouces. C'était en partie sur ces placets, faits de planches mal ajustées et encore plus mal rabotées, que couchait à nu le plus grand nombre d'entre nous, mais si serrés et si pressés, que nos bras portaient nécessairement sur le corps de nos voisins, et que nous ressemblions (qu'on me pardonne cette comparaison triviale, je n'en connais pas de plus exacte), que nous ressemblions parfaitement à des harengs en caque. Du reste, presque pas d'air pour respirer, puisqu'il était intercepté à l'égard de ceux qui couchaient rez-terre, par les placets qui étaient au-dessus de leur tête; et à l'égard de ceux qui, comme des momies d'Égypte, ou comme des morts dans un caveau, étaient

---

(1) J'ignore ses autres dimensions; ce qu'il y a de certain, c'est qu'il n'occupait que la moitié de la longueur d'un vaisseau marchand de médiocre grandeur, et cela dans un seul étage, et que cependant nous y logions au nombre de près de quatre cents. Le comprenne qui pourra, mais la chose est très-certaine. Plusieurs de mes confrères avaient mesuré les mesquines dimensions de cet impur égoût; mais qu'importent ses dimensions, dès qu'on saura qu'il n'y avait pas un pouce, pas un quart de pouce d'espace perdu sur le plancher, et que celui qui était entre le plancher et les solives n'était guère moins bien ménagé. Bon Dieu! quelle atroce autant que savante combinaison, pour faire entrer, en les plaçant en tout sens, le plus grand nombre d'hommes possible dans un espace donné, sans les faire étouffer le jour même!

(*Note de l'auteur.*)

étendus sur les placets par le plancher supérieur. En effet, sur la hauteur de cinq pieds qu'avait notre cachot, ôtez l'épaisseur des deux sacs de nuit sur lesquels reposaient leurs têtes, quel espace trouverez-vous entre leur figure et les planches qui la dominaient? Un pied au plus (1). Ceux d'entre nous qui n'étaient pas encaissés dans ces étroites niches, n'étaient pas pour cela mieux couchés, ou plutôt ils l'étaient encore plus mal; car ils étaient étendus dans le milieu du cachot sur plusieurs lignes, et ne laissaient aucun espace vide, pas le plus petit passage libre, en sorte qu'ils étaient nécessairement foulés aux pieds par ceux qui vou-

---

(1) Je parle du plus grand nombre; car il y en avait tels qui n'avaient pas plus de cinq à six pouces pour respirer. C'étaient ceux qui se trouvaient placés sous une solive, ou même sous une poutre; car il n'y avait aucun espace perdu, et ces solives et ces poutres étaient très-multipliées, et les dernières extrêmement épaisses et fortes de bois. J'ai couché durant long-temps, et pendant les plus fortes chaleurs, sous une de ces poutres. Outre le terrible supplice de sentir mon haleine répercutée par cet obstacle insurmontable qui était si proche de ma bouche, il y avait l'incommodité, non moins cruelle, de ne pouvoir faire aucun mouvement, ni même soulever tant soit peu la tête, une fois que j'étais encoffré là-dessous, quelque pénible et douloureuse que fût mon attitude, ou quelque besoin que j'éprouvasse : ou si je faisais quelque mouvement involontaire pendant les courts instans de sommeil que la nature dérobait quelquefois en dépit de la douleur, je courais risque de me casser la tête contre l'inflexible ciel de mon lit. Je ne puis me comparer, en cet état cruel, qu'à la vendange sous le pressoir au moment où on va la pressurer. On s'imagine bien que je ne sortis de-là que pour aller à l'hôpital, et que je ne fus pas des derniers.

(*Note de l'auteur.*)

laient aborder les placets, outre que plusieurs avaient à leur proximité, et même touchaient immédiatement les puans baquets qui servaient de latrines à près de quatre cents hommes durant dix à onze heures de nuit. S'ils n'avaient pas de placets au-dessus de leur tête, ils avaient, ce qui était pire encore, des hamacs tendus les uns si près des autres, que ceux qui les occupaient se comprimaient mutuellement d'une étrange manière; des hamacs portant deux hommes chacun, ce qui était auparavant sans exemple, et par conséquent très-affaissés et incommodant excessivement ceux qui étaient au-dessous, lesquels leur servaient le plus souvent de marchepied pour s'élancer dans leur couche douloureuse.

C'était dans cet affreux caveau, ou plutôt dans cet horrible enfer, qu'à un certain signal donné, nous allions docilement tous les soirs avant la nuit nous faire enfermer comme un troupeau de moutons (1), ou plutôt nous enterrer pêle-mêle et faire l'apprentissage du tombeau que le séjour de cet exécrable lieu nous présageait prochainement. Y étions-nous une fois enfermés sous la foi des clefs

---

(1) Cette comparaison, toute forte qu'elle paraît, n'est pourtant rien moins qu'exacte : car enfin des moutons, quelque pressés qu'ils soient, n'occupent pas cependant tout l'espace qui est entre la terre et le toit de leur étable. Ils voient la lumière, au moins quand il est jour; au lieu que, même en plein midi, nous avions peine à l'apercevoir dans notre cachot, et que nous n'y laissions aucun espace vide entre le plancher supérieur et l'inférieur.

(*Note de l'auteur.*)

et des verroux, c'en était fait pour jusqu'au lendemain matin à pareille heure, même dans les plus grands jours. Le tonnerre eût grondé que nous ne l'eussions pas entendu, tant c'était un épouvantable vacarme que celui que produisaient nécessairement quatre cents hommes qui cherchaient leurs places à tâtons, qui se heurtaient, se foulaient les uns les autres! Il eût fait mille éclairs que nous ne les eussions pas aperçus, tant étaient épaisses les ténèbres au milieu desquelles nous errions au hasard, comme des aveugles dépourvus de guides. Nous eussions été fortement incommodés, jusqu'à perdre connaissance; nous eussions crié à l'aide, au secours; nous eussions rendu le dernier soupir (et cela est arrivé quelquefois (1),) qu'on ne nous eût donné ni secours ni aide, qu'on n'eût pas même su que nous en réclamions, tant nos geôliers étaient peu inquiets sur notre compte, du moment que notre réclusion absolue les rassurait sur le leur; car ces braves champions, armés jusqu'aux dents, accoutumés ou censés accoutumés à guerroyer, redoutaient très-sérieusement des prêtres pacifiques et désarmés, qui ne savaient et ne prétendaient autre chose que souffrir, et ils les soupçonnaient perpétuellement de vouloir se révolter, et leur faire boire

---

(1) Une fois entre autres, au moment où l'on ouvrait notre cachot, nous aperçûmes un de nos confrères qui y était agenouillé contre un mât, dans l'attitude d'un homme qui prie avec affection. On voulut le toucher; il était mort.

(*Note de l'auteur.*)

à longs traits l'onde salée, ou leur infliger telle autre peine qu'ils savaient bien avoir méritée : tel est l'effet infaillible de la mauvaise conscience et surtout de l'irréligion. Elle fait à chaque instant trembler l'homme pervers là où il n'y a nul sujet de craindre.

Qu'on juge si la perspective de ces affreuses nuits nous effrayait ! Aussi leur approche toute seule nous glaçait d'épouvante. Tel un malade, consumé par une fièvre ardente, qui voit arriver l'heure du redoublement, ou plutôt tel un malheureux patient qu'on vient prendre pour le conduire à l'échafaud. Mais le moment fatal était-il venu ? Quel supplice, grand Dieu ! Quand ce n'eût été que l'air fétide et corrompu, et les exhalaisons infectes et empoisonnées qui sortaient de ce lieu empesté, et qui, dès l'entrée, vous saisissaient vivement l'odorat et vous portaient fortement au cœur.

Mais comment parvenir à sa place à travers les hommes et les effets qui obstruaient ce lieu d'horreur ? Ce n'était partout, sur votre passage, que sacs de nuits où l'on allait butter ; que mâts ou poteaux contre lesquels on risquait de se casser la tête ; que hamacs déjà occupés, sous lesquels il fallait passer en se courbant jusqu'à terre, et sans pouvoir poser le pied nulle part, à moins de fouler quelque bras ou quelque jambe de ceux qui étaient déjà étendus sur le plancher, et de leur faire jeter les hauts cris. On était à la nage avant d'arriver à sa place. Y était-on parvenu, à force de temps et d'efforts, comment la distinguer de celle de ses voisins? car il n'y avait aucune séparation, aucune ligne de démarcation; et cependant, si l'on se trompait de quelques pouces, on dérangeait toute une ligne, et il se trouvait quelqu'un qui restait sans place. Dans un espace si étrangement borné, comment faire les mouvemens nécessaires pour se dépouiller de ses habits? ou comment ne pas étouffer au bout d'un quart-d'heure, si on ne les déposait? Comment se déplacer durant la nuit, si on éprouvait quelque besoin? et comment ne pas en éprouver pendant un si long intervalle? Comment prendre quelque repos, ayant les os (qui étaient presqu'à nu chez la plupart) brisés ou moulus par les planches, étant en outre inondés de sueur (1) et dévorés de poux, ayant perpétuelle-

---

(1) On ne s'imagine pas combien ces sueurs étaient excessives; et pouvait-il en être autrement, étant pressés au point où nous l'étions? Cet excès de presse alla si loin que, malgré toutes les savantes et meurtrières combinaisons des officiers, malgré toutes les menaces qu'ils nous faisaient le sabre nu à la main, pour nous obliger à nous serrer encore davantage, *en nous mettant sur le côté*, il vint un temps où, de leur aveu, il ne fut plus possible à aucun confrère de trouver place parmi nous. Que fit alors un de nos officiers dont toute l'industrie était à bout? Adressant la parole à un déporté nouveau venu, à qui il avait désigné sa place dans le quartier que j'habitais: *Puisqu'ils ne veulent pas te faire place*, lui dit-il, *jette-toi en travers sur leurs jambes;* et là-dessus il se retira grondant et emportant sa lanterne, et nous livra ainsi dans les ténèbres à notre malheureux sort.

Ce qu'il y avait de plus alarmant en cela, c'est que, quelque étrangement gênés que nous fussions, nous n'étions jamais assurés de ne l'être pas davantage dans quelques jours. Il nous arriment le sang en ébullition ; éprouvant des démangeaisons si intolérables, que nous nous déchirions le corps, sans ménagement comme sans relâche? Comment respirer même, quand on nous interceptait presque toute communication avec l'air extérieur (1), et qu'au bout d'une heure ou deux, il ne restait plus, dans notre cachot, qu'un air crasse et corrompu qui avait été déjà respiré et avait perdu toute sa fluidité et son élasticité?

Pour le purifier, cet air, on nous régalait tous les matins, mais au moment seulement où nous allions vider le cachot, d'une fumigation de goudron. Oh!

---

vait, de temps à autre, des recrues de trente à quarante prêtres déportés, qui nous jetaient dans la consternation, vu qu'il était impossible que nous n'étouffassions pas sous peu de jours si on les recevait. Mais que nous disaient nos officiers, quand nous leur faisions entrevoir l'impossibilité de loger parmi nous ces nouveaux hôtes ? *Que ceux qui périraient feraient place aux autres......* N'était-ce pas une bien douce consolation?..... (*Note de l'auteur.*)

(1) L'air et la lumière ne pénétraient dans notre cachot que par deux *écoutilles*, qui sont des ouvertures faites au plancher, d'environ cinq pieds chacune en quarré; encore l'un et l'autre étaient-ils interceptés en grande partie par les treillis de bois qui couvraient ces ouvertures, et par les solives extrêmement rapprochées, qui formaient au-dessous de ces ouvertures la prétendue claire-voie, ou plutôt la redoutable barrière de notre prison. Remarquez que l'on couvrait ces écoutilles d'une grande toile cirée, dès qu'il tombait la moindre goutte de pluie, de crainte que les provisions, qui étaient dans la cale placée au-dessous, ne fussent endommagées. Pour lors nous n'avions absolument aucun moyen de renouveler l'air de notre étuve. Périssent les déportés pourvu que le biscuit se conserve! Telle était la maxime de nos geôliers.

(*Note de l'auteur.*)

l'agréable déjeuner, qu'une pareille fumigation! Pour nous donner cet aimable bonjour, on plongeait dans un petit tonneau plein de goudron deux ou trois boulets rouges, et tellement rouges, qu'ils produisaient quelquefois, au milieu des épaisses ténèbres où nous étions plongés, et des matières combustibles qui nous environnaient, une flamme subite, aussi dangereuse qu'effrayante. On se hâtait de l'éteindre, il est vrai ; mais ce qu'on ne cherchait point à arrêter, ou plutôt ce qu'on avait eu pour but de produire, c'était une fumée épaisse et d'une odeur forte et âcre, qui se répandait par flots dans notre cachot, et qui, pour prévenir la maladie, commençait par nous donner la mort. Aussitôt chacun était forcé de tousser, de moucher, de cracher jusqu'à extinction. Encore si on eût permis de sortir à ceux que cette fumée incommodait le plus; mais une pareille grâce était presque sans exemple. Ainsi, que l'on fût enrhumé, pulmonique, asthmatique, n'importe : il fallait, malgré qu'on en eût, respirer cette fumée irritante, dût-on cracher le sang, dût-on rendre l'ame au milieu des efforts et des espèces de convulsions qu'elle occasionait.

Tel était le terrible dédommagement qu'on nous donnait régulièrement, chaque matin, des cruelles nuits qu'on nous faisait passer; et telles étaient ces nuits elles-mêmes. Faut-il s'étonner qu'elles nous fussent si funestes, que tels d'entre nous, qui étaient entrés le soir au cachot sans aucun symptôme de maladie prochaine, fussent trouvés le lendemain défaillans et presque sans vie, et que les maladies les plus terribles fissent, parmi nous, de si rapides et de si incroyables ravages? C'est ce qu'il faut maintenant raconter.

Jusqu'à présent, on ne nous a vus que souffrant, à la vérité excessivement ; mais cependant jouissant, en quelque sorte, de la santé (si toutefois on peut donner le nom de santé à cet état habituel de langueur et de dépérissement où étaient les plus vigoureux et les mieux constitués d'entre nous); c'est-à-dire qu'on n'a vu que le beau côté du tableau, et qu'on n'a envisagé les confesseurs de la foi, dont j'écris l'histoire, que sous l'aspect le moins affligeant pour l'humanité. Comment peindre maintenant ces mêmes hommes, dans l'état déplorable de maladie, lorsque la contagion commença à se répandre parmi eux! Il en tombait malades, chaque nuit, jusqu'à dix, douze et au-delà. Et de quelles maladies, bon Dieu! Des maladies les plus violentes, et qui s'annonçaient par les symptômes les plus sinistres et les plus affreux. C'était le scorbut : nous en étions presque tous atteints, et quelques-uns en étaient proprement rongés. C'étaient des plaies horribles à voir, et qui, restant le plus souvent, ainsi que les cautères, sans aucun pansement, devenaient nécessairement mortelles. C'étaient des fièvres malignes et inflammatoires qui vous ôtaient tout de suite l'usage de la raison, et qui, alors que vous eussiez eu besoin de toute votre présence d'esprit, pour vous donner à vous-mêmes des soins que personne n'avait la pensée ou la facilité de vous donner, vous jetaient dans l'état le plus triste et le plus humiliant de surdité, de stupeur et d'insensibilité. C'étaient surtout des fièvres chaudes et des accès de frénésie, qui rendaient furieux, jusqu'à attenter à leur propre vie et à celle de leurs confrères, jusqu'à avoir besoin d'être mis aux fers, pour ne pas causer un désordre épouvantable dans le cachot, des hommes naguère doux comme des agneaux, vertueux comme des anges.

Les deux chaloupes destinées à recevoir nos malades, lesquelles en renfermaient cent à elles deux, ne suffisant plus à contenir tous ceux qui étaient atteints de la contagion, il fallait nécessairement qu'il en restât sur notre bâtiment un grand nombre qui achevaient d'y répandre la peste. C'était pitié de les voir au milieu de cette cohue dont j'ai parlé plus haut, étendus à plate-terre, à l'ardeur du soleil, sur le pont ou dans l'entre-pont; se roulant sans savoir ni où ils étaient, ni ce qu'ils faisaient, aux pieds de leurs confrères désolés qui ne pouvaient leur rendre aucun service, ni même parvenir à leur faire entendre leur voix; ne faisant absolument aucun remède qui pût retarder le progrès de la maladie; car c'était une règle invariable, et qui ne souffrait aucune exception, qu'on ne vous administrait aucun remède, quelque simple et facile qu'il fût, et quelque urgent que fût votre besoin, à moins que vous n'allassiez à l'hôpital, eussiez-vous fait toutes les diligences pour y obtenir une place.

Mais ces hôpitaux même, pourquoi demander à y être admis, si ce n'est pour y trouver encore plus promptement et plus infailliblement la mort? Elle y frappait chaque jour de nombreuses victimes, et moissonnait presque indistinctement tous ceux qui mettaient le pied dans cet horrible cloaque. On a beaucoup déclamé, et certes avec raison, contre les hôpitaux de Paris, en particulier contre l'Hôtel-Dieu. L'Hôtel-Dieu et les autres hôpitaux de Paris étaient des lieux de délices, de vrais paradis, comparés à nos deux prétendus hôpitaux. Ceux-ci méritaient moins ce nom que celui de boucheries, ou plutôt de cimetières et de vrais charniers. Personne n'en peut parler plus savamment que moi, qui ai habité l'un et l'autre. Je m'attacherai plus particulièrement à faire connaître le grand où j'ai fait un plus long séjour.

Là soixante malheureux prêtres, abattus et accablés sous l'effort de la maladie, étendus à demi-nu sur le plancher nu, aussi serrés et pressés que nous l'étions dans le vaisseau même, ayant souvent la moitié du corps dans l'eau que la chaloupe recevait de toutes parts, entendant, presque sans relâche, fendre du bois sur leur tête à quatre ou cinq pieds seulement de distance; sans remèdes, sans médecin (1), et souvent sans tisane à dé-

---

(1) C'est être sans remèdes que d'avoir presque uniquement pour purgatif du jalap et de l'émétique, et encore en si petite

faut d'eau douce, formaient le spectacle le plus affligeant, le plus douloureux, le plus déchirant pour des cœurs sensibles (et sans doute aussi le plus ravissant pour les anges) que l'imagination puisse se représenter.

La nuit c'était pire encore. Nous étions absolument livrés à nous-mêmes et dénués de tout secours. Nous n'avions point d'infirmiers ; ils étaient

---

quantité que les malades étaient d'ordinaire obligés d'attendre trois ou quatre jours, à leur très-grand détriment, l'urgente purgation qui leur avait été ordonnée, et de si mauvaise qualité ou tellement éventée, qu'elle n'opérait pas, si l'on se bornait à la dose ordinaire, et que si, au contraire, on outrepassait cette dose, n'ayant pas de base fixe pour mesurer cet excédant, d'après le degré de déperdition qu'avaient éprouvé ces drogues, lequel était inconnu, on risquait de les faire opérer beaucoup trop. J'en ai vu un grand nombre d'exemples funestes.

C'était être sans médecins, que de n'avoir pour nous soigner, dans des maladies aussi graves et aussi compliquées, que de jeunes freluquets, fraîchement échappés des boutiques de barbiers, qui peut-être n'avaient jamais fait une saignée en leur vie, et qui paraissaient ou ignorer absolument pour quelle raison le gouvernement leur donnait de riches honoraires, ou vouloir le voler impunément, puisqu'ils ne nous visitaient jamais qu'une fois le jour, dans un état aussi critique qu'était le nôtre !.... Qu'ils s'abstenaient quelquefois plusieurs jours de suite de toute visite, qu'ils se faisaient souvent suppléer par leurs confrères des vaisseaux voisins, non moins ignorans qu'eux, outre qu'ils n'avaient pas suivi le cours de nos maladies; et qu'enfin, alors même qu'ils abordaient à notre chaloupe, ils n'osaient, crainte de contracter la maladie, mettre le pied dans le lieu qui servait de théâtre à nos douleurs, ou n'y faisaient que de très-courtes apparitions, pour y écrire à la hâte d'insignifiantes ordonnances, ou y débiter, sans les entendre, de sentencieux aphorismes.

(*Note de l'auteur.*)

allés prendre un peu de repos; point de boisson:
qui eût pu nous en verser? Pas même de lumière;
car il n'en entrait pas plus à l'hôpital que dans le
cachot du vaisseau. Aussi qu'arrivait-il? Les malades attaqués de fièvres chaudes (1), ou tous autres

---

(1) Ces sortes de maladies, dont il se trouvait toujours quelques-
unes parmi nous, nous donnaient parfois des transes terribles,
et qui ne contribuaient à rien moins qu'à nous rendre la santé.

Un de mes confrères, d'un tempérament extrêmement robuste, m'en fit une fois éprouver une dont il me souviendra
long-temps. Attaqué subitement sur le vaisseau d'une fièvre chaude
extrêmement violente, il avait causé dans le cachot un désordre
épouvantable. Malgré ses fers, il avait mordu cruellement un de
ses confrères, et s'était fait à lui-même d'horribles meurtrissures.
On profita d'un moment lucide pour le conduire à l'hôpital. Je
l'entendis en confession, et même avec beaucoup de consolation,
le trouvant parfaitement revenu à lui-même sans aucun vestige de
son état précédent, si ce n'est un peu d'exaltation, et beaucoup
de crainte de retomber dans un accès pareil au premier. Cette
crainte n'était que trop bien fondée. En effet, quelque temps après,
il me fait appeler derechef; je me traîne, comme je puis, à sa
place, et m'agenouillant à ses côtés, je me penche sur lui pour
entendre ce qu'il avait à me dire; mais hélas! sa tête n'y était
déjà plus, et je connus bientôt au désordre extrême de ses paroles qu'il n'y avait rien à faire. Heureusement j'avais fait tout ce
qui était nécessaire. N'importe, j'écoutai quelque temps son inin-
telligible galimatias, pour ne pas le brusquer; mais enfin, je
crus, après lui avoir promis de revenir dans un autre moment,
devoir prendre congé de lui. Il ne fut pas possible. *Oh! mon ami,
tu ne t'en iras pas*, me dit-il, et en même temps il me saisit la
main avec un poing d'Hercule. Je crus l'avoir à l'étau. Je n'avais
que la peau et les os; j'étais naturellement faible, tandis qu'outre
sa force naturelle, qu'il n'avait pas encore perdue, mon confrère avait toute celle que lui donnait momentanément la fièvre
ardente dont il brûlait. Je fis quelques efforts pour me débarrasser; mais ils furent impuissans, et ne servirent qu'à l'irriter et à

malades qui croyaient pouvoir encore se traîner aux baquets, ayant plus de courage que de force dans les jambes et d'usage de leur raison, ou tombaient sur leurs voisins à demi-morts, qu'ils ache-

---

le rendre furieux. Ses yeux, qui portaient encore les marques des coups qu'il s'était donnés, s'enflammèrent et parurent se remplir de sang. Toute sa figure prit un caractère affreux de férocité, et il me témoigna très-clairement le désir de me maltraiter. A ces mots : *Que ne puis-je te mordre !* j'avoue que je frissonnai ; car rien ne lui était si facile que de satisfaire son envie, et je me rappelais la cruelle morsure qu'il avait faite à un de mes confrères. J'appelai à la hâte, sans pourtant montrer trop d'empressement, et toutefois avec l'inquiétude et la terreur peintes dans les yeux, quelques infirmiers que la Providence avait, ce semble, envoyés exprès à deux pas de-là. Ils accoururent. Alors eux et moi nous raisonnâmes, nous flattâmes tellement le malade, que je sentis enfin ses nerfs se relâcher insensiblement, et son poing s'entr'ouvrir. Je laisse à penser si je saisis le moment favorable pour dégager ma main de la sienne, et si je trouvai des jambes, tout infirme et débile que j'étais.

Mais si nos malades, dans leur délire ou dans leurs accès de fièvre chaude, nous donnaient souvent des scènes tragiques, ils nous en donnaient aussi parfois d'assez plaisantes, et à la vue desquelles il eût été difficile de ne pas sourire, quoiqu'on eût, comme dit le proverbe, *la mort entre les dents*. Je voudrais me rappeler quelqu'une de ces dernières ; je la rapporterais volontiers pour faire diversion à tant de récits lugubres: car il me semble qu'il y a déjà long-temps que je broie du noir ; mais ma mémoire ne m'en fournit aucune. Je me rappelle seulement que ces transports déliaient merveilleusement les langues de nos malades, et que plusieurs alors se dédommageaient amplement, ainsi que quelques fous qu'on n'avait pas eu honte de déporter avec nous, du silence forcé qu'il avaient gardé jusqu'alors sur le compte de nos bourreaux. C'était plaisir de les entendre dire aux officiers, sans aucune distinction de grades, de bonnes et fortes vérités, bien assénées, sans que ceux-ci osassent parler de châtiment. On voyait à

vaient d'écraser de leur chute (1), ou s'égaraient dans le trajet, et, ne sachant plus retrouver leurs places, jetaient des cris lamentables, pareils à ceux d'un aveugle égaré de sa route; et après avoir long-temps appelé d'une voix plaintive un secours que personne ne pouvait leur donner, achevaient par se laisser tomber au hasard à l'endroit où ils se trouvaient, c'est-à-dire sur quelqu'un de leurs confrères à qui la douleur arrachait des cris déchirans, s'il lui restait encore assez de force pour les faire entendre.

---

l'énergie de leurs expressions, que c'était bien de l'abondance du cœur qu'ils parlaient. Ils le faisaient sans aigreur, à la vérité, parce qu'ils n'en avaient pas ressenti avant de tomber malades, mais aussi sans respect humain et sans ménagement. Nous ne pouvions avoir de plus fidèles interprètes de notre façon de penser. On a dit : *in vino veritas ;* on eût pu dire avec autant de raison pour le moins : *In œstu febris veritas.* (*Note de l'auteur.*)

(1) En voici deux exemples entre autres. Une nuit, étant à peine convalescent, et encore sans force, je sens quelqu'un qui, après avoir long-temps erré dans les ténèbres, se laisse tomber brusquement sur mes pieds, non sans me causer un peu de frayeur, et même quelque douleur. *Qui est-là?* m'écriai-je aussitôt à plusieurs reprises. Personne ne répond. On se borne à s'agiter vainement sur mes jambes pour chercher à se relever. Enfin, cependant, à la quatrième ou cinquième interpellation, on me répond d'une voix faible : *C'est moi.* L'indication n'était rien moins que précise ; mais je reconnus une voix qui m'était chère. C'était un de mes amis qui était dans le transport, et qui cherchait à l'aventure une sorte de bien-être qu'il ne trouvait nulle part. Il avait une fièvre épouvantable ; sa respiration extrêmement accélérée l'indiquait assez toute seule. Je l'exhorte à se relever, offrant de le conduire à sa place qui n'était qu'à deux pas ; mais hélas! quand il m'eût entendu, il n'en était pas capable. J'essaie d'abord de le

Aussi était-ce le plus souvent dans la nuit, et par conséquent livrés, sans aucun secours humain, à la divine Providence, que mouraient ceux de nos confrères qui ne pouvaient résister à tant de maux, c'est-à-dire la presque totalité de ceux qui venaient à l'hôpital. Il n'était pas rare d'en trouver, à la pointe du jour, deux, trois qui avaient ainsi rendu le dernier soupir, je ne dis pas dans le silence, mais dans l'obscurité de la nuit, et destitués de toute espèce de secours (1). J'en ai même vu

---

soulever; car il m'incommodait fort; mais j'étais presque aussi faible que lui. Il fallut transiger; je l'étendis du mieux que je pus entre mes jambes, sa tête portant sur ma poitrine, et nous passâmes la nuit dans cette cruelle situation.

Le second fait est encore plus propre à faire connaître notre état extrême d'abandon et de délaissement durant les nuits. Les infirmiers avaient déplacé un autre de mes confrères attaqué d'une violente fièvre chaude, et qui gênait extrêmement ses voisins, pour le mettre ailleurs. Au milieu de la nuit, il se lève, et vient, par je ne sais quelle sorte d'instinct, reprendre son ancienne place; mais cette place était occupée, car il n'y en avait jamais de vacante, et celui qui l'occupait était moribond. N'importe, il s'étend sur lui, et le lendemain au jour, la fièvre ayant considérablement baissé, on le trouva dormant profondément sur un cadavre, et de plus ayant la face tournée, bouche à bouche, contre celle d'un autre confrère qui était dans les dernières angoisses de la mort. (*Note de l'auteur.*)

(1) J'entends des spirituels aussi bien que des temporels; car qui les leur eût donnés dans ce moment, puisque même pendant le jour ils en étaient souvent dépourvus? En effet, outre qu'il fallait, pour les leur administrer, n'être ni vu ni entendu des gens de la chaloupe, et que le premier effet de nos inconcevables maladies, était presque toujours de nous rendre extrêmement sourds et comme stupides, nos infirmiers étaient en petit nombre vu celui des

quatre, sans compter ceux qui moururent dans la matinée; et une fois, il en périt jusqu'à quatorze, dans vingt-quatre heures, tant du *Washington* que des *Associés*.

A peine avaient-ils rendu le dernier soupir, que le patron de la chaloupe réclamait le sac qui contenait leurs effets, et aussitôt hissait un certain pavillon, à l'inspection duquel on connaissait sur notre vaisseau, qui était à peu de distance, qu'il était mort un prêtre à l'hôpital. A l'instant tout l'équipage, comme s'il eût appris le gain d'une bataille ou le supplice de quelque grand coupable,

---

malades, et l'extrême pénurie des effets nécessaires à un hôpital, laquelle rendait le service infiniment plus difficile ; d'où il résultait qu'ils étaient tellement occupés à ensevelir les morts, à laver le linge des malades, à changer, nettoyer, panser ceux qui les appelaient quelquefois en trois ou quatre endroits à la fois ; enfin à préparer leurs propres repas, qu'ils ne pouvaient suffire à tout, quelque actifs qu'ils fussent. Comment eussent-ils pu s'occuper de soins spirituels qui demandent du loisir et du recueillement ? Les malades étaient donc réduits à entendre les confessions les uns des autres, à s'administrer entre eux le sacrement de l'extrême-onction, à se faire la recommandation de l'ame, etc. Tel qui avait aujourd'hui rendu ces offices de charité à quelqu'un de ses confrères, les recevait dans peu de quelque autre. On n'avait pas toujours beaucoup de présence d'esprit, encore moins d'énergie, pour soutenir, fortifier, encourager le pauvre agonisant dans ce moment décisif; mais on faisait en sorte qu'il ne manquât rien d'essentiel au sacrement: on rappelait en deux mots au mourant la sainteté de la cause pour laquelle il perdait la vie, et quelle juste confiance il devait avoir en la miséricorde de celui à qui il avait rendu témoignage ; on lui faisait renouveler son sacrifice, et il expirait sans regret, plein de l'espérance et de la joie des saints.

(*Note de l'auteur.*)

hurlait, en levant le chapeau, les mots favoris : *Vive la république!* Et les officiers députaient un certain nombre de nos confrères, bien escortés par la garde nationale, pour aller inhumer le mort à l'île d'Aix.

Mais quoi de plus révoltant que la manière dont les matelots jetaient ce corps, si vénérable aux yeux de la foi, dans la chaloupe qui devait le transporter à sa dernière demeure! On eût dit (qu'on me pardonne cette comparaison révoltante); on eût dit une charogne infecte qu'ils cherchaient avec empressement à s'ôter de dessous les yeux. Aussi ne lui donnaient-ils pas d'autre nom, et nous disaient-ils, sans tergiversation, lorsque nous leur en faisions doucement quelques reproches, que quand le corps était mort, tout était mort. C'est-à-dire que ces prétendus chrétiens n'étaient pas même de bons payens, puisque les payens tant soit peu instruits admettaient l'immortalité de l'ame.

Parvenus à l'île d'Aix, les prêtres députés étaient obligés d'aller, quelque temps qu'il fît, à travers des sables mouvans, à la distance de plus d'un quart de lieue, portant le corps de leur confrère sur une civière, à moins qu'il ne se trouvât quelque paysan charitable qui leur prêtât une brouette pour le voiturer. Ils creusaient eux-mêmes une fosse très-profonde (1), et y déposaient, sans aucun signe

---

(1) On exigea qu'elle eût six pieds de profondeur, depuis que des animaux voraces eurent exhumé quelques-uns de ces corps

extérieur de religion, ces tristes dépouilles des généreux confesseurs de la foi. Mais ce qui outrage l'humanité autant que la bienséance, c'est qu'il est arrivé très-souvent que la sordide avarice, ou la méchanceté révoltante de ceux qui étaient témoins de ces hâtives inhumations ne leur ont pas permis de laisser à ces corps vénérables, au moins cet unique et dernier vêtement que les plus pauvres mêmes emportent au tombeau.

Ces corvées si pénibles, quoique consolantes en un sens, devinrent extrêmement fréquentes, précisément à l'époque des grandes chaleurs où elles étaient infiniment plus fatigantes (1). Il arrivait quelquefois que nous enterrions de la sorte trois ou quatre prêtres à la fois. D'autres fois, à peine

---

vénérables pour en faire leur proie. Au reste, on n'exigeait pas seulement que nous inhumassions nos confrères. Il est arrivé une fois qu'on a forcé ceux qui avaient été députés pour leur rendre ce triste devoir, de porter aussi en terre le cadavre, tombant par lambeaux, d'un garde national que la mer avait rejeté sur la côte, et dont personne ne pouvait supporter l'infection.

(*Note de l'auteur.*)

(1) « Des déportés, qui avaient enterré quelques-uns de leurs confrères, et qui revenaient au vaisseau trempés des eaux de la pluie ou de celles de la mer, demandaient en vain, pour avoir la facilité de faire sécher leurs habits, qu'on leur rendît, pour quelques heures, les vêtemens qu'on leur avait enlevés; ils n'obtenaient pas ce soulagement si juste. Un jour le capitaine du Washington fit mettre aux fers un sergent, pour avoir donné quelques rafraîchissemens à six ecclésiastiques qui, dans la même journée, avaient successivement mis en terre huit de leurs confrères, et reçu la pluie pendant toute la durée de cette pénible opération. Jamais il ne voulut accorder un second mouchoir et une seconde

étions-nous de retour de l'île, harassés, demimorts de faim, qu'il fallait repartir pour rendre le même service à quelqu'autre de nos confrères, qui dans l'intervalle avait passé à une meilleure vie. On peut penser si de pareilles fatigues, jointes à tant d'autres souffrances, nous disposaient à aller rejoindre prochainement ceux que nous venions de mettre en terre. Aussi qui peut dire de combien de généreux confesseurs de la foi cette île d'Aix, si resserrée dans son enceinte recèle les précieux ossemens? O terre trop fortunée, heureuse île des saints! Les honorables dépôts que tu renfermes en si grand nombre, t'assurent à jamais une célébrité que tu ne pouvais attendre ni de ton étendue ni de la fertilité de ton sol. Au grand jour de la résurrection, il *se lèvera* de ton sein, *pour la vie éternelle,* un plus grand nombre de morts que du sein des plus vastes contrées. Oh! pourquoi mes cendres n'ont-elles pas été réunies à celles de tant de saints prêtres qui reposent en paix dans tes sables arides, *en attendant la bienheureuse espérance et l'avénement du grand Dieu?* Pourquoi, après avoir été comme eux aux portes de la mort, n'ai-je pu, dans le temps le plus favorable pour le sa-

---

chemise à M. Cordier, ex-jésuite, âgé de quatre-vingt-cinq ans. Il enleva même à ce vieillard le bâton dont il se servait pour soutenir sa caducité, et en le privant de cet appui, il lui dit d'un ton railleur : *Vieux scélérat, si je te laissais cela, tu serais capable de faire la contre-révolution à mon bord.* » (*Relation d'un prêtre déporté.*) (*Note des édit.*)

lut, en franchir le seuil? Faut-il que près d'atteindre le port, j'aie été de nouveau rejeté au milieu des écueils et forcé d'affronter les hasards d'une nouvelle navigation? Ah! puisque le ciel le voulut ainsi, qui me donnera du moins de voir le Seigneur rendre à ma chère patrie son antique religion avec la douce paix, afin que l'Église puisse un jour rendre aux restes de tant de généreux athlètes, les honneurs légitimes que l'on rend à la dépouille mortelle des saints, et que moi-même je puisse, parmi la cendre vénérable de tant de dignes ministres de Jésus-Christ, démêler la cendre, à jamais chère à mon cœur, de mon fidèle ami, et la cendre doublement chère du meilleur et du plus tendre des frères?

La contagion gagnant de jour en jour, et l'équipage lui-même commençant à en être attaqué, on prit le sage parti de nous mettre à terre. Que ne l'avait-on exécuté plus tôt? L'Eglise de France n'aurait pas à pleurer, comme une autre Rachel, la mort de six cents de ses enfans les plus chers et de ses ministres les plus fidèles. On déposa donc ceux d'entre nous qui étaient malades ou convalescens à l'île *Citoyenne*, ci-devant île *Madame* (1).

---

(1) Je me rappelle encore avec une douce émotion les sensations délicieuses que j'éprouvai quand, pour la première fois, je mis le pied dans cette petite île. Je crus entrer dans un paradis terrestre, quoique assurément cette plage, presque déserte, et dont l'air est peu sain, ne soit pas un lieu de délices. Mais je désirais si ardemment de revoir la terre !.... Il y avait, ce

Là nous habitions sous de vastes tentes ; nous avions chacun un petit lit; nous pouvions prendre l'air, faire quelques remèdes. Mais ces secours, pour nous avoir été administrés trop tard, nous devinrent à peu près inutiles. Le germe de la maladie

---

semble, si long-temps.... si long-temps que j'étais sur mer ! Car les souffrances ralentissent la marche du temps, de même que le plaisir lui donne des ailes.

Il me semble donc que je renaissais, lorsqu'approchant du rivage, j'aperçus de la verdure, une haie, quelques arbres en petit nombre épars çà et là. Il ne manquait plus que de voir quelques êtres vivans qui animassent un peu ce séjour. J'aperçus un papillon, c'était beaucoup, et le plaisir fut vif en le voyant; mais je cherchais de l'œil quelque oiseau. J'en découvris plusieurs : des bergeronnettes, des linottes, des hirondelles, etc. Je fus au comble de la joie. Au bout de quelques jours, je quittai la fièvre que j'avais craint de ne pas garder assez long-temps pour être admis à aller à terre, et j'éprouvai un mieux sensible. Ce n'est pas que les convalescens fussent là merveilleusement soignés : nous manquions de beaucoup de choses, et nous éprouvions en particulier le tourment de la faim ; mais nous nous en défendions un peu en dévorant tout ce qui nous tombait sous la main : des pommes à demi-mûres qu'on vendait cher au denier à ceux qui avaient eu l'adresse de conserver quelque assignat; des mûres sauvages que nous cueillions dans les haies ; des crabes et des moules que nous pêchions nous-mêmes lorsque la mer s'était retirée ; des escargots, tant de terre que de mer ; des mousserons, et jusqu'à de l'oseille sauvage et des crochets amers que nous recueillions dans les prés. Du reste, quelle différence entre cette manière d'être et notre état précédent ! Nous n'étions pas surveillés de très-près ; nous pouvions prier à l'aise, et même nous réunir pour ce pieux exercice, auquel tout nous invitait puissamment; nous jouissions à la fois de la vue de la campagne et de celle de la mer; nous nous promenions beaucoup ; chaque jour nous gagnions quelques toises de terrain, et la consigne devenait moins sévère par rapport à nous, grâce à l'humanité du commandant du fort : nous trouvions parfois quel-

était dans notre sang : il continua à se développer avec une rapidité et une malignité incroyables. Les malades continuèrent à mourir, et ceux qui étaient sains et qui n'avaient fait que changer de vaisseau, à tomber malades dans la même proportion qu'auparavant : en sorte qu'il fallut attendre que ce terrible fléau cessât de lui-même, ou plutôt que la Providence, qui voulait conserver un petit nombre d'entre nous, daignât mettre un terme à son cours.

On nous rembarqua vers la fin de l'automne. Ce fut à peu près à cette époque qu'on conduisit, dans la même rade où nous étions à l'ancre, plusieurs vaisseaux contenant un grand nombre de prêtres qui étaient auparavant en réclusion à Bordeaux, Blaye, etc. On nous permit de nous voir de temps à autre. Mais quel fut l'étonnement de ces vénéra-

---

que honnête volontaire ou quelque bon villageois qui nous témoignait de l'intérêt ; nous allions à la pêche ; nous tendions des piéges aux oiseaux ; nous étions délivrés de la vue importune de nos buveurs de sang, et surtout nous n'entendions plus retentir à nos oreilles leurs injures, leurs menaces et leurs terribles blasphêmes. En un mot, notre état était devenu très-supportable. Heureux, si nous eussions pu le prolonger en attendant notre entière liberté ! Mais les pluies et les vents violens de l'automne arrivèrent, bientôt survinrent les premiers froids ; il ne fut plus possible d'habiter sous nos tentes. On nous remit donc sur les vaisseaux où nous souffrîmes tout ce qu'on a vu plus haut, c'est-à-dire un froid excessif après avoir souffert des chaleurs intolérables ; en sorte qu'à l'égard de la température, nous avons éprouvé les deux extrêmes sans changer de climat.

(*Note de l'auteur.*)

bles confrères, parmi lesquels plusieurs de nous avaient des parens ou des amis, quand ils nous virent pour la première fois! ils ne nous reconnaissaient pas, tant les souffrances nous avaient maigris, desséchés, réduits à rien; tant elles avaient achevé de dépouiller nos têtes chauves, arrêté la sève de la barbe (1), étrangement rembruni notre teint, horriblement altéré tous nos traits! Ces hommes qui jusque-là s'étaient crus les plus malheureux des détenus, et qui avaient en effet été mis à de bien rudes épreuves, croyaient n'avoir rien souffert en comparaison de nous, et ne pouvaient, en nous voyant, retenir leurs sanglots et leurs larmes. Ils usèrent à notre égard de la plus grande générosité; et quoique commençant à sentir la détresse, ils se dépouillèrent en notre faveur d'une partie de leurs effets et de leurs modiques fonds pour soulager notre misère bien plus grande que la leur. Nous leur rendons le même témoignage que saint Paul rendait aux fidèles de Macédoine: *Qu'ils furent charitables selon leur pouvoir et au-delà même de leur pouvoir* (2).

Quelque pressant besoin que nous eussions d'être mis à terre pour ne pas périr *omnes usque ad unum*,

---

(1) C'est un fait assez digne d'observation pour les naturalistes, que notre barbe ne poussait presque pas, sans doute à défaut de sucs nourriciers.
(Note de l'auteur.)

(2) *Testimonium illis reddo, quià secundùm virtutem et supra virtutem voluntarii fuerunt.* 2; ad Corinth. 8, 3.

(Note de l'auteur.)

par l'effet des froids excessifs qui nous accueillirent au retour de l'île Citoyenne, on différa cependant encore deux mois au moins l'accomplissement de ce projet dont on nous faisait envisager chaque jour l'exécution comme très-prochaine. Le Seigneur permit sans doute que, quoique toujours trompés, nous fussions toujours dupes des promesses illusoires qu'on nous faisait. Car il est certain que sans cette précieuse ressource de l'espérance qui nous soutenait, quoique le délai nous consternât, nous n'eussions jamais eu la force ni le courage de supporter tout ce que nous eûmes à souffrir durant le cruel hiver de 95, et que nous eussions infailliblement succombé à cette dernière épreuve, tout aussi terrible que les précédentes.

Mais enfin le moment si désiré de notre débarquement arriva. Ce fut au commencement de février. On ne nous annonça plus seulement, comme on s'était jusque-là borné à le faire, tantôt que nous serions mis à Brouage (1), tantôt que nous

---

(1) Brouage est une très-petite ville à peu de distance de la mer, tombant en ruines et presque déserte. Elle renferme tout au plus cent habitans. L'air en est humide et malsain, à raison des marais salans qui l'environnent. Nous crûmes pendant quelque temps qu'on nous enverrait dans cette bicoque où il y avait eu jusqu'à sept cents détenus qui y avaient considérablement souffert. C'était, disait-on, le projet de l'administration de nous la donner pour prison. Nous préférions sans doute ce séjour à celui des vaisseaux; mais nous donnions incomparablement la préférence sur l'un et sur l'autre à celui de Saintes. Heureusement le projet réel ou prétendu n'eut pas lieu; mais ce qu'on n'exécuta pas par rapport à

irions à Saintes; on mit réellement à la voile pour nous conduire à quelque distance de Rochefort d'où on nous transféra sur des goëlettes à Charente, et de-là, par terre, à Saintes.

Ici enfin la scène va changer. Il est temps de respirer, et d'opposer à ce long et lugubre récit

---

nous, on le mit en exécution à l'égard d'un grand nombre de ces confrères venus de Bordeaux, etc., dont j'ai parlé ci-dessus. Ceux-ci n'ont jamais obtenu leur liberté, et au moment même où j'écris, ils sont encore détenus à Brouage où ils souffrent des maux presque semblables aux nôtres; c'est-à-dire tout. Voici une partie seulement de ce qu'attestait, le 12 brumaire dernier, l'officier de santé qui leur donne ses soins : « Je, soussigné, etc., cer-
» tifie que *le plus grand nombre* (des prêtres détenus à Brouage)
» sont atteints de fièvres fort tenaces et opiniâtres, d'autres d'une
» dyssenterie violente qui en a porté plusieurs au tombeau, *notam-*
» *ment depuis quinze jours, huit ont succombé;* et dans ce mo-
» ment, *le nombre de ceux qui se portent passablement suffit à*
» *peine pour porter les défunts en terre...... Plusieurs manquent de*
» *vétemens, et une partie couche sur les planches, n'ayant pas seu-*
» *lement de paille*, etc. etc. Signé *de la Grave*, officier de santé;
» certifié par les officiers municipaux de la commune de Brouage.
» A Marennes, le 14 brumaire. Signés *Divrit, Tinbaud.* » Comment n'a-t-on pas ordonné à l'instant la relaxation de ces malheureux sur le vu seul d'un pareil certificat? Ah! Robespierre n'est donc pas aussi mort qu'on le pense, ou certes, son abominable système de cruauté lui survit ! Quelle est donc cette impardonnable inattention ou cette insouciance barbare du corps législatif, sur le sort de plus de cent trente citoyens qui continuent à être cruellement punis pour une faute dès long-temps déclarée imaginaire? L'injustice est-elle naturalisée en France, et les plus monstrueuses inconséquences y seront-elles perpétuellement à l'ordre du jour?

J'ose espérer que la lecture de ce petit ouvrage inspirera au moins assez d'horreur de la tyrannie, pour déterminer ceux qui

de tant d'horreurs, le trop touchant tableau de l'humanité et de la générosité des habitans de Saintes. Cette peinture, d'un coloris si différent de celui qu'on vient de voir, sera comme un rayon de lumière qui réjouit le cœur attristé des nautonniers, après une violente tempête, et leur présage prochainement le retour du calme et de la sérénité.

Nous avions déjà la meilleure opinion de l'humanité de la ville de Saintes, par le récit que nous avaient fait nos confrères du département de l'Allier, des bienfaits multipliés qu'il avaient reçus de ses habitans, durant un assez long séjour qu'ils y avaient fait, dans une maison de réclusion, avant d'être embarqués avec nous. Mais nous pouvons affirmer avec vérité que la réalité est bien au-dessus de ce que la renommée nous avait appris des vertus de cette bienfaisante cité, digne à jamais de notre reconnaissance.

Nous commençâmes à connaître le caractère humain et sensible de ses habitans, dès notre entrée dans son enceinte, en les voyant adossés aux mu-

---

ont l'autorité en main, à en extirper ce fatal reste qui contraste si étrangement avec l'esprit actuel du gouvernement, et viole si ouvertement la constitution.... S'il est de la destinée de tous les prêtres français, qui ont montré un caractère dans la révolution, d'être constamment privés de leur liberté, au mépris le plus formel des lois; que ne renvoie-t-on du moins ceux-ci dans les maisons de réclusion de leurs départemens respectifs ? Peut-être se trouvera-t-il là quelque ame charitable qui leur fera don d'un peu de paille pour reposer.

(*Note de l'auteur.*)

tailles, le long des rues où nous passions, quoiqu'il plût à verse, nous regarder avec des yeux humectés de larmes, et où se peignaient, de la manière la moins équivoque, la compassion, la joie, la bienveillance la plus empressée. Je sentis alors, pour la première fois depuis six mois, que je n'étais pas aussi insensible que je croyais l'être devenu, et que j'avais un cœur. Je répandis des larmes que tous les indignes traitemens de nos geôliers n'avaient pu m'arracher, et que le trépas d'un frère chéri avait seul été capable de faire couler.

On nous logea dans la magnifique communauté de Notre-Dame; et aussitôt, par ordre de la municipalité (car les autorités constituées elles-mêmes nous témoignèrent de l'intérêt), on invita jusqu'à trois fois les citoyens, au nom de l'humanité et au son de la caisse, à porter les plus prompts secours à ces malheureux prêtres qui venaient d'arriver. La précaution était superflue; les secours de toutes sortes avaient devancé cette généreuse invitation. A peine en effet eûmes-nous mis le pied dans Notre-Dame, que les citoyens de tous états, de tout âge, de l'un et de l'autre sexe, s'y précipitèrent après nous, apportant à l'envi toutes sortes de secours en linge, en vêtemens, en meubles, en argent, en comestibles de toute espèce. Ce fut une émulation de générosité et de charité dont il ne se vit jamais d'exemple (1). Je crus me retrouver à la

---

(1) « Un journalier de la ville vint à notre maison de réclusion, s'adressa à M. du Pavillon, vicaire-général du diocèse, et lui dit :

naissance du christianisme, je crus passer de l'Enfer au Paradis. La maison ne désemplissait pas. Les escaliers, les corridors étaient obstrués. C'était à qui nous rendrait quelque service, à qui meublerait nos cellules, à qui emmènerait quelqu'un de nous en sa maison (1) pour le sécher (car nous étions mouillés jusqu'à la peau), pour le décrasser, le revêtir d'habits propres, le régaler de son mieux. Il n'y avait pas jusqu'aux prêtres infidèles de Saintes qui ne se piquassent de bienfaisance et de générosité, quelques remords que réveillât en eux le récit ou la vue des maux qu'ils cherchaient à soulager. Oui, je puis l'affirmer avec sincérité, eussions-nous souffert encore davantage que nous n'avions fait, la réception toute seule que l'on nous fit à Saintes eût été capable de nous dédommager de toutes nos peines, si nous n'eussions placé plus haut nos espérances.

Et qu'on ne croie pas que ces actes de charité n'aient été que l'effet d'un accès passager de sensibilité : non. Ils se renouvelèrent aussi souvent que nos besoins ; ils durèrent constamment jusqu'à

Monsieur, mon travail me met en état d'acheter tous les jours deux bouteilles de vin pour mon usage et celui de ma femme et de mes enfans ; permettez que je dispose d'une en faveur d'un déporté. L'offre de cet excellent homme fut accueillie, comme elle méritait de l'être. » (*Note des édit.*)

(1) On le permit durant les premiers jours, pour répondre à l'empressement du public, toutefois sous la responsabilité de nos hôtes.

(*Note de l'auteur.*)

notre pleine et entière liberté. On ne pourvut pas seulement au nécessaire; on procura encore à quelques-uns le commode et l'agréable, sans parler des visites d'honnêteté qu'on nous rendait et des marques distinguées d'estime et de considération que nous donnaient toutes les classes de citoyens(1). Nos malades étaient commodément logés, bien couchés, bien soignés. Ils avaient chirurgien, apothicaire et surtout un habile médecin, homme d'esprit, plein de

---

(1) Parmi toutes les visites que nous reçûmes, aucune ne nous fit un plaisir aussi vif que celle de madame de Metz.... Nous avions connu cette femme sensible et généreuse dans notre prison de Rochefort où elle nous rendait toutes sortes de services lorsqu'elle venait voir son frère, ce même M. de Saint-A.... dont j'ai parlé dans une des premières notes, lequel était en réclusion avec nous. Elle prenait des informations exactes sur le temps et le lieu de notre embarquement, sur le caractère personnel du capitaine à qui nous devions être donnés en garde. Elle voulut bien entrer dans le détail minutieux de nos petites emplettes, et se charger de les faire elle-même. En un mot, elle ne regrettait ni ses pas ni sa peine, pour nous obliger, dès que nous avions recours à elle.

Nous ne fûmes pas plutôt arrivés à Saintes, après notre mise à terre, que cette fidèle amie (je ne crains point de lui donner ce nom, qu'elle ne dédaignera pas d'accepter, j'en suis sûr) se hâta de venir voir ses anciens prisonniers. Mais comment peindre les sentimens divers qui agitèrent tour à tour cette belle âme au moment de notre touchante reconnaissance ? Sa joie de nous revoir aussi vivement exprimée que sentie; sa douleur profonde de nous retrouver en aussi petit nombre et si défigurés; son désir de nous être utile, ses offres obligeantes de service, etc.; qu'il me suffise de dire que le plaisir fut égal de part et d'autre, et que de pareilles scènes rejetaient bien loin derrière nous tout ce que nous avions souffert. (*Note de l'auteur.*)

douceur et d'aménité, à qui nous devons rendre ce témoignage, qu'il prenait autant d'intérêt à notre sort, que si nous eussions été ses proches ou ses amis particuliers. La nation nous donnait quarante sous à dépenser par jour. Notre commis aux vivres était doux et honnête, notre portier même complaisant. En un mot, au lieu que peu auparavant nous étions maltraités de tout ce qui nous entourait, nous n'avions ici à nous plaindre de personne, ou plutôt il n'était personne dont nous n'eussions infiniment à nous louer.

Mais quelqu'un de nous obtenait-il sa liberté, c'était à qui lui donnerait l'hospitalité, en attendant qu'il partît; à qui lui procurerait la facilité de célébrer le saint-sacrifice; à qui ferait à ses pieds l'humble aveu de ses fautes; à qui recevrait de ses mains le pain eucharistique. Car je dois publier hautement, à la gloire de la ville de Saintes, qu'elle est aussi religieuse que bienfaisante, et que sa bienfaisance elle-même n'est que le fruit de sa religion, ou plutôt n'est que sa religion elle-même, mise en exercice et réduite en pratique (1).

---

(1) Au lieu qu'hélas, dans un trop grand nombre de villes de France, et en particulier dans celle qui m'a vu naître, la religion et la piété, même avant la révolution, semblaient, par je ne sais quel désastreux préjugé, n'être le partage que d'un sexe peu propre à leur donner un certain caractère de grandeur; ces vertus ont toujours fait à Saintes, même durant la persécution, la gloire et les délices des hommes même qui ont le plus d'esprit et de mérite en tout genre. Il n'est pas rare d'y voir des gens qualifiés, d'anciens et respectables militaires, qui méritèrent bien de la

Jouis du prix de tes dons, religieuse et bienfaisante cité; jouis de la gloire solide et durable que procurent les sentimens chrétiens! Il ne tiendra pas à moi que ton nom révéré ne devienne célèbre parmi les noms des plus illustres villes de ma patrie.

Mais qu'est-il besoin que je publie tes louanges, quand elles sont déjà dans la bouche de tous les vrais catholiques de France! En est-il un seul qui ne sache de quelle manière tes habitans nous accueillirent, et à qui tes vertus ne servent à la fois de modèle et d'encouragement! Recevez en particulier l'hommage public de ma reconnaissance;

---

patrie, observer toutes les pratiques de la religion, avec autant de noblesse et de dignité que de zèle et d'édification : lire l'écriture sainte, fréquenter la prière, approcher des sacremens, sans gêne et sans petitesse, comme sans timidité et sans respect humain. Saintes est aujourd'hui ce qu'était il y a trente ans (oh! que ne puis-je dire ce qu'est encore) ma patrie.... O L...., ville autrefois si renommée pour la piété de tes habitans! Quel être malfaisant, jaloux de ton bonheur et de ta gloire, a pu, en aussi peu de temps, te changer au point d'être absolument méconnaissable : *Quomodò obscuratum est aurum, mutatus est color optimus ?* (Thren. 4, 5.) Ce n'est pas seulement depuis une révolution désastreuse et subversive de tout bien que tu as perdu tes mœurs et tes antiques sentimens de religion, ta défection date de plus loin. Ah! ne te reconnaîtras-tu pas du moins en ton malheur extrême; et l'excès de tes maux ne te ramènera-t-il jamais au bien ? *Saltem amodò voca me.... Dixit Dominus.* (Jer. 3, 4.) Qui sait si le Seigneur ne se laisserait pas encore aujourd'hui fléchir par tes larmes, comme autrefois il se laissa désarmer par le repentir de la criminelle Ninive ?(Jon. 3, 9.)

(Note de l'auteur.)

vertueux et bienfaisant F.... sensible et compatissante la Gar.... qui m'avez encore plus charmé par l'heureux assemblage des vertus chrétiennes et sociales, que soulagé par les dons de votre générosité. Tu es aussi présente à ma mémoire, vertueuse et obligeante Fragn.... Je me rappellerai toujours avec sensibilité ton activité, ton intelligence, tes services multipliés et gratuits, et surtout l'odeur de piété que j'ai respiré sous ton humble toit (1). Et vous qui eûtes aussi le bonheur de souffrir pour la foi, saintes épouses de Jésus-Christ, qui vous donnez à double titre le doux nom de sœurs, et en qui trois cœurs différens ne semblent faire qu'un

---

(1) Étant allé le soir du vendredi-saint (le premier décret concernant la liberté des cultes était à peine publié) chez cette pieuse fille qui logeait au faubourg Saint-Eutrope, pour prendre congé d'elle et de toute sa respectable famille, je fus on ne peut plus agréablement surpris d'y trouver la plus nombreuse assemblée de fidèles que j'eusse vue depuis près de trois ans. Elle était composée d'un grand nombre d'honnêtes artisans du faubourg, tant hommes que femmes, qui s'étaient réunis, à l'issue de leurs travaux, pour honorer la mémoire du Rédempteur mourant, et assister à l'office de ténèbres qui devait être célébré par un de mes confrères de déportation, lequel venait, ainsi que moi, d'obtenir sa liberté. C'était une très-vaste chambre haute qui servait d'oratoire. Ces bonnes gens, qui ne devaient pas être fort riches, n'étant que de simples tisserands, n'avaient rien épargné pour la décorer. On y voyait jusqu'à un grand candelabre ou chandelier triangulaire, orné de quinze cierges, tel qu'on eût pu l'avoir dans une église bien pourvue de tous les objets nécessaires au culte. La presse était grande, et cependant le recueillement profond. Jamais je ne fus si édifié !

(*Note de l'auteur.*)

seul et même cœur! pourrais-je oublier la tendre piété dont vous me rendîtes témoin, vos nombreux bienfaits et les soins empressés que vous me prodiguâtes quand, près de quitter votre patrie, j'allai pour la dernière fois immoler la victime sainte dans votre modeste asile?

Quelque heureux changement qu'il se fût fait dans notre état, il ne laissa pas de périr plusieurs de nos confrères à Saintes, soit des maladies dont ils étaient attaqués avant de sortir de nos galères, soit de celles qu'ils contractèrent dans le trajet de Charente à Saintes; car un grand nombre étaient à pied, ayant la pluie sur le corps et de la boue jusqu'aux chevilles, outre que le passage subit de l'extrême souffrance au bien-être, fut sans doute fatal à quelques-uns (1). Quoi qu'il en soit, à cette

---

(1) Il ne le fut pas pour moi ; j'avais prévu le danger ; mais il produisit sur moi un effet auquel je ne m'attendais pas, et qui paraîtra sans doute extraordinaire à quelques personnes, comme il me le parut à moi-même. On avait mis dans chacune de nos cellules de la paille fraîche pour deux personnes. La première nuit je n'eus pas d'autre lit ; n'importe, il y avait long-temps que je n'en avais eu un aussi mollet ! Je dormis parfaitement. La nuit suivante, je couchai sur un matelas, et ne reposai pas à beaucoup près aussi bien. Cette nuit et les trois ou quatre qui suivirent, je ressentis un violent mal de reins, qui alla jusqu'à me faire balancer si je ne quitterais pas mon matelas pour reprendre ma paille. Surpris d'un effet si insolite, et en apparence si peu naturel, j'en parlai, par forme de conversation, au médecin de la maison. Il ne fit que rire de mon étonnement, et m'assura que le temps remédierait à tout. Je ne tardai pas à l'éprouver. Au bout d'une semaine ou deux, il m'en eût autant coûté de coucher de nouveau

époque, il avait péri au-delà des trois quarts d'entre nous dans l'espace d'environ onze mois.

Mais si telle a été la proportion des morts sur la totalité des prêtres déportés à Rochefort, cette proportion a été bien plus effrayante relativement à ceux de certains départemens. Il en est tel qui avait fourni au-delà de quatre-vingts prêtres déportés, et qui n'en a vu revenir dans leurs foyers que sept à huit. Il paraît que ceux des pays froids ont été les plus maltraités par les maladies, comme étant accoutumés à respirer un air plus vif et plus pur.

Telle est l'histoire abrégée et imparfaite de nos souffrances. Je m'abstiens de tout commentaire. Chacun, en lisant cet ouvrage, fera les réflexions qui s'offriront naturellement à son esprit; car je le crois propre à en faire naître quelques-unes. Je me permettrai cependant une observation qui doit, ce me semble, frapper tous les bons esprits. C'est que les maux excessifs que nous avons soufferts, *bien volontairement*, puisqu'il ne tenait qu'à nous de les éviter, en nous prêtant, comme tant d'autres, à tout ce qu'on exigeait de nous, sont au moins un fort préjugé en faveur de nos opinions religieuses,

---

sur le plancher, que je souffrais pour lors à le faire sur un matelas. Je compris que cette douleur inattendue que j'avais éprouvée provenait de l'affaissement de ma nouvelle couche qui, en fléchissant sous moi, faisait nécessairement fléchir mes reins accoutumés à porter sur un corps plus solide.

(*Note de l'auteur.*)

comme aussi de l'indispensable nécessité de sacrifier ce qu'on a de plus cher au monde, et sa vie même au maintien de sa croyance ; car on ne fait pas de sacrifices aussi douloureux que les nôtres, si ce n'est pour des vérités bien connues. Hélas ! comment les ferait-on pour l'erreur ? On a tant de peine à s'y résoudre alors même qu'on voit le plus clairement la vérité !... Ne faudrait-il pas être tout-à-fait insensé ? Or, supposer un si grand nombre d'insensés qui s'accordent à avoir exactement la même façon de penser et d'agir ; supposer quatre cents insensés tous attaqués du même genre de folie, d'un genre de folie qui est assurément le moins commun et le moins contagieux de tous, celui qui consiste à se laisser mettre à mort, plutôt que de démordre en un seul point de sa croyance, ou de feindre seulement en cette matière, c'est être soi-même, si ce n'est le plus grand des insensés, du moins bien peu raisonnable ou de bien mauvaise foi.

Le célèbre Pascal disait qu'il aimait des témoins qui se font égorger. Ne pourrait-on pas dire avec quelque proportion, après avoir lu cette Relation, que des ministres de l'Évangile, qui se sont fait déporter pour la doctrine qu'ils annoncent, méritent quelque croyance ?

FIN DU TOME SECOND.

ÉCLAIRCISSEMENS HISTORIQUES
ET PIÈCES OFFICIELLES.

Note (A), *page* 164.

Une personne qui paraît bien instruite, rapporte le même fait de la manière suivante : « Le nommé Saint-Prix vivait rue Saint-Nicaise avec une femme Groscol. Tous deux avaient des correspondances avec des émigrés. Pour être avertis des visites qu'ils pouvaient avoir à craindre, Saint-Prix avait dressé un gros chien à l'avertir toutes les fois qu'il voyait des habits bleus. Plusieurs fois le chien avait mordu un porteur de billets de garde, le nommé Jardy, lorsqu'il était en tournée dans la maison, et surtout lorsque Saint-Prix recevait un billet de garde.

Sur la plainte de cet homme et de celle de l'adjudant, une visite fut ordonnée chez Saint-Prix et la femme Groscol. On y trouva leur correspondance et ils furent arrêtés ainsi que le chien. Saint-Prix et la femme furent condamnés à mort par le tribunal révolutionnaire. Le chien y fut aussi condamné par le même jugement et conduit dans l'enceinte du combat du taureau; il y fut fusillé par le nommé Francœur, inspecteur de police. »

Note (B), *page* 180.

Réal obtient la parole sur le grand ordre du jour, et s'exprime ainsi : « Je pense qu'il faut s'occuper des plaies qui ont frappé la république au cœur, et que c'est d'ici que doivent sortir les remèdes qui conviennent à nos maux. Il y a deux dangers principaux qui environnent la liberté naissante ; le premier, est le gouvernement révolutionnaire, dont on a trop prolongé les abus, en conférant à quelques hommes le pouvoir de tenir la France sous le joug ; le second danger est le modérantisme qui commence à relever la tête, et qui essaie de profiter de la dernière révolution. Ce sont ces deux écueils que nous devons éviter ; il nous faut du courage et de la sagesse pour marcher sûrement entre ces deux extrémités.

» La Convention s'occupe de l'organisation du gouvernement ; nous n'entrerons pas dans les détails de cette matière importante : nous nous occuperons seulement des moyens d'empêcher l'abus du pouvoir. Nous savons qu'il faut une grande force d'action dans les mains de ceux qui gouvernent, mais aussi la liberté exige que l'on donne un contrepoids à cette puissance. Je crois que pour y parvenir, il est un moyen unique et très-puissant, c'est la liberté de la presse. On me dira peut-être qu'il existe sur cet objet des lois bienfaisantes, mais je répondrai qu'il me suffit de jeter les yeux sur ce qui s'est passé depuis plus d'un an, pour faire voir que la liberté de la presse a été anéantie ; il ne suffit pas d'avoir des lois qui existent, puisqu'il est constant qu'elles ont été violées ; il faut qu'il y ait une garantie sûre et indestructible, et que l'on ne craigne plus d'être guillotiné pour avoir écrit telle chose à telle époque. Pour bien détester le régime qui vient de finir, je crois qu'il est nécessaire d'en faire voir les dégoûtans effets ; c'est dans la peinture des maux que l'on faisait souffrir dans les prisons, que l'indignation des bons citoyens doit trouver son aliment. Je laisse aux citoyens que la persécution avait plongés dans les différentes maisons d'arrêt le soin de faire connaître les horreurs dont ils ont été les témoins ; pour moi, je vais dire ce qui se passait au Luxembourg. Je ne crois pas, comme on l'a dit dans certain rapport, que la révolution soit une vierge dont on ne doive pas lever le voile.

» Un régime de fer, un état de mort, la sombre défiance peinte sur tous les visages, et qui était profondément imprimée dans l'ame des prisonniers, à cause des espions répandus parmi eux dont les occupations étaient de faire des listes et de donner de l'aliment au tribunal révolutionnaire; telle était la situation physique et morale des prisonniers : tout annonçait que le Luxembourg n'était qu'un vaste tombeau destiné à ensevelir les vivans. Nous avions d'abord dans ce séjour de mort, un bon geôlier, père de famille, compatissant pour le malheur; sa conduite déplaisait aux tyrans; ils l'ont chassé, et il a été conduit au tribunal révolutionnaire d'où il a eu le bonheur de s'échapper, je ne sais comment. On l'a remplacé par un autre individu que je ne puis mieux désigner que par le nom de tigre. Il n'y avait ni femmes, ni enfans, ni vieillards, dont l'état et la faiblesse pussent lui arracher aucune marque de sensibilité; il frappait, il insultait avec une barbarie de Cannibale. Un jour un malheureux goutteux marchait avec beaucoup de peine pour se rendre à la table commune; il le traitait durement pour le faire marcher plus vite qu'il ne pouvait le faire, et lui disait : « Marche donc, coquin, je n'ai pas le temps de t'attendre. »

» Un autre jour, on appelait un grand nombre de prisonniers pour aller au tribunal révolutionnaire, et on les assemblait dans une salle jusqu'à ce que le nombre fût complet. Les malheureux désignés pour aller au tribunal serraient la main des autres prisonniers, en disant adieu, s'attendant bien qu'ils iraient à la mort. On avait appelé un jeune homme par son nom de famille, et il était descendu; mais quand on l'appela une seconde fois par le prénom, il vit bien que ce n'était pas lui qu'on avait voulu appeler, et il le dit à l'huissier. Celui-ci, convaincu de la vérité, exige qu'on fasse venir la personne qu'il a ordre de demander. Le barbare geôlier lu répond : « Qu'importe, si celui-ci ne passe pas aujourd'hu il passera demain. »

» Dans cette fatale maison, les malheureuses victimes de l'oppression hésitaient à chaque moment pour savoir si elles devaient se donner la mort. Je vous citerai à cette occasion un fait dont j'ai été le témoin. Un malheureux courrier, nommé Legrand, fut arraché du sein de sa famille pour être traîné en prison. A peine y fut-il rendu, qu'il apprit l'arrestation de son épouse; ses quatre enfans en bas âge se trouvaient par ce moyen à l'abandon. Depuis son entrée au Luxembourg, il pleurait, il gémissait, il cherchait à parler à tout le monde pour se consoler. Il s'adressait à un Allemand qui faisait les fonctions de guichetier; cet homme dur ne savait que lui dire ce qu'il disait à tous les prisonniers: « La justice est juste, la vérité est véridique; prenez patience; c'est un petit moment de *dureric* à passer. »

» Chaque jour Legrand se promenait triste et rêveur sur les toits: un matin, le désespoir l'emporte; il profite d'un moment où il y a peu de monde dans la cour, pour se précipiter de dessus les plombs, sur la balustrade qui est dans le bas. On voit aussitôt sa cervelle sauter, et son sang répandu sur la terre forme un spectacle affreux. Le concierge qui arrive peu de temps après, dit avec sang-froid: « C'est un homme fou qui s'est jeté par la fenêtre. » Quelques personnes eurent l'infâme complaisance de répandre dans la prison que c'était un bandit et un scélérat qui craignait la guillotine, à cause de ses crimes. Malgré ces faux bruits et ces discours calomnieux, tout le monde a plaint le sort horrible et effrayant de cet infortuné; il se trouva même un être sensible qui jeta des fleurs sur le lieu où Legrand était tombé. Ces fleurs, ce sang, confondus partout, offraient un spectacle si attendrissant, que jamais l'impression qu'il m'a faite ne sortira de mon ame ni de ma mémoire.

» Il est évident que l'on voulait un soulèvement dans les prisons, et que l'on avait besoin d'inventer des conspirations, pour faire marcher la guillotine plus vite. Quand il y avait un prisonnier sur le compte duquel on n'avait pas d'indices certains, Fouquier-Tainville disait : « Il n'y a qu'à le remettre à la première conspiration que nous ferons. » Il y avait au Luxembourg huit ou dix individus qui étaient toujours appelés au tribunal pour servir de témoins, et qui s'en faisaient une qualité. Toutes les fois que l'on faisait une conspiration de prison, on était sûr de voir appeler les mêmes figures. Je connais ces scélérats, j'ai des renseignemens utiles sur leur compte ; je ne sais par quel hasard il y en a eu deux qui ont obtenu leur liberté.

» Les conspirations que l'on faisait étaient composées de trente, quarante, cinquante personnes. Un jour même, la liste s'était montée à cent cinquante-six. L'accusateur public avait soin de laisser sur cette liste des places en blanc pour ceux qui pourraient venir dans la journée augmenter le casuel. Ce qu'il y a de plus affreux, c'est que des citoyens qui n'étaient en prison que depuis quinze jours, étaient mis sur la liste des conspirations qui avaient existé long-temps avant leur entrée.

» Un jour les témoins revenaient du tribunal, et ils annoncèrent que cinquante-neuf avaient été condamnés à mort. Un de ces témoins eut la franchise de découvrir une atrocité qui avait eu lieu au tribunal. Un des accusés interpellait ce témoin de déclarer des faits à sa décharge, et celui-ci faisait avec sa tête des signes qui marquaient que ce que l'accusé disait était la vérité. Lorsqu'il voulut prendre la parole, le président et l'accusateur public lui dirent : « Tais-toi, ne parle que lorsque tu auras quelque chose à dire contre l'accusé. » Un jour, des administrateurs de police firent une commande de deux cents personnes pour la prochaine décade, comme s'il se fût agi d'envoyer des troupeaux à la boucherie.

» Quand on apprit au Luxembourg la révolution du dix, les agens de Robespierre se dénonçaient les uns les autres : il y en avait qui rejetaient tout sur Robespierre, et qui venaient même dans leur désespoir jusqu'à inculper les comités de salut public et de sûreté générale. J'ai recueilli soigneusement toutes les déclarations qui furent faites par ces scélérats. Les prisonniers, en apprenant l'arrestation de Robespierre, s'écrièrent tous : « *Vive la liberté! Vive la république!* Des femmes s'étaient présentées dans la rue de Tournon pour ouvrir les portes de la prison, et rendre la liberté aux détenus. Ceux-ci jurèrent qu'ils ne sortiraient pas, et ils nommèrent des orateurs pour faire entendre la vérité au peuple s'il parvenait à enfoncer les portes. »

Réal fait ensuite part des intrigues employées pour lui ravir des papiers qui contenaient les déclarations intéressantes qui lui avaient été faites par les scélérats agens de Robespierre dans les prisons. Il annonce qu'il fut mis au secret pour n'avoir pas voulu les donner, et qu'il eut beaucoup de peine à obliger le concierge à lui donner du papier pour écrire à la Convention. Il déclare qu'en cette occasion les lois ont été violées, et que sa lettre, au lieu d'être portée à la Convention, a été déposée au comité de sûreté générale ; il termine son récit par ce trait hideux d'un faiseur de listes qui déposa contre un malheureux peintre, pour le faire guillotiner, et qui, étant revenu du tribunal, fut trouvé rugissant d'amour aux pieds de la femme désolée de cet artiste que l'on conduisait au supplice.

Ce récit douloureux est souvent interrompu par des soulèvemens d'indignation et d'horreur.

Note (C), page 240.

[Les *Notes sur le jugement de Custine fils*, ainsi que ses *deux dernières lettres* à son épouse, qui devaient faire le sujet de cette note, se trouvent pages 127 et suivantes du premier volume *sur les Prisons*.]

Note (D), *page* 287.

ÉPITRE A MES AMIS,

PAR UN PRISONNIER DE SAINTE-PÉLAGIE.

Où croyez-vous, mes amis, que l'ennui,
Ce dieu de plomb, à la bouche béante,
Au regard fixe, à la marche traînante,
Qui, sans les voir, rassemble autour de lui
Des vains projets la troupe mensongère,
Mille beaux plans en Espagne tracés,
Maints beaux écrits chez Duchesne entassés,
Et tant de vers faits pour une bergère,
Où croyez-vous qu'il ait fixé sa cour?

Il eut jadis un plus ample domaine.
On le voyait, dès la pointe du jour,
Sous la fourrure et la pourpre romaine,
Dormir encore au palais de Thémis;
Puis lentement s'étendant sur Paris,
En longs cheveux, en épée, en jaquette,
De nos Laïs il ornait la toilette,
Nonchalamment leur disait des fadeurs;
Justifiait l'humeur de la coquette,
Et de la prude excitait les vapeurs;
Jusqu'à Versailles il suivait l'étiquette;
Bâillait au bal, au parterre, au sermon,
Au thé d'Iphise, aux soupers de Damon,
Partout enfin, même à l'Académie....

Si devers l'est vous dirigez vos pas,
Dans ce quartier fameux par le délire
Dont Saint-Médard frappa plus d'un cerveau,
Dans ce faubourg appelé Saint-Marceau,
De saint Marcel qu'on ne fête plus guère :
Si vous suivez presqu'entier le chemin
Qui mène droit au superbe jardin,
Où l'œil surpris voit la nature entière,

La mousse et l'if, le platane et le lierre
Avec tant d'art mis en ordre par Thouin :
Montant à droite, à très-peu de distance,
S'ouvre la rue à qui, non sans raison,
(De nos aïeux voyez la prévoyance),
On a donné de la Clé le beau nom ;
Ce n'est la clé que porte le saint-père,
Qui fait entrer au benoît paradis ;
Ce n'est la clé de la porte où Cerbère
Mord tout venant : c'est encore bien pis.
Pour dévoiler cet horrible mystère,
Quelques instans différons, mes amis.

Dans cette rue est un vieux monastère
Où, dans le temps des frivoles plaisirs,
Fille novice, ou femme peu sévère,
De la nature écoutant les désirs,
Dans un réduit obscur et solitaire,
Venait payer, par de mortels loisirs,
Quelques momens d'une joyeuse vie,
En se vouant à Sainte-Pélagie.
Vous demandez pourquoi cette maison
De telle sainte avait reçu le nom ;
Mais, sur ce cas, légende ni vulgate
Ne disent rien. On croit que la béate,
D'après le sens du grec et du latin,
Eut des rapports, marcha sur mêmes traces,
Avec Cypris qui, par un beau matin,
Du sein des mers naquit avec les Grâces.

Pourquoi parler de Vénus, de l'Amour,
Dieux inconnus dans cet affreux séjour?
Par d'autres soins mon âme est agitée.
Vous savez tous que, de cette maison,
Jadis couvent, de nonnes habitée,
Ces derniers temps ont fait une prison.
En un seul point elle a changé d'usage :
Pour des nonains, fille ou femme peu sage,
Vous y verriez au moins deux cents reclus
Dont la plupart ne péchèrent pas plus.
Vous attendez que d'un crayon fidèle,

De ce manoir je vous trace le plan ;
Que je vous dise, en style de roman,
Si des dehors l'architecture est belle ;
Mais arraché, dans la nuit, au sommeil,
Dans cet enfer devançant le soleil,
A la lueur d'une lampe funèbre,
Sous vingt guichets fort étroits et très-bas,
Courbant le dos, ne voyant que ténèbre,
Je dirigeais à grand'peine mes pas.

J'arrive enfin à la porte fatale.
La lourde clé dont les énormes dents
Ont le pouvoir d'entr'ouvrir ce dédale,
Dans la serrure est mise en plus d'un temps ;
Le ressort fuit sous le fer qui le mâche ;
Le pène crie, et trois fois de sa gâche
En frémissant s'arrache avec effort.
Des longs verroux la tige raboteuse,
Avec aigreur tourne dans ses supports.
La porte s'ouvre ; une tempête affreuse
Semble gronder le long des corridors.
Ainsi Milton nous dépeint la barrière
Qui, dans l'enfer, tient captifs les démons,
Avec fracas roulant sur ses vieux gonds,
En imitant les éclats du tonnerre.

J'entre ; que vois-je ? ô ciel ! ô mes amis !
Le cœur me manque, une sueur glacée
Couvre à l'instant tous mes membres transis.
Sur cette paille en un coin ramassée,
Quel dieu, quel diable est lourdement assis ?
Ah ! je le vois. C'est l'ennui, c'est lui-même,
A son massif, à sa figure blême,
Ses bras pendans, ses yeux appesantis,
Ses bâillemens l'un par l'autre suivis,
A tous ces traits puis-je le méconnaître ?
Je veux le fuir ; mais bientôt arrêté,
Dans tous les yeux je le vois reparaître,
Et par lui seul tout me semble habité.
Le jour obscur, la triste oisiveté,
Et le silence, et l'uniformité,

Ont dans ces lieux établi leur empire :
On s'en pénètre avec l'air qu'on respire ;
Car que fait-on dans ce fatal repaire ?
De son fardeau chacun est tourmenté.
On boit, on mange, on rêve et l'on digère.
On s'est levé pour se coucher le soir ;
Le lendemain, de même on recommence.
On ne sait point, dans ce sombre manoir,
D'où vient le vent qui souffle sur la France.
La promenade est un corridor noir
Qu'éclaire à peine une seule fenêtre,
En tout portant douze petits carreaux,
Qui laissent voir six monstrueux barreaux
Bien traversés, scellés en fort salpêtre.
Vous jugez bien que les ris et les jeux
Sont exilés pour jamais de ces lieux.
Un jour pourtant, quand l'heureuse nouvelle
Du lâche Anglais expulsé de Toulon,
Nous arriva, soudain dans la prison
La joie alors devint universelle ;
Et dans le sein de la captivité,
Chacun criait : *Vive la liberté!*
Mais cette joie, hélas! fut passagère.

 Au point du jour, un pesant balayeur
Du corridor vient gratter la longueur,
Et lestement déplace la poussière.
Lorsque Phébus entame sa carrière,
D'un guichetier l'officieuse main,
De chaque porte explorant la serrure,
De nos verroux vient ouvrir la ferrure.
Chacun alors peut se mettre en chemin,
Mais sans beaucoup s'éloigner de son gîte.
Dans le quartier, une horloge maudite
Dont le marteau paresseux et traînant,
A chaque coup hésitant de s'abattre,
Semble à regret frapper l'airain sonnant,
Annonce une heure au plus au bout de quatre,
Et sonne encor plus de vingt fois par jour.
Lorsque la nuit revient dans ce séjour,
Trois fois la cloche annonce la clôture.
Un guichetier, avec un gros pilon,

Semblable à ceux des enfans de Purgon,
De nos barreaux sonde la contexture.
Sur la traverse il frappe lourdement :
Sur les barreaux, mis verticalement,
En ligne oblique il coule avec adresse,
Faisant tinter à son tour chaque pièce,
Pour être sûr que le tout soit entier ;
Puis le concierge, avec des yeux sévères,
Regarde encore, après le guichetier,
Si ses dindons sont tous dans leurs galères,
Et poliment nous dit : Bonsoir, mes frères.
Tout cela fait on ferme les verroux.

O des plaisirs le plaisir le plus doux !
Divin sommeil, au moins sur ces retraites,
Si tu pouvais répandre tes pavots !
Je ne veux point de tes faveurs secrètes ;
Mais donne-moi l'oubli de tous mes maux !
Toi, de l'ennui le compagnon fidèle,
Toi seul ici n'as point suivi mes pas ;
Toujours je bâille en ses nouveaux états,
Sans que tes doigts y couvrent ma prunelle ;
Ou si jamais je dors quelques momens,
De vingt gros chiens, renforts de nos gendarmes,
La voix bruyante et les longs hurlemens
Dans tous mes sens réveillent mes alarmes.
Qui me l'eût dit, que cinquante ans d'honneur,
Un zèle ardent à servir ma patrie,
Et l'innocence, inutile au bonheur,
Me conduiraient à Sainte-Pélagie ?

ENVOI.

Amis, l'Apollon que je sers
N'est pas l'Apollon des bons vers ;
Vous l'avez déjà dit peut-être ;
J'ai voulu vous peindre l'ennui ;
Je crains, en vous parlant de lui,
De vous l'avoir trop fait connaître.

Note (E), *page* 306.

Le 14 frimaire, les corps administratifs sont convoqués et réunis en séance générale au département. Il ne s'agit plus de quatre-vingt-dix, de cent trente-deux victimes; on soumet à la délibération cette question : Fera-t-on, oui ou non, périr les prisonniers en masse?

La délibération se prolonge dans la nuit, et c'est à deux heures du matin que trois individus donnent l'ordre de faire fusiller les détenus de Bouffay, de Sainte-Claire et de l'Éperonnière.

Le commandant de la force armée refuse son ministère; l'exécution de l'ordre fatal est suspendue. Le 15, nouvelle convocation des corps administratifs; et la question de faire périr les prisonniers en masse est encore soumise à la délibération.

Un homme a le courage d'élever la voix contre cette mesure infernale, il est traité de *modéré!* Cependant la voix de l'homme de bien fut entendue, et, pour cette fois, l'espoir du tigre qui voulait s'abreuver de sang fut trompé.

Tu croiras, lecteur, que, rebutés du peu de succès de leurs projets, les hommes de sang vont les abandonner : tu te trompes, ils les reprennent avec plus de fureur; mais ils se débarrassent des entraves des délibérations; la lumière du jour les importune; ils vont rendre la nuit complice de leurs forfaits. Dans la nuit du 24 au 25 frimaire, cent vingt-neuf détenus, extraits des maisons de justice de Bouffay, etc., sont liés, dépouillés, conduits à coups de plat de sabre, et précipités dans la Loire.

Cette horrible exécution fut suivie de plusieurs autres; et chaque nuit les rives de la rivière de Nantes retentirent des cris lamentables d'hommes, d'enfans, de femmes enceintes qu'on y jetait par milliers.

Les enfans! Quelquefois, à l'instant même de la submersion, de bonnes citoyennes, embrassant les genoux des barbares exécuteurs, les conjuraient d'abandonner à leurs soins ces jeunes et innocentes victimes ; quelquefois leurs larmes fléchirent les bourreaux, et arrachèrent à la mort de malheureux enfans ; mais plus souvent les bourreaux, ivres de vin et de sang, insensibles aux prières et aux larmes, répondaient : Ce sont des louveteaux qu'il faut étouffer.... Et ils étaient précipités.

Quel est le nombre de ces victimes englouties par la Loire? Je l'ignore ; mais, en attendant que les listes funèbres nous en donnent à peu près le calcul, lecteur, les murs de Nantes vont dire le nombre à ton imagination : une ordonnance de police, affichée dans Nantes, lors de l'horrible exécution, fait défense de boire l'eau de la Loire que les cadavres avaient infectée !

L'épouse de Lépinai, général vendéen, était détenue à Nantes, dans les cachots du tribunal de l'anthropophage Carrier, avec une jeune fille attachée à son service, native de Châtellerault, et qui s'était renfermée volontairement avec sa maîtresse. Un jour, les agens du féroce proconsul se transportent à la prison pour rassembler des victimes destinées à être englouties au moyen des barques à soupape. La jeune fille entend appeler madame Lépinai qu'une indisposition venait d'éloigner de sa chambre un instant. Cette bonne domestique, qui savait que la mort de sa maîtresse était jurée, se présente à sa place, se dévoue, et périt pour elle dans les flots de la Loire.

La nuit couvrait ces horribles exécutions ; les élémens semblèrent un instant conjurés pour les faire connaître au jour ; les victimes, emportées par le courant, allaient se perdre dans la mer ; une épouvantable marée, grossie par un vent d'ouest, rendit à la Loire et fit remonter jusqu'à Nantes les cadavres qu'elle avait vomis dans l'Océan. Il a fallu procéder à leur sépulture ; et cette opération a, dit-on, coûté 10,000 livres au gouvernement.

T. II. 32

Tous les moyens de mort étaient mis en usage à la fois; les fusillades pendant le jour, les noyades pendant la nuit, et l'instrument terrible qui ne doit frapper que d'après l'ordre des tribunaux, la guillotine, furent arbitrairement employées pour accélérer les destructions.

Le 27 et le 29 frimaire, Carrier, représentant du peuple, expédie deux ordres signés de lui, et qui sont déposés au greffe du tribunal criminel de la Loire-Inférieure. Ces ordres portent de faire guillotiner sans jugement cinquante brigands pris les armes à la main; les listes de ces individus étaient annexées aux ordres signés Carrier. Des représentations sont faites; il faut au moins constater l'identité; Carrier vient lui-même dans sa voiture, au pied de l'escalier du palais de justice, faire des injonctions, et les cinquante individus sont exécutés sans jugement. Parmi ces brigands pris, est-il dit, les armes à la main, se trouvaient des enfans de 13 ans, de 14 ans, et sept femmes. L'exécuteur mourut trois jours après cette expédition; l'on prétendit à Nantes qu'il en était mort de chagrin.....

Note (F), *page* 355.

Supposant toujours que chaque détenu cherchait à leur cacher son argent, ses bijoux, ses papiers, ils rejetaient les déclarations assermentées qu'on leur faisait de n'avoir autre chose que ce qu'on venait de tirer de ses poches et de leur présenter. Méprisant donc des attestations qui ne concordaient pas avec leur cupidité, ils ne se permettaient pas de chercher seulement à vérifier au tact sur les habillemens: mais ils poussaient encore leur horrible inquisition jusqu'au point de vous ordonner, au nom de la loi, de vous déshabiller en leur présence.

Si, après avoir employé inutilement vis-à-vis d'eux les meilleures raisons pour les détourner d'une mesure aussi illégale; si, effrayé de leur impérieuse persévérance et de la menace de se faire assister de la force armée, on leur demandait, au titre d'une juste pudeur, la grâce de n'avoir à souffrir une épreuve aussi cruelle qu'à la seule assistance des directrices de la maison, ces propositions étaient rejetées avec humeur, ou avec le ton de la dépravation et de l'ironie la plus sanglante. Il leur est arrivé, dans ces visites contraires aux bonnes mœurs, de porter la férocité jusqu'à faire ôter la bande qui entourait un cautère, sous prétexte que la personne pourrait y avoir caché des assignats.

Si une citoyenne était arrêtée, ainsi que cela est arrivé, par le seul hasard qu'elle s'est trouvée dans la rue au moment où Joseph Lebon, Lefetz et autres acolytes de ce caractère y passaient, on la conduisait au comité de surveillance; là on lui faisait subir une visite; on la forçait, malgré elle, de se déshabiller; et lorsqu'elle n'avait que la chemise sur elle, des officiers publics portaient aussi la corruption jusqu'à introduire leurs mains criminelles....., en vous disant : *Tu es bien capable d'y avoir fourré des papiers !*.....

Cette avanie infâme n'avait rien découvert à la charge de la malheureuse. Lui faisait-on des excuses de s'être trompé sur son compte?.... On la faisait conduire de suite dans une maison d'arrêt.

Note (G), *page* 357.

A peine sont-elles entrées à la *Providence*, que plusieurs de ces infortunées sont commandées de corvée pour enlever les immondices accumulées depuis long-temps *à plus de quatre pieds de hauteur*, et qui bouchaient les égoûts, et dont le seul remuement produisait les exhalaisons les plus corrompues et les plus dangereuses ; travail, au surplus, tellement au-dessus de leurs forces, que des hommes vigoureux n'auraient pu eux-mêmes l'exécuter sans le secours de pioches, pelles, brouettes, et sans y exposer leur santé.

Par suite de cette négligence coupable, elles eurent tout

à nettoyer, balayer et laver depuis la cave jusques et y compris le grenier; elles eurent, à force de bras et de sueurs, à réparer une malpropreté dont il n'y a pas d'exemple.

Plusieurs d'elles contractèrent à ces corvées des maladies sérieuses dont elles se ressentent encore, et dont peut-être elles ne relèveront jamais, par le défaut de secours, et l'impossibilité où elles ont été de s'en procurer, à raison de l'interdiction de toute espèce de communication.

Le logement de la plupart d'elles, pour ne pas exagérer, est tout au plus comparable aux plus petites loges ou casemates de Bicêtre; une espèce de lit de camp en bois, inamovible, et tellement court que celles qui s'y couchaient ne pouvaient s'y étendre de leur long, occupe presque l'espace entier de ce lieu de retraite, et laisse si faiblement le moyen de s'y retourner, qu'on peut à peine y placer une chaise, bien plus difficilement une table; une petite lucarne mal vitrée est la seule issue par laquelle il soit possible de jouir du jour et de l'air. Une défense, pour ainsi dire continuelle, d'ouvrir ces lucarnes, fixe presque toujours dans ces loges une odeur putride, et n'y laisse respirer que le souffle de la mort.

La plupart de ces cases ne sont abordables que par des escaliers où, même en plein jour, les ténèbres de la nuit règnent.

Telle est l'idée que l'on doit se former du plus grand nombre des habitations sépulcrales de ce repaire infernal....

.... Ces malheureuses victimes n'avaient donc, la plupart du temps, d'autres ressources pour respirer l'air, que de se transporter dans la cour; mais se mettaient-elles en devoir d'y aller, et rencontraient-elles par hasard, sur l'escalier, soit dans les corridors, soit dans la cour, l'une des femmes préposées à leur garde, elles étaient, suivant le caprice de celles-ci, ou chassées, ou insultées, dans les termes les plus grossiers. Exprimaient-elles leurs souffrances, leurs besoins? des sarcasmes ou des imprécations, dont le vœu prononcé était de les voir à la guillotine, ou de les en menacer, tenaient lieu de réponse à leurs humbles représentations.

Nous ne parlons que des directrices; ce n'est pas que nous voulions déguiser que, pendant la première quinzaine, la garde de cette maison avait été réellement confiée à deux hommes; mais le ton brusque et rébarbatif de ceux-ci tenait plus à leurs habitudes qu'à un vice de cœur; ils commandaient durement, mais au moins ils n'insultaient pas.

C'est sans doute parce qu'ils avaient moins d'industrie dans l'art de vexer, qu'on les renvoya pour leur substituer deux mégères, deux furies choisies par Lebon. Pouvaient-elles être autres?

Celle décorée du titre de directrice se nomme Lemaire, et tenait ci-devant à Arras une petite boutique.

La sous-directrice, nommée Catherine Lallart, habitait une cave, où tantôt elle vendait des pommes, et d'où quelquefois elle allait courir les rues, sous le titre de marchande de peaux de lapin.

La première était censée avoir de l'esprit, et n'en était que plus méchante.

Vers le soir, c'était un malheur que d'avoir nécessairement à lui parler; car alors, regorgeant de vins et liqueurs qu'on envoyait du dehors à quelques détenues, et que celles-ci ambitionnaient, moins pour leurs propres besoins que pour en offrir à celles de leurs compagnes qui étaient malades ou infirmes, elle ne répondait que par des invectives; les b...., les f...., les p.... et les c.... étaient des épithètes non épargnées; aussi se demandait-on à l'avance : En quel état est la directrice? est-elle tant soit peu abordable?

Si, contre l'ordinaire, un instant de calme semblait permettre avec elle une courte conversation; si, par cette circonstance, quelques citoyennes exprimaient leur chagrin d'avoir été séparées de leur mari, sous le rapport de la double dépense que leur nourriture entraînait, ou sous le rapport des inquiétudes réciproques que le défaut de communication leur occasionait, elle leur répondait, avec le rire de l'insulte, qu'on avait très-bien fait de les en séparer, parce qu'avec elles ils n'auraient fait que des monstres; que, quant à la double dépense, on devait d'autant moins s'en effrayer, que le moment où elles seraient sans besoin ne tarderait pas.

La seconde, moins stylée que la première, ne savait pas déguiser sa scélératesse; enivrée de l'étendue de ses pouvoirs, elle n'en était que plus à charge....

...... Le lieu appelé infirmerie, quoique nouvellement disposé à cet usage, l'avait été avec une telle négligence, que, loin d'être clos, l'air s'y faisait jour de tous les côtés, ce qui déjà le rendait peu convenable à sa destination.

Lorsqu'on força les infirmes et les malades à s'y loger, les murs suaient encore l'humidité la plus malsaine.

Nombre des personnes qui étaient obligées d'y prendre gîte, n'ayant pas eu la faculté d'apporter avec elles des bois de lit, s'y voyaient forcées de coucher sur la terre, aucun des commissaires n'ayant eu l'humanité de leur en procurer.

La seule cheminée qu'on ait construite dans cet emplacement, était de beaucoup trop petite pour un semblable local. Au reste, plus grande elle n'eût pas été de beaucoup plus utile; car, quoique le bois à brûler procédât de celui qu'on avait enlevé à ces détenues ou acheté à leurs dépens, on ne leur accordait sur leurs provisions que quatre bûches par jour, ce qui ne suffisait pas pour réchauffer leurs boissons. Sur leurs autres besoins, on ne fut pas plus généreux; tellement qu'au mépris de leurs réclamations, ces infortunées ont été plusieurs semaines sans pouvoir avoir l'assistance d'un chirurgien, d'où il est résulté que les maladies de plusieurs se sont aggravées et sont devenues mortelles.

On sait que la citoyenne Neuflise, âgée de 66 ans, n'y a terminé sa carrière que parce qu'elle ne put avoir un chirurgien pour la saigner.

La citoyenne Dulu, âgée de 50 ans, réclama en vain les secours de l'art; et quoique le médecin fût dans ce moment dans la maison, la sous-directrice s'opposa à ce qu'elle pût le consulter ; elle mourut trois jours après.

La citoyenne Ponsignon, âgée de 24 ans, fut attaquée d'une fièvre putride et inflammatoire. Son état exigeait les secours les plus prompts ; on les lui refusa opiniâtrément ; on ne lui accorda pour toutes boissons que de l'eau pannée et de chicorée ; enfin de nouvelles réclamations permirent de recourir aux lumières du médecin qui, par une faveur toute particulière, lui fit appliquer les vésicatoires lorsqu'il ne restait plus d'espérance ; elle mourut quinze heures après.

La citoyenne Foissey cadette, âgée de 18 ans, était attaquée de la poitrine ; mais son état était loin de faire craindre une mort prochaine. Un jour la directrice vint la trouver dans sa chambre, et lui enjoignit de descendre à l'infirmerie, nonobstant que le médecin s'y opposât, sur le fondement que ce local, malsain et humide, était absolument contraire à son état.

Plusieurs de ses compagnes supplièrent cette femme de laisser la malade dans sa chambre, s'engageant à lui donner toutes assistances ; mais ce fut en vain. On ne put rien gagner sur ce cœur féroce ; elle expira dix jours après.

La citoyenne Dubois, âgée de 17 ans, a succombé dans les mêmes circonstances que sa compagne Ponsignon, faute d'avoir été secourue à temps.

On pourrait citer nombre d'autres exemples de cette tenacité à refuser les secours indispensables ; mais ce qui prouve qu'elle tenait à des projets de sang, c'est la réponse que la directrice faisait à celles qui sollicitaient son humanité. *Ah! ah!* disait-elle, *si elles savaient ce qui les attend, elles ne prendraient pas tant de peine de leur santé!*

Une autre, attaquée d'une maladie violente qui l'avait jetée dans le délire, fut, par cette même directrice, plongée dans un cachot humide où elle resta tout le temps de sa maladie.

Cinquante-cinq femmes ou filles ont été successivement

extraites de ce gouffre pour être mises en jugement. A peine y paraissaient-elles, que, sans aucune instruction, elles entendaient prononcer la peine de mort contre elles, la plupart sur des motifs controuvés ou tellement légers, qu'ils font dresser les cheveux, ou sur des dispositions de la loi dont l'application n'avait aucun rapport avec les prétendus délits qui leur étaient imputés ; en sorte que la simple lecture de leurs jugemens présente à la fois la double preuve de la corruption du jury, de celle des juges, enfin de la crasse et perverse ignorance de tous.

Dans l'affaire de la citoyenne Bataille, voici ce qu'une citoyenne, qui a été appelée à ce tribunal impie et qui cependant y a été acquittée, a entendu dire par Pelletier, faisant les fonctions d'accusateur public, à Beugniez qui y remplissait celle de président pendant l'interrogatoire de Gamonet : *Ses réponses et ses moyens de défense sont sublimes ; le jury mollit ; prends-y garde.*

Pendant celui de la veuve Bataille, le même disait au président : *Elle se défend bien ; mais c'est une coquine !*

Elle aurait ainsi entendu toutes les réflexions de cet accusateur public sur le compte des vingt-une victimes qui furent condamnées et exécutées ce même jour, sans la circonstance où elle se trouva, à son tour, plus éloignée du banc, et moins à portée de suivre ces affreux colloques.

Les opinions étaient influencées par la présence de Lebon, et par ses signaux à un auditoire soudoyé pour exprimer uniquement des vœux sanguinaires....

..... Tantôt c'était par méprise qu'on appelait telle femme au tribunal ; son interrogatoire décelait l'erreur ; en conséquence elle était renvoyée. Par une persévérante méchanceté, le soir de la journée même qu'elle avait été mal à propos appelée, on venait lui signifier un acte d'accusation, qui aussi lui était étranger ; on sent les saisissemens qui étaient la suite de semblables manœuvres.

Tantôt les directrices et sous-directrices avaient l'indignité de venir se promener dans la cour, dans les momens où il y avait le plus de monde ; là elles osaient désigner les malheureuses victimes qui devaient être conduites à l'échafaud, les montraient au doigt, les nommaient, et indiquaient les jours où elles seraient exécutées ; là encore elles en nommaient d'autres, suivant leurs caprices, dans la seule vue de les chagriner et d'exciter leur désespoir.

Dans le commencement des exécutions, l'huissier Taquet, dont l'aspect était celui d'un loup affamé, se montrait dans la cour, ayant une liste fatale à la main, affectait un air de triomphe, jetait un coup-d'œil terrible sur toutes les chambrées qui entouraient cette cour, et semblait rugir ces mots sanguinaires : *Oui, c'est parmi vous que je viens dévorer !*

Soit qu'on lui ait fait connaître l'impression cruelle que sa présence dans la cour occasionait ; soit que des ordres particuliers lui aient fixé une autre manière de se conduire ; toujours est-il vrai que plus tard il ne parut qu'à la porte de la maison ; mais les directrices, à qui probablement ces ménagemens ne plaisaient pas, firent renaître l'effroi, par le bruit d'une double porte qu'on fermait avec un tel fracas, qu'il se faisait entendre de toutes parts, et qu'une funeste expérience désigna, par la suite, comme le signal certain de l'arrivée de cet envoyé de la mort ; dès-lors la même consternation qu'auparavant s'emparait des esprits.

Aussitôt on voyait les directrices et sous-directrices courir à toutes jambes et avec cet air de fureur qui n'appartient qu'au crime, les yeux égarés, la bouche écumante, le teint livide, pour annoncer aux victimes désignées que leur dernière heure avait frappé.

Alors chacune suivait de l'œil leurs pas et leurs démarches ; et ce n'était que lorsqu'elles paraissaient avoir fini leur mission, qu'on avait la triste consolation de se dire : Ce n'est pas moi, ce n'est pas ma mère, ma fille, ma parente, ma voisine ; je pourrai donc encore les voir !....

De quelle manière ces indignes personnages s'acquittaient-ils d'un ministère aussi barbare ? *Allons, venez, dépêchez ; vous vous faites bien attendre !*

Faut-il un petit paquet? demandait-on d'une voix éteinte. *Non, non, répondaient-elles brusquement, vous n'avez plus besoin de rien !......* En sorte qu'elles-mêmes vous condamnaient avant d'être accusé, interrogé ou jugé.

Plusieurs de celles qui échappaient à cet appel, voulant sonder leur cœur, leur demandaient si elles n'avaient pas bien du chagrin de voir mourir un si grand nombre de leurs pensionnaires : *Non*, répondaient-elles, *plus il y a de monde dans le sac, plus nous rions.*

A peine les victimes étaient-elles appelées et enlevées, qu'aussitôt les directrices venaient visiter le lieu de leur retraite et s'emparer de toutes les provisions de bouche qu'elles y avaient laissées; c'est pourquoi, les jours d'exécution, il y avait toujours des orgies plus signalées que de coutume, et où les commissaires des prisons ne manquaient pas d'assister, ainsi que celles des détenues que ces êtres infâmes avaient corrompues, au point de les rendre les témoins de leur dissolution. Enfin ces jours terribles étaient aussi annoncés par la directrice en ces mots : *Je crois qu'aujourd'hui je cracherai du sang.*

Après les exécutions, les commissaires, conjointement avec les directrices, venaient procéder à l'enlèvement des dépouilles des suppliciées, se permettant toutes les expressions qui insultent au malheur. Poussant plus loin leur barbare satisfaction, ils forçaient les compagnes de ces mêmes infortunées à transporter elles-mêmes les effets de celles dont elles pleuraient la mort, leur faisant entendre que volontiers ils en feraient autant pour chacune d'elles.

Celles des victimes qu'on venait enlever la veille de leur mort, étaient transférées à la prison nommée les Baudets; là elles étaient fouillées et dépouillées rigoureusement, à l'assistance de l'huissier et des geôliers; un cachot, souvent sans paille, était le lieu où on leur faisait passer la dernière et la plus funèbre nuit; la faveur la plus insigne qu'elles pussent obtenir, et c'était le plus petit nombre, était celle de rester dans une cuisine, sur une chaise, jusqu'au moment fatal où, pour la forme seulement, on avait l'air de les appeler à un jugement qui déjà était résolu.

Au milieu de toutes ces horreurs, une commission, établie par Lebon, s'avisa de paraître à la Providence, dans cet asile de douleur, et s'y fit annoncer comme étant chargée de constater l'innocence des personnes arrêtées injustement.

Qui la composait? Duponchel, Carlier, Bacqueville, Blondel, Mury, Chevalier et Forgeois.

Quelque bien connu que fût leur caractère, l'espoir, qui n'abandonne jamais les malheureux, encore moins ceux qui croient à l'empire de la vertu, répandait sur plusieurs de nous des illusions; nous nous flattions que le ministère dont ils étaient chargés serait celui de la raison et de l'équité!

Trop vaine espérance !......

..... Quand ils avaient *travaillé* à l'Hôtel-Dieu, l'ennui s'emparait d'eux, et ils ne se gênaient pas pour se dire en présence des derniers détenus qu'ils y avaient interrogés : *Nous allons nous amuser avec nos femmes de la Providence!* A peine cette proposition était faite, qu'avec le plus grand empressement on levait de suite la séance.

On ne tardait pas à savoir à l'Hôtel-Dieu si la commission avait en effet porté ses pas à la Providence, parce que, malgré les surveillans des deux maisons, on trouvait, des greniers, l'occasion de se faire des signes indicatifs de ce qui arrivait dans chaque maison.

Mais de quelle manière se conduisait-on envers les détenues de la Providence? Le voici :

La citoyenne appelée paraissait-elle troublée, intimidée, les commissaires ne manquaient pas de chercher à rendre sa position plus embarrassante. Son air entrepris était, suivant eux, un signe non équivoque des reproches qu'elle avait à se faire : ils partaient de cette prévention pour supposer à sa charge des faits imaginaires; assurer, par toutes sortes d'imprécations, qu'ils en avaient par devers eux des preuves certaines; que la moindre dénégation la compromettra sans ressource et la conduira droit à la guillotine, tandis que son aveu deviendra un préjugé dont on pourra induire qu'elle a été trompée, et qu'elle n'avait aucune mauvaise intention.

On n'avait garde de dresser procès-verbal de ces tentatives illicites; mais parvenaient-ils à surprendre quelque déclaration susceptible de compromettre, on ne manquait pas d'en dresser aussitôt procès-verbal, et de le remettre de suite à Lebon, qui, à son tour, en tirait parti suivant ses affections sanguinaires.

S'adressaient-ils à des personnes de caractère, dont les mœurs et la conduite ne pouvaient leur fournir aucun prétexte, ils leur faisaient un crime des actions qui leur donnaient les plus grands droits à la considération de leurs concitoyens. Avaient-elles exercé des actes de bienfaisance envers les indigens, les prisonniers, les malades et infirmes, c'était pour en imposer et accaparer des suffrages, avec des intentions contre-révolutionnaires. En conséquence, on renvoyait celles-ci en les accablant d'injures grossières.

Appelaient-ils à leurs conciliabules une jeune citoyenne, on lui demandait son âge. Sa réponse annonçait-elle l'âge de puberté, on lui répliquait sur-le-champ : *Tu es bonne à.....; vois si tu veux me le promettre; suivant ta réponse, on te fera sortir, ou je te ferai mettre à la petite fenêtre.*

Vis-à-vis des personnes mariées, leurs questions respiraient la même indécence; et à l'égard de la plupart, on avait l'air de faire dépendre leur sort d'une promesse immorale.

La directrice étant toujours présente à ces espèces d'interrogatoires, Duponchel lui demanda un jour : *Comment cela va-t-il chez vous? Y a-t-il beaucoup de malades dans la maison?*

Sa réponse fut : *Elles sont plus malades d'esprit que de corps.* La Deliège est sortie, reprend Duponchel; *elle ne reviendra pas. Nous les prendrons toutes les unes après les autres; de cette manière, le peuple ne s'en effarouchera pas.*

Cette conversation, entendue par celle des citoyennes qui avait été appelée à ce conciliabule, et par elle rendue à ses camarades, était-elle faite pour calmer les esprits?

Quelles précautions ne furent pas prises pour empêcher que nous pussions être informées de la suspension des tribunaux de sang établis à Arras et à Cambrai, par Lebon, de la chute du scélérat triumvirat, et enfin du rappel de Lebon?......

...... Enfin la nouvelle du triomphe de la Convention nationale sur les premiers auteurs de nos maux, vint mettre le comble à nos vœux.

Note (H), *page* 364.

LE 17 septembre, excité par des chansons bachiques qu'on entonnait au Chapeau-Rouge, auberge voisine de ma maison, j'ouvre une des croisées de mon cabinet, où j'étais occupé pour examiner les chanteurs ; tout-à-coup j'aperçois dans cette auberge, entre autres, Desprez, Reyjal et Vachon (trois administrateurs). Quoique je connusse leur effronterie à ne pas s'affecter, ni être gênés de ma vue, je ne tardai pas à rentrer pour reprendre mon travail, sans prévoir le sort qu'ils allaient me préparer, et qui fut sur-le-champ résolu, ainsi que je le tiens du citoyen Corrèze, propriétaire à Monfranc, qui logeait et dînait ce même jour au Chapeau-Rouge.

A onze heures du soir j'étais au lit, quand je fus éveillé par le bruit qu'on faisait à la porte d'entrée de ma maison, par de grands coups redoublés. Je me lève sur-le-champ ; et m'étant mis nu en chemise à la fenêtre, je découvre une troupe de gens armés qui me criaient de descendre leur ouvrir ; un mouvement de crainte, dont je ne fus pas le maître, me saisit, et, sans cependant hésiter sur un parti à prendre, je répondis que j'allais vers eux, après que j'aurais passé un habit. Ils ne m'en donnèrent pas le temps, et me sommèrent, en frappant de nouveau, d'ouvrir la porte ; je leur observai qu'ils se méprenaient sans doute, et leur demandai qui ils étaient et quel ordre ils avaient ; ils ne répondirent que par des juremens, des imprécations, des menaces, et se disposèrent à enfoncer la porte ; elle fut morcelée; la troupe armée entre sans ordre, et sans empêcher que la foule qu'elle avait attirée s'introduisît avec elle dans la maison où tout fut mis au pillage, et presque tout enlevé. Ce furent Reyjal et Vachon qui ordonnaient le désordre, et qui furent chercher eux-mêmes dans le voisinage les haches avec lesquelles la porte fut brisée. Ils ne voulurent point que les gens armés fussent, comme ils le disaient, chercher de nouveaux ordres, prenant tout sur eux. Ceci m'a été assuré par le citoyen Corrèze et par plusieurs personnes.

Desprez, furieux de ce que j'avais échappé, fait plonger les baïonnettes et les sabres dans tous mes lits, il perça aussi toutes les tapisseries de mes appartemens derrière lesquels il croyait trouver quelque placard où je serais réfugié. Il escalada le grenier à foin d'une maison voisine, et il y fit faire pareille opération dans le même dessein : il espérait qu'on m'y éventrerait; mais sa perquisition cruelle fut encore infructueuse, quoiqu'on l'eût continuée chez dix de mes voisins. Ma maison fut enfin abandonnée à la merci des passans et de la foule, puisqu'elle était sans porte, et qu'une seule salariée que j'avais, et mon fils, âgé de douze ans, avaient aussi disparu.

Note (I), page 402.

Pour s'embarquer, il fallait grimper sur le vaisseau par une échelle haute d'une douzaine de pieds. Cette échelle, mal assurée, vacillait sans cesse; et parce que ces échelons étaient fort éloignés les uns des autres, on ne pouvait les atteindre sans faire de pénibles efforts. Les soldats et les matelots, irrités de ce qu'on ne montait pas assez vite, criaient : *Avance donc, scélérat!* On arrivait enfin sur le bord du vaisseau. Là on trouvait une seconde échelle haute d'environ six pieds, par laquelle il était aussi difficile de descendre qu'il l'avait été de monter par la première. Les vieillards surtout étaient exposés à une chute dangereuse.

Après être descendu, on était conduit par deux matelots devant le capitaine.

Le capitaine était assis devant une table, en habit d'ordonnance, le sabre nu à la main; à ses côtés étaient deux officiers vêtus et armés comme lui; à la droite et à la gauche des officiers, étaient des soldats portant la baïonnette au bout du fusil; à la suite des soldats étaient des matelots sans armes. Ce cortége, ainsi rangé, formait un grand cercle qui s'ouvrait pour introduire le déporté qu'on amenait, et se refermait ensuite. Quand le déporté était parvenu au milieu du cercle, on le faisait arrêter. Quatre soldats venaient se placer auprès de lui, et tenaient la pointe de leurs sabres dirigée contre son corps. Alors le capitaine lui ordonnait de livrer son porte-feuille. Dès qu'il avait obéi, plusieurs matelots se jetaient sur lui: ils arrachaient la cocarde de son chapeau, en lui disant: *Scélérat, tu es indigne de porter cet ornement de nos têtes!* Ils lui ôtaient tous ses vêtemens, sans même lui laisser sa chemise. Après l'avoir réduit à une nudité complète, ils visitaient les vêtemens qu'ils lui avaient ôtés, et le modique bagage qu'il avait pu apporter avec lui en entrant dans le vaisseau, pour trouver l'or qu'ils supposaient y être caché; et dans la crainte que ce métal n'échappât à leurs recherches, ils coupaient les semelles et les talons des souliers; la visite finie, ils choisissaient, parmi les effets pris au déporté, une chemise, une culotte, une paire de bas, un habit et un bonnet, le tout de la moindre qualité; ils en faisaient ensuite un paquet, le lui jetaient à la tête, et le faisaient sortir du cercle; le déporté allait joindre ceux de ses confrères qui avaient déjà subi cette ignominieuse épreuve: là il n'osait, aussi bien qu'eux, ni se plaindre, ni lever les yeux.

FIN DES ÉCLAIRCISSEMENS HIST. ET DES PIÈCES OFFICIELLES.

TABLE.

Maison d'arrêt de Port-Libre, communément appelée la Bourbe (par Coittant). ... 1

— Journal des événemens arrivés à Port-Libre, depuis mon entrée dans cette maison ; — du 27 frimaire an II de la République française. ... 12

— Transfèrement d'une partie des détenus de Port-Libre à la maison d'arrêt des Carmes. ... 130

Luxembourg. ... 137

Précis historique sur la maison d'arrêt de la rue de Sèvres, et Faits relatifs à la révolution du 9 thermidor. ... 187

Madelonnettes. ... 202

La Mairie, la Force et le Plessis. ... 230

Voyage de cent trente-deux Nantais envoyés à Paris par le comité révolutionnaire de Nantes. ... 288

— Détails intéressans pour servir de suite à la relation du voyage des cent trente-deux Nantais. ... 328

Les horreurs des prisons d'Arras, ou les crimes de Joseph Lebon et de ses agens. ... 335

Relation de ce qu'ont souffert pour la religion les prêtres français insermentés, déportés en 1794 dans la rade de l'île d'Aix, près Rochefort. ... 387

Éclaircissemens historiques et pièces officielles. ... 485

FIN DE LA TABLE.